经济法应试指导

陆中宝 编著

苏州大学出版社

图书在版编目(CIP)数据

经济法应试指导/陆中宝编著;财鑫教育研究院组织编写. —苏州:苏州大学出版社,2020.9(2021.6重印)
中国注册会计师(CPA)认证应试指导. 得"鑫"应"首"系列
ISBN 978-7-5672-3333-1

Ⅰ.①经… Ⅱ.①陆… ②财… Ⅲ.①经济法-中国-资格考试-自学参考资料 Ⅳ.①D922.29

中国版本图书馆CIP数据核字(2020)第182921号

经济法应试指导

陆中宝 编著

责任编辑 史创新

助理编辑 曹晓晴

苏州大学出版社出版发行
(地址:苏州市十梓街1号 邮编:215006)
苏州工业园区美柯乐制版印务有限责任公司印装
(地址:苏州工业园区东兴路7-1号 邮编:215021)

开本 787mm×1 092mm 1/16 印张 26.5 字数 581 千
2020年9月第1版 2021年6月第2次印刷
ISBN 978-7-5672-3333-1 定价:120.00元

若有印装错误,本社负责调换
苏州大学出版社营销部电话:0512-67481020
苏州大学出版社网址:http://www.sudapress.com
苏州大学出版社邮箱:sdcbs@suda.edu.cn

序言
Preface

　　我国经济体制改革的目标是建立社会主义市场经济体制，与这一体制相适应，要大力发展注册会计师事业。1993年10月，全国人民代表大会常务委员会审议通过了《中华人民共和国注册会计师法》，从法律的高度全面推动了我国注册会计师行业建设和管理的规范化。为了加快注册会计师人才的培养和严格把关我国注册会计师职业资格的取得，我国从1991年开始每年组织一次注册会计师考试。凡是符合报考条件并通过考试，获得中国注册会计师协会非执业会员资格，且在一家会计师事务所任职时间达到要求者，即可申请中国注册会计师执业会员资格，拥有独立从事审计和相关会计鉴证业务的权利。这种注册会计师考试制度不仅向广大考生，而且向全社会很好地宣传了注册会计师事业，扩大了会计服务行业的社会影响力，不仅为注册会计师队伍增添了新鲜血液，而且为我国经济建设培养了大批高质量的会计专业人才。因此，每年有越来越多的青年学子踊跃报名参加中国注册会计师考试。

　　目前，中国注册会计师考试分为专业阶段和综合阶段。专业阶段主要测试考生对于注册会计师执业所需基本知识的掌握程度及其专业技能和职业道德水平；综合阶段则是测试考生是否具备在执业环境中综合运用专业科学知识，遵守职业价值观，正确处理实务问题的能力。只有全部通过专业阶段规定的会计、审计、财务成本管理、公司战略与风险管理、经济法、税法6门考试之后，考生才能参加综合阶段的试卷一、试卷二考试。所以，注册会计师考试是一种具有相当难度的职业资格考试，其通过率不是很高，被人们一致认为在各种职业资格考试中"门槛最高"。因此，凡是通过考试者也被认为是含金量最高的人才，受到企事业单位的热捧。

　　尽管注册会计师考试不易通过，但报考者仍然热情不减。为了帮助广大考生准备和通过注册会计师专业阶段的考试，财鑫教育组织了一批有丰富授课经验、有热情的中青年教师，结合其自身复习备考和通过考试的心得体会，撰写出一套考试辅导丛书，分为会计、审计、财务成本管理、公司战略与风险管理、经济法、税法6个分册，旨在用生动活泼的语言、图文并茂的形式、案例习题的演练和线上线下的讲解互动,迅速提高考生的解题能力和理解记忆能力。这套丛书的特色在于紧跟考试大纲,较少纠缠于细枝末节,突出各门考试内容的重点、难点、得分点;语言通俗,条理清楚,逻辑紧凑,便于消化理解;淘汰过时的业务和规定,内容紧跟最新法规制度和准则要求。

相信该套丛书一定会成为每一位考生的良师益友,能够为大家顺利通过注册会计师考试提供必要的帮助。作为一名从教38年的会计专业教师和注册会计师协会会员,我将此书推荐给你们,预祝越来越多的考生早日实现自己的追求!

北京国家会计学院　于长春

目 录 Contents

- **第一章　法律基本原理** ································· 1
  - 第一节　法律基本概念 ································· 2
  - 第二节　法律关系 ····································· 9
  - 第三节　全面依法治国基本方略 ························ 14

- **第二章　基本民事法律制度** ····························· 17
  - 第一节　民事法律行为制度 ···························· 18
  - 第二节　代理制度 ···································· 30
  - 第三节　诉讼时效制度 ································ 33

- **第三章　物权法律制度** ································· 41
  - 第一节　物权法律制度概述 ···························· 42
  - 第二节　物权变动 ···································· 46
  - 第三节　所有权 ······································ 50
  - 第四节　用益物权 ···································· 55
  - 第五节　担保物权 ···································· 59

- **第四章　合同法律制度** ································· 70
  - 第一节　合同的基本理论 ······························ 71
  - 第二节　合同的订立 ·································· 72
  - 第三节　合同的效力 ·································· 78
  - 第四节　合同的履行与保全 ···························· 79
  - 第五节　合同的担保 ·································· 85

第六节　合同的变更和转让 ··· 93
　　第七节　合同的权利义务终止 ····································· 95
　　第八节　违约责任 ·· 100
　　第九节　主要的有名合同 ·· 102

第五章　合伙企业法律制度 ·· 126
　　第一节　合伙企业法律制度概述 ··································· 127
　　第二节　普通合伙企业 ·· 128
　　第三节　有限合伙企业 ·· 147
　　第四节　合伙企业解散与清算 ····································· 155

第六章　公司法律制度 ··· 157
　　第一节　公司法律制度概述 ··· 158
　　第二节　股份有限公司 ·· 182
　　第三节　有限责任公司 ·· 194
　　第四节　其他的公司法律制度 ····································· 204

第七章　证券法律制度 ··· 212
　　第一节　证券法律制度概述 ··· 213
　　第二节　证券欺诈的法律责任 ····································· 221
　　第三节　股票的发行与交易 ··· 229
　　第四节　公司债券的发行 ·· 245
　　第五节　上市公司收购和重组 ····································· 250

第八章　企业破产法律制度 ·· 262
　　第一节　破产申请与受理 ·· 263
　　第二节　管理人制度 ··· 272
　　第三节　债务人财产 ··· 277
　　第四节　破产债权 ·· 289
　　第五节　债权人会议 ··· 293
　　第六节　重整与和解程序 ·· 298
　　第七节　破产清算程序 ·· 302
　　第八节　关联企业合并破产 ··· 306

第九章 票据与支付结算法律制度 ········· 308

第一节 支付结算概述 ········· 309
第二节 票据法律制度 ········· 312
第三节 非票据结算方式 ········· 330

第十章 企业国有资产法律制度 ········· 336

第一节 企业国有资产法律制度概述 ········· 337
第二节 企业国有资产产权登记与评估制度 ········· 342
第三节 企业国有资产交易管理制度 ········· 346

第十一章 反垄断法律制度 ········· 355

第一节 反垄断法律制度概述 ········· 356
第二节 垄断协议规制制度 ········· 366
第三节 滥用市场支配地位规制制度 ········· 372
第四节 经营者集中反垄断审查制度 ········· 378
第五节 行政垄断规制制度 ········· 383

第十二章 涉外经济法律制度 ········· 388

第一节 涉外投资法律制度 ········· 389
第二节 对外贸易法律制度 ········· 398
第三节 外汇管理法律制度 ········· 407

第一章

法律基本原理

本章考点

在最近3年的考试中,本章的平均分值为3分。题型均为客观题。本章内容比较简单,复习难度不大。考生需要重点关注法律规范、法律关系和全面依法治国等内容。

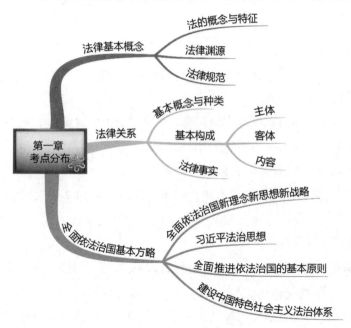

本章考情

其中1套试卷

题型	2018 年	2019 年	2020 年
单选题	1题1分	2题2分	2题2分
多选题	1题1.5分	—	1题1.5分
合计	2题2.5分	2题2分	3题3.5分

第一节 法律基本概念

【鑫考点1】法的概念与特征（★） (2018年多选题；2020年单选题、多选题)

【解释】 法是反映由一定物质生活条件所决定的统治阶级意志的，由国家制定或认可并得到国家强制力保证的，赋予社会关系参加者权利与义务的社会规范的总称。

一、法是由一定物质生活条件所决定的统治阶级意志的体现

【解释1】 经济基础决定上层建筑，作为上层建筑重要组成部分的法，是由法所处社会的经济基础即特定物质生活条件所决定的。

【解释2】 法代表的是统治阶级的整体意志，而不是统治阶级中个别人或个别集团的意志。

二、法是由国家制定或认可的行为规范

【解释1】 "制定"即由国家权力机关根据调整社会关系和规范人的行为的需要，依照一定程序创制新的法律规范。

【解释2】 "认可"即由国家权力机关确认某种社会上已经通行的规则具有法律效力，这些规则可能来源于习惯、教义或礼仪等。

三、法是由国家强制力保证实施的行为规范

【解释】 法具有国家强制性并不意味着法律规范的实施都是依靠国家强制力而实现，也不等于国家强制力是保证法律实施的唯一力量。如果国家权力代表社会上大多数人的利益，社会公众就会自觉遵守法律。

四、法是调整人的行为和社会关系的行为规范

【解释1】 行为规范大致可以分为两大类：一类是社会规范，调整人与人之间的关系，约束人的行为；另一类是技术规范，调整人与自然、人与劳动工具之间的关系，如度量衡等，这些规范一般不属于法的范畴。

随着管理科学的出现和发展，人类管理社会的规则不断技术化，进而在环境保护、食品安全、建筑质量等方面产生了所谓的社会技术规范。这些规范经国家制定或认可后，也纳入法律规范的范畴。

【解释2】 法律虽是调整人类社会关系的重要社会规范，但并不是唯一的社会规范。在规范人的行为、调整社会关系方面，道德、宗教规范及风俗习惯等也在不同范围内和不同程度上发挥着十分重要的作用。

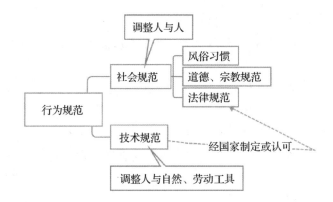

【提示】法律与道德的关系。

① 法律规范与道德规范的调整范围相互交叉、相互包容;

② 法律属于社会制度的范畴,道德属于社会意识形态的范畴;

③ 法律规范的主要内容是权利与义务,并且强调两者之间的平衡,道德则强调对他人、对社会集体履行义务,承担责任;

④ 法律规范是由国家强制力保证实施的,而道德规范则主要依靠社会舆论、人的内心信念、宣传教育等手段实现。

五、法是确定社会关系参加者的权利和义务的规范

【鑫考题1·多选题】下列关于法的规范属性的表述中,正确的有(　　)。(2018年)

A. 法是社会规范　　　　　　B. 法是行为规范

C. 法是技术规范　　　　　　D. 法是道德规范

【答案】AB

【解析】(1) 选项C:技术规范是调整人与自然、人与劳动工具之间关系的,如度量衡等,这些规范一般不属于法的范畴,只有技术规范经国家制定或认可后,才纳入法律规范的范畴;(2) 选项D:法律属于社会制度的范畴,而道德属于社会意识形态的范畴。

【鑫考题2·单选题】"君主们在任何时候都不得不服从经济条件,并且从来不能向经济条件发号施令。"马克思的这句名言所体现的法的特征是(　　)。(2020年)

A. 法是统治阶级意志的体现

B. 法受物质生活条件的制约

C. 法是由国家强制力保障实施的行为规范

D. 法是国家意志的体现

【答案】B

【鑫考题3·多选题】下列关于法律与道德的关系的表述中,正确的有(　　)。(2020年)

A. 法律属于社会制度,道德属于社会意识形态

B. 法律规范与道德规范的调整范围相互交叉

C. 法律规定的是权利，道德强调的是义务

D. 法律由国家强制力保证实施，道德主要靠舆论、内心信仰、宣传教育等手段实现

【答案】ABD

【解析】从法律与道德的关系来看，一方面，法律意识与道德观念紧密联系、相互重叠，法律规范与道德规范的调整范围相互交叉、相互包容。另一方面，法律与道德也存在区别。法律属于社会制度的范畴，道德属于社会意识形态的范畴；法律规范的主要内容是权利与义务，并且强调两者之间的平衡，道德则强调对他人、对社会集体履行义务，承担责任；法律规范是由国家强制力保证实施的，而道德规范则主要依靠社会舆论、人的内心信念、宣传教育等手段实现。

【鑫考点2】法律渊源（★★）(2004年单选题；2012年单选题；2014年单选题；2015年多选题；2016年单选题；2018年多选题)

【解释1】法律的渊源，亦称法律的形式，是指法律的各种存在或表现形式。

【解释2】法律渊源主要表现为制定法，不包括判例法和各单位内部的规章制度。

一、宪法

宪法是由全国人民代表大会依特别程序制定的具有最高法律效力的根本大法。

二、法律

法律是由全国人民代表大会及其常务委员会制定和修改的规范性法律文件的总称，在地位和效力上仅次于宪法，高于行政法规、地方性法规、规章。

（1）全国人民代表大会制定和修改的，调整国家和社会生活中带有普遍性的社会关系的规范性法律文件，属于基本法律。如《刑法》《民法典》。

（2）全国人民代表大会常务委员会制定和修改的，调整国家和社会生活中某一方面社会关系的规范性法律文件，属于一般法律。如《公司法》《证券法》。

（3）在全国人民代表大会闭会期间，全国人民代表大会常务委员会可对基本法律进行部分补充和修改，但是不得同该法律的基本原则相抵触。

（4）全国人民代表大会常务委员会负责解释法律，其作出的法律解释与法律具有同等效力。

三、法规

1. 行政法规

行政法规是作为国家最高行政机关的国务院在法定职权范围内为实施宪法和法律而制定的规范性法律文件。其地位和效力仅次于宪法和法律。如《证券公司监督管理条例》《中华人民共和国公司登记管理条例》等。

2. 地方性法规

地方性法规是有地方立法权的地方人民代表大会及其常务委员会就地方性事务及根据本地区实际情况执行法律、行政法规的需要所制定的规范性法律文件的总称。

地方性法规不得与宪法、法律、行政法规相抵触。

【提示1】省、自治区、直辖市的人民代表大会及其常务委员会有权制定地方性法规。

【提示2】设区的市和自治州的人民代表大会及其常务委员会有权对城乡建设与管理、环境保护、历史文化保护等方面的事项制定地方性法规。

四、规章

1. 部门规章

部门规章是指国务院各部委、中国人民银行、审计署和具有行政管理职能的直属机构，就执行法律或者国务院的行政法规、决定、命令的事项在其职权范围内制定的规范性法律文件的总称。如中国人民银行发布的《支付结算办法》、中国证券监督管理委员会（以下简称"中国证监会"）发布的《上市公司信息披露管理办法》等。

2. 地方政府规章

地方政府规章是指有权制定规章的地方人民政府，根据法律、行政法规和本省、自治区、直辖市的地方性法规制定的规范性法律文件。

【提示1】省、自治区、直辖市的人民政府和省、自治区的人民政府所在地的市，经济特区所在地的市，以及国务院已经批准的较大的市的人民政府可以制定地方政府规章。

【提示2】设区的市和自治州的人民政府有权就城乡建设与管理、环境保护、历史文化保护等方面的事项制定地方政府规章。

五、司法解释

司法解释是最高人民法院、最高人民检察院在总结司法审判经验的基础上发布的指导性文件和法律解释的总称。

【提示】最高人民法院和最高人民检察院的解释如果有原则性的分歧，报请全国人民代表大会常务委员会解释或者决定。

六、国际条约与协定

国际条约与协定是指我国作为国际法主体同其他国家或地区缔结的双边、多边协议和其他具有条约、协定性质的文件。如我国为加入世界贸易组织与相关国家签订的协议、我国与有关国家签订的双边投资保护协定等。

【鑫考题1·单选题】法律渊源包括宪法、法律、行政法规、地方性法规、部门规章、司法解释等。中国证券监督管理委员会制定的《上市公司信息披露管理办法》属于（　　）。（2012年）

A. 法律　　　B. 行政法规　　　C. 部门规章　　　D. 司法解释

【答案】C

【解析】部门规章由国务院的组成部门及其直属机构在其职权范围内制定。

【鑫考题2·单选题】下列关于各种法律渊源效力层级由高到低的排序中，正确的是（　　）。（2014年）

A. 宪法、行政法规、部门规章、法律
B. 宪法、法律、部门规章、行政法规
C. 宪法、行政法规、法律、部门规章
D. 宪法、法律、行政法规、部门规章

【答案】D

【解析】宪法＞法律＞行政法规＞地方性法规＞本级及下级地方政府规章。部门规章之间、部门规章与地方政府规章之间具有同等效力。

【鑫考题3·多选题】下列各项中，属于我国法律渊源的有（　　）。（2015年）

A. 联合国宪章
B. 某公立大学的章程
C. 《最高人民法院公报》公布的案例
D. 中国证监会发布的《上市公司收购管理办法》

【答案】AD

【解析】（1）选项A：属于国际条约；（2）选项D：属于部门规章。

【鑫考题4·单选题】下列关于法律渊源的表述中，正确的是（　　）。（2016年）

A. 全国人大常委会有权部分修改由全国人大制定的基本法律
B. 部门规章可以设定减损公民、法人和其他组织权利或增加其义务的规范
C. 地方性法规是指地方人民政府对地方性事务制定的规范性法律文件的总称
D. 除最高人民法院外，其他国家机关无权解释法律

【答案】A

【解析】（1）选项A：在全国人民代表大会闭会期间，全国人民代表大会常务委员会可对基本法律进行部分补充和修改，但是不得同该法律的基本原则相抵触；（2）选项B：没有法律或者国务院的行政法规、决定、命令的依据，部门规章不得设定减损公民、法人和其他组织权利或者增加其义务的规范；（3）选项C：地方性法规是有地方立法权的地方人民代表大会及其常务委员会就地方性事务及根据本地区实际情况执行法律、行政法规的需要所制定的规范性法律文件的总称；（4）选项D：司法解释是最高人民法院、最高人民检察院在总结司法审判经验的基础上发布的指导性文件和法律解释的总称。

【鑫考题5·多选题】下列各项中，属于我国法律渊源的有（　　）。（2018年）

A. 《支付结算办法》
B. 《最高人民法院关于适用〈中华人民共和国物权法〉若干问题的解释（一）》
C. 《中华人民共和国立法法》
D. 《上市公司信息披露管理办法》

【答案】ABCD

【解析】我国的法律渊源主要有：宪法、法律、法规、规章、司法解释、国际条约和协定。（1）选项AD：中国人民银行发布的《支付结算办法》和中国证监会发布的

《上市公司信息披露管理办法》属于部门规章；（2）选项B：《最高人民法院关于适用〈中华人民共和国物权法〉若干问题的解释（一）》属于司法解释；（3）选项C：《中华人民共和国立法法》属于法律。

【鑫考点3】法律规范（★★）(2015年单选题；2017年单选题；2018年单选题)

一、基本概念

法律规范是由国家制定或认可的，具体规定主体的权利、义务及法律后果的行为准则，是法律构成的基本单位。

1. 法律规范与规范性法律文件

规范性法律文件是以规范化的成文形式表现出来的各种法的形式的总称，是有权制定法律规范的国家机关制定或发布的、具有普遍约束力的法律文件。如《公司法》。

规范性法律文件是表现法律内容的具体形式，是法律规范的载体。

2. 法律规范与法律条文

（1）法律条文是法律规范的文字表现形式，是规范性法律文件的基本构成要素。法律规范是法律条文的内容，法律条文是法律规范的表现形式。

（2）法律规范是法律条文的主要内容，但是法律条文的内容还可能包含其他法的要素，如立法宗旨、法律原则等。

（3）法律规范和法律条文不是一一对应的，一项法律规范的内容可以表现在不同的法律条文甚至不同的规范性法律文件中。同样，一个法律条文也可以反映若干法律规范的内容。

（4）一项完整的法律规范由假设（或称行为条件）、处理（或称行为模式）和制裁（或称法律后果）三部分构成。

【例如】①《公司法》第35条：公司成立后，股东不得抽逃出资；②《公司法》第200条：公司的发起人、股东在公司成立后，抽逃其出资的，由公司登记机关责令改正，处以所抽逃出资金额百分之五以上百分之十五以下的罚款。这两个法律条文才构成一项完整的法律规范。

【鑫考题·单选题】关于法律规范与法律条文关系的表述中，正确的是（　　）。(2017年)

A. 法律规范是法律条文的表现形式

B. 法律规范等同于法律条文

C. 法律规范与法律条文一一对应

D. 法律条文的内容除法律规范外，还包括法律原则等法要素

【答案】D

【解析】（1）选项AB：法律规范不同于法律条文。法律条文是法律规范的文字表现形式。（2）选项C：法律规范与法律条文不是一一对应的，一项法律规范的内容可以表

7

现在不同的法律条文甚至不同的规范性法律文件中。同样，一个法律条文也可以反映若干法律规范的内容。

二、种类

1. 授权性规范与义务性规范

授权性规范		可以……，有权……，享有……权利	如股东有权查阅、复制公司章程……
义务性规范	命令性	应当，必须，有……义务	如普通合伙人以财产份额出资，须经其他合伙人一致同意
	禁止性	不得……，禁止……	如有限合伙人不得以劳务出资

2. 强行性规范与任意性规范

强行性规范	不允许任意变动和伸缩的法律规范 【提示】义务性规范属于强行性规范
任意性规范	在法定范围内允许行为人自行确定其权利和义务具体内容的法律规范 【提示】授权性规范属于任意性规范

3. 确定性规范与非确定性规范

确定性规范		内容完备，无须再援引或参照其他规范	如《企业破产法》适用所有的企业法人
非确定性规范	委任性	由有关机关加以确定	如国务院反垄断委员会的组成和工作规则由国务院规定
	准用性	援引或参照、依照其他规定	如供用水、供用气、供用热力合同，参照供用电合同的有关规定

【鑫考题1·单选题】法律规范可以分为授权性规范和义务性规范，根据这一分类标准，下列法律规范中，与"当事人依法可以委托代理人订立合同"属于同一规范类型的是（　　）。（2015年）

A. 中华人民共和国境内经济活动中的垄断行为，适用本法
B. 公司股东依法享有资产收益、参与重大决策和选择管理者等权利
C. 未经证券交易所许可，任何单位和个人不得发布证券交易即时行情
D. 票据的签发、取得和转让，应当遵循诚实信用的原则，具有真实的交易关系和债权债务关系

【答案】B

【解析】（1）选项A：按照规范内容的确定性程度的不同，可以将法律规范分为确定性规范（选项A）与非确定性规范；（2）选项B：属于授权性规范；（3）选项CD：属于义务性规范。

【鑫考题2·单选题】下列各项法律规范中，属于确定性规范的是（　　）。（2018年）

A. 供用水、供用气、供用热力合同，参照供用电合同的有关规定
B. 法律、行政法规禁止或者限制转让的标的物，依照其规定

C. 国务院反垄断委员会的组成和工作规则由国务院规定
D. 因正当防卫造成损害的，不承担民事责任

【答案】D

【解析】（1）选项 AB：属于准用性规范。（2）选项 C：属于委任性规范。（3）选项 D：属于确定性规范。确定性规范是指内容已经完备明确，无须再援引或者参照其他规范来确定其内容的法律规范。

第二节 法律关系

【鑫考点1】法律关系的基本概念与种类（★）（2016年多选题）

一、基本概念

【解释】法律关系是指根据法律规范产生的，以主体之间的权利与义务关系为内容表现出来的社会关系，如婚姻关系。

【鑫考题·多选题】 甲、乙均为完全民事行为能力人。甲、乙之间的下列约定中，能够产生法律上的权利义务的有（　　）。（2016年）

A. 甲将房屋出租给乙　　　　B. 二人此生不离不弃
C. 二人共进晚餐　　　　　　D. 甲送给乙一部手机

【答案】AD

【解析】选项 BC：不属于法律关系。

二、绝对法律关系和相对法律关系

【解释】根据法律关系的主体是单方确定还是双方确定，可以将法律关系分为绝对法律关系和相对法律关系。

（1）绝对法律关系中主体的一方（权利人）是确定的、具体的；另一方（义务人）则是除了权利人以外所有的人。绝对法律关系以"一个主体对其他一切主体"的形式表现出来，典型的有所有权等物权法律关系、人身权法律关系等。

（2）相对法律关系的主体，无论是权利人还是义务人，都是确定的。它以"某个主体对某个主体"的形式表现出来，典型的有债权法律关系。此外，在劳动法、行政法等领域的法律关系中大多也体现出相对法律关系的特点。

【鑫考点2】法律关系的基本构成（★★★）（2009年单选题；2013年单选题；2015年多选题；2017年多选题；2018年单选题；2019年单选题；2020年单选题）

一、法律关系的主体

1. 法律关系主体的种类

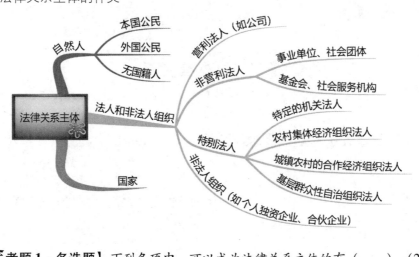

【鑫考题1·多选题】 下列各项中，可以成为法律关系主体的有（　　）。(2015年)
A. 无国籍人　　　　　　　　　B. 有限责任公司的分公司
C. 公立医院　　　　　　　　　D. 国家

【答案】ABCD

【解析】法律关系主体的种类包括：（1）自然人，既包括本国公民，也包括居住在一国境内或在境内活动的外国公民和无国籍人（选项A正确）。（2）法人和非法人组织，《民法典》将法人分为营利法人、非营利法人和特别法人。其中，非营利法人包括事业单位（选项C正确）、社会团体、基金会、社会服务机构等；非法人组织是不具有法人资格，但是能够依法以自己的名义从事民事活动的组织，包括个人独资企业、合伙企业、不具有法人资格的专业服务机构（选项B正确）。（3）国家（选项D正确）。

【鑫考题2·多选题】 下列各项中，属于法人的有（　　）。(2017年)
A. 北京大学　　　　　　　　　B. 中华人民共和国最高人民法院
C. 中国人民保险集团股份有限公司　　　D. 中国注册会计师协会

【答案】ABCD

【解析】《民法典》将法人分为营利法人、非营利法人和特别法人。其中，营利法人包括有限责任公司、股份有限公司（选项C正确）和其他企业法人等；非营利法人包括事业单位（选项A正确）、社会团体（选项D正确）、基金会、社会服务机构等；特别法人包括特定的机关法人（选项B正确）、农村集体经济组织法人、城镇农村的合作经济组织法人、基层群众性自治组织法人。非法人组织包括个人独资企业、合伙企业、不具有法人资格的专业服务机构。

2. 自然人的权利能力和行为能力

【解释1】权利能力是指权利主体享有权利和承担义务的能力，它反映了权利主体取得权利和承担义务的资格。

【解释2】行为能力是指权利主体能够通过自己的行为取得权利和承担义务的能力。行为能力必须以权利能力为前提，无权利能力就谈不上行为能力。

【解释3】法人的权利能力从法人成立时产生，其行为能力伴随着权利能力的产生而产生；法人终止时，其权利能力和行为能力同时消灭。

权利能力	自然人的民事权利能力一律平等，始于出生，终于死亡	
行为能力	完全民事行为能力人	（1）18周岁以上的成年人 （2）16周岁以上不满18周岁的未成年人，以自己的劳动收入为主要生活来源
	限制民事行为能力人	（1）8周岁以上（含8周岁）的未成年人 （2）不能完全辨认自己行为的成年人
	无民事行为能力人	（1）不满8周岁（不含8周岁）的未成年人 （2）（完全）不能辨认自己行为的自然人（包括成年人和未成年人）

【鑫考题1·单选题】小明今年3岁，智力正常，但先天腿部残疾。下列关于小明的权利能力和行为能力的表述中，正确的是（　　）。（2013年）

A. 小明有权利能力，但属于限制民事行为能力人

B. 小明无权利能力，且属于限制民事行为能力人

C. 小明有权利能力，但无民事行为能力

D. 小明既无权利能力，也无民事行为能力

【答案】C

【解析】（1）自然人的民事权利能力始于出生，终于死亡，小明享有民事权利能力，选项BD错误；（2）不满8周岁的未成年人属于无民事行为能力人，选项A错误；（3）法律一般以年龄和精神、智力状况作为判断和确定自然人民事行为能力的依据，腿部是否残疾与此无关。

【鑫考题2·单选题】根据民事法律制度的规定，下列主体中，具有完全民事行为能力的是（　　）。（2018年）

A. 8周岁的乙　　　　　　　　B. 15周岁的少年天才丙

C. 刚出生的甲　　　　　　　　D. 18周岁的大学生丁

【答案】D

【解析】（1）选项AB：属于限制民事行为能力人；（2）选项C：属于无民事行为能力人。

【鑫考题3·单选题】下列关于法律主体权利能力的表述中，正确的是（　　）。（2018年）

A. 权利能力是指权利主体能够通过自己的行为取得权利和承担义务的能力
B. 自然人的权利能力可分为完全权利能力、限制权利能力与无权利能力
C. 营利法人、非营利法人与特别法人均具有权利能力
D. 权利能力以行为能力为前提，无行为能力即无权利能力

【答案】C

【解析】（1）选项A：行为能力是指权利主体能够通过自己的行为取得权利和承担义务的能力。权利能力是指权利主体享有权利和承担义务的能力。（2）选项B：自然人的民事权利能力一律平等。自然人的民事行为能力根据一定标准，可分为完全民事行为能力、限制民事行为能力和无民事行为能力。（3）选项C：法人等社会组织也具有权利能力和行为能力。

【鑫考题4·单选题】根据民事法律制度的规定，下列各项中，属于无权利能力的是（　　）。(2019年)

A. 刚出生的婴儿　　　　　　B. 智能机器人
C. 植物人　　　　　　　　　D. 病理性醉酒的人

【答案】B

【解析】民事权利能力是指法律关系主体享有民事权利和承担民事义务的能力。自然人从出生时起到死亡时止，具有民事权利能力。智能机器人尚不能成为法律关系主体。

【鑫考题5·单选题】下列关于法人权利能力与行为能力的表述中，正确的是（　　）。(2020年)

A. 法人先取得权利能力，后取得行为能力
B. 法人终止时，权利能力和行为能力同时消灭
C. 法人的行为能力只能通过其法定代表人来实现
D. 所有法人都有权利能力，但并非所有法人都有行为能力

【答案】B

【解析】（1）选项ABD：法人的权利能力从法人成立时产生，其行为能力伴随着权利能力的产生而产生；法人终止时，其权利能力和行为能力同时消灭。（2）选项C：法人的行为能力通过其法定代表人或其他代理人来实现。

二、法律关系的内容

权利与义务是法律关系的内容。

三、法律关系的客体

（1）物：如森林、土地、建筑物、机器、各种产品、各种货币及其他各种有价证券等。

（2）行为：包括作为和不作为。如旅客运输合同的客体是运送旅客的行为；竞业禁止合同的客体是不得从事相同或相似的经营或执业活动。

（3）人格利益：如公民和组织的姓名或名称，公民的肖像、名誉、尊严，公民的人身、人格和身份等。

(4) 智力成果：如文学艺术作品、科学著作、科学发明等。

【鑫考题·多选题】 下列各项中，属于法律关系客体的有（　　）。(2017年)
A. 建筑物　　　　　　　　　B. 自然人的不作为
C. 有价证券　　　　　　　　D. 人格利益
【答案】ABCD
【解析】法律关系的客体包括物、行为、人格利益、智力成果。(1) 选项AC：属于物，是物权法律关系的客体；(2) 选项B：行为包括作为和不作为。

【鑫考点3】法律事实（★★）(2013年单选题；2014年多选题；2020年多选题)

【解释】法律事实是指法律规范所规定的，能够引起法律后果即法律关系产生、变更或消灭的客观现象。

法律事实根据其是否以权利主体的意志为转移，可以分为行为和事件两类。

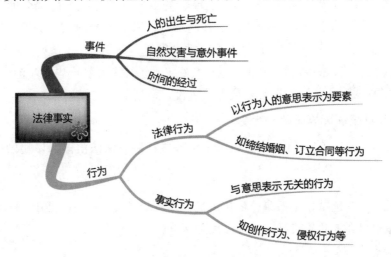

【鑫考题1·单选题】 下列法律事实中，属于事实行为的是（　　）。(2013年)
A. 人的死亡　　B. 承兑汇票　　C. 侵权行为　　D. 自然灾害
【答案】C
【解析】(1) 选项AD：属于事件；(2) 选项B：属于法律行为。

【鑫考题2·多选题】 下列各项中，能导致一定法律关系产生、变更或者消灭的有（　　）。(2014年)
A. 人的出生　　B. 时间的经过　　C. 侵权行为　　D. 自然灾害
【答案】ABCD
【解析】法律事实（法律关系的变动原因）可以分为两类：事件（选项ABD）和行为（选项C）。

【鑫考题3·多选题】 根据民事法律制度的规定，下列各项中，属于法律事实中的

事件的有（　　）。(2020 年)

A. 债权行为　　　　　　　B. 人的死亡
C. 时间的经过　　　　　　D. 自然灾害

【答案】BCD

第三节　全面依法治国基本方略

【鑫考点1】全面依法治国新理念新思想新战略（★）（2019 年单选题；2020 年单选题）

一、中共中央全面依法治国委员会的主要职责

（1）党的十九大报告提出："成立中央全面依法治国领导小组，加强对法治中国建设的统一领导。"中共中央全面依法治国委员会的主要职责是统筹协调全面依法治国工作，坚持依法治国、依法执政、依法行政共同推进，坚持法治国家、法治政府、法治社会一体建设，研究全面依法治国重大事项、重大问题，统筹推进科学立法、严格执法、公正司法、全民守法，协调推进中国特色社会主义法治体系和社会主义法治国家建设等。

（2）中共中央全面依法治国委员会办公室设在司法部。

二、全面推进依法治国的总目标

全面推进依法治国的总目标是"建设中国特色社会主义法治体系，建设社会主义法治国家"。

【鑫考题1·单选题】全面推进依法治国的总目标是（　　）。(2019 年)

A. 坚持中国共产党的领导，坚持人民主体地位
B. 法律面前人人平等
C. 建设中国特色社会主义法治体系，建设社会主义法治国家
D. 依法治国和以德治国相结合

【答案】C

【解析】选项 ABD：属于全面推进依法治国的基本原则。

【鑫考题2·单选题】2018 年，中共中央下发《深化党和国家机构改革方案》，设立中共中央全面依法治国委员会，该委员会办公室位于（　　）。(2020 年)

A. 中共中央办公厅　　　　B. 司法部
C. 国家监察委　　　　　　D. 最高人民法院

【答案】B

【鑫考点2】习近平法治思想（★★★）

习近平法治思想是顺应实现中华民族伟大复兴时代要求应运而生的重大理论创新成

果，是马克思主义法治理论中国化最新成果，是习近平新时代中国特色社会主义思想的重要组成部分，是全面依法治国的根本遵循和行动指南。其核心要义如下：

（1）坚持党对全面依法治国的领导。党的领导是推进全面依法治国的根本保证。

（2）坚持以人民为中心。推进全面依法治国，根本目的是依法保障人民权益。

（3）坚持中国特色社会主义法治道路。中国特色社会主义法治道路本质上是中国特色社会主义道路在法治领域的具体体现。

（4）坚持依宪治国、依宪执政。党领导人民制定宪法法律，领导人民实施宪法法律，党自身要在宪法法律范围内活动。

（5）坚持在法治轨道上推进国家治理体系和治理能力现代化。法治是国家治理体系和治理能力的重要依托。

（6）坚持建设中国特色社会主义法治体系。中国特色社会主义法治体系是推进全面依法治国的"总抓手"。

（7）坚持依法治国、依法执政、依法行政共同推进，法治国家、法治政府、法治社会一体建设。

（8）坚持全面推进科学立法、严格执法、公正司法、全民守法。

（9）坚持统筹推进国内法治和涉外法治。

（10）坚持建设德才兼备的高素质法治工作队伍。

（11）坚持抓住领导干部这个"关键少数"。

【鑫考点3】全面推进依法治国的基本原则（★）

全面推进依法治国的基本原则有以下五条：

（1）坚持中国共产党的领导。党的领导是中国特色社会主义最本质的特征，是社会主义法治最根本的保障。必须坚持党领导立法、保证执法、支持司法、带头守法，把依法治国基本方略同依法执政基本方式统一起来。

（2）坚持人民主体地位。

（3）坚持法律面前人人平等。

（4）坚持依法治国和以德治国相结合。

（5）坚持从中国实际出发。

【鑫考点4】建设中国特色社会主义法治体系（★）(2020年多选题)

建设中国特色社会主义法治体系，是全面推进依法治国的总抓手，是国家治理体系的骨干工程。加快建设中国特色社会主义法治体系，就要加快形成完备的法律法规体系、高效的法治实施体系、严密的法治监督体系、有力的法治保障体系，形成完备的党内法规体系。

【提示】建设中国特色社会主义法治体系，首要的是完善以宪法为核心的中国特色社会主义法律体系。

【解释1】根据全国人大常委会有关文件的规定，中国特色社会主义法律体系包括七个法律部门：宪法及宪法相关法、刑法、行政法、民商法、经济法、社会法、诉讼与非诉讼程序法。

【解释2】民商法是规范民事、商事活动的法律规范的总称。民法调整平等主体的自然人、法人及其他组织之间的人身关系和财产关系，主要包括物权、债权、婚姻、收养、继承等方面的法律规范。商法是在适应现代商事活动需要的基础上，从民法中分离而逐渐发展起来的法律部门，主要包括公司、证券、破产、保险、票据、海商等领域的法律规范。根据全国人大对中国特色社会主义法律体系的划分，知识产权法律制度也被划入民商法部门。

【鑫考题·多选题】根据全国人大常委会有关文件的规定，中国特色社会主义法律体系包括七个法律部门。下列各项中，属于民商法部门的有（　　）。(2020年)
A. 民法
B. 商法
C. 知识产权法
D. 经济法
【答案】ABC

第二章

基本民事法律制度

本章考点

在最近3年的考试中，本章的平均分值为3.5分。题型主要是客观题，考生适当注意部分考点与合同法律制度相结合的案例分析题（2011年、2015年、2017年、2018年）。本章考点重在理解，考生需要重点关注无效民事法律行为、可撤销民事法律行为、效力待定民事法律行为、表见代理、诉讼时效等内容。

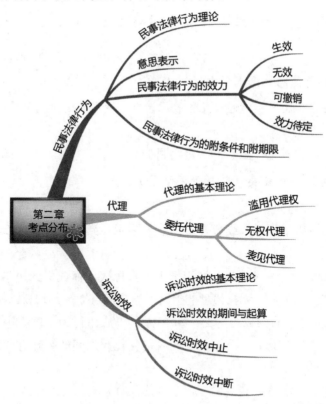

本章考情

其中 1 套试卷

题型	2018 年	2019 年	2020 年
单选题	1 题 1 分	2 题 2 分	2 题 2 分
多选题	1 题 1.5 分	1 题 1.5 分	—
案例分析题	1 题 1 问 2 分	—	—
合计	3 题 4.5 分	3 题 3.5 分	2 题 2 分

第一节 民事法律行为制度

【鑫考点 1】民事法律行为理论（★★）（2012 年单选题；2018 年单选题；2019 年多选题；2020 年单选题）

一、民事法律行为的概念与特征

民事法律行为是指民事主体通过意思表示设立、变更或终止民事法律关系的行为。
（1）以意思表示为要素。
（2）以设立、变更或终止权利和义务为目的。

二、民事法律行为的分类（包括但不限于）

1. 单方民事法律行为、双方民事法律行为和多方民事法律行为

民事法律行为可以基于双方或者多方的意思表示一致成立，也可以基于单方的意思表示成立。

（1）单方民事法律行为是根据一方当事人的意思表示而成立的民事法律行为。如委托代理的撤销、债务的免除、无权代理的追认、遗嘱的订立、代理权的授予等。

【提示】委托代理中的授权行为是一种单方民事法律行为，仅凭被代理人一方的意思表示，即可发生授权的效果；但是，委托人与受托人之间的委托合同是双方民事法律行为。（2018 年案例分析题）

（2）双方民事法律行为是指因两个当事人之间意思表示一致而成立的民事法律行为。如合同。

（3）多方民事法律行为是三个及以上的当事人意思表示一致而成立的民事法律行为。如决议。

【鑫考题 1·单选题】下列法律行为中，须经双方当事人意思表示一致才能成立的

是（　　）。(2012 年)

　　A. 甲免除乙对自己所负的债务
　　B. 甲将一枚钻石戒指赠与乙
　　C. 甲授权乙以甲的名义购买一套住房
　　D. 甲立下遗嘱，将个人所有财产遗赠给乙

【答案】B

【解析】(1) 选项 A：债务免除属于单方民事法律行为，债权人免除债务的意思表示应当向债务人作出，但无须取得债务人的同意；(2) 选项 C：代理权的授予是一种单方民事法律行为，签订代理合同则为双方民事法律行为；(3) 选项 D：立遗嘱行为属于单方民事法律行为，签订赠与合同属于双方民事法律行为。

【鑫考题 2·单选题】根据民事法律制度的规定，下列各项中，属于双方民事法律行为的是（　　）。(2018 年)

　　A. 债务的免除　　　　　　B. 无权代理的追认
　　C. 房屋的赠与　　　　　　D. 委托代理的撤销

【答案】C

【解析】单方民事法律行为仅有一方当事人的意思表示而无需他方的同意即可发生法律效力，委托代理的撤销（选项 D）、债务的免除（选项 A）、无权代理的追认（选项 B）都属于单方民事法律行为。选项 C：赠与属于合同行为，须经双方当事人意思表示一致方能成立，属于双方民事法律行为。

【鑫考题 3·多选题】根据民事法律制度的规定，下列各项中，属于单方民事法律行为的有（　　）。(2019 年)

　　A. 赠与　　　　B. 撤销　　　　C. 借贷　　　　D. 追认

【答案】BD

【解析】(1) 选项 AC：属于双方民事法律行为；(2) 选项 BD：属于单方民事法律行为。

【鑫考题 4·单选题】根据民事法律制度的规定，下列关于民事法律行为概念的表述中，正确的是（　　）。(2020 年)

　　A. 民事法律行为包括事实行为
　　B. 民事法律行为以意思表示为要素
　　C. 民事法律行为包括侵权行为
　　D. 民事法律行为的目的是指行为人实施行为的动机

【答案】B

2. 负担行为与处分行为

根据法律行为的效果，可以将法律行为分为负担行为和处分行为。

(1) 负担行为是使一方相对于他方承担一定给付义务的法律行为。如在买卖合同中，双方订立买卖契约即为实施负担行为。

（2）处分行为是直接导致权利发生变动的法律行为。物权行为是典型的处分行为，如所有权转让行为、抵押权设定行为。

【鑫考题1·单选题】根据民事法律制度的规定，下列各项中，属于民事法律行为中的处分行为的是（　　）。(2018年)

A. 租赁合同　　　B. 所有权转让　　　C. 买卖合同　　　D. 拆除房屋

【答案】B

【解析】(1) 选项AC：属于负担行为；(2) 选项D：属于事实行为，不属于民事法律行为。

【鑫考题2·单选题】根据民事法律制度的规定，下列关于负担行为与处分行为的表述中，正确的是（　　）。(2020年)

A. 负担行为直接导致既有权利的变动

B. 民事主体根据负担行为所负担的义务不包括不作为义务

C. 处分行为中的权利人享有履行请求权

D. 负担行为产生的是债法上的法律效果

【答案】D

【解析】(1) 选项A：处分行为是直接导致权利发生变动的法律行为；(2) 选项B：负担行为是使一方（义务人）相对于他方（权利人）承担一定给付义务的法律行为，这种给付义务既可以是作为的，也可以是不作为的；(3) 选项C：负担行为中的权利人可以享有履行请求权。

【鑫考点2】意思表示（★★★）(2018年多选题；2019年单选题)

一、意思表示的类型

意思表示可以分为无相对人的意思表示和有相对人的意思表示。

1. 无相对人的意思表示

无相对人的意思表示不存在意思表示所针对的相对人，如订立遗嘱、抛弃动产等单方民事法律行为。

【提示】并非所有单方民事法律行为都是无相对人的意思表示，如撤销权的行使、法定代理人的追认、债务的免除等为单方民事法律行为，同时也是有相对人的意思表示。

【解释】有无相对人的意思表示的分类标准为"是否以相对人受领为要件"，即要不要让对方知道；单双方民事法律行为的分类标准为"是否以相对人同意为要件"，即要不要经对方同意。

【总结】法律行为与意思表示的关系。

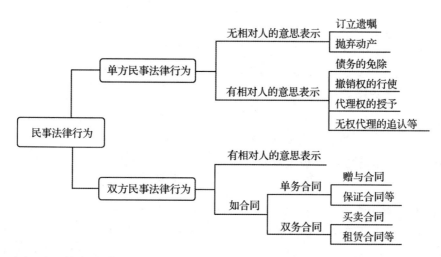

2. 有相对人的意思表示

（1）以对话方式作出的意思表示，相对人知道其内容时生效。

（2）以非对话方式作出的意思表示，到达相对人时生效，如要约与承诺、债务免除、授予代理权、合同解除等意思表示。

【提示】以非对话方式作出的采用数据电文形式的意思表示，相对人指定特定系统接收数据电文的，该数据电文进入该特定系统时生效；未指定特定系统的，相对人知道或者应当知道该数据电文进入其系统时生效。当事人对采用数据电文形式的意思表示的生效时间另有约定的，按照其约定。

3. 以公告方式作出的意思表示，公告发布时生效

4. 意思表示可以是明示或者默示

沉默只有在有法律规定、当事人约定或者符合当事人之间的交易习惯时，才可以视为意思表示。

【例如】继承开始后，继承人放弃继承的，应当在遗产处理前，以书面形式作出放弃继承的表示；没有表示的，视为接受继承。

二、意思表示的解释

（1）有相对人的意思表示的解释，应当按照所使用的词句，结合相关条款、行为的性质和目的、习惯及诚信原则，确定意思表示的含义。

（2）无相对人的意思表示的解释，不能完全拘泥于所使用的词句，而应当结合相关条款、行为的性质和目的、习惯及诚信原则，确定行为人的真实意思。

【解释】有相对人——采取表示主义方法解释（表达在外的意思的公开表示）；无相对人——采取意思主义方法解释（表意人自己的真实意思）。

【鑫考题1·多选题】根据民事法律制度的规定，下列各项中，属于无相对人的意思表示的有（　　）。（2018年）

A. 抛弃动产　　B. 授予代理权　　C. 订立遗嘱　　D. 行使解除权

【答案】AC

【解析】(1) 选项AC：无相对人的意思表示，意思表示完成时生效，法律另有规定的除外，如订立遗嘱、抛弃动产等单方民事法律行为。(2) 选项BD：有相对人的意思表示又分为对话的意思表示和非对话的意思表示。以对话方式作出的意思表示，相对人知道其内容时生效。以非对话方式作出的意思表示，到达相对人时生效，如订立合同过程中的要约和承诺、债务免除、授予代理权、合同解除等意思表示。

【鑫考题2·多选题】根据民事法律制度的规定，下列情形中，沉默可以视为行为人的意思表示的有（　　）。(2018年)

A. 当事人有约定　　　　　　B. 法律有明文规定
C. 符合当事人之间的交易习惯　D. 当事人纯获利益

【答案】ABC

【解析】沉默只有在有法律规定、当事人约定或者符合当事人之间的交易习惯时，才可以视为意思表示。

【鑫考题3·单选题】根据民事法律制度的规定，下列关于意思表示的表述中，正确的是（　　）。(2019年)

A. 要约不属于意思表示
B. 继承开始后，继承人没有作出表示的，视为放弃继承
C. 以公告方式发出的意思表示，公告发布时生效
D. 非对话的意思表示属于无相对人的意思表示

【答案】C

【解析】(1) 选项A：要约属于有相对人的意思表示。(2) 选项B：继承开始后，继承人放弃继承的，应当在遗产处理前作出放弃继承的表示。没有表示的（属于法定沉默），视为接受继承。(3) 选项D：有相对人的意思表示分为对话的意思表示和非对话的意思表示。

【鑫考点3】民事法律行为的效力（★★★）(2009年单选题；2013年单选题；2014年单选题；2015年单选题、多选题；2017年案例分析题；2018年单选题)

一、民事法律行为的生效

【解释1】民事法律行为的成立和生效是两个不同的概念。民事法律行为的成立是生效的前提，民事法律行为未成立，当然也谈不上生效。

【解释2】民事法律行为可以分为有效的民事法律行为、无效的民事法律行为、可撤销的民事法律行为和效力待定的民事法律行为。

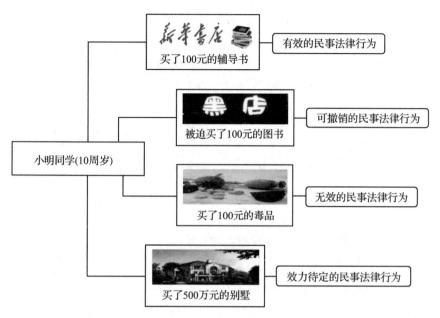

1. 实质要件
（1）行为人具有相应的民事行为能力。

自然人	完全民事行为能力人	可以以自己的行为取得民事权利、履行民事义务
	限制民事行为能力人	可以从事与其年龄、智力、精神健康状况相适应的民事法律行为
		可以实施接受奖励、赠与、报酬等纯获利益的民事法律行为
		其他民事法律行为由其法定代理人代理，或者征得法定代理人同意下独立实施
	无民事行为能力人	不能独立实施民事法律行为，必须由其法定代理人代理
法人		当事人超越经营范围订立的合同，不得仅以超越经营范围确认合同无效

（2）意思表示真实。
（3）不违反法律、行政法规的强制性规定，不违背公序良俗。

2. 形式要件

民事法律行为可以采用书面形式（包括数据电文形式）、口头形式或者其他形式（如推定形式、沉默形式）；法律、行政法规规定或者当事人约定采用特定形式的，应当采用特定形式。

【鑫考题·单选题】小凡年满10周岁，精神健康，智力正常。他在学校门口的文具店看中一块橡皮，定价2元，于是用自己的零用钱将其买下。下列关于小凡购买橡皮行为效力的表述中，正确的是（　　）。(2014年)

A. 小凡是无民事行为能力人，其购买橡皮的行为无效
B. 小凡是无民事行为能力人，其购买橡皮的行为须经法定代理人追认方为有效
C. 小凡是限制民事行为能力人，其购买橡皮的行为有效

D. 小凡是限制民事行为能力人，其购买橡皮的行为须经法定代理人追认方为有效

【答案】C

【解析】根据规定，限制民事行为能力人订立的合同，经法定代理人追认后，该合同有效，但纯获利益的合同或者与其年龄、智力、精神健康状况相适应而订立的合同，直接有效。

二、无效的民事法律行为

【解释】无效的民事法律行为是指因欠缺民事法律行为的生效要件，不发生当事人预期法律后果的民事法律行为。

1. 特征

（1）自始无效。自行为开始时就没有法律约束力。

（2）当然无效。不论当事人是否主张，是否知道，也不论是否经过人民法院或仲裁机构确认，该民事法律行为当然无效。

（3）绝对无效。绝对不发生法律效力，不能通过当事人的行为进行补正。

【鑫考题·多选题】根据民事法律制度的规定，下列关于无效民事行为特征的表述中，正确的有（   ）。（2015年）

A. 不能通过当事人的行为进行补正

B. 其无效需要以当事人主张为前提

C. 从行为开始起就没有法律约束力

D. 其无效须经过人民法院或仲裁机构确认

【答案】AC

2. 情形

（1）无民事行为能力人独立实施的民事法律行为无效。

（2）以虚假意思表示实施的民事法律行为无效。

【提示】行为人如果以虚假的意思表示隐藏另外一个民事法律行为，被隐藏的民事法律行为的效力，依照有关法律规定处理。

【案例】甲将房屋以200万元的价格卖给乙，乙为了少缴税，就该房屋又和甲签订了100万元的买卖合同，并以此办理房屋登记手续（阴阳合同）。本案中，100万元的买卖行为系虚假意思表示，应归于无效，但隐藏的200万元买卖合同若未侵犯他人合法权益且也不存在非法目的，则该200万元的买卖合同应当有效。

（3）恶意串通损害他人利益的民事法律行为无效。

【解释1】恶意串通损害他人利益的民事法律行为是指行为人故意合谋实施的损害国家、集体或第三人利益的行为。这类民事法律行为的主要特征是当事人之间互相串通、互相配合，共同实施了违法行为。

【解释2】在恶意串通损害他人利益的民事法律行为中，当事人所表示的意思是真实

的，但这种意思表示是非法的，因此是无效的。

（4）违反强制性规定或者公序良俗的民事法律行为无效。

违反法律、行政法规的强制性规定的民事法律行为无效，但是该强制性规定不导致该民事法律行为无效的除外。因此，并非违反法律的行为一律都是无效的。

【解释】在法律和行政法规中，有一些规定虽然也是强制性规定，却不是效力性的强制性规定，而是管理性的强制性规定，这两种规定的性质是不相同的，违反效力性强制性法律规定，直接导致的后果就是民事法律行为无效，但是违反管理性强制性法律规定，并不一定就直接导致该民事法律行为无效。

【例如】公司董事违反忠实义务实施的行为，并不因违反《公司法》第148条第8款的规定而无效，而仅发生公司取得归入权的效力。

【鑫考题·单选题】甲向乙兜售毒品时，虽然提供了真实的毒品作为样品，但实际交付的却是面粉。下列关于该民事法律行为效力的表述中，正确的是（　　）。（2014年）

A. 无效的民事法律行为
B. 可撤销的民事法律行为
C. 有效的民事法律行为
D. 效力待定的民事法律行为

【答案】A

【解析】违反强制性规定或者公序良俗的民事法律行为无效。

三、可撤销的民事法律行为

【解释】可撤销的民事法律行为是指依照法律规定，由于行为与意思表示不一致或意思表示不自由，导致非真实的意思表示，可由当事人请求人民法院或仲裁机构予以撤销的民事法律行为。

1. 可撤销的民事法律行为的特征

区别	可撤销	无效
行为成立后的效力不同	在撤销前已经生效	自始无效，当然无效
主张权利的主体不同	由撤销权人以撤销行为为之，人民法院不主动干预	司法、仲裁机构可在诉讼中主动宣告其无效
行为效果不同	撤销权人对权利行使拥有选择权；一经撤销，自行为开始时无效	自始无效，绝对无效
行使时间不同	撤销权行使有时间限制	不存在时间限制

2. 可撤销的民事法律行为的种类

（1）因重大误解而为的民事法律行为。

【解释】重大误解是指行为人对行为的性质、对方当事人及标的物的品种、质量、规格和数量等错误认识，使行为的后果与自己的意思相悖，造成较大损失的意思表示。

（2）受欺诈而为的民事法律行为。

【解释】欺诈是指当事人一方故意编造虚假情况或者隐瞒真实情况，使对方陷入错误而为的违背自己真实意思表示的行为。

① 一方以欺诈手段，使对方在违背真实意思的情况下实施的民事法律行为，受欺诈方有权请求人民法院或者仲裁机构予以撤销；

② 第三人实施欺诈行为，使一方在违背真实意思的情况下实施的民事法律行为，"对方知道或者应当知道该欺诈行为的"，受欺诈方有权请求人民法院或者仲裁机构予以撤销。

（3）受胁迫而为的民事法律行为。

【解释】受胁迫而为的民事法律行为是指以给公民及其亲友的生命健康、荣誉、名誉、财产等造成损害或者以给法人的荣誉、名誉、财产等造成损害相要挟，迫使对方作出违背真实意愿的意思表示。

一方或者第三人以胁迫手段，使对方在违背真实意思的情况下实施的民事法律行为，受胁迫方有权请求人民法院或者仲裁机构予以撤销。

（4）显失公平的民事法律行为。

【解释】显失公平的民事法律行为是指一方利用对方处于危困状态、缺乏判断能力等情形，致使民事法律行为成立时当事人之间的权利义务明显违反公平、等价有偿原则的民事法律行为。

【提示1】对于合同是否显失公平进行判断的时间点，应当以订立合同之时为标准。

【提示2】在民事法律行为成立以后发生的情势变化，导致双方利益显失公平的，不属于显失公平的民事法律行为，而应当按照诚实信用原则处理。

3. 撤销权

（1）性质。撤销权在性质上属于形成权，无须相对人同意。

（2）行使主体。在一方以欺诈、胁迫的手段，使对方在违背真实意思的情况下订立的合同中，只有受损害方才有权撤销。（2017年案例分析题）

（3）行使方式。撤销权应以诉讼的方式行使，由撤销权人向人民法院或仲裁机构提请撤销。

（4）行使期限。有下列情形之一的，撤销权消灭：

① 当事人自知道或者应当知道撤销事由之日起1年内没有行使撤销权；

【提示1】当事人受胁迫，自胁迫行为终止之日起1年内没有行使撤销权，撤销权消灭。

【提示2】重大误解的当事人自知道或者应当知道撤销事由之日起90日内没有行使撤销权，撤销权消灭。

② 当事人知道撤销事由后明确表示或者以自己的行为表明放弃撤销权；

③ 当事人自民事法律行为发生之日起5年内没有行使撤销权。

【鑫考题1·单选题】甲欲低价购买乙收藏的一幅古画，乙不允。甲声称：若乙不售画，就公布其不雅视频，乙被迫将该画卖给甲。根据民事法律制度的规定，该民事法律行为的效力为（　　）。(2013年)

A．无效　　　　B．效力待定　　　　C．有效　　　　D．可撤销

【答案】D

【解析】因胁迫而为的民事法律行为属于可撤销的民事法律行为。

【鑫考题2·单选题】根据民事法律制度的规定，下列关于可撤销的民事法律行为的表述中，正确的是（　　）。(2015年)

A．可撤销的民事法律行为一经撤销，自始无效

B．可撤销的民事法律行为亦称为效力待定的民事法律行为

C．自行为发生之日起1年内当事人未撤销的，撤销权消灭

D．法官审理案件时发现民事行为具有可撤销事由的，可依职权撤销

【答案】A

【解析】(1) 选项B：可撤销的民事法律行为与效力待定的民事法律行为属于两类不同的法律行为；(2) 选项C：当事人自民事法律行为发生之日起5年内没有行使撤销权的，撤销权消灭；(3) 选项D：可撤销的民事法律行为的撤销，应由撤销权人申请，人民法院不主动干预。

【鑫考题3·单选题】根据民事法律制度的规定，下列关于可撤销民事法律行为的表述中，正确的是（　　）。(2018年)

A．行为在撤销前已经生效

B．撤销权可由司法机关主动行使

C．撤销权的行使不受时间限制

D．被撤销行为在撤销之前的效力不受影响

【答案】A

【解析】(1) 选项B：可撤销的民事法律行为的撤销，应由撤销权人以撤销行为为之，人民法院不主动干预。(2) 选项C：撤销权有时间限制。一般情形下，当事人自知道或者应当知道撤销事由之日起1年内、重大误解的当事人自知道或者应当知道撤销事由之日起90日内没有行使的，撤销权消灭。(3) 选项D：可撤销的民事法律行为一经撤销，自行为开始时无效。

四、效力待定的民事法律行为

【解释】效力待定的民事法律行为是指民事法律行为成立时尚未生效，须经权利人追认后才能生效的民事法律行为。

【提示】追认的意思表示自到达相对人时生效。一旦追认，则民事法律行为自成立时起生效；如果权利人拒绝追认，则民事法律行为自成立时起无效。

1. 限制民事行为能力人依法不能独立实施的民事法律行为

(1) 直接有效。

限制民事行为能力人实施的纯获利益的民事法律行为或者与其年龄、智力、精神健康状况相适应的民事法律行为有效。

(2) 追认后生效。

① 情形。限制民事行为能力人依法不能独立实施的其他民事法律行为属于效力待定的民事法律行为。

② 权利人的追认权。法定代理人的追认权性质上属于形成权。仅凭其单方面意思表示就可以使效力待定的合同转化为有效合同。

③ 相对人的催告权。相对人可以催告法定代理人自收到通知之日起30日内予以追认。法定代理人未作表示的，视为拒绝追认。

④ 善意相对人的撤销权。民事法律行为被追认之前，善意相对人有撤销的权利。

【解释】善意是指相对人在订立合同时不知道与其订立合同的人欠缺相应的行为能力。

【提示】撤销应当以通知的方式作出。

2. 无权代理人实施的民事法律行为

(1) 被代理人的追认权。

行为人没有代理权、超越代理权或者代理权终止后，仍然实施代理行为，未经被代理人追认的，对被代理人不发生效力。

【提示】被代理人已经开始履行民事法律行为中设定的义务的，视为对民事法律行为的追认。

(2) 相对人的催告权。

相对人可以催告被代理人自收到通知之日起30日内予以追认。被代理人未作表示的，视为拒绝追认。

(3) 善意相对人的撤销权。

民事法律行为被追认之前，善意相对人有撤销的权利。

【提示】撤销应当以通知的方式作出。

(4) 未被追认的责任承担。

行为人实施的行为未被追认的，善意相对人有权请求行为人履行债务或者就其受到的损害请求行为人赔偿，但是赔偿的范围不得超过被代理人追认时相对人所能获得的利益。相对人知道或者应当知道行为人无权代理的，相对人和行为人按照各自的过错承担责任。

【鑫考题·单选题】甲是乙公司的采购员，已离职。丙公司是乙公司的客户，已被告知甲离职的事实，但当甲持乙公司盖章的空白合同书，以乙公司名义与丙公司洽购100吨白糖时，丙公司仍与其签订了买卖合同。根据合同法律制度的规定，下列表述中，正

确的是（　　）。（2009年）

A. 甲的行为构成无权代理，合同效力待定

B. 甲的行为构成无权代理，合同无效

C. 丙公司有权在乙公司追认合同之前，行使撤销权

D. 丙公司可以催告乙公司追认合同，如乙公司在30日内未作表示，合同有效

【答案】A

【解析】（1）选项AB：甲的行为构成狭义的无权代理，该买卖合同效力待定；（2）选项C：只有善意相对人才享有撤销权，而丙公司已经知道甲离职的事实，丙公司不能行使撤销权；（3）选项D：被代理人在30日内未作表示的，视为拒绝追认。

【鑫考点4】民事法律行为的附条件和附期限（★★）（2017年单选题）

一、民事法律行为的附条件

1. 不得附条件

（1）条件与行为性质相违背的，如法定抵销不得附条件。

（2）违背社会公共利益或社会公德的，如结婚、离婚等身份性质的民事法律行为，原则上不得附条件。

2. 条件的特征

（1）必须是将来发生的事实（可以是自然现象、事件或者人的行为）。

（2）必须是将来不确定的事实。

（3）应当是双方当事人约定的。

（4）条件必须合法。

3. 附条件法律行为的效力

（1）附生效条件的民事法律行为。在所附条件成就之前，法律行为已经成立；在所附条件成就之后，法律行为发生法律效力。

【提示】当事人恶意促使条件成就的，应当认定条件没有成就；当事人恶意阻止条件成就的，应当认定条件已经成就。

（2）附解除条件的民事法律行为。在所附条件成就之前，法律行为已经发生法律效力，行为人已经开始行使权利和承担义务；当所附条件成就时，权利和义务则失去法律效力。

二、附条件与附期限法律行为的区分

（1）附条件的法律行为：该法律行为效力的产生或消灭具有不确定性。

（2）附期限的法律行为：该法律行为效力的产生或消灭是确定的、可预知的。

【解释】"期限"是一定会届至的，"条件"是不一定会成就的。

【鑫考题·单选题】根据民事法律制度的规定，下列关于附条件民事法律行为所附条件的表述中，正确的是（　　）。（2017年）

A. 既可以是将来的事实，也可以是过去的事实
B. 既可以是人的行为，也可以是自然现象
C. 既可以是确定发生的事实，也可以是不确定发生的事实
D. 既包括约定事实，也包括法定事实

【答案】B

【解析】所附条件，可以是自然现象、事件，也可以是人的行为（选项B正确）。但它应当具备下列特征：(1) 必须是将来发生的事实。过去的事实，不得作为条件（选项A错误）。(2) 必须是将来不确定的事实（选项C错误）。(3) 条件应当是双方当事人约定的（选项D错误）。(4) 条件必须合法。

第二节 代理制度

【鑫考点1】代理的基本理论（★★）（2000年单选题；2009年单选题；2019年单选题）

【基本概念】代理制度是指代理人在代理权限内，以被代理人的名义与第三人实施法律行为，由此产生的法律后果直接由被代理人承担的一种法律制度。

一、代理的法律特征

(1) 代理行为是民事法律行为，包括：

① 订立合同、履行债务等民事法律行为；

② 民事诉讼行为；

③ 某些财政、行政行为（如代理专利申请、商标注册）。

【提示】根据《民法典》的规定，依照法律规定、当事人约定或者民事法律行为的性质，应当由本人亲自实施的民事法律行为，不得代理。如立遗嘱、结婚等民事法律行为不得代理。

(2) 代理人以被代理人的名义进行的民事法律行为。

(3) 代理人在代理权限范围内独立向第三人作出的意思表示。

(4) 代理人所为的民事法律行为的法律后果归属于被代理人。

二、代理与相关概念的区分

1. 代理与委托

(1) 行使权利的名义不同：在委托中，受托人既可以以委托人的名义活动，也可以以自己的名义活动。

(2) 从事的事务不同：委托不要求以意思表示为要素，因此委托从事的行为可以是纯粹的事务性行为，如整理资料、打扫卫生等。

(3) 涉及当事人不同：委托属于双方当事人之间的关系，即委托人和受托人之间的

关系。

2. 代理与行纪

（1）行使权利的名义不同：行纪以行纪人自己的名义实施民事法律行为。

（2）法律效果不同：行纪的法律效果先由行纪人承受，然后通过其他法律关系（如委托合同）转给委托人。

（3）是否有偿不同：行纪必为有偿民事法律行为。

3. 代理与传达

（1）独立性不同：传达的任务是忠实传递委托人的意思表示，传达人自己不进行意思表示。

（2）行为能力要求不同：传达人是忠实传递委托人的意思表示，不以具有民事行为能力为条件。

（3）适用范围不同：身份行为的意思表示可以借助传达人传递意思表示。

【鑫考题·单选题】根据民事法律制度的规定，下列关于传达的表述中，正确的是（　　）。(2019年)

A. 传达人以自己的名义为意思表示　　B. 单方意思表示不能传达
C. 传达人须具备完全民事行为能力　　D. 身份行为的意思表示可以传达

【答案】D

【解析】（1）选项A：传达的任务是忠实传递委托人的意思表示，传达人自己不进行意思表示；（2）选项B：传达是将当事人的意思表示忠实地转述给对方当事人的行为，单方意思表示可以传达；（3）选项C：传达人是忠实传递委托人的意思表示，不以具有民事行为能力为条件。

【鑫考点2】委托代理（★★★）(2011年单选题；2013年单选题；2015年多选题、案例分析题)

【解释1】委托代理是指基于被代理人授权的意思表示而发生的代理，又称意定代理。由于委托代理基于被代理人授权的意思表示而发生，因此委托代理的被代理人在授权时必须具有相应的民事行为能力。

【解释2】委托授权为不要式行为，既可以采用书面形式，也可以采用口头或者其他方式授权，其中书面的委托形式是授权委托书。

一、滥用代理权与无权代理

	滥用代理权	无权代理
情形不同	（1）自己代理 （2）双方代理 （3）代理人与相对人恶意串通	（1）没有代理权的代理行为 （2）超越代理权的代理行为 （3）代理权终止后的代理行为

	滥用代理权	无权代理
法律后果不同	(1) 前两种情形属于效力待定行为；其行为效力取决于被代理人对意思表示的追认与否 (2) 第三种情形属于无效行为；代理人和相对人应当承担连带责任	(1) 一般情况下属于效力待定行为 (2) 构成"表见代理"情形的，则该代理行为有效

【鑫考题·多选题】根据民事法律制度的规定，下列行为中，属于滥用代理权的有（ ）。(2015年)

A. 代理人甲以被代理人乙的名义将乙的一台塔吊卖给自己

B. 代理人甲以被代理人乙的名义卖出一台塔吊，该塔吊由甲以丙的名义买入

C. 代理人甲与买受人丁串通，将被代理人乙的一台塔吊低价卖给丁

D. 代理人甲在被代理人乙收回代理权后，仍以乙的名义将乙的塔吊卖给戊

【答案】ABC

【解析】(1) 滥用代理权包括：自己代理（选项A）、双方代理（选项B）、代理人与相对人恶意串通，损害被代理人的利益（选项C）；(2) 选项D：属于无权代理。

二、表见代理

【解释】行为人没有代理权、超越代理权或者代理权终止后，仍然实施代理行为，相对人有理由相信行为人有代理权的，代理行为有效。（2015年案例分析题）

1. 表见代理的构成要件

(1) 代理人无代理权。

(2) 相对人主观上为善意。

(3) 客观上有使相对人相信无权代理人具有代理权的情形。

(4) 相对人基于这个客观情形而与无权代理人成立民事法律行为。

【提示】通常表现为：① 合同签订人持有被代理人的介绍信或盖有印章的空白合同书，使得相对人相信其有代理权；② 无权代理人此前曾被授予代理权，且代理期限尚未结束，但实施代理行为时代理权已经终止。

2. 表见代理的效果

表见代理对于本人来说，产生与有权代理一样的效果。被代理人不得以无权代理作为抗辩事由，主张代理行为无效。

【鑫考题·单选题】甲为乙公司的业务员，负责某小区的订奶业务多年，每月月底在小区摆摊，更新订奶户并收取下月订奶款。2013年5月29日，甲从乙公司辞职。5月30日，甲仍照常前往小区摆摊收取订奶款，订奶户不知内情，照例交款，甲亦如常开出盖有乙公司公章的订奶款收据，之后甲下落不明。根据民事法律制度的规定，下列表述中，正确的是（ ）。(2013年)

A. 甲的行为构成无权处分，应由乙公司向订奶户承担损害赔偿责任后，再向甲追偿

B. 甲的行为构成狭义无权代理，应由甲向订奶户承担损害赔偿责任

C. 甲的行为与乙公司无关，应由甲向订奶户承担合同履行义务

D. 甲的行为构成表见代理，应由乙公司向订奶户承担合同履行义务

【答案】D

【解析】行为人没有代理权、超越代理权或者代理权终止后以被代理人的名义订立合同，相对人有理由相信行为人有代理权的，该代理行为有效。

第三节 诉讼时效制度

【鑫考点1】诉讼时效的基本理论（★★）(2009年单选题；2011年单选题；2012年单选题)

一、诉讼时效的概念与特点

1. 基本概念

诉讼时效制度是指债权请求权不行使达一定期间而失去国家强制力保护的制度。诉讼时效属于法律事实中的事件。

2. 特点

（1）诉讼时效届满不消灭实体权利。

（2）诉讼时效期间的经过，不影响债权人提起诉讼，即不丧失起诉权。

（3）如果债务人主张诉讼时效的抗辩，人民法院在确认诉讼时效期间届满的情况下，应驳回其诉讼请求。

【提示1】当事人未提出诉讼时效抗辩，人民法院不应对诉讼时效问题进行释明及主动适用诉讼时效的规定进行裁判。

【提示2】当事人在一审期间未提出诉讼时效抗辩，在二审期间提出的，人民法院不予支持，但其基于新的证据能够证明对方当事人的请求权已过诉讼时效期间的情形除外。

【提示3】诉讼时效期间届满，当事人一方向对方当事人作出同意履行义务的意思表示或者自愿履行义务后，又以诉讼时效期间届满为由进行抗辩，人民法院不予支持。

（4）诉讼时效具有强制性。

当事人对诉讼时效利益的预先放弃无效。诉讼时效的具体内容，如诉讼时效的期间、计算方法及中止、中断的事由均由法律规定，当事人约定无效。

【鑫考题·单选题】甲向乙借款10万元，乙超过诉讼时效期间起诉甲，要求其还款；在诉讼中，甲仅表示其无力还款。根据诉讼时效法律制度的规定，下列表述正确的是（　　）。(2012年)

A. 人民法院应判决支持乙的诉讼请求

B. 人民法院应以诉讼时效期间届满为由，判决驳回乙的诉讼请求

C. 人民法院应要求甲就是否存在诉讼时效中止、中断、延长的事由进行举证

D. 人民法院应要求乙就是否存在诉讼时效中止、中断、延长的事由进行举证

【答案】A

【解析】当事人未提出诉讼时效抗辩，人民法院不应对诉讼时效问题进行释明及主动适用诉讼时效的规定进行裁判；在本题中，"甲仅表示其无力还款"，并未提出诉讼时效抗辩，人民法院应支持乙的诉讼请求。

二、诉讼时效与除斥期间

【解释】除斥期间是指法律规定某种权利预定存续的期间，权利人在此期间不行使权利，预定期间届满，便可发生该权利消灭的法律后果。

【例如】① 受遗赠人应当在知道受遗赠后60日内，作出接受或者放弃受遗赠的表示；到期没有表示的，视为放弃受遗赠。60日即为受遗赠权的除斥期间。② 可撤销民事法律行为的撤销权行使期间（90日、1年、5年）属于除斥期间。

区别	诉讼时效	除斥期间
适用对象	债权请求权	一般适用形成权（撤销权、追认权、解除权），也可能适用请求权（如受遗赠权）
援用主体	由当事人主张后，人民法院才能审查，人民法院不主动援用	无论当事人是否主张，人民法院均应当主动审查
法律效力	诉讼时效期间届满，只是让债务人取得抗辩权，实体权利不消灭	除斥期间届满，实体权利消灭

【鑫考题·单选题】下列关于除斥期间的说法中，正确的是（ ）。（2011年）

A. 除斥期间届满，实体权利并不消灭

B. 除斥期间适用债权请求权

C. 撤销权可适用除斥期间

D. 如果当事人未主张除斥期间届满，人民法院不得主动审查

【答案】C

【解析】（1）选项A：除斥期间届满，实体权利消灭；诉讼时效期间届满，只是导致胜诉权的消灭，实体权利不消灭。（2）选项BC：诉讼时效适用于债权请求权；除斥期间一般适用于形成权，如追认权、解除权、撤销权等。（3）选项D：除斥期间无论当事人是否主张，人民法院均应当主动审查；人民法院不能主动援用诉讼时效，诉讼时效须由当事人主张后，人民法院才能审查。

三、诉讼时效的适用对象

1. 《民法典》关于请求权不适用诉讼时效的规定

（1）请求停止侵害、排除妨碍、消除危险。

（2）不动产物权和登记的动产物权的权利人请求返还财产。

（3）请求支付抚养费、赡养费或者扶养费。

（4）依法不适用诉讼时效的其他请求权。

2. 最高人民法院司法解释关于债权请求权不适用诉讼时效的规定

（1）支付存款本金及利息请求权。

（2）兑付国债、金融债券及向不特定对象发行的企业债券本息请求权。

（3）基于投资关系产生的缴付出资请求权。

（4）其他依法不适用诉讼时效规定的债权请求权。

【鑫考点2】诉讼时效的期间与起算（★★★）（2006年单选题；2007年单选题；2008年单选题；2009年单选题；2010年单选题；2013年单选题；2017年单选题；2020年单选题）

一、诉讼时效的期间

1. 普通诉讼时效

向人民法院请求保护民事权利的诉讼时效期间为3年。法律另有规定的，依照其规定。

【提示】诉讼时效期间自权利人知道或者应当知道权利受到损害及义务人之日起计算。法律另有规定的，依照其规定。

2. 长期诉讼时效

因国际货物买卖合同和技术进出口合同争议提起诉讼或者申请仲裁的期限为4年。

3. 最长诉讼时效

自权利受到损害之日起超过20年的，人民法院不予保护；有特殊情况的，人民法院可以根据权利人的申请决定延长（但不适用诉讼时效的中止与中断规定）。

【鑫考题1·单选题】1998年2月8日夜，赵某在回家路上被人用木棍从背后击伤。经过长时间的访查，赵某于2017年10月31日掌握确凿证据证明将其打伤的是钱某。赵某要求钱某赔偿的诉讼时效届满日应为（   ）。（2008年）

A. 2001年2月8日
B. 2018年2月8日
C. 2018年10月31日
D. 2020年10月31日

【答案】B

【解析】权利被侵害超过20年的，人民法院不予保护。

【鑫考题2·单选题】根据民事法律制度的规定，下列关于最长诉讼时效的表述中，正确的是（   ）。（2020年）

A. 最长诉讼时效期间为20年
B. 最长诉讼时效期间从权利人知道或者应当知道权利被侵害时起算
C. 最长诉讼时效期间可中止、中断
D. 最长诉讼时效期间不可延长

【答案】A

【解析】（1）选项AB：权利被损害超过20年的，人民法院不予保护。有特殊情况的，人民法院可以根据权利人的申请决定延长。(2) 选项 CD：最长诉讼时效期间可以适用诉讼时效的延长，但不适用诉讼时效期间的中止、中断。

二、诉讼时效期间的起算

情形	时效起算点
附条件的或附期限的	自条件成就或期限届满之日起算
定有履行期限的债	从清偿期限届满之日起算
不能确定履行期限的债	从债权人要求债务人履行义务的宽限期届满之日起算
	债务人在债权人第一次主张权利之时明确表示不履行义务的，诉讼时效期间从债务人明确表示不履行义务之日起算
无民事行为能力人或者限制民事行为能力人对其法定代理人的请求权	自该法定代理终止之日起算
未成年人遭受性侵害的损害赔偿请求权	自受害人年满 18 周岁之日起算
请求他人不作为的债	自权利人知道义务人违反不作为义务时起算
国家赔偿	自赔偿请求人知道或者应当知道国家机关及其工作人员行使职权时的行为侵犯其人身权、财产权之日起算，但被羁押等限制人身自由期间不计算在内

【鑫考题 1·单选题】甲、乙订立买卖合同，约定甲于 2017 年 12 月 1 日向乙供货，乙在收到货物后 1 个月内一次性付清全部价款。甲依约供货后，乙未付款，若甲一直未向乙主张权利，则甲对乙的付款请求权诉讼时效期间届满日为（　　）。(2013 年)

　　A. 2018 年 1 月 1 日　　　　　　B. 2019 年 12 月 1 日
　　C. 2020 年 12 月 1 日　　　　　D. 2021 年 1 月 1 日

【答案】D

【解析】买卖合同适用 3 年的普通诉讼时效期间，约定履行期限之债的诉讼时效，自履行期限届满之日（2018 年 1 月 1 日）开始计算。

【鑫考题 2·单选题】根据民事法律制度的规定，下列关于诉讼时效起算的表述中，正确的是（　　）。(2017 年)

　　A. 附条件的或附期限的，从条件成就或期限届满之日起算
　　B. 不能确定履行期限的，从债权人要求债务人履行之日起算
　　C. 请求他人不作为的，自义务人违反不作为义务时起算
　　D. 国家赔偿的，自国家机关及其工作人员实施违法行为时起算

【答案】A

【解析】(1) 选项 B：不能确定履行期限的，诉讼时效期间从债权人要求债务人履行义务的宽限期届满之日起算，但债务人在债权人第一次主张权利之时明确表示不履行义务的，诉讼时效期间从债务人明确表示不履行义务之日起算；(2) 选项 C：请求他人不作为的，诉讼时效期间自权利人知道义务人违反不作为义务时起算；(3) 选项 D：国

家赔偿的，诉讼时效期间自赔偿请求人知道或者应当知道国家机关及其工作人员行使职权时的行为侵犯其人身权、财产权之日起算，但被羁押等限制人身自由期间不计算在内。

【鑫考点3】诉讼时效中止（★★★）（2016年单选题）

【解释】在诉讼时效期间的最后6个月内，因不可抗力或者其他障碍不能行使请求权的，诉讼时效中止。

一、诉讼时效中止的事由（客观事由）

在诉讼时效期间的最后6个月内，因下列障碍，不能行使请求权的，诉讼时效中止：
（1）不可抗力。
（2）无民事行为能力人或者限制民事行为能力人没有法定代理人，或者法定代理人死亡、丧失民事行为能力、丧失代理权。
（3）继承开始后未确定继承人或者遗产管理人。
（4）权利人被义务人或者其他人控制。
（5）其他导致权利人不能行使请求权的障碍。

【提示】只有在诉讼时效期间的最后6个月内发生中止事由，才能中止诉讼时效的进行。

二、诉讼时效中止的法律效力

自诉讼时效中止的原因消除之日起满6个月，诉讼时效期间届满。

【解释】在诉讼时效中止的情况下，诉讼时效中止的原因消除后，诉讼时效始终剩余6个月。

【鑫考题·单选题】根据民事法律制度的规定，下列各项中，属于诉讼时效中止法定事由的是（　　）。（2016年）

A. 申请仲裁
B. 权利被侵害的无民事行为能力人没有法定代理人
C. 申请宣告义务人死亡
D. 申请支付令

【答案】B
【解析】选项ACD：属于诉讼时效中断事由。

【鑫考点4】诉讼时效中断（★★★）（2009年多选题；2011年案例分析题；2012年多选题；2013年多选题；2014年单选题；2017年多选题；2019年多选题）

【解释】诉讼时效中断是指在诉讼时效进行中，因法定事由的发生致使已经进行的诉讼时效期间全部归于无效，诉讼时效期间重新计算。

一、法定事由（主观因素）

1. 权利人向义务人提出履行请求

（1）当事人一方直接向对方当事人送交主张权利文书，对方当事人在文书上签字、盖章，或者虽未签字、盖章但能够以其他方式证明该文书到达对方当事人的。

【解释】对方当事人为法人或其他组织的，签收人可以是法定代表人、主要负责人、负责收发信件的部门或被授权主体；对方当事人为自然人的，签收人可以是本人、同住的具有完全民事行为能力的亲属或被授权主体。

（2）当事人一方以发送信件或者数据电文方式主张权利，信件或者数据电文到达或者应当到达对方当事人的。

（3）当事人一方为金融机构，依照法律规定或者当事人约定从对方当事人账户中扣收欠款本息的。

（4）当事人一方下落不明，对方当事人在国家级或者下落不明的当事人一方住所地的省级有影响的媒体上刊登具有主张权利内容的公告的，但法律和司法解释另有特别规定的，适用其规定。

（5）权利人对同一债权中的部分债权主张权利，诉讼时效中断的效力及于剩余债权，但权利人明确表示放弃剩余债权的情形除外。

2. 义务人同意履行义务

义务人作出分期履行、部分履行、提供担保、请求延期履行、制订清偿债务计划等承诺或者行为，均属于义务人同意履行义务的行为。

3. 权利人提起诉讼或者申请仲裁

下列事项均有与提起诉讼或申请仲裁具有同等诉讼时效中断的效力：

① 申请支付令；② 申请破产，申报破产债权；③ 为主张权利而申请宣告义务人失踪或死亡；④ 申请诉前财产保全、诉前临时禁令等诉前措施；⑤ 申请强制执行；⑥ 申请追加当事人或者被通知参加诉讼；⑦ 在诉讼中主张抵销；⑧ 向人民调解委员会及其他依法有解决纠纷的社会组织提出请求；⑨ 向公、检、法机关报案或控告，请求保护民事权利。

二、特殊情形

1. 连带债权（债务）

对于连带债权人、连带债务人中的一人发生诉讼时效中断效力的事由，应当认定对其他连带债权人、连带债务人也发生诉讼时效中断的效力。

2. 代位权

债权人提起代位权诉讼的，应当认定对债权人的债权和债务人的债权均发生诉讼时效中断的效力。

3. 债权（债务）转让

（1）债权转让的，应当认定诉讼时效从债权转让通知到达债务人之日起中断。

(2) 债务承担情形下，构成原债务人对债务承认的，应当认定诉讼时效从债务承担意思表示到达债权人之日起中断。

【鑫考题1·多选题】下列情形中，能导致诉讼时效中断的有（   ）。(2012年)
A. 甲把要求乙清偿3个月前到期的债务的书面通知当面递交乙，乙拒绝接收，甲将通知留在乙处后愤然离去
B. 乙对甲的债务已过清偿期1个月，乙突然不知所踪，经过2个月的多方探寻无果后，甲在《人民法院报》上刊登声明，要求乙清偿债务
C. 甲对乙的债权诉讼时效期间还有1个月即将届满时，甲意外死亡，需要等待确定继承人
D. 债权人甲路上偶遇债务人乙，未等甲开口要求乙偿还1个月前到期的债务，乙即一边连称"抱歉"，一边匆匆离去

【答案】AB
【解析】(1) 选项A：当事人一方直接向对方当事人送交主张权利文书，能够以其他方式证明该文书到达对方当事人的，属于诉讼时效中断事由；(2) 选项B：当事人一方下落不明，对方当事人在国家级或者下落不明的当事人一方住所地的省级有影响的媒体上刊登具有主张权利内容的公告的，属于诉讼时效中断事由；(3) 选项C：继承开始后未确定继承人或者遗产管理人的，属于诉讼时效中止事由；(4) 选项D：债权人甲未能将主张权利的意思表示说出口，不能导致诉讼时效中断。

【鑫考题2·多选题】根据民事法律制度的规定，下列情形中，能导致诉讼时效中断的有（   ）。(2013年)
A. 债权人向人民法院申请对债务人的财产实施诉前财产保全
B. 债务人否认对债权人负有债务
C. 债权人向人民法院申请债务人破产，但被人民法院驳回
D. 债权人向人民调解委员会请求调解

【答案】ACD
【解析】(1) 选项A：权利人申请诉前财产保全、诉前临时禁令等诉前措施，导致诉讼时效中断；(2) 选项B：债务人通过一定的方式向债权人作出愿意履行义务的意思表示，才导致诉讼时效中断；(3) 选项C：权利人申请破产、申报破产债权，导致诉讼时效中断；(4) 选项D：权利人向人民调解委员会请求调解，诉讼时效从提出请求之日起中断。

【鑫考题3·单选题】根据民事法律制度的规定，下列情形中，可导致诉讼时效中止的是（   ）。(2014年)
A. 债权人向人民法院申请支付令
B. 债务人向债权人请求延期履行
C. 未成年债权人的监护人在一次事故中遇难，尚未确定新的监护人

D. 债权人向人民法院申请债务人破产

【答案】C

【解析】（1）选项ABD：属于诉讼时效中断的事由；（2）选项C：权利被侵害的无民事行为能力人、限制民事行为能力人没有法定代理人，或者法定代理人死亡、丧失代理权、丧失民事行为能力，属于诉讼时效中止的事由。

【鑫考题4·多选题】根据民事法律制度的规定，提起诉讼是中断诉讼时效的法定事由。下列各项中，与提起诉讼具有同等效力，导致诉讼时效中断的有（   ）。（2017年）

A. 申请强制执行　　　　　　　　B. 申请仲裁
C. 在诉讼中主张抵销　　　　　　D. 申请追加当事人

【答案】ABCD

【解析】下列事项均与提起诉讼具有同等诉讼时效中断的效力：（1）申请仲裁；（2）申请支付令；（3）申请破产，申报破产债权；（4）为主张权利而申请宣告义务人失踪或者死亡；（5）申请诉前财产保全、诉前临时禁令等诉前措施；（6）申请强制执行；（7）申请追加当事人或者被通知参加诉讼；（8）在诉讼中主张抵销；（9）其他与提起诉讼具有同等诉讼时效中断效力的事项。

【鑫考题5·多选题】根据民事法律制度的规定，下列各项中，属于诉讼时效中断事由的有（   ）。（2019年）

A. 债权人发送催收信件到达债务人　　B. 债务人向债权人请求延期履行
C. 债权人申请诉前财产保全　　　　　D. 债务人向债权人承诺提供担保

【答案】ABCD

第三章

物权法律制度

本章考点

在最近 3 年的考试中，本章的平均分值为 7 分。考生需要重点关注本章与合同法律制度相结合的案例分析题。本章复习难度较大，重在对考点的理解。考生需要重点关注物权变动、按份共有、善意取得制度、抵押权等内容，并能够准确区分物权行为和债权行为。

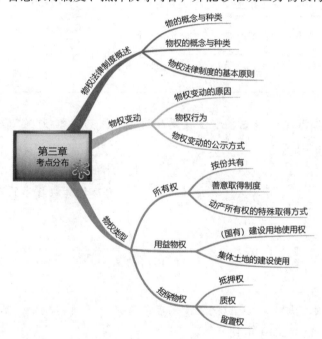

本章考情

其中 1 套试卷

题型	2018 年	2019 年	2020 年
单选题	1 题 1 分	1 题 1 分	1 题 1 分
多选题	1 题 1.5 分	1 题 1.5 分	2 题 3 分
案例分析题	1 题 1 问 3 分	1 题 2 问 6 分	1 题 1 问 3 分
合计	3 题 5.5 分	3 题 8.5 分	4 题 7 分

第一节 物权法律制度概述

【鑫考点1】物的概念与种类（★★）（2009年多选题；2013年多选题；2017年单选题；2018年单选题；2019年单选题；2020年多选题）

一、物的概念

物权法律制度上的物是指有体物，是除人的身体之外，能为人所支配、独立满足人类生活需要之物。

特征	内容（示例）	不属于
有体性	仅指有体物。权利在特殊情况下经法律规定可成为物权客体，如权利质权	权利、行为、智力成果（包括电脑程序）等
可支配性	能为人所支配并满足人需要的有体物	不为人所支配，如太阳、月球等；不为人所需，如汽车尾气等
在人的身体之外	与人体分离的毛发、假牙、义肢、捐献器官、尸体等	人是权利主体，不能成为物权客体

【鑫考题1·多选题】 根据物权法律制度的规定，下列各项中，能够成为所有权客体的有（　　）。(2013年)

A. 月球表面　　　　　　　　　B. 药品

C. 土地　　　　　　　　　　　D. 存有计算机程序的光盘

【答案】BCD

【解析】所有权的客体即是物权法律制度上的物，是除人的身体之外，能为人所支配、独立满足人类生活需要之物。选项A：月球表面不具有可支配性，不属于物，不能成为所有权的客体。

【鑫考题2·单选题】 根据物权法律制度的规定，下列各项中，属于物权法律制度上的物的是（　　）。(2019年)

A. 太阳　　　　B. 海域　　　　C. 月亮　　　　D. 星星

【答案】B

【解析】物包括不动产和动产。不动产包括土地、海域（选项B正确）及房屋、林木等地上定着物。

二、物的种类

分类	要点	
动产与不动产	(1) 不动产包括土地、海域及房屋、林木等地上定着物	
	(2) 物权变动要求：动产以交付为原则，不动产则须登记	
可替代物与不可替代物	(1) 如书、粮食属于可替代物，损失可用同类物替代履行	
	(2) 如齐白石的画属于不可替代物，损坏只能赔偿损失	
可分物与不可分物	(1) 如米、酒属于可分物。分割共有物时，可分物可进行实物分割	
	(2) 如牛、汽车属于不可分物	
主物与从物	(1) 物理上相互"独立"	如房间的钥匙、书的封套、汽车的备用胎等
	(2) 功能上"主从"	
	(3) 无特别情况，从物的权利归属与主物一致	
原物与孳息	(1) 界定："相互独立"+"派生"	
	(2) 分类：天然孳息与法定孳息	
	(3) 天然孳息，由所有权人取得；既有所有权人又有用益物权人的，由用益物权人取得；当事人另有约定的除外	

【鑫考题1·多选题】 根据物权法律制度的有关理论，下列选项中，属于民法意义上孳息的有（　　）。（2009年）

A. 母牛腹中的小牛　　　　　B. 苹果树上长着的苹果

C. 母鸡生的鸡蛋　　　　　　D. 每月出租房屋获得的租金

【答案】 CD

【解析】 (1) 选项AB：孳息物还未独立于原物；(2) 选项C：属于天然孳息；(3) 选项D：属于法定孳息。

【鑫考题2·单选题】 根据物权法律制度的规定，下列关于物的种类的表述中，正确的是（　　）。（2017年）

A. 海域属于不动产　　　　　B. 文物属于禁止流通物

C. 金钱属于非消耗物　　　　D. 牛属于可分割物

【答案】 A

【解析】 (1) 选项B：文物属于限制流通物；(2) 选项C：金钱属于消耗物；(3) 选项D：牛属于不可分物。

【鑫考题3·单选题】 根据物权法律制度的规定，下列各项中，属于动产的是（　　）。（2018年）

A. 房屋　　　B. 林木　　　C. 海域　　　D. 船舶

【答案】 D

【解析】 选项ABC：属于不动产。

【鑫考题4·多选题】 根据物权法律制度的规定，下列各项中，属于主从物的有

( )。(2020年)

A. 母牛及其幼崽　　　　　B. 树木及其果实
C. 房屋及其钥匙　　　　　D. 汽车及其备胎

【答案】CD

【鑫考点2】物权的概念与种类（★★）(2017年单选题；2019年多选题)

一、物权的概念

物权是指权利人依法对特定的物享有直接支配和排他的权利。

物权	债权
属于支配权（有权以自己的意志实现权利，无须第三人的积极行为协助）	属于请求权（有赖于债务人的履行行为）
排他性（一物之上只能成立一项所有权）	兼容性（一物之上可以有多重买卖）
绝对权（对抗所有人的财产权，排除任何他人的干涉）	相对权（仅对特定的债务人存在）

二、物权的种类

1. 自物权与他物权

物权包括所有权、用益物权和担保物权	
自物权	所有权：国家所有、集体所有、私人所有
他物权	(1) 用益物权：建设用地使用权、农村土地承包经营权、地役权、宅基地使用权 (2) 担保物权：抵押权、质权、留置权

2. 动产物权与不动产物权

动产物权	动产所有权、动产抵押权、动产质权、留置权
不动产物权	不动产所有权、土地使用权、不动产抵押权（没有"质权""留置权"）

3. 独立物权与从物权

独立物权	所有权、除地役权外的用益物权 【提示】地役权从属于需役地的所有权或使用权之上
从物权	担保物权、地役权 【解释】担保物权从属于债权而存在

【鑫考题1·单选题】根据物权法律制度的规定，下列各项中，属于独立物权的是（ ）。(2017年)

A. 地役权　　B. 建设用地使用权　　C. 质权　　D. 抵押权

【答案】B

【解析】选项ACD：属于从物权。

【鑫考题2·多选题】根据物权法律制度的规定，下列权利中，可以设定在动产之

上的有（　　）。(2019 年)

A. 抵押权　　　　B. 所有权　　　　C. 质权　　　　D. 留置权

【答案】ABCD

【鑫考点3】物权法律制度的基本原则（★★）(2008 年案例分析题；2015 年多选题)

一、物权法定原则

物权的种类和内容，由法律规定。

【解释】物权是法定的；债权是约定的。

【案例】叔侄约定：侄子若将祖宅出售，叔父有权优先购买；后侄子在未通知其叔父的情况下，擅自将祖宅售与他人（不知情）。

问题1：是否有物权效力？

问题2：是否有债权效力？

【分析】

(1) 根据物权法定原则，优先购买权不是物权法律制度上的法定物权种类，因此，这一约定因为违反物权种类法定原则而无效，即便侄子违反约定将祖宅售与他人，叔父亦不得主张房屋买卖无效并要求买受人返还房屋。

(2) 这一物权法律制度上无效的约定在合同法律制度上仍然有效，因此，叔父有权请求违反约定的侄子承担合同法律制度上的违约责任。

二、物权客体特定原则（一物一权原则）

【解释1】物权具有排他性，故一物之上只能成立一项所有权；债权的客体是当事人的给付行为，并不直接存在于物，故不奉行特定物，即使物尚不确定、尚不存在，也不影响债权合同的有效性。

【解释2】一物一权原则与以下情形并不矛盾：① 一物之上可以存在多个物权人（如共有），但物权（所有权）只有一个；② 一物之上可以成立数个互不冲突的物权，如所有权与他物权的共容、用益物权与担保物权的共容等。

三、物权公示原则

【解释】物权是绝对权，物权的享有必须为人所知，故须公示；债权属于相对权，效力不及于不特定的第三人，故无公示要求。一般情形下，不动产看登记，动产看交付占有。

【鑫考题·多选题】根据物权法律制度的规定，下列属于物权法律制度基本原则的有（　　）。(2015 年)

A. 物权相对原则　　　　　　　B. 物权法定原则

C. 物权公示原则　　　　　　　D. 物权客体特定原则

【答案】BCD

第二节 物权变动

【鑫考点1】物权变动的原因（★★★）（2008年案例分析题；2012年案例分析题）

类型	具体情形
基于法律行为的物权变动（必须公示）	买卖、赠与、互易、抵押、质押等 动产→交付；不动产→登记；法律另有规定的除外
非基于法律行为的物权变动（无须公示）	（1）事实行为：合法建造、拆除房屋等，事实行为成就时发生效力 （2）继承或受遗赠：继承或受遗赠开始时发生效力 （3）法律文书/征收决定：自人民法院或仲裁委的法律文书或政府的征收决定生效时

【提示1】法律文书包括直接变动物权的判决书、裁决书、调解书及执行程序中的裁定书，但不包括判令一方当事人向另一方当事人作出履行的给付判决。

【提示2】非基于法律行为的物权变动不必以公示为前提，但处分时应登记公示。

【鑫考点2】物权行为（★★★）（2009年单选题；2012年案例分析题；2014年案例分析题；2016年案例分析题；2019年案例分析题）

类型	含义	示例
债权行为	在当事人之间产生债权债务关系	如订立房屋买卖合同
物权行为	引起物权变动的行为，动产看交付，不动产看登记	如办理房屋登记

【解释】物权变动与合同效力相分离：物权是否变动与合同效力无关。

1. 物权与债权关系

当事人之间订立有关设立、变更、转让和消灭不动产物权的合同，自合同成立时生效，法律另有规定或合同另有约定的除外；未办理物权登记的（物权行为），不影响合同的效力（债权行为）。（2016年案例分析题）

2. 债权无处分权之要求

债权行为因其只是负担行为而不转让物权，故无处分权之要求，出卖他人之物的买卖合同亦可以有效。因出卖人未取得处分权致使标的物所有权不能转移的，买受人可以解除合同并请求出卖人承担违约责任。（2014年案例分析题；2019年案例分析题）

3. 债权具有兼容性

债权行为因其仅负担义务而不涉及物权变动，故可反复作出，在同一标的物上成立的数重买卖合同均可以有效。出卖人将同一标的物出卖于数个买受人后，只能履行其中一项买卖合同，其他未能获得标的物所有权的买受人有权请求出卖人承担违约责任。（2012年案例分析题）

【总结】合同效力与所有权归属。

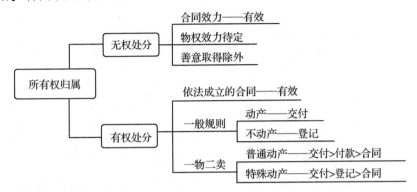

【鑫考点3】物权变动的公示方式（★★★）（2009年多选题；2013年案例分析题；2014年多选题；2015年单选题；2016年案例分析题；2017年单选题、案例分析题；2019年案例分析题；2020年单选题、案例分析题）

一、动产物权变动的公示方式——交付

1. 变动规则

交付生效	总原则	动产物权的设立和转让，自交付时发生效力，法律另有规定的除外（2013年案例分析题；2017年案例分析题；2019年案例分析题）
	质权	以动产设定的质权，自交付时设立
登记对抗	抵押权	动产设定抵押的，抵押权自抵押合同生效时设立，未经登记，不得对抗善意第三人
	特殊动产	船舶、航空器和机动车等物权的设立、变更、转让和消灭，未经登记，不得对抗善意第三人

2. 交付类型

现实交付		直接交由对方依法占有
交付替代	简易交付	权利人事先占有标的物，物权自法律行为生效时发生效力。如买方先租后买
	指示交付	动产物权设立和转让前，第三人依法占有该动产的，可以通过转让请求第三人返还原物的权利代替交付。如卖方先租后卖于第三人
	占有改定	动产物权转让时，双方又约定由出让人继续占有该动产的，物权自该约定生效时发生效力。如卖方先卖后借

【鑫考题·单选题】物权法律制度规定："动产物权转让时，当事人又约定由出让人继续占有该动产的，物权自该约定生效时发生效力。"本条规定的交付形式是（　　）。（2020年）

A. 现实交付　　　　　　　　B. 简易交付
C. 占有改定　　　　　　　　D. 指示交付
【答案】C

二、不动产物权变动的公示方式——登记

1. 登记规则

登记生效	总原则	不动产物权的设立、变更、转让和消灭，经依法登记，发生效力；未经登记，不发生效力，但法律另有规定的除外
	抵押权	不动产设定抵押的，应当办理抵押物登记，抵押权自登记之日起设立
登记对抗	土地承包经营权	土地承包经营权自土地承包经营权合同生效时设立，未经登记，不得对抗善意第三人
	地役权	地役权自地役权合同生效时设立，未经登记，不得对抗善意第三人

【鑫考题·单选题】根据物权法律制度的规定，下列物权变动中，须经登记方可生效的是（　）。（2020年）

A. 设定地役权
B. 转让土地承包经营权
C. 在生产设备上设定抵押权
D. 设立建设用地使用权

【答案】D

【解析】（1）选项 ABC：登记对抗；（2）选项 D：建设用地使用权自登记时设立。

2. 变更登记与转移登记

（1）变更登记：不动产登记事项发生不涉及权利转移的变更所需的登记。如权利人的姓名、名称、身份证号码；不动产坐落、面积、界址；抵押担保范围、主债权数额、抵押权顺位、共有性质等变更。

（2）转移登记：不动产权利在不同主体之间发生转移所需的登记。如买卖、赠与、互换不动产；法人或其他组织合并、分立；共有人增加或减少及共有不动产份额的变化；主债权转移引起不动产抵押权转移等。

3. 更正登记与异议登记

【提示】更正登记与异议登记用以应对可能发生的登记错误。而变更登记是因登记事项发生变更所需的登记。

更正登记	主体	权利人、利害关系人认为不动产登记簿记载的事项错误的，可以申请更正登记
	处理	不动产登记簿记载的权利人书面同意更正或者有证据证明登记确有错误的，登记机构应当予以更正
异议登记	条件	不动产登记簿记载的权利人不同意更正的，利害关系人可以申请异议登记
	失效	申请人在异议登记之日起15日内不起诉，异议登记失效
	责任	异议登记不当，造成权利人损害的，权利人可以向申请人请求损害赔偿

【鑫考题1·单选题】根据物权法律制度的规定，下列关于更正登记与异议登记的表述中，正确的是（　）。（2015年）

A. 更正登记的申请人可以是权利人，也可以是利害关系人
B. 提起更正登记之前，须先提起异议登记

C. 异议登记之日起 10 日内申请人不起诉的，异议登记失效

D. 异议登记不当造成权利人损害的，登记机构应承担损害赔偿责任

【答案】A

【解析】（1）权利人、利害关系人认为不动产登记簿记载的事项错误的，可以申请更正登记（选项 A 正确）；（2）不动产登记簿记载的权利人不同意更正的，利害关系人可以申请异议登记，即先更正登记，而后才是异议登记（选项 B 错误）；（3）登记机构予以异议登记的，申请人在异议登记之日起 15 日内不起诉，异议登记失效（选项 C 错误）；（4）异议登记不当，造成权利人损害的，权利人可以向申请人请求损害赔偿（选项 D 错误）。

【鑫考题 2·单选题】甲公司与乙银行签订 300 万元的借款合同，并以其自有房屋提供债权额为 300 万元的抵押担保，并已办理登记。其后，借款合同的借款金额增加为 400 万元，仍以该房屋提供抵押担保，担保债权额相应增加为 400 万元。为使新增抵押生效，根据物权法律制度的规定，乙银行应向不动产登记机构申请的登记类型是（ ）。(2017 年)

A. 更正登记　　　B. 预告登记　　　C. 变更登记　　　D. 转移登记

【答案】C

【解析】抵押担保的主债权数额发生变化的，不动产权利人可以向不动产登记机构申请变更登记。

4. 预告登记

情形	（1）预购商品房 （2）以预购商品房设定抵押 （3）房屋所有权转让、抵押
效力	预告登记后，未经预告登记的权利人同意，处分该不动产的，不发生物权效力
失效	预告登记后，债权消灭或自能够进行不动产登记之日起 3 个月内未申请登记的，预告登记失效

【解释1】处分不动产行为包括转移不动产所有权，或者设定建设用地使用权、地役权、抵押权等其他物权。

【解释2】买卖不动产物权的协议被认定无效、被撤销、被解除，或者预告登记的权利人放弃债权的，应当认定为债权消灭。

【鑫考题 1·多选题】甲向乙出售房屋并订立买卖合同。双方约定：乙应在一年内分期支付完毕价款；甲先将房屋交付乙使用，一年后转移所有权。房屋交付后，双方前往房屋登记机构办理了预告登记。下列表述中，正确的有（ ）。(2009 年)

A. 乙已取得房屋所有权

B. 若甲未经乙同意，将房屋另行出卖给丙，则甲、丙的买卖合同无效

C. 若甲未经乙同意，将房屋抵押给丁，该抵押行为不能发生物权效力

D. 若甲因为乙没有按期支付价款而依法解除合同，则预告登记失效

【答案】CD

【解析】（1）选项A：不动产物权的设立、变更、转让和消灭，经依法登记，发生效力；未经登记，不发生效力，但法律另有规定的除外。（2）选项B：预告登记的作用在于使权利人擅自处分不动产时不发生物权变动效力，而对合同的效力没有影响。（3）选项C：预告登记后，未经预告登记的权利人同意，处分该不动产的，不发生物权效力。（4）选项D：预告登记后，债权消灭的，预告登记失效。

【鑫考题2·多选题】根据物权法律制度的规定，当事人可申请预告登记的情形有（　　）。(2014年)

A. 预购商品房
B. 租赁商业用房
C. 房屋所有权转让
D. 房屋抵押

【答案】ACD

【解析】根据规定，有下列情形之一的，当事人可以申请预告登记：（1）预购商品房；（2）以预购商品房设定抵押；（3）房屋所有权转让、抵押；（4）法律、法规规定的其他情形。

第三节　所有权

【鑫考点1】按份共有（★★）(2008年单选题；2012年单选题；2017年单选题；2019年案例分析题)

一、共有形态

共有人对共有的不动产或者动产没有约定为按份共有或共同共有，或约定不明确的，除共有人具有家庭关系等外，视为按份共有。

二、按份共有之份额　(2019年案例分析题)

1. 份额的确定

按份共有人对共有的不动产或者动产享有的份额，没有约定或者约定不明确的，按照出资额确定；不能确定出资额的，视为等额享有。

2. 份额的转让

（1）按份共有人对其享有的份额有处分自由，故可以自由转让享有的共有的不动产或者动产份额（无须征求其他共有人同意）。

（2）按份共有人可以转让其享有的共有的不动产或者动产份额。其他共有人在同等条件下享有优先购买的权利。

【提示1】共有份额的权利主体因继承、遗赠等原因或共有人相互之间转让发生变化时，其他按份共有人主张优先购买的，不予支持，但按份共有人之间另有约定的除外。

【提示2】优先购买权的行使期间，按份共有人之间有约定的，按照约定处理；没有

约定或者约定不明的,按照下列情形确定:

① 转让人向其他按份共有人发出的包含同等条件内容的通知中载明行使期间的,以该期间为准;

② 通知中未载明行使期间,或者载明的期间短于通知送达之日起 15 日的,为 15 日;

③ 转让人未通知的,为其他按份共有人知道或者应当知道最终确定的同等条件之日起 15 日;

④ 转让人未通知,且无法确定其他按份共有人知道或者应当知道最终确定的同等条件的,为共有份额权属转移之日起 6 个月。

【提示 3】两个以上按份共有人主张优先购买且协商不成时,请求按照转让时各自的共有份额比例行使优先购买权的,应予支持。

【提示 4】其他按份共有人以优先购买权受到侵害为由,仅请求撤销共有份额转让合同或者认定该合同无效的,不予支持。

三、按份共有内外部关系 (2019 年案例分析题)

1. 对共有物的处分

(1) 处分共有的不动产或者动产及对共有的不动产或者动产作重大修缮、变更性质或者用途的,应当经占份额 2/3 以上的按份共有人或者全体共同共有人同意,但是共有人之间另有约定的除外。

【相关链接】除非共有人之间另有约定,否则对共有的不动产或者动产作重大修缮、变更性质或者用途的,应当经全体共同共有人同意。

(2) 无权处分之效力。因出卖人未取得处分权致使标的物所有权不能转移的,买受人可以解除合同并请求出卖人承担违约责任。

2. 共有物的分割

(1) 共有人约定不得分割共有的不动产或者动产,以维持共有关系的,应当按照约定,但是共有人有重大理由需要分割的,可以请求分割。

(2) 没有约定或者约定不明确的,按份共有人可以随时请求分割,共同共有人在共有的基础丧失或者有重大理由需要分割时可以请求分割。

(3) 因分割造成其他共有人损害的,应当给予赔偿。

3. 对外债权债务的内部效力

(1) 因共有的不动产或者动产产生的债权债务,在对外关系上,共有人享有连带债权、承担连带债务,但是法律另有规定或者第三人知道共有人不具有连带债权债务关系的除外。

(2) 在共有人内部关系上,除共有人另有约定外,按份共有人按照份额享有债权、承担债务,共同共有人共同享有债权、承担债务。偿还债务超过自己应当承担份额的按份共有人,有权向其他共有人追偿。

【鑫考题 1·单选题】甲、乙系多年同窗,二人共同购买了一套住房。甲出资 90 万元,乙出资 60 万元,双方未约定共有事项。一年后,甲利用乙出差之机,请丙装修公司对房屋重新装修,并告知丙,该房屋由自己与乙共有,但装修费用由乙一人承担。乙获悉装修事宜后,表示反对,并拒绝向丙付款。后乙欲将(整个)房屋所有权(全部)转让给丁。根据物权法律制度的规定,下列表述中,正确的是( )。(2012年)

A. 甲、乙对该套房屋形成共同共有关系

B. 甲对房屋重新装修,不必征得乙的同意

C. 对于丙公司的付款请求,乙无权拒绝

D. 乙转让房屋所有权,须征得甲的同意

【答案】D

【解析】(1)选项A:共有人对共有的不动产没有约定为按份共有或者共同共有的,除共有人具有家庭关系等外,视为按份共有。(2)选项BC:对共有的不动产作重大修缮的,应当经占份额2/3以上的按份共有人同意,但共有人之间另有约定的除外;在本题中,甲、乙按份共有该房屋,但未约定各自享有的份额,应按照各自的出资额确定,即甲享有60%(90÷150×100%)的份额。因此,甲重新装修房屋应当取得乙的同意,未取得乙的同意且乙事后亦未追认的,甲、丙之间的装修合同对乙不具有约束力,对于丙公司的付款请求,乙有权予以拒绝。(3)选项D:按份共有人处分共有物,应当经占份额2/3以上的按份共有人同意,但共有人之间另有约定的除外。

【鑫考题2·单选题】朋友6人共同出资购买一辆小汽车,未约定共有形式,且每人的出资额也不能确定。部分共有人欲对外转让该车。为避免该转让成为无权处分,在没有其他约定的情况下,根据物权法律制度的规定,同意转让的共有人至少应当达到的人数是( )。(2017年)

A. 4人   B. 3人   C. 6人   D. 5人

【答案】A

【解析】(1)共有人对共有的不动产或者动产没有约定为按份共有或者共同共有的,除共有人具有家庭关系等外,视为按份共有;按份共有人对共有的不动产或者动产享有的份额,可以约定;没有约定或者约定不明确的,按照出资额确定;不能确定出资额的,视为等额享有。(2)按份共有中,处分共有的不动产或者动产,应当经占份额2/3以上(≥2/3)的按份共有人同意,但共有人之间另有约定的除外。在本题中,朋友6人等额享有该汽车,故同意转让的共有人至少应当达到的人数是4(6×2/3)人。

【鑫考点2】善意取得制度(★★★)(2014年案例分析题;2015年案例分析题;2016年单选题;2019年案例分析题)

【解释】无处分权人将不动产或者动产转让给受让人的,所有权人有权追回;除法律另有规定外,符合下列情形的,受让人取得该不动产或者动产的所有权:①受让人受让该不动产或者动产时是善意;②以合理的价格转让;③转让的不动产或者动产依照法律规定应当登记的已经登记,不需要登记的已经交付给受让人。

一、善意取得的构成要件

（1）转让人基于真权利人意思合法占有标的物。

【提示】脱手物如赃物、遗失物不适用善意取得制度。

（2）转让人无处分权。

（3）依法律行为（如买卖合同）转让所有权。

【解释】转让合同必须有效。转让合同无论是无效还是被撤销，标的物受让人均不得主张善意取得。

（4）受让人为善意且无重大过失。

【解释1】受让人受让不动产或者动产时，不知道转让人无处分权，且无重大过失的，应当认定受让人为善意。交付之后，第三人嗣后得知转让人无权处分，不影响受让人之善意。

【解释2】"受让人受让不动产或者动产时"，是指依法完成不动产物权转移登记或者动产交付之时。简易交付方式交付动产的，转让动产民事法律行为生效时为动产交付之时；指示交付方式交付动产的，转让人与受让人之间有关转让返还原物请求权的协议生效时为动产交付之时。

【提示】具有下列情形之一的，应当认定不动产受让人知道转让人无处分权：

① 登记簿上存在有效的异议登记；

② 预告登记有效期内，未经预告登记的权利人同意；

③ 登记簿上已经记载司法机关或者行政机关依法裁定、决定查封或者以其他形式限制不动产权利的有关事项；

④ 受让人知道登记簿上记载的权利主体错误；

⑤ 受让人知道他人已经依法享有不动产物权。

（5）以合理的价格转让。

（6）物已交付（动产交付、不动产登记）。

【提示1】占有改定不符合善意取得制度上的交付要求。

【提示2】转让人将船舶、航空器、机动车等交付给受让人的，应当认定符合善意取得的交付要件（无论是否登记）。

二、善意取得的法律效果

1. 所有权发生转移（直接法律效果）

善意受让人取得标的物的所有权，真权利人的所有权随之失去。

2. 赔偿请求权（间接法律效果）

受让人善意取得不动产或者动产的所有权的，原所有权人有权向无处分权人请求损害赔偿。

【鑫考题·单选题】甲、乙、丙三兄弟共同继承一幅古董字画，由甲保管。甲擅自将该画以市场价出卖给丁并已交付，丁对该画的共有权属关系并不知情。根据物权法律

制度的规定，下列表述中，正确的是（ ）。(2016年)

A. 丁取得该画的所有权，但须以乙和丙均追认为前提
B. 无论乙和丙追认与否，丁均不能取得该画的所有权
C. 无论乙和丙追认与否，丁均可取得该画的所有权
D. 经乙和丙中一人追认，丁即可取得该画的所有权

【答案】C

【解析】甲对该画为无权处分，丁为善意，已支付相应对价，且已完成交付；丁可依据善意取得制度，取得该画的所有权；如果乙、丙追认，甲的无权处分转为有权处分，则丁基于交付取得该画的所有权。

【鑫考点3】动产所有权的特殊取得方式（★★★）(2019年多选题；2020年多选题)

一、拾得遗失物

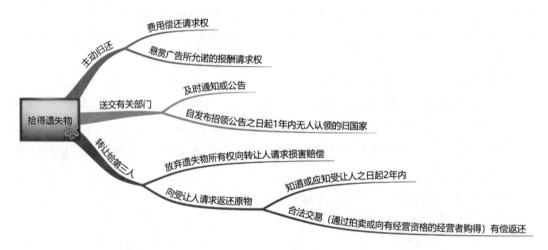

【鑫考题·多选题】乙拾得甲丢失的手机，以市场价500元出让给不知情的旧手机经销商丙。根据物权法律制度的规定，下列表述中，正确的有（ ）。(2019年)

A. 乙拾得手机后，甲即失去手机所有权
B. 甲有权请求丙返还手机，但应向丙支付500元
C. 乙将手机出让给丙的行为属于无权处分
D. 甲有权请求乙给予损害赔偿

【答案】CD

【解析】(1) 选项AC：拾得人不能取得遗失物的所有权。(2) 选项BD：如果遗失物通过转让为他人所占有，权利人有权向无处分权人请求损害赔偿，或者自知道或者应当知道受让人之日起2年内向受让人请求返还原物。如果受让人通过拍卖或者向具有经营资格的经营者购得该遗失物的，权利人请求返还原物时应当支付受让人所付的费用。权利人向受让人支付其所付的费用后，有权向无处分权人追偿。

二、添附

【解释】 添附是附合、混合与加工的总称。

所有权归属确定原则	因加工、附合、混合而产生的物的归属，有约定的，按照约定；没有约定或者约定不明确的，依照法律规定；法律没有规定的，按照充分发挥物的效用及保护无过错当事人的原则确定。因一方当事人的过错或者确定物的归属造成另一方当事人损害的，应当给予赔偿或者补偿	
附合、混合	动产附合于不动产	不动产所有人取得附合之物所有权
	动产附合于动产	主物者取得所有权或按份共有
加工	只要加工或改造价值不明显低于材料价值，加工者取得新物所有权	

【鑫考题·多选题】 添附是所有权取得的特殊方式。根据物权法律制度的规定，下列各项中，属于添附的有（　　）。（2020年）

A．先占　　　　B．加工　　　　C．混合　　　　D．附合

【答案】 BCD

第四节　用益物权

【解释1】《民法典》规定的用益物权包括土地承包经营权、建设用地使用权、宅基地使用权、居住权和地役权。

【解释2】 居住权是指按照合同约定，对他人的住宅享有占有、使用，以满足生活居住需要的权利。

【解释3】 地役权是指按照合同约定，利用他人的不动产，以提高自己的不动产的效益的权利。

【鑫考点1】（国有）建设用地使用权（★★）（2008年案例分析题；2009年单选题；2013年单选题；2014年单选题；2016年多选题；2017年多选题；2019年单选题）

一、创设取得（一级市场）

1．无偿划拨

无偿划拨	情形	(1) 国家机关、军事用地；(2) 城市基础设施、公益事业用地；(3) 国家重点扶持的能源、交通、水利项目用地等 **【提示】** 用于商业开发的建设用地，不得以划拨方式取得建设用地使用权
	期限	除法律、行政法规另有规定外，没有使用期限的限制

【鑫考题·单选题】 下列关于以无偿划拨方式取得的建设用地使用权期限的表述中，符合物权法律制度规定的是（　　）。（2014年）

A．最长期限为50年　　　　　　B．最长期限为70年

C. 最长期限为30年　　　　　　D. 一般无使用期限的限制

【答案】D

【解析】根据规定，以无偿划拨方式取得的建设用地使用权，除法律、行政法规另有规定外，没有使用期限的限制。

2. 有偿出让

方式	(1) 土地使用权出让，可采取拍卖、招标或双方协议的方式 (2) 工业、商业、旅游、娱乐和商品住宅等经营性用地及同一土地有两个以上意向用地者的，应当采取招标、拍卖等公开竞价的方式出让，没有条件，不能采取拍卖、招标方式的，可以采取双方协议的方式
期限	(1) 居住用地70年（【提示】期间届满的，自动续期） (2) 商业、旅游、娱乐用地40年 (3) 教育、科技、文化、卫生、体育、工业用地、综合或其他用地50年

【鑫考题1·单选题】根据物权法律制度的规定，下列关于住宅建设用地使用权期间届满后续期问题的表述中，正确的是（　　）。（2009年）

A. 自动续期

B. 建设用地使用权收归国有，不得续期

C. 经县级以上人民政府批准，可以续期

D. 经不动产登记机构批准，可以续期

【答案】A

【解析】根据规定，住宅建设用地使用权期间届满的，自动续期。

【鑫考题2·单选题】根据物权法律制度的规定，以有偿出让方式取得居住用地的建设用地使用权，出让的最高年限是（　　）。（2013年）

A. 50年　　　　B. 60年　　　　C. 30年　　　　D. 70年

【答案】D

【解析】根据规定，以有偿出让方式取得的建设用地使用权，出让最高年限按下列用途确定：(1) 居住用地70年；(2) 工业用地50年；(3) 教育、科技、文化、卫生、体育用地50年；(4) 商业、旅游、娱乐用地40年；(5) 综合或者其他用地50年。

【鑫考题3·多选题】根据物权法律制度的规定，下列关于建设用地使用权的表述中，正确的有（　　）。（2017年）

A. 以有偿出让方式取得居住用地的建设用地使用权，出让的最高年限为70年

B. 住宅建设用地使用权期间届满的，自动续期

C. 建设用地使用权出让，优先考虑双方协议的方式，协议不成，则采取拍卖、招标方式

D. 用于商业开发的建设用地，不得以划拨方式取得建设用地使用权

【答案】ABD

【解析】（1）选项 A：根据规定，以有偿出让方式取得的建设用地使用权，出让最高年限按下列用途确定：①居住用地70年；②工业用地50年；③教育、科技、文化、卫生、体育用地50年；④商业、旅游、娱乐用地40年；⑤综合或者其他用地50年。
（2）选项 C：建设用地使用权出让，可以采取拍卖、招标或者双方协议的方式，其中，工业、商业、旅游、娱乐和商品住宅等经营性用地及同一土地有两个以上意向用地者的，应当采取招标、拍卖等公开竞价的方式出让，没有条件，不能采取拍卖、招标方式的，可以采取双方协议的方式。

二、移转取得（二级市场）

出让＋转让	（1）按照出让合同约定已经支付全部土地使用权出让金，并取得土地使用权证书
	（2）按照出让合同约定进行投资开发（属于房屋建设工程的，完成开发投资总额的25%以上；属于成片开发土地的，形成工业用地或者其他建设用地条件）
	（3）转让房地产时房屋已经建成的，还应当持有房屋所有权证书
划拨＋转让	（1）报有批准权的人民政府审批
	（2）准予转让的，应当由受让方办理土地使用权出让手续，并缴纳土地使用权出让金
让与禁止	（1）以出让方式取得土地使用权，不符合法定转让条件
	（2）司法机关和行政机关依法裁定、决定查封或以其他形式限制房地产权利
	（3）依法收回土地使用权
	（4）共有房地产，未经其他共有人书面同意
	（5）权属有争议
	（6）未依法登记领取权属证书

三、登记

（1）建设用地使用权自登记时设立。
（2）建设用地使用权转让、互换、出资或者赠与的，应当向登记机构申请变更登记。
（3）建设用地使用权消灭的，出让人应当及时办理注销登记。

【鑫考题1·多选题】根据物权法律制度的规定，以出让方式取得土地使用权的，转让房地产时，应当符合的条件有（　　）。(2016年)

A. 按照出让合同约定已经支付全部土地使用权出让金，并取得土地使用权证书
B. 按照出让合同约定进行投资开发，属于成片开发土地的，形成工业用地或者其他建设用地条件
C. 转让房地产时房屋已经建成的，应当持有房屋所有权证书
D. 按照出让合同约定进行投资开发，属于房屋建设工程的，完成开发投资总额的20%以上的

【答案】ABC

【解析】选项D：按照出让合同约定进行投资开发，属于房屋建设工程的，完成开发投资总额的25%以上。

【鑫考题2·单选题】根据物权法律制度的规定，下列关于建设用地使用权的表述中，正确的是（　　）。(2019年)

A. 建设用地使用权自登记时设立

B. 以划拨方式取得的建设用地使用权，最高使用年限为70年

C. 以划拨方式取得的建设用地使用权，非经国务院审批不得转让

D. 建设用地使用权期间届满的，自动续期

【答案】A

【解析】(1)选项B：以无偿划拨方式取得的建设用地使用权，除法律、行政法规另有规定外，没有使用期限的限制。(2)选项C：以划拨方式取得土地使用权的，转让房地产时，应当按照国务院规定，报有批准权的人民政府审批。有批准权的人民政府准予转让的，应当由受让方办理土地使用权出让手续，并依照国家有关规定缴纳土地使用权出让金。(3)选项D：住宅建设用地使用权期间届满的，自动续期。但并非所有的建设用地使用权期间届满均自动续期。

【鑫考点2】集体土地的建设使用（★★）

一、农田

农用地转为建设用地情形		批准机关
永久基本农田转为建设用地的		由国务院批准
永久基本农田以外的农用地转为建设用地	在土地利用总体规划确定的城市和村庄、集镇建设用地规模范围内	按土地利用年度计划分批次按照国务院规定由原批准土地利用总体规划的机关或者其授权的机关批准
		在已批准的农用地转用范围内，具体建设项目用地可以由市、县人民政府批准
	在土地利用总体规划确定的城市和村庄、集镇建设用地规模范围外	由国务院或者国务院授权的省、自治区、直辖市人民政府批准

二、集体经营性建设用地

(1) 城市规划区内的集体所有的土地，经依法征收转为国有土地后，该幅国有土地的使用权方可有偿出让，但法律另有规定的除外。

(2) 土地利用总体规划、城乡规划确定为工业、商业等经营性用途，并经依法登记的集体经营性建设用地，土地所有权人可以通过出让、出租等方式交由单位或者个人使用，并应当签订书面合同，载明土地界址、面积、动工期限、使用期限、土地用途、规划条件和双方其他权利义务。

(3) 前款规定的集体经营性建设用地出让、出租等，应当经本集体经济组织成员的

村民会议2/3以上成员或者2/3以上村民代表的同意。

（4）通过出让等方式取得的集体经营性建设用地使用权可以转让、互换、出资、赠与或者抵押，但法律、行政法规另有规定或者土地所有权人、土地使用权人签订的书面合同另有约定的除外。

第五节　担保物权

【解释】担保物权人在债务人不履行到期债务或者发生当事人约定的实现担保物权的情形，依法享有就担保财产优先受偿的权利，但是法律另有规定的除外。

【提示1】担保物权具有从属性、权利行使附条件性、优先受偿性及不可分性（是指担保物的各个部分担保债权的全部，担保物的部分变化或者被担保债权的部分变化均不影响担保物权的整体性）特征。

【提示2】担保物权可以分为意定担保物权（如抵押权、质权）和法定担保物权（如留置权）。

【鑫考点1】抵押权（★★★）(2013年案例分析题；2014年案例分析题；2015年案例分析题；2016年案例分析题；2018年案例分析题；2019年案例分析题)

【解释】为担保债务的履行，债务人或者第三人不转移财产的占有，将该财产抵押给债权人的，债务人不履行到期债务或者发生当事人约定的实现抵押权的情形，债权人有权就该财产优先受偿。

一、抵押合同

（1）设立抵押权，当事人应当采用书面形式订立抵押合同。

【相关链接】设立质权，当事人应当采用书面形式订立质押合同。

（2）抵押合同的"流押条款"。抵押权人在债务履行期限届满前，与抵押人约定债务人不履行到期债务时抵押财产归债权人所有的，只能依法就抵押财产优先受偿。

【相关链接】质权人在债务履行期限届满前，与出质人约定债务人不履行到期债务时质押财产归债权人所有的，只能依法就质押财产优先受偿。

二、动产抵押

1. 可抵押的财产

（1）生产设备、原材料、半成品、产品、交通运输工具。

（2）正在建造的船舶、航空器。

（3）企业、个体工商户、农业生产经营者可以将现有的及将有的生产设备、原材料、半成品、产品抵押，债务人不履行到期债务或者发生当事人约定的实现抵押权的情形，债权人有权就抵押财产确定时的动产优先受偿。（动产的浮动抵押）

2. 抵押权的设立

以动产抵押的,抵押权自抵押合同生效时设立;未经登记,不得对抗善意第三人。

【提示1】动产抵押合同订立后未办理抵押登记,抵押人转让抵押财产,受让人占有抵押财产后,抵押权人向受让人请求行使抵押权的,人民法院不予支持,但是抵押权人能够举证证明受让人知道或者应当知道已经订立抵押合同的除外。

【提示2】动产抵押合同订立后未办理抵押登记,抵押人将抵押财产出租给他人并移转占有,抵押权人行使抵押权的,租赁关系不受影响,但是抵押权人能够举证证明承租人知道或者应当知道已经订立抵押合同的除外。

【提示3】动产抵押合同订立后未办理抵押登记,抵押人的其他债权人向人民法院申请保全或者执行抵押财产,人民法院已经作出财产保全裁定或者采取执行措施,抵押权人主张对抵押财产优先受偿的,人民法院不予支持。

3. 动产抵押的特殊规则

(1) 以动产抵押的(无论是否办理登记),不得对抗正常经营活动中已经支付合理价款并取得抵押财产的买受人。

【提示】买受人在出卖人正常经营活动中通过支付合理对价取得已被设立担保物权的动产,担保物权人请求就该动产优先受偿的,人民法院不予支持,但是有下列情形之一的除外:①购买商品的数量明显超过一般买受人;②购买出卖人的生产设备;③订立买卖合同的目的在于担保出卖人或者第三人履行债务;④买受人与出卖人存在直接或者间接的控制关系;⑤买受人应当查询抵押登记而未查询的其他情形。

【解释1】前款所称出卖人正常经营活动,是指出卖人的经营活动属于其营业执照明确记载的经营范围,且出卖人持续销售同类商品。

【解释2】前款所称担保物权人,是指已经办理登记的抵押权人、所有权保留买卖的出卖人、融资租赁合同的出租人(非典型担保权人)。

(2) 动产抵押担保的主债权是抵押物的价款,标的物交付后10日内办理抵押登记的,该抵押权人优先于抵押物买受人的其他担保物权人受偿,但是留置权人除外。

【提示1】担保人在设立动产浮动抵押并办理抵押登记后又购入或者以融资租赁方式承租新的动产,下列权利人为担保价款债权或者租金的实现而订立担保合同,并在该动产交付后10日内办理登记,主张其权利优先于在先设立的浮动抵押权的,人民法院应予支持:①在该动产上设立抵押权或者保留所有权的出卖人;②为价款支付提供融资而在该动产上设立抵押权的债权人;③以融资租赁方式出租该动产的出租人。

【提示2】买受人取得动产但未付清价款或者承租人以融资租赁方式占有租赁物但是未付清全部租金,又以标的物为他人设立担保物权,前款所列权利人为担保价款债权或者租金的实现而订立担保合同,并在该动产交付后10日内办理登记,主张其权利优先于买受人为他人设立的担保物权的,人民法院应予支持。

【提示3】同一动产上存在多个价款优先权的,人民法院应当按照登记的时间先后确定清偿顺序。

三、不动产抵押

1. 可抵押的财产

（1）建筑物和其他土地附着物。

（2）建设用地使用权。

（3）海域使用权。

（4）正在建造的建筑物。

（5）以家庭承包方式取得的土地经营权及通过招标、拍卖、公开协商等方式承包农村土地并经依法登记取得权属证书的土地经营权。

2. 房地一体原则

（1）当事人仅以建设用地使用权抵押，抵押权效力及于土地上已有的建筑物和正在建造的建筑物的已完成部分，不及于正在建造的建筑物的续建部分和新增建筑物，该建设用地使用权实现抵押权时，应将该土地上新增的建筑物与建设用地使用权一并处分，但新增建筑物所得的价款，抵押权人无权优先受偿。

（2）当事人以正在建造的建筑物抵押，抵押权的效力范围限于已办理抵押登记的部分。当事人按照担保合同的约定，主张抵押权的效力及于续建部分、新增建筑物及规划中尚未建造的建筑物的，人民法院不予支持。

【解释】物权客体特定原则：物权只存在于确定的一物之上，物尚不存在固然不可能存在物权。

（3）抵押人将建设用地使用权、土地上的建筑物或者正在建造的建筑物分别抵押给不同债权人的，人民法院应当根据抵押登记的时间先后确定清偿顺序。

3. 不得抵押的财产

（1）土地所有权。

（2）宅基地、自留地、自留山等集体所有土地的使用权，但是法律规定可以抵押的除外。

（3）学校、幼儿园、医疗机构等为公益目的成立的非营利法人的教育设施、医疗卫生设施和其他公益设施。

（4）所有权、使用权不明或者有争议的财产。

（5）依法被查封、扣押、监管的财产。

（6）法律、行政法规规定不得抵押的其他财产。

【提示1】当事人以所有权、使用权不明或者有争议的财产抵押，构成无权处分的，依照《民法典》关于善意取得的规定处理。

【提示2】当事人以依法被查封、扣押或监管的财产抵押，若查封、扣押或监管措施已解除，抵押权人有权行使抵押权，抵押人不得以抵押权设立时财产被查封、扣押或监管为由主张抵押合同无效。

【提示3】以违法的建筑物抵押的，抵押合同无效，但在一审法庭辩论终结前已经办理合法手续的除外。当事人以建设用地使用权依法设立抵押，抵押人以土地上存在违法建筑物为由主张抵押合同无效的，人民法院不予支持。

4. 不动产抵押权的设立

（1）以建筑物和其他土地附着物、建设用地使用权、海域使用权及正在建造的建筑物抵押的，应当办理抵押登记。抵押权自登记时设立。

【相关链接】当事人之间订立有关设立、变更、转让和消灭不动产物权的合同，除法律另有规定或者当事人另有约定外，自合同成立时生效；未办理物权登记的，不影响合同效力。（物债分离原则）

（2）以家庭承包方式取得的土地经营权抵押的，抵押权自抵押合同生效时设立；未经登记，不得对抗善意第三人。

5. 未登记的法律后果

（1）不动产抵押合同生效后未办理抵押登记手续，债权人有权请求抵押人办理抵押登记手续。

（2）抵押财产因不可归责于抵押人自身的原因灭失或者被征收等导致不能办理抵押登记，债权人请求抵押人在约定的担保范围内承担责任的，人民法院不予支持；但是抵押人已经获得保险金、赔偿金或者补偿金等，债权人请求抵押人在其所获金额范围内承担赔偿责任的，人民法院依法予以支持。

（3）因抵押人转让抵押财产或者其他可归责于抵押人自身的原因导致不能办理抵押登记，债权人请求抵押人在约定的担保范围内承担责任的，人民法院依法予以支持，但是不得超过抵押权能够设立时抵押人应当承担的责任范围。

四、抵押担保的范围

1. 担保的债权范围

抵押权的担保范围包括主债权及其利息、违约金、损害赔偿金和实现担保物权的费用。当事人另有约定的，按照约定。

【相关链接1】质权的担保范围包括主债权及其利息、违约金、损害赔偿金、保管担保财产和实现担保物权的费用。当事人另有约定的，按照约定。

【相关链接2】留置权的担保范围包括主债权及其利息、违约金、损害赔偿金、保管担保财产和实现担保物权的费用。

2. 抵押物的物上代位

抵押权依法设立后，抵押财产毁损、灭失或者被征收等，抵押权人可以按照原抵押权的顺位就保险金、赔偿金或者补偿金等优先受偿。（2008年案例分析题；2014年案例分析题）

【相关链接】质权依法设立后，质押财产毁损、灭失或者被征收等，质权人可以就保险金、赔偿金或者补偿金等优先受偿。

3. 添附情形中的抵押权效力

抵押权依法设立后，抵押财产被添附，添附物归第三人所有时，抵押权效力及于抵押财产的补偿金；添附物归抵押人所有时，抵押权效力及于添附物，但添附导致抵押财产价值增加的，抵押权效力不及于增加的价值部分；抵押人与第三人因添附成为添附物的共有人时，抵押权效力及于抵押人对共有物享有的份额。

4. 抵押权对从物的效力

从物产生于抵押权依法设立前，抵押权效力及于从物，但当事人另有约定的除外；从物产生于抵押权依法设立后，抵押权效力不及于从物，但在抵押权实现时可以一并处分。

【相关链接】动产质押的效力及于质物的从物，但是从物未随同质物移交质权人占有的，质权的效力不及于从物。

五、抵押人的权利

1. 转让抵押物

（1）抵押期间，抵押人可以转让抵押财产。当事人另有约定的，按照其约定。

（2）抵押财产转让的，抵押权不受影响（担保物权不可分性）。

（3）抵押人转让抵押财产的，应当及时通知抵押权人。抵押权人能够证明抵押财产转让可能损害抵押权的，可以请求抵押人将转让所得的价款向抵押权人提前清偿债务或者提存。转让的价款超过债权数额的部分归抵押人所有，不足部分由债务人清偿。

（4）当事人约定禁止或者限制转让抵押财产但是未将约定登记，抵押人违反约定转让抵押财产，抵押权人请求确认转让合同无效的，人民法院不予支持；抵押财产已经交付或者登记，抵押权人请求确认转让不发生物权效力的，人民法院不予支持，但是抵押权人有证据证明受让人知道的除外；抵押权人请求抵押人承担违约责任的，人民法院依法予以支持。

（5）当事人约定禁止或者限制转让抵押财产且已经将约定登记，抵押人违反约定转让抵押财产，抵押权人请求确认转让合同无效的，人民法院不予支持；抵押财产已经交付或者登记，抵押权人主张转让不发生物权效力的，人民法院应予支持，但是因受让人代替债务人清偿债务导致抵押权消灭的除外。

2. 出租与抵押（2010年案例分析题；2014年案例分析题）

抵押权设立前，抵押财产已经出租并转移占有的，原租赁关系不受该抵押权的影响。

【相关链接】动产抵押合同订立后未办理抵押登记，抵押人将抵押财产出租给他人并移转占有，抵押权人行使抵押权的，租赁关系不受影响，但是抵押权人能够举证证明承租人知道或者应当知道已经订立抵押合同的除外。

六、抵押权人的权利

1. 优先受偿权

债务人不履行到期债务或者发生当事人约定的实现抵押权的情形，抵押权人可以与抵押人协议以抵押财产折价或者以拍卖、变卖该抵押财产所得的价款优先受偿。协议损害其他债权人利益的，其他债权人可以请求人民法院撤销该协议。

2. 土地出让金优先于抵押权

（1）当事人以划拨方式取得的建设用地使用权抵押，抵押人以未办理批准手续为由主张抵押合同无效或者不生效的，人民法院不予支持。已经依法办理抵押登记的，抵押权人有权行使抵押权，抵押权依法实现所得的价款，应当优先用于补缴建设用地使用权出让金。

（2）抵押人以划拨建设用地上的建筑物抵押，当事人以该建设用地使用权不能抵押或者未办理批准手续为由主张抵押合同无效或者不生效的，人民法院不予支持。抵押权依法实现时，拍卖、变卖建筑物所得的价款，应当优先用于补缴建设用地使用权出让金。

3. 孳息收取权

债务人不履行到期债务或者发生当事人约定的实现抵押权的情形，致使抵押财产被人民法院依法扣押的，自扣押之日起，抵押权人有权收取该抵押财产的天然孳息或者法定孳息，但是抵押权人未通知应当清偿法定孳息义务人的除外。

【相关链接1】质权人有权收取质押财产的孳息，但是合同另有约定的除外。

【相关链接2】留置权人有权收取留置财产的孳息。

4. 抵押预告登记

当事人办理抵押预告登记后，预告登记权利人请求就抵押财产优先受偿，经审查存在尚未办理建筑物所有权首次登记、预告登记的财产与办理建筑物所有权首次登记时的财产不一致、抵押预告登记已经失效等情形，导致不具备办理抵押登记条件的，人民法院不予支持；经审查已经办理建筑物所有权首次登记，且不存在预告登记失效等情形的，人民法院应予支持，并应当认定抵押权自预告登记之日起设立。

【解释】未办理不动产首次登记的，除法律、行政法规另有规定外，不得办理不动产其他类型登记。

5. 抵押权与诉讼时效

（1）主债权诉讼时效期间届满后，抵押权人主张行使抵押权的，人民法院不予支持；抵押人以主债权诉讼时效期间届满为由，主张不承担担保责任的，人民法院应予支持。

【解释】抵押权存续期间就是主债权诉讼时效期间。

（2）主债权诉讼时效期间届满前，债权人仅对债务人提起诉讼，经人民法院判决或者调解后未在民事诉讼法规定的申请执行时效期间内对债务人申请强制执行，其向抵押人主张行使抵押权的，人民法院不予支持。

七、抵押权的实现

1. 单一抵押的清偿顺序

（1）实现抵押权的费用。

（2）主债权的利息。

（3）主债权。

2. 多重抵押的清偿顺序

（1）抵押权已登记的，按照登记的先后顺序清偿。

（2）抵押权已登记的先于未登记的受偿。

（3）抵押权均未登记的，按照债权比例清偿。

3. 抵押权顺位变更

（1）抵押权人与抵押人可以协议变更抵押权顺位及被担保的债权数额等内容，但抵押权顺位的变更，未经其他抵押权人书面同意，不得对其他抵押权人产生不利影响。

（2）债务人以自己的财产设定抵押，抵押权人放弃该抵押权、抵押权顺位或者变更抵押权的，其他担保人在抵押权人丧失优先受偿权益的范围内免除担保责任，但是其他担保人承诺仍然提供担保的除外。

八、最高额抵押

【解释】最高额抵押是指为担保债务的履行，债务人或者第三人对一定期间内将要连续发生的债权提供担保财产的，债务人不履行到期债务或者发生当事人约定的实现抵押权的情形，抵押权人有权在最高债权额限度内就该担保财产优先受偿。

1. 债权确定

（1）约定的债权确定期间届满。

（2）没有约定债权确定期间或者约定不明确，抵押权人或者抵押人自最高额抵押权设立之日起满 2 年后请求确定债权。

（3）新的债权不可能发生。

（4）抵押权人知道或者应当知道抵押财产被查封、扣押。

（5）债务人、抵押人被宣告破产或者解散。

（6）法律规定债权确定的其他情形。

2. 债权转让的效力

最高额抵押担保的债权确定前，部分债权转让的，最高额抵押权不得转让，但是当事人另有约定的除外。

【鑫考点 2】质权（★★）(2009 年单选题；2010 年案例分析题；2012 年多选题；2013 年单选题；2014 年单选题；2018 年多选题)

【解释】为担保债务的履行，债务人或者第三人将其动产或权利出质给债权人占有，当债务人不履行到期债务或者发生当事人约定的实现质权的情形时，债权人有权就该动产或权利优先受偿。

一、质权的客体与设立

质物	质权的设立
动产	质权自出质人交付质押财产时设立
汇票、本票、支票、债券、存款单、仓单、提单	质权自权利凭证交付质权人时设立；没有权利凭证的，质权自办理出质登记时设立。法律另有规定的，依照其规定
可以转让的注册商标专用权、专利权、著作权等知识产权中的财产权	质权自办理出质登记时设立。出质后不得转让，但是出质人与质权人协商同意的除外。出质人转让所得的价款，应当向质权人提前清偿债务或者提存
可以转让的基金份额、股权	
现有的及将有的应收账款	

【提示 1】以汇票出质，当事人以背书记载"质押"字样并在汇票上签章，汇票已经

交付质权人的，人民法院应当认定质权自汇票交付质权人时设立。

【提示2】存货人或者仓单持有人在仓单上以背书记载"质押"字样，并经保管人签章，仓单已经交付质权人的，人民法院应当认定质权自仓单交付质权人时设立。没有权利凭证的仓单，依法可以办理出质登记的，仓单质权自办理出质登记时设立。

【鑫考题1·单选题】根据物权法律制度的规定，以下列权利出质时，质权自权利凭证交付时设立的是（　　）。(2014年)

A. 仓单　　　　B. 股票　　　　C. 基金份额　　　　D. 应收账款

【答案】A

【解析】根据规定，以汇票、本票、支票、债券、存款单、仓单、提单出质的，当事人应当订立书面合同。质权自权利凭证交付质权人时设立；没有权利凭证的，质权自有关部门办理出质登记时设立。

【鑫考题2·多选题】根据物权法律制度的规定，下列各项中，可以出质的有（　　）。(2018年)

A. 存款单　　　　B. 仓单　　　　C. 支票　　　　D. 股权

【答案】ABCD

【解析】债务人或者第三人有权处分的下列权利可以出质：(1) 汇票、本票、支票（选项C）；(2) 债券、存款单（选项A）；(3) 仓单、提单（选项B）；(4) 可以转让的基金份额、股权（选项D）；(5) 可以转让的注册商标专用权、专利权、著作权等知识产权中的财产权；(6) 现有的及将有的应收账款；(7) 法律、行政法规规定可以出质的其他财产权利。

二、质权与抵押权

同一财产既设立抵押权又设立质权的，拍卖、变卖该财产所得的价款按照登记、交付的时间先后确定清偿顺序。

【解释】先公示的动产担保物权优先于后公示的动产担保物权。

三、质权的实现

1. 实现方式

(1) 债务人不履行到期债务或者发生当事人约定的实现质权的情形，质权人可以与出质人协议以质押财产折价，也可以就拍卖、变卖质押财产所得的价款优先受偿。

(2) 出质人可以请求质权人在债务履行期限届满后及时行使质权；质权人不行使的，出质人可以请求人民法院拍卖、变卖质押财产。

【提示】质押财产折价或者拍卖、变卖后，其价款超过债权数额的部分归出质人所有，不足部分由债务人清偿。

2. 仓单质权的实现

(1) 出质人既以仓单出质，又以仓储物设立担保，按照公示的先后确定清偿顺序；

难以确定先后的，按照债权比例清偿。

（2）保管人为同一货物签发多份仓单，出质人在多份仓单上设立多个质权，按照公示的先后确定清偿顺序；难以确定先后的，按照债权比例受偿。

【提示】存在（1）（2）规定的情形，债权人举证证明其损失系由出质人与保管人的共同行为所致，请求出质人与保管人承担连带赔偿责任的，人民法院应予支持。

3. 跟单信用证提单质权的实现

（1）在跟单信用证交易中，开证行与开证申请人之间约定以提单作为担保的，人民法院应当依照《民法典》关于质权的有关规定处理。

（2）在跟单信用证交易中，开证行依据其与开证申请人之间的约定或者跟单信用证的惯例持有提单，开证申请人未按照约定付款赎单，开证行主张对提单项下货物优先受偿的，人民法院应予支持；开证行主张对提单项下货物享有所有权的，人民法院不予支持。

（3）在跟单信用证交易中，开证行依据其与开证申请人之间的约定或者跟单信用证的惯例，通过转让提单或者提单项下货物取得价款，开证申请人请求返还超出债权部分的，人民法院应予支持。

4. 应收账款质权的实现

（1）以现有的应收账款出质，应收账款债务人向质权人确认应收账款的真实性后，又以应收账款不存在或者已经消灭为由主张不承担责任的，人民法院不予支持（禁止反言原则）。

（2）以现有的应收账款出质，应收账款债务人未确认应收账款的真实性，质权人以应收账款债务人为被告，请求就应收账款优先受偿，能够举证证明办理出质登记时应收账款真实存在的，人民法院应予支持；质权人不能举证证明办理出质登记时应收账款真实存在，仅以已经办理出质登记为由，请求就应收账款优先受偿的，人民法院不予支持。

（3）以现有的应收账款出质，应收账款债务人已经向应收账款债权人履行了债务，质权人请求应收账款债务人履行债务的，人民法院不予支持，但是应收账款债务人接到质权人要求向其履行的通知后，仍然向应收账款债权人履行的除外。

（4）以基础设施和公用事业项目收益权、提供服务或者劳务产生的债权及其他将有的应收账款出质，当事人为应收账款设立特定账户，发生法定或者约定的质权实现事由时，质权人请求就该特定账户内的款项优先受偿的，人民法院应予支持；特定账户内的款项不足以清偿债务或者未设立特定账户，质权人请求折价或者拍卖、变卖项目收益权等将有的应收账款，并以所得的价款优先受偿的，人民法院依法予以支持。

【鑫考点3】留置权（★★★）(2011年单选题；2020年多选题)

【解释】债务人不履行到期债务，债权人可以留置已经合法占有的债务人或者第三人的动产，并有权就该动产优先受偿。

一、留置权的性质

法定担保物权,但当事人可以通过合同条款约定排除留置权。

二、留置权成立的条件

（1）债权人合法占有债务人或者第三人之动产。

（2）债权已届清偿期。

（3）动产之占有与债权属同一法律关系。

【提示】债权人留置的动产,但是应当与债权属于同一法律关系,但是企业之间留置的除外。

【鑫考题·多选题】担保有约定担保和法定担保之分。根据合同法律制度的规定,下列各项中,属于约定担保的有（　　）。(2020年)

A. 保证　　　B. 抵押　　　C. 定金　　　D. 留置

【答案】ABC

三、留置权的实现

（1）债务人可以请求留置权人在债务履行期限届满后行使留置权；留置权人不行使的,债务人可以请求人民法院拍卖、变卖留置财产。

（2）留置权人与债务人应当约定留置财产后的债务履行期限；没有约定或者约定不明确的,留置权人应当给债务人60日以上履行债务的期限,但是鲜活易腐等不易保管的动产除外。

（3）留置权与诉讼时效。主债权诉讼时效期间届满后,财产被留置的债务人或者对留置财产享有所有权的第三人请求债权人返还留置财产的,人民法院不予支持；债务人或者第三人请求拍卖、变卖留置财产并以所得价款清偿债务的,人民法院应予支持。

【提示】主债权诉讼时效期间届满的法律后果,以登记作为公示方式的权利质权,参照适用抵押权的规定；动产质权、以交付权利凭证作为公示方式的权利质权,参照适用留置权的规定。

【相关链接】主债权诉讼时效期间届满后,抵押权人主张行使抵押权的,人民法院不予支持；抵押人以主债权诉讼时效期间届满为由,主张不承担担保责任的,人民法院应予支持。

（4）抵押权、质权与留置权的效力等级。同一动产上已经设立抵押权或者质权,该动产又被留置的,留置权人优先受偿。

【相关链接】同一财产既设立抵押权又设立质权的,拍卖、变卖该财产所得的价款按照登记、交付的时间先后确定清偿顺序。

【总结】抵押权、质权与留置权。

	抵押权	质权	留置权
性质	意定担保物权	意定担保物权	法定担保物权
担保物	动产、不动产	动产、权利	动产
担保物权设立	动产——合同生效时 不动产——登记	动产——交付 权利——交付、登记	具备法定条件即可成立，当事人可以特约排除
孳息物收取	自抵押物被扣押之日起抵押权人有权收取该抵押财产的孳息	质权人有权收取质押财产的孳息，合同另有约定的除外	留置权人有权收取留置财产的孳息
担保范围	约定→主债权及其利息、违约金、损害赔偿金和实现担保物权的费用	约定→主债权及其利息、违约金、损害赔偿金、保管质押财产和实现质权的费用	主债权及其利息、违约金、损害赔偿金、留置物保管费用和实现留置权的费用
效力等级	留置权＞购买价款抵押权＞已登记的抵押权、质权（按照登记、交付时间先后）＞未登记的抵押权		

第四章

合同法律制度

本章考点

在最近 3 年的考试中，本章的平均分值为 15 分，属于重点章节之一，且每年必定会考案例分析题。本章复习难度不大，重在结合实例理解考点。考生需要重点关注围绕买卖合同、融资租赁合同、租赁合同、借款合同、建设工程合同、保证合同等考点的案例分析题。

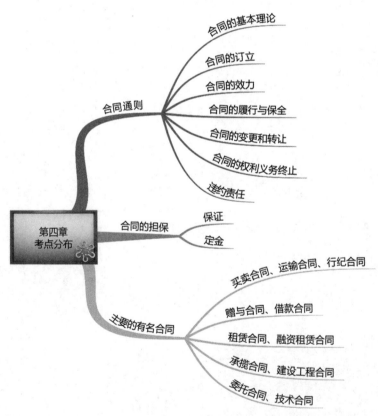

本章考情

其中 1 套试卷

题型	2018 年	2019 年	2020 年
单选题	1题1分	1题1分	2题2分
多选题	—	1题1.5分	—
案例分析题	1题6问14分	1题4问10分	1题17分
合计	2题15分	3题12.5分	3题19分

第一节　合同的基本理论

【鑫考点1】合同的分类（★）

按当事人是否相互负有对价义务为标准	单务合同	赠与合同、保证合同等
	双务合同	买卖合同、承揽合同、租赁合同等
按是否以其他现实交付为标准	诺成合同	赠与合同、质押合同等
	实践合同	保管合同、自然人借款合同、定金合同

【鑫考点2】合同的相对性（★★）

【解释】合同的相对性是指合同只在特定的合同当事人之间发生权利义务关系，当事人只能基于合同向另一方当事人提出请求或提起诉讼，不能向无合同关系的第三人提出合同上的请求。

一、由第三人履行

1. 基于"约定"由第三人履行

当事人约定由第三人向债权人履行债务，第三人不履行债务或者履行债务不符合约定的，债务人应当向债权人承担违约责任。

2. 第三人单方自愿代为履行

债务人不履行债务，第三人对履行该债务具有合法利益的（既可以基于身份关系产生，也可以基于财产关系产生），第三人有权向债权人代为履行；但是，根据债务性质、按照当事人约定或者依照法律规定只能由债务人履行的除外。

债权人接受第三人履行后，其对债务人的债权转让给第三人，但是债务人和第三人另有约定的除外。

【相关链接】承租人拖欠租金的，次承租人可以代承租人支付其欠付的租金和违约金，但是转租合同对出租人不具有法律约束力的除外。次承租人代为支付的租金和违约金，可以充抵次承租人应当向承租人支付的租金；超出其应付的租金数额的，可以向承租人追偿。

二、向第三人履行

1. 不真正利他合同

当事人约定由债务人向第三人履行债务，债务人未向第三人履行债务或者履行债务不符合约定的，应当向债权人承担违约责任。

【解释】在不真正利他合同中，第三人是纯粹的履行受领人，不是合同当事人，故不获得直接的针对债务人的履行请求权。

2. 真正利他合同

法律规定（如《保险法》中的受益人）或者当事人约定第三人可以直接请求债务人向其履行债务，第三人未在合理期限内明确拒绝，债务人未向第三人履行债务或者履行债务不符合约定的，第三人可以请求债务人承担违约责任；债务人对债权人的抗辩，可以向第三人主张。

三、合同相对性的例外

（1）合同保全措施（代位权、撤销权）。
（2）所有权让与不破租赁（买卖不破租赁）。
（3）建设工程合同（分包）。

第二节　合同的订立

【鑫考点1】要约与承诺（★★★）（2000年案例分析题；2001年多选题；2003年单选题；2007年单选题；2012年单选题；2016年单选题；2020年单选题）

一、要约

1. 要约与要约邀请

要约	希望与他人订立合同的意思表示。可以向特定的相对人发出，也可以向不特定的相对人发出	（1）内容具体确定（主体、标的、数量等） （2）表明经要约人承诺，要约人即受该意思表示约束（合同即告成立）
要约邀请	希望他人向自己发出要约的意思表示。要约邀请处于合同的准备阶段，没有法律约束力	（1）拍卖公告、招标公告、招股说明书、债券募集办法、基金招募说明书、商业广告和宣传、寄送的价目表等为要约邀请 （2）商业广告和宣传的内容符合要约条件的，如悬赏广告，构成要约

2. 要约的效力

要约生效	以对话方式作出的意思表示，相对人知道其内容时生效	
	以非对话方式作出的意思表示，到达相对人时生效（只要送达受要约人通常的地址、住所或其他能够控制的现实或虚拟空间，如信箱或邮箱，即为送达）	（1）以非对话方式作出的采用数据电文形式的意思表示，相对人指定特定系统接收数据电文的，该数据电文进入该特定系统时生效
		（2）未指定特定系统的，相对人知道或者应当知道该数据电文进入其系统时生效
		（3）当事人对采用数据电文形式的意思表示的生效时间另有约定的，按照其约定
要约撤回	以非对话方式作出的要约在发出后、生效前（撤回要约的通知应当在要约到达受要约人前或者与要约同时到达受要约人）	
要约撤销	条件	在要约生效之后，受要约人发出承诺之前
	例外	（1）要约人以确定承诺期限或者其他形式明示要约不可撤销
		（2）受要约人有理由认为要约是不可撤销的，并已经为履行合同做了合理准备工作
要约失效	①要约被拒绝；②要约被依法撤销；③承诺期限届满，受要约人未作出承诺；④受要约人对要约的内容作出实质性变更（合同标的、数量、质量、价款或报酬、履行期限、履行地点和方式、违约责任、解决争议的方式等内容的变更）	

二、承诺

承诺应当具备的条件	（1）承诺须由受要约人向要约人作出	
	（2）承诺的内容必须与要约的内容一致。承诺不得对要约的内容作出实质性变更	
	（3）承诺必须在承诺期限内作出并到达要约人	
承诺的期限	承诺期限的确定	承诺应当在要约确定的期限内到达要约人。要约没有确定承诺期限的，承诺应当依照下列规定到达： （1）要约以对话方式作出的，应当即时作出承诺 （2）要约以非对话方式作出的，承诺应当在合理期限内到达
	承诺期限的起算	（1）要约以信件或者电报作出的，承诺期限自信件载明的日期或者电报交发之日开始计算
		（2）信件未载明日期的，自投寄该信件的邮戳日期开始计算
		（3）要约以电话、传真、电子邮件等快速通信方式作出的，承诺期限自要约到达受要约人时开始计算
	承诺迟延	受要约人超过承诺期限发出承诺，或者在承诺期限内发出承诺，按照通常情形不能及时到达要约人的	为新要约；但是，要约人及时通知受要约人该承诺有效的除外
	承诺迟到	受要约人在承诺期限内发出承诺，按照通常情形能够及时到达要约人，但是因其他原因致使承诺到达要约人时超过承诺期限的	除要约人及时通知受要约人因承诺超过期限不接受该承诺外，该承诺有效

承诺的效力	承诺生效的时间	(1) 以通知方式作出的承诺，承诺通知到达要约人时生效 (2) 承诺不需要通知的，根据交易习惯或者要约的要求作出承诺的行为时生效
	承诺撤回	承诺可以撤回。撤回承诺的通知应当在承诺通知到达要约人前或者与承诺通知同时到达要约人
	承诺的内容	(1) 受要约人对要约的内容作出实质性变更的，为新要约 (2) 承诺对要约的内容作出非实质性变更的，除要约人及时表示反对或者要约表明承诺不得对要约的内容作出任何变更外，该承诺有效，合同的内容以承诺的内容为准

【鑫考题1·多选题】2011年4月24日，甲向乙发出函件称："本人欲以每吨5 000元的价格出售螺纹钢100吨。如欲购买，请于5月10日前让本人知悉。"乙于4月27日收到甲的函件，并于次日回函表示愿意购买。但由于快递公司投递错误，乙的回函于5月11日方到达甲处。因已超过5月10日的最后期限，甲未再理会乙，而将钢材售与他人。乙要求甲履行钢材买卖合同。根据合同法律制度的规定，下列表述中，正确的是（　　）。(2012年)

A. 甲、乙之间的合同未成立，甲对乙不承担任何责任
B. 甲、乙之间的合同未成立，但乙有权要求甲赔偿信赖利益损失
C. 甲、乙之间的合同成立但未生效，甲有权以承诺迟到为由撤销要约
D. 甲、乙之间的合同成立且已生效，乙有权要求甲履行合同

【答案】D

【解析】由于甲未及时通知乙承诺已经迟到且不接受，因此，甲、乙之间的合同已经成立且生效，乙有权要求甲履行合同。

【鑫考题2·单选题】根据合同法律制度的规定，下列情形中，构成有效承诺的是（　　）。(2016年)

A. 受要约人向要约人发出承诺函后，随即又发出一份函件表示收回承诺，两封函件同时到达要约人
B. 受要约人在承诺期内发出承诺，正常情形下可如期到达要约人，但因连日暴雨致道路冲毁，承诺通知到达要约人时已超过承诺期限，要约人收到承诺通知后未作任何表示
C. 受要约人发出表示承诺的函件时已超过要约人规定的承诺期限，要约人收到后未作任何表示
D. 受要约人向要约人回函表示："若价格下调5%，我司即与贵司订立合同。"

【答案】B

【解析】(1) 选项A：承诺可以撤回。撤回承诺的通知应当在承诺通知到达要约人前或者与承诺通知同时到达要约人。(2) 选项B：受要约人在承诺期限内发出承诺，按照通常情形能够及时到达要约人，但因其他原因致使承诺到达要约人时超过承诺期限的，

为迟到承诺，除要约人及时通知受要约人因承诺超过期限不接受该承诺外，迟到承诺为有效承诺。（3）选项C：受要约人超过承诺期限发出承诺，或者在承诺期限内发出承诺，按照通常情形不能及时到达要约人的，为迟延承诺，除要约人及时通知受要约人该承诺有效外，迟延承诺应视为新要约。（4）选项D：受要约人对要约的内容作出实质性变更的，视为新要约。

【鑫考题3·单选题】 根据合同法律制度的规定，下列关于承诺的表述中，正确的是（　　）。（2020年）

A. 承诺人可以撤回承诺，但撤回承诺的通知不得晚于承诺通知到达要约人

B. 要约以对话方式作出的，承诺应当在合理期限内到达

C. 受要约人超过承诺期限发出承诺的，除要约人表示反对外，该承诺有效

D. 承诺的内容应当与要约的内容一致，否则视为新要约

【答案】A

【解析】（1）选项B：要约以对话方式作出的，应当即时作出承诺，但当事人另有约定的除外；（2）选项C：受要约人超过承诺期限发出承诺的，为迟延承诺，除要约人及时通知受要约人该承诺有效外，迟延承诺应视为新要约；（3）选项D：承诺的内容应当与要约的内容一致，受要约人对要约的内容作出实质性变更的，视为新要约，受要约人对要约的内容作出非实质性变更的（除要约人及时表示反对或者要约表明承诺不得对要约的内容作出任何变更外），该承诺有效，合同的内容以承诺的内容为准。

【鑫考点2】合同成立的时间与地点（★★）(2000年案例分析题；2001年案例分析题)

一、合同成立的时间

一般情况	承诺生效时合同成立，但是法律另有规定或者当事人另有约定的除外
采用合同书形式	当事人采用合同书形式订立合同的，自当事人均签名、盖章或者按指印时合同成立。如当事人未同时在合同书上签名、盖章或者按指印，则以当事人中最后一方签名、盖章或者按指印的时间为合同的成立时间
采用信件、数据电文等形式	当事人采用信件、数据电文等形式订立合同要求签订确认书的，签订确认书时合同成立
实际履行原则	（1）在签名、盖章或者按指印之前，当事人一方已经履行主要义务，对方接受时，该合同成立 （2）法律、行政法规规定或者当事人约定合同应当采用书面形式订立，当事人未采用书面形式但是一方已经履行主要义务，对方接受时，该合同成立

二、合同成立的地点

一般情况	承诺生效的地点为合同成立的地点
采用合同书、确认书形式	当事人采用合同书、确认书形式订立合同的，最后签名、盖章或者按指印的地点为合同成立的地点，但是当事人另有约定的除外

采用数据电文形式	采用数据电文形式订立合同的，收件人的主营业地为合同成立的地点；没有主营业地的，其住所地为合同成立的地点
	当事人另有约定的，按照其约定

【鑫考点3】格式条款与免责条款（★★）（2012年案例分析题；2014年多选题）

一、提示说明义务

采用格式条款订立合同的，提供格式条款的一方应当遵循公平原则确定当事人之间的权利和义务，并采取合理的方式提示对方注意免除或者减轻其责任等与对方有重大利害关系的条款，按照对方的要求，对该条款予以说明。

二、格式条款、免责条款无效的情形

(1) 具有无效民事法律行为的情形的格式条款（第二章）。
(2) 提供格式条款一方不合理地免除或者减轻其责任、加重对方责任、限制对方主要权利。
(3) 提供格式条款一方排除对方主要权利。
(4) 造成对方人身损害得以免责的条款。
(5) 因故意或者重大过失造成对方财产损失得以免责的条款。

三、对格式条款的解释

(1) 对格式条款的理解发生争议的，应当按照通常理解予以解释。
(2) 对格式条款有两种以上解释的，应当作出不利于提供格式条款一方的解释。
(3) 格式条款和非格式条款不一致的，应当采用非格式条款。
【解释】解释规则顺序：非格式条款优先规则、通常解释规则、不利解释规则。

【鑫考题·多选题】根据合同法律制度的规定，合同中的下列免责条款中，无效的有（　　）。(2014年)
A. 排除因故意造成对方人身损害的责任
B. 排除因故意造成对方财产损失的责任
C. 排除因重大过失造成对方财产损失的责任
D. 排除因重大过失造成对方人身损害的责任
【答案】ABCD
【解析】(1) 选项AD：造成对方人身损害的免责条款无效；(2) 选项BC：因故意或者重大过失造成对方财产损失的免责条款无效。

【鑫考点4】缔约过失责任（★★）（2016年单选题；2018年单选题）

一、承担缔约过失责任的情形

当事人在订立合同过程中有下列情形之一，致使合同未成立、未生效、被撤销或者

无效,给他人造成损失的,应当承担损害赔偿责任:

(1) 假借订立合同,恶意进行磋商。

(2) 故意隐瞒与订立合同有关的重要事实或者提供虚假情况。

(3) 当事人泄露或者不正当地使用在订立合同过程中知悉的商业秘密或者其他应当保密的信息。

(4) 有其他违背诚实信用原则的行为。

二、缔约过失责任与违约责任

	缔约过失责任	违约责任
责任产生时间不同	合同成立之前	合同生效之后
适用范围不同	合同未成立、被撤销、无效	生效合同
赔偿范围不同	信赖利益的损失	可期待利益的损失

【提示】可期待利益的损失要大于或等于信赖利益的损失。

【鑫考题1·单选题】根据合同法律制度的规定,下列关于缔约过失责任的表述中,正确的是( )。(2016年)

A. 一方当事人假借订立合同,恶意进行磋商,给他人造成损失的,可成立缔约过失责任

B. 缔约过失责任仅在合同成立时适用

C. 缔约过失责任赔偿的是可期待利益的损失

D. 缔约过失责任的赔偿额通常大于违约责任

【答案】A

【解析】(1) 选项B:缔约过失责任适用于合同成立之前;(2) 选项CD:缔约过失责任赔偿的是信赖利益的损失,而违约责任赔偿的是可期待利益的损失。可期待利益的损失要大于或等于信赖利益的损失。

【鑫考题2·单选题】根据合同法律制度的规定,下列各项中,应当承担缔约过失责任的是( )。(2018年)

A. 丙未按时履行支付租金的义务

B. 丁驾驶机动车违反交通规则撞伤行人

C. 甲假借订立合同,恶意与乙进行磋商

D. 戊辞职后违反竞业禁止约定从事同业竞争

【答案】C

【解析】(1) 选项AD:应承担违约责任;(2) 选项B:应承担侵权责任。

第三节 合同的效力

【鑫考点1】合同生效（★）

一般情况	依法成立的合同，原则上自成立时生效
批准、登记	依照法律、行政法规的规定，合同应当办理批准等手续的，依照其规定。未办理批准等手续影响合同生效的，不影响合同中履行报批等义务条款以及相关条款的效力
	依照法律、行政法规的规定，合同应当办理登记等手续，但未规定登记生效的，当事人未办理登记手续不影响合同效力（如不动产抵押、买卖合同）
附条件或附期限	附生效条件的合同，自条件成就时生效。不正当地促成条件成就的，视为条件不成就。附生效期限的合同，自期限届至时生效

【鑫考点2】合同效力的层次（详见第二章）（★）

【提示】法人的法定代表人或者非法人组织的负责人超越权限订立的合同，除相对人知道或者应当知道其超越权限外，该代表行为有效，订立的合同对法人或者非法人组织发生效力。

【解释1】《民法典》第61条第3款规定：法人章程或者法人权力机构对法定代表人代表权的限制，不得对抗善意相对人。

【解释2】对法定代表人、负责人的代表权的限制有两种情形：一是意定限制（如公司章程、股东大会决议）；二是法定限制。

第四节 合同的履行与保全

【鑫考点1】合同履行规则（★★★）（2006年案例分析题；2007年案例分析题；2010年单选题；2014年单选题）

一、合同约定不明的确定规则

总规则	协议补充→按照合同相关条款或者交易习惯确定→"具体规则"
具体规则	质量要求	按照强制性国家标准履行（GB）→按照推荐性国家标准履行（GB/T）→按照行业标准履行→按照通常标准或符合合同目的的特定标准履行
	价款或报酬	按照订立合同时履行地的市场价格履行
	履行地点	(1) 给付货币的，在接受货币一方所在地履行 (2) 交付不动产的，在不动产所在地履行 (3) 其他标的，在履行义务一方所在地履行
	履行期限	债务人可以随时履行；债权人也可以随时请求履行，但都应当给对方必要的准备时间
	履行方式	按照有利于实现合同目的的方式履行
	履行费用	由履行义务一方负担；因债权人原因增加的履行费用，由债权人负担

【鑫考题1·单选题】 甲将一台电脑无偿借给乙使用，期限为3个月。在借用期内，甲和丙订立了买卖该电脑的合同，但未对电脑的交付问题进行约定。下列有关该电脑交付的表述中，正确的是（　　）。(2010年)

A. 丙有权请求甲立即交付电脑
B. 丙有权随时请求甲交付电脑，但应当给甲必要的准备时间
C. 丙有权请求乙立即交付电脑
D. 丙有权随时请求乙交付电脑，但应当给乙必要的准备时间

【答案】B
【解析】(1) 选项AB：履行期限不明确的，债务人可以随时履行，债权人也可以随时要求履行，但应当给对方必要的准备时间；(2) 选项CD：买卖合同在甲、丙之间成立，根据合同的相对性原理，丙只能要求合同相对人甲交付电脑，无权请求第三人乙交付电脑。

【鑫考题2·单选题】 甲、乙两公司的住所地分别位于北京和海口，甲向乙购买一批海南产香蕉，3个月后交货，但合同对于履行地点及价款均无明确约定，双方也未能就有关内容达成补充协议，依照合同其他条款及交易习惯也无法确定。根据合同法律制

度的规定，下列关于合同履行价格的表述中，正确的是（　　）。(2014年)
A. 按合同订立时海口的市场价格履行
B. 按合同履行时海口的市场价格履行
C. 按合同履行时北京的市场价格履行
D. 按合同订立时北京的市场价格履行

【答案】A

【解析】（1）价款或者报酬不明确的，按照订立合同时履行地的市场价格履行。（2）履行地点不明确，给付货币的，在接受货币一方所在地履行；交付不动产的，在不动产所在地履行；其他标的，在履行义务一方所在地履行。在本题中，乙公司作为接受货币一方，履行地点为海口，履行价格为订立合同时海口的市场价格。

【鑫考点2】电子合同的履行（★）

一、有约定按约定

电子合同当事人对交付商品或者提供服务的方式、时间另有约定的，按照其约定。

二、有形产品（动产）的交付时间

通过互联网等信息网络订立的电子合同的标的为交付商品并采用快递物流方式交付的，收货人的签收时间为交付时间。

三、提供服务的交付时间

电子合同的标的为提供服务的，生成的电子凭证或者实物凭证中载明的时间为提供服务时间；前述凭证没有载明时间或者载明时间与实际提供服务时间不一致的，以实际提供服务的时间为准。

四、提供"数字产品"的交付时间

电子合同的标的物为采用在线传输方式交付的，合同标的物进入对方当事人指定的特定系统且能够检索识别的时间为交付时间。

【鑫考点3】按份之债与连带之债（★★）

一、按份之债

（1）债权人为二人以上，标的可分，按照份额各自享有债权的，为按份债权。
（2）债务人为二人以上，标的可分，按照份额各自负担债务的，为按份债务。
（3）按份债权人或者按份债务人的份额难以确定的，视为份额相同。

【解释1】就外部关系而言，按份债权，各个债权人按照确定的份额享有债权，各个债权人仅能请求债务人向其履行其所享有的份额。按份债务，各个债务人按照确定的份额承担债务，各个债务人按照各债权人确定的份额分别负担相应的给付义务，这些债权或债务具有相对独立性，形式上是一个债的关系，实际为数个债的集合。

【解释2】就内部关系而言，按份之债是按照各自的份额清偿的，债权人之间或者债务人之间不会发生内部追偿问题。

二、连带之债

连带之债的类型	（1）债权人为二人以上，部分或者全部债权人均可以请求债务人履行债务的，为连带债权
	（2）债务人为二人以上，债权人可以请求部分或者全部债务人履行全部债务的，为连带债务
	【提示】连带债权或者连带债务，由法律规定或者当事人约定
连带之债的内部效力	（1）连带债务人之间的份额难以确定的，视为份额相同
	（2）实际承担债务超过自己份额的连带债务人，有权就超出部分在其他连带债务人未履行的份额范围内向其追偿，并相应地享有债权人的权利，但是不得损害债权人的利益。其他连带债务人对债权人的抗辩，可以向该债务人主张 【解释】抗辩权不会因为主体变更而消灭
	（3）被追偿的连带债务人不能履行其应分担份额的，其他连带债务人应当在相应范围内按比例分担
连带之债的外部效力（部分及于整体原则）	（1）部分连带债务人履行、抵销债务或者提存标的物的，其他债务人对债权人的债务在相应范围内消灭；该债务人可以依据前条规定向其他债务人追偿
	（2）部分连带债务人的债务被债权人免除的，在该连带债务人应当承担的份额范围内，其他债务人对债权人的债务消灭
	（3）部分连带债务人的债务与债权人的债权同归于一人的，在扣除该债务人应当承担的份额后，债权人对其他债务人的债权继续存在
	（4）债权人对部分连带债务人的给付受领迟延的，对其他连带债务人发生效力

【解释】债权人受领迟延时，对债务人发生减轻、免除及在受损害时要求赔偿的法律效果。

【相关链接】《民法典》第589条规定：债务人按照约定履行债务，债权人无正当理由拒绝受领的，债务人可以请求债权人赔偿增加的费用。在债权人受领迟延期间，债务人无须支付利息。

【鑫考点4】双务合同履行中的抗辩权（★★★）（2000年单选题；2010年单选题；2012年单选题；2015年单选题；2016年案例分析题；2017年单选题、案例分析题）

一、同时履行抗辩权、先履行抗辩权

类型	权利人	事由及权利
同时履行抗辩权	双方	当事人互负债务，没有先后履行顺序的，应当同时履行。一方在对方履行之前有权拒绝其履行请求。一方在对方履行债务不符合约定时，有权拒绝其相应的履行请求
先履行抗辩权	后履行一方	当事人互负债务，有先后履行顺序，应当先履行债务一方未履行的，后履行一方有权拒绝其履行请求。先履行一方履行债务不符合约定的，后履行一方有权拒绝其相应的履行请求

二、不安抗辩权

主张权利人	先履行一方	
主张情形（有确切证据）	（1）经营状况严重恶化	【提示】当事人没有确切证据中止履行的，应当承担违约责任
	（2）转移财产、抽逃资金，以逃避债务	
	（3）丧失商业信誉	
	（4）有丧失或者可能丧失履行债务能力的其他情形	
主张权利	中止履行（及时通知），对方提供适当担保的，应当恢复履行	
	中止履行后，对方在合理期限内未恢复履行能力且未提供适当担保的，视为以自己的行为表明不履行主要债务，中止履行的一方可以解除合同并可以请求对方承担违约责任	

【鑫考题1·单选题】甲、乙双方签订一份煤炭买卖合同，约定甲向乙购买煤炭1 000吨，甲于4月1日向乙支付全部煤款，乙于收到煤款半个月后装车发货。3月31日，甲调查发现，乙的煤炭经营许可证将于4月15日到期，目前煤炭库存仅剩700余吨，且正加紧将库存煤炭发往别处。甲遂决定暂不向乙付款，并于4月1日将暂不付款的决定及理由通知了乙。根据合同法律制度的规定，下列表述中，正确的是（　　）。(2012年)

A. 甲无权暂不付款，因为在乙的履行期届至之前，无法确知乙将来是否会违约

B. 甲无权暂不付款，因为甲若怀疑乙届时不能履行合同义务，应先通知乙提供担保，只有在乙不能提供担保时，甲方可中止履行合同

C. 甲有权暂不付款，因为甲享有先履行抗辩权

D. 甲有权暂不付款，因为甲享有不安抗辩权

【答案】D

【解析】应当先履行债务的当事人，有确切证据证明对方有丧失或者可能丧失履行债务能力的情形时，可以行使不安抗辩权，中止合同履行。

【鑫考题2·单选题】甲、乙双方签订买卖合同，约定甲支付货款一周后乙交付货物。甲未在约定日期付款，却请求乙交货。根据合同法律制度的规定，对于甲的请求，乙可行使的抗辩权是（　　）。(2015年、2017年)

A. 不安抗辩权　　　　B. 先诉抗辩权

C. 同时履行抗辩权　　D. 先履行抗辩权

【答案】D

【解析】先履行抗辩权是指双务合同的当事人互负债务，有先后履行顺序，先履行一方（甲）未履行的，后履行一方（乙）有权拒绝其履行请求。先履行一方履行债务不符合约定的，后履行一方有权拒绝其相应的履行请求。

【鑫考点5】代位权（★★★）（2004年多选题；2008年案例分析题；2009年案例分析题；2010年案例分析题；2015年单选题）

【解释】 代位权是指债务人怠于行使其对第三人（次债务人）享有的到期债权或者与该债权相关的从权利（如担保权），危及债权人债权实现时，债权人为了保障自己的债权，可以以自己的名义代位行使债务人对次债务人的债权的权利，但该债权专属于债务人自身的除外。

一、代位权的构成要件

行使条件	说明
债务人对第三人享有合法到期债权，并且是非专属于债务人自身的权利	专属于债务人自身的债权是指基于扶养关系、抚养关系、赡养关系、继承关系产生的给付请求权和劳动报酬、退休金、养老金、抚恤金、安置费、人寿保险、人身伤害赔偿请求权等权利
债务人怠于行使其到期债权或者与该债权有关的从权利，影响债权人的债权实现的	债务人的懈怠行为必须是债务人不以诉讼方式或者仲裁方式向次债务人主张
债权人对债务人的债权须合法且原则上已经到期	债权人的债权到期前，债务人的债权或者与该债权有关的从权利存在诉讼时效期间即将届满或者未及时申报破产债权等情形，影响债权人的债权实现的，债权人可以代位向债务人的相对人请求其向债务人履行、向破产管理人申报或者作出其他必要的行为

二、代位权的行使

当事人	债权人是原告（以自己名义），次债务人是被告，债务人是第三人
行使范围	以债权人的到期债权为限
费用承担	债权人胜诉的，诉讼费由次债务人承担，从实现的债权中优先支付。债权人行使代位权的必要费用，由债务人承担
抗辩权	次债务人对债务人的抗辩，可以向债权人主张

【鑫考题·单选题】 甲对乙的债务清偿期已届满却未履行，乙欲就甲对他人享有的债权提起代位权诉讼。根据合同法律制度的规定，甲享有的下列债权中，乙可代位行使的是（ ）。(2015年)

A. 抚恤金请求权　　　　　　B. 劳动报酬请求权
C. 人身伤害赔偿请求权　　　D. 财产损害赔偿请求权

【答案】D

【解析】选项ABC：专属于债务人自身的债权（基于扶养关系、抚养关系、赡养关系、继承关系产生的给付请求权和劳动报酬、退休金、养老金、抚恤金、安置费、人寿保险、人身伤害赔偿请求权等权利），债权人不得行使代位权。

【鑫考点6】撤销权（★★★）(2004年多选题；2008年案例分析题；2009年案例分析题；2010年案例分析题；2015年单选题)

【解释】债务人实施了法定的不当处分财产的行为，影响债权人的债权实现的，债权人可以请求人民法院撤销债务人的行为。

一、可撤销的行为

（1）债务人以放弃其债权、放弃债权担保、无偿转让财产等方式无偿处分财产权益，影响债权人的债权实现的。

（2）恶意延长其到期债权的履行期限，影响债权人的债权实现的。

（3）债务人以明显不合理的低价转让财产、以明显不合理的高价受让他人财产或者为他人的债务提供担保，影响债权人的债权实现，债务人的相对人知道或者应当知道该情形的。

【提示】"无偿处分""恶意延长"不考虑相对人是善意还是恶意；"明显不合理""为他人提供担保"要求相对人必须是恶意（明知）。

二、撤销权行使的期限

（1）撤销权自债权人知道或者应当知道撤销事由之日起1年内行使。

（2）自债务人的行为发生之日起5年内没有行使撤销权的，该撤销权消灭。

三、撤销权之诉

（1）管辖法院：债权人行使撤销权应以自己的名义，向被告（债务人）住所地人民法院提起诉讼，请求人民法院撤销债务人因处分财产而危害债权的行为。

（2）诉讼请求：行使范围以债权人的债权为限。

（3）费用承担：债权人行使撤销权的必要费用，由债务人承担。

（4）优先受偿：债权人对撤销权行使的结果并无优先受偿的权利。

（5）自始无效：债务人、第三人的行为被撤销的，其行为自始无效。

【总结】代位权与撤销权。

	代位权	撤销权
适用情形	债务人的消极行为	债务人的积极行为
债权是否到期	原则上要求已经到期	是否到期均可
被告	次债务人	债务人
优先受偿权	有优先受偿权	无优先受偿权
费用承担	债权人胜诉的，诉讼费用由次债务人承担；其他必要费用由债务人承担	行使撤销权，所支付的合理费用，由债务人承担

第五节 合同的担保

【鑫考点1】合同担保的基本理论（★★）(2003年单选题)

一、担保与反担保

1. 担保形式

（1）人的担保——保证。

（2）物的担保——抵押、质押、留置。

（3）金钱担保——定金。

【提示1】所有权保留、融资租赁也可具有担保的功能。

【提示2】保证、抵押、质押和定金为约定担保，留置为法定担保。

2. 反担保

【解释】为了换取担保人提供保证、抵押或质押等担保方式，担保人可以要求债务人为担保人的担保提供担保。这种由债务人或第三人向该担保人提供的担保，相对于原担保而言被称为反担保。

反担保人	反担保方式
债务人	抵押或者质押
债务人之外的第三人	保证、抵押或者质押

【提示】留置和定金不能作为反担保方式

二、担保合同无效的法律责任

1. 担保合同无效的情形

担保合同无效的情形不仅包括违反法律、行政法规的强制性规定或者违背公序良俗的情形，还包括以下情形：以公益为目的的非营利性学校、幼儿园、医疗机构、养老机构等提供担保的，原则上担保合同无效；但是有下列情形之一的除外：

（1）在购入或者以融资租赁方式承租教育设施、医疗卫生设施、养老服务设施和其他公益设施时，出卖人、出租人为担保价款或者租金实现而在该公益设施上保留所有权。

（2）以教育设施、医疗卫生设施、养老服务设施和其他公益设施以外的不动产、动产或者财产权利设立担保物权。

【提示】登记为营利法人的学校、幼儿园、医疗机构、养老机构等提供担保，当事人不得以其不具有担保资格为由主张担保合同无效。

2. 担保合同无效的法律责任

主合同有效 而保证合同无效	(1) 债权人与担保人均有过错的	担保人承担的赔偿责任不应超过债务人不能清偿部分的1/2
	(2) 担保人有过错而债权人无过错的	担保人对债务人不能清偿的部分承担赔偿责任
	(3) 债权人有过错而担保人无过错的	担保人不承担赔偿责任
主合同无效 导致保证合同无效	(1) 担保人有过错	担保人承担的赔偿责任不应超过债务人不能清偿部分的1/3
	(2) 担保人无过错	担保人不承担赔偿责任

三、"借新还旧"的担保责任

(1) 主合同当事人协议以新贷偿还旧贷，债权人请求旧贷的担保人承担担保责任的，人民法院不予支持。

(2) 债权人请求新贷的担保人承担担保责任的，按照下列情形处理：

① 新贷与旧贷的担保人相同的，人民法院应予支持；

② 新贷与旧贷的担保人不同，或者旧贷无担保新贷有担保的，人民法院不予支持，但是债权人有证据证明新贷的担保人提供担保时对以新贷偿还旧贷的事实知道或者应当知道的除外。

(3) 主合同当事人协议以新贷偿还旧贷，旧贷的物的担保人在登记尚未注销的情形下同意继续为新贷提供担保，在订立新的贷款合同前又以该担保财产为其他债权人设立担保物权，其他债权人主张其担保物权顺位优先于新贷债权人的，人民法院不予支持。

【鑫考点2】保证（★★★）(2005年案例分析题；2006年案例分析题；2009年案例分析题；2012年单选题；2013年案例分析题；2014年案例分析题；2017年多选题；2019年单选题)

一、保证合同

1. 保证合同的性质

(1) 保证合同是指为保障债权的实现，保证人和债权人约定，当债务人不履行到期债务或者发生当事人约定的情形时，保证人履行债务或者承担责任的合同。因此，保证合同为单务合同、诺诚合同、无偿合同、从合同。

(2) 保证合同可以是单独订立的书面合同，也可以是主债权债务合同中的保证条款。

2. 保证成立的特殊认定

(1) 第三人单方以书面形式向债权人作出保证，债权人接收且未提出异议的，保证合同成立。

(2) 第三人向债权人提供差额补足、流动性支持等类似承诺文件作为增信措施，具有提供担保的意思表示，债权人请求第三人承担保证责任的，人民法院应当依照保证的有关规定处理。

(3) 第三人向债权人提供的承诺文件，具有加入债务或者与债务人共同承担债务等意思表示的，人民法院应当认定为债务加入。

【提示】上述承诺文件难以确定是保证还是债务加入的，人民法院应当将其认定为保证。

【相关链接】第三人与债务人约定加入债务并通知债权人，或者第三人向债权人表示愿意加入债务，债权人未在合理期限内明确拒绝的，债权人可以请求第三人在其愿意承担的债务范围内和债务人承担连带债务。

【鑫考题·多选题】保证合同是保证人与债权人订立的在主债务人不履行其债务时，由保证人按照约定履行债务或者承担责任的协议。根据合同法律制度的规定，下列关于保证合同性质的表述中，正确的有（　　）。(2017年)

A．单务合同　　　B．从合同　　　C．有偿合同　　　D．诺成合同

【答案】ABD

【解析】保证合同是单务合同、无偿合同、诺成合同、从合同。

二、保证人

自然人、法人或非法人组织均可以为保证人。

（1）机关法人不得为保证人，但是经国务院批准为使用外国政府或者国际经济组织贷款进行转贷的除外。

（2）以公益为目的的非营利性学校、幼儿园、医疗机构、养老机构等非营利法人、非法人组织原则上不得为保证人。

三、保证方式

1. 一般保证和连带责任保证

（1）在保证合同中对保证方式没有约定或者约定不明确的，按照一般保证承担保证责任。

（2）一般保证的保证人享有先诉抗辩权，连带责任保证的保证人则不享有。

【解释】先诉抗辩权：一般保证的保证人在主合同纠纷未经审判或者仲裁，并就债务人财产依法强制执行仍不能履行债务前，有权拒绝向债权人承担保证责任。

【提示】有下列情形之一的，不得主张先诉抗辩权：①债务人下落不明，且无财产可供执行；②人民法院已经受理债务人破产案件；③债权人有证据证明债务人的财产不足以履行全部债务或者丧失履行债务能力；④保证人书面表示放弃本款规定的权利。

（3）一般保证的保证人在主债务履行期限届满后，向债权人提供债务人可供执行财产的真实情况，债权人放弃或者怠于行使权利致使该财产不能被执行的，保证人在其提供可供执行财产的价值范围内不再承担保证责任。

2. 按份共同保证和连带共同保证

【解释1】按份共同保证是保证人与债权人约定按份额对主债务承担保证义务。

【解释2】连带共同保证是各保证人约定均对全部主债务承担保证义务或保证人与债权人之间没有约定所承担的保证份额。

同一债务有两个以上保证人的，保证人应当按照保证合同约定的保证份额，承担保

证责任；没有约定保证份额的，债权人可以请求任何一个保证人在其保证范围内承担保证责任。

四、保证责任

1. 保证责任的范围

保证的范围包括主债权及其利息、违约金、损害赔偿金和实现债权的费用。当事人另有约定的，按照其约定。

2. 主合同变更与保证责任承担

（1）债权人转让全部或者部分债权，未通知保证人的，该转让对保证人不发生效力。保证人与债权人约定禁止债权转让，债权人未经保证人书面同意转让债权的，保证人对受让人不再承担保证责任。

（2）债权人未经保证人书面同意，允许债务人转移全部或者部分债务，保证人对未经其同意转移的债务不再承担保证责任，但是债权人和保证人另有约定的除外。

（3）债权人和债务人未经保证人书面同意，协商变更主债权债务合同内容，减轻债务的，保证人仍对变更后的债务承担保证责任；加重债务的，保证人对加重的部分不承担保证责任。（避重就轻原则）

（4）债权人和债务人变更主债权债务合同的履行期限，未经保证人书面同意的，保证期间不受影响。

（5）第三人加入债务的，保证人的保证责任不受影响。

3. 保证期间

	含义	保证期间是确定保证人承担保证责任的期间，属于除斥期间
主张权利	连带责任保证	连带责任保证的债权人未在保证期间请求保证人承担保证责任的，保证人不再承担保证责任
	一般保证	一般保证的债权人未在保证期间对债务人提起诉讼或者申请仲裁的，保证人不再承担保证责任
	保证责任消灭后，债权人书面通知保证人请求承担保证责任，保证人在通知书上签名、盖章或者按指印，债权人请求保证人继续承担保证责任的，人民法院不予支持，但是债权人有证据证明成立了新的保证合同的除外	
保证期间	有约定按约定	（1）债权人与保证人可以约定保证期间
	未约定或约定不明确	（2）没有约定或者约定不明确的，保证期间为主债务履行期限届满之日起6个月
		【解释1】约定的保证期间早于主债务履行期限或者与主债务履行期限同时届满的，视为没有约定
		【解释2】保证合同约定承担保证责任直至主债务本息还清时为止等的，视为约定不明
	【提示】债权人与债务人对主债务履行期限没有约定或者约定不明确的，保证期间自债权人请求债务人履行债务的宽限期届满之日起计算	

保证期间	最高额保证合同对保证期间的计算方式、起算时间等没有约定或者约定不明确	（1）被担保债权的履行期限均已届满的，保证期间自债权确定之日起开始计算
		（2）被担保债权的履行期限尚未届满的，保证期间自最后到期债权的履行期限届满之日起开始计算
		【解释】对于最高额保证合同保证期间的起算点，则应视债权确定时被担保债权的履行期限是否已经届满来确定

4. 保证诉讼时效

	起算点
一般保证	一般保证的债权人在保证期间届满前对债务人提起诉讼或者申请仲裁的，从保证人拒绝承担保证责任的权利（先诉抗辩权）消灭之日起，开始计算保证债务的诉讼时效
连带责任保证	连带责任保证的债权人在保证期间届满前请求保证人承担保证责任的，从债权人请求保证人承担保证责任之日起，开始计算保证债务的诉讼时效

5. 保证与主债权诉讼时效

（1）保证人知道或者应当知道主债权诉讼时效期间届满仍然提供保证或者承担保证责任，又以诉讼时效期间届满为由拒绝承担保证责任或者请求返还财产的，人民法院不予支持。

（2）上述保证人承担保证责任后向债务人追偿的，人民法院不予支持，但是债务人放弃诉讼时效抗辩的除外。

6. 共同担保下的保证责任（2006年案例分析题；2013年案例分析题；2015年案例分析题；2017年案例分析题）

有约定	按当事人的约定确定承担责任的顺序实现债权
没有约定或者约定不明确	（1）债务人自己提供物的担保的，债权人应当先就该物的担保实现债权
	（2）第三人提供物的担保的，债权人可以就物的担保实现债权，也可以请求保证人承担保证责任。提供担保的第三人承担担保责任后，有权向债务人追偿

7. 共同保证的保证责任

同一债务有两个以上保证人，保证人之间相互有追偿权，债权人未在保证期间内依法向部分保证人行使权利，导致其他保证人在承担保证责任后丧失追偿权，其他保证人主张在其不能追偿的范围内免除保证责任的，人民法院应予支持。

五、保证人的追偿权

（1）保证人承担保证责任后，除当事人另有约定外，有权在其承担保证责任的范围内向债务人追偿，享有债权人对债务人的权利，但是不得损害债权人的利益。

（2）同一债权既有债务人自己提供的物的担保，又有第三人提供的担保，承担了担保责任或者赔偿责任的第三人，主张行使债权人对债务人享有的担保物权的，人民法院应予支持。

六、涉及保证人的诉讼问题

1. 一般保证人

（1）债权人一并起诉债务人和保证人的，人民法院可以将债务人和保证人列为共同被告参加诉讼。

（2）在民间借贷纠纷中，出借人仅起诉借款人的，人民法院可以不追加一般保证人为共同被告。

（3）在民间借贷纠纷中，出借人仅起诉一般保证人的，人民法院应当追加借款人为共同被告。

2. 连带保证人

（1）债权人可以将债务人或者连带保证人作为被告提起诉讼，也可以将债务人和连带保证人作为共同被告提起诉讼。

（2）在民间借贷纠纷中，出借人仅起诉借款人的，人民法院可以不追加连带保证人为共同被告。

（3）在民间借贷纠纷中，出借人仅起诉连带保证人的，人民法院可以追加借款人为共同被告。

【鑫考题1·多选题】甲、乙两公司签订一份买卖合同，约定甲公司向乙公司购买机床一台，价格为300万元。同时，丙公司向乙公司书面出具一份内容为"丙公司愿为甲公司应付乙公司300万元机床货款承担保证责任"的保函，并加盖了该公司公章，乙公司欣然接受。之后，由于市场变化，甲公司、乙公司双方协商同意将机床价格变更为350万元，但未通知丙公司。乙公司向甲公司交付机床后，甲公司无力按期支付货款，乙公司遂要求丙公司代为清偿。根据合同法律制度的规定，下列表述中，正确的有（　　）。(2012年)

A. 丙公司出具保函是其单方行为，因此保证不成立

B. 丙公司应在300万元范围内承担保证责任

C. 在乙公司未就甲公司财产依法强制执行用于清偿债务之前，丙公司有权拒绝乙公司代为清偿的要求

D. 丙公司应承担保证责任，保证期间适用6个月的短期诉讼时效期间，自主债务履行期届满之日起计算

【答案】BC

【解析】(1)选项A：第三人单方以书面形式向债权人出具担保书，债权人接受且未提出异议的，保证合同成立；(2)选项B：未经保证人同意的主合同变更，如果加重债务人的债务的，保证人对加重的部分不承担保证责任；(3)选项C：乙公司和丙公司未对保证方式进行约定，丙公司应当承担一般保证责任，原则上享有先诉抗辩权；(4)选项D：保证期间与保证的诉讼时效是两回事，选项D的表述将二者混为一谈。

【鑫考题2·单选题】甲向乙借款200万元，期限自2017年1月1日起至2019年12

月31日止，丙为保证人，未约定保证期间。2019年6月5日，甲向乙追加借款100万元，双方约定全部借款于2020年12月31日清偿。丙对甲向乙追加借款与首期借款期限延长之事不知情。根据合同法律制度的规定，下列关于丙的保证责任的表述中，正确的是（　　）。(2019年)

A．保证责任范围是200万元，期限至2021年12月31日
B．保证责任范围是300万元，期限至2022年12月31日
C．保证责任范围是300万元，期限至2021年6月30日
D．保证责任范围是200万元，期限至2020年6月30日

【答案】D
【解析】（1）未经保证人同意的主合同变更，如果加重债务人的债务的，保证人对加重的部分不承担保证责任；变更主合同的履行期限，未经保证人书面同意的，保证期间为原合同约定的或者法律规定的期间。（2）保证期间没有约定的，为主债务履行期限届满之日起6个月。

【鑫考点3】定金（★★）(2012年单选题；2015年单选题；2017年案例分析题；2020年案例分析题)

一、定金的性质
定金合同自实际交付定金时成立（实践性合同）。

二、定金所有权转移
定金一旦交付，定金所有权发生转移。

三、定金数额限制
约定的定金数额不得超过主合同标的额的20%，超过部分无效。

四、定金罚则
1. 总原则
（1）给付方违约。给付定金的一方不履行约定的债务的，无权请求返还定金。
（2）收受方违约。收受定金的一方不履行约定的债务的，应当双倍返还定金。
2. 适用

法律或当事人无其他约定，一方延迟履行或者有其他违约行为，致使合同目的不能实现	适用
因第三人的过错致使主合同不能履行	适用
当事人一方不完全履行合同（应当按照未履行部分所占合同约定内容的比例适用）	按比例适用
因不可抗力、意外事件致使主合同不能履行	不适用

五、定金与违约金
当事人在合同中既约定违约金，又约定定金的，一方违约时，对方可以选择适用违

约金或者定金条款，但二者不可同时并用。（2020 年案例分析题）

六、定金与赔偿损失

约定的定金不足以弥补一方违约造成的损失，对方请求赔偿超过定金部分的损失的，人民法院可以并处，但定金和损失赔偿的数额总和不应高于因违约造成的损失。（2017 年案例分析题）

【考题 1·单选题】根据合同法律制度的规定，下列关于定金的表述中，正确的是（　　）。（2015 年）

A. 收受定金一方不履行合同义务时，应当三倍返还定金

B. 收受定金一方履行合同义务时，定金所有权发生移转

C. 定金数额不得超过主合同标的额的 20%

D. 既约定定金，又约定违约金的，一方违约时，当事人有权要求同时适用

【答案】C

【解析】（1）选项 A：收受定金一方不履行合同义务时，应当双倍返还定金；（2）选项 B：定金一旦交付，定金所有权发生转移；（3）选项 D：在同一合同中，当事人既约定违约金，又约定定金的，一方违约时，对方可以选择适用违约金条款或者定金条款，不能同时要求适用两个条款。

【考题 2·单选题】甲餐厅承接乙的婚宴。双方约定：婚宴共办酒席 20 桌，每桌 2 000 元；乙先行向甲餐厅支付定金 1 万元；任何一方违约，均应向对方支付违约金 5 000 元。合同订立后，乙未依约向甲支付定金。婚宴前一天，乙因故通知甲餐厅取消婚宴。甲餐厅要求乙依约支付 1 万元定金与 5 000 元违约金。根据合同法律制度的规定，下列表述中，正确的是（　　）。（2012 年）

A. 甲餐厅应在 1 万元定金与 5 000 元违约金之间择一向乙主张，因为定金与违约金不能同时适用

B. 甲餐厅仅有权请求乙支付 8 000 元定金，因为定金不得超过合同标的额的 20%

C. 甲餐厅无权请求乙支付定金，因为乙未实际交付定金，定金条款尚未生效

D. 甲餐厅无权请求乙支付定金，因为定金额超过合同标的额的 20%，定金条款无效

【答案】C

【解析】定金合同自实际交付定金时成立，在本题中，乙未依约向甲餐厅支付定金，定金合同未生效，甲餐厅无权要求乙承担定金责任。

第六节 合同的变更和转让

【鑫考点1】债权转让（★★）（2008年案例分析题；2016年案例分析题；2019年多选题）

一、债权转让的条件

（1）债权转让不以债务人的同意为生效条件，但是未经通知，该转让对债务人不发生效力。

（2）债权转让的通知不得撤销，但是经受让人同意的除外。

【解释】债务人接到债权转让通知后，债权让与行为对债务人生效，债务人应当对受让人履行义务。

【相关链接】债权转让的，应当认定诉讼时效从债权转让通知到达债务人之日起中断。

二、禁止债权转让的情形

（1）根据债权性质不得转让（基于特定身份、技能等产生的债权，如出版合同中出版公司的债权、委托合同中委托人的债权）。

（2）按照当事人约定不得转让。

【提示】当事人约定非金钱债权不得转让的，不得对抗善意第三人。当事人约定金钱债权不得转让的，不得对抗第三人。

（3）依照法律规定不得转让。

三、债权转让的效力

1. 受让人成为合同当事人

在全部债权转让的情形下，原债权人脱离债权债务关系，受让人取代债权人地位；在部分债权转让的情形下，原债权人就转让部分丧失债权。

2. 从权利转移（从随主原则）

债权人转让债权的，受让人取得与债权有关的从权利（如抵押权），但是该从权利专属于债权人自身的除外。受让人取得从权利不因该从权利未办理转移登记手续或者未转移占有而受到影响。

3. 抗辩权转移

债务人接到债权转让通知后，债务人对让与人的抗辩，可以向受让人主张，如提出债权无效、诉讼时效已过等事由的抗辩。

【解释】抗辩权不会因为主体变更而消灭。

4. 抵销权转移

有下列情形之一的，债务人可以向受让人主张抵销：

(1) 债务人接到债权转让通知时，债务人对让与人享有债权，且债务人的债权先于转让的债权到期或者同时到期。

(2) 债务人的债权与转让的债权是基于同一合同产生。

【解释】如何理解"债务人的债权与转让的债权是基于同一合同产生"？例如，货物买卖合同中货款请求权与延期交货或质量瑕疵违约金、租赁合同中租金债权与押金返还请求权等。

【鑫考题·多选题】根据合同法律制度的规定，下列关于债权转让的表述中，正确的有（   ）。（2019年）

A. 债权转让无须债务人同意

B. 债务人可与债权人约定债权不得转让

C. 债权转让应当通知债务人

D. 债权转让后，受让人不能取得债权的从权利

【答案】ABC

【解析】(1) 选项AC：债权人转让债权，不需要经债务人同意，但应当通知债务人。未经通知，该转让对债务人不发生效力。(2) 选项B：债务人可与债权人约定债权不得转让。(3) 选项D：债权人转让债权的，受让人同时取得与主债权有关的从权利（如抵押权、质权），但该从权利专属于债权人自身的除外。

【鑫考点2】债务承担（★）

一、债务承担的条件

(1) 债务人将债务的全部或者部分转移给第三人的，应当经债权人同意。

(2) 债务人或者第三人可以催告债权人在合理期限内予以同意，债权人未作表示的，视为不同意。

二、债务承担的效力

(1) 债务人转移债务的，新债务人应当承担与主债务有关的从债务，但是该从债务专属于原债务人自身的除外。（从随主原则）

(2) 债务人转移债务的，新债务人可以主张原债务人对债权人的抗辩；原债务人对债权人享有债权的，新债务人不得向债权人主张抵销。

三、第三人加入债务

第三人与债务人约定加入债务并通知债权人，或者第三人向债权人表示愿意加入债务，债权人未在合理期限内明确拒绝的，债权人可以请求第三人在其愿意承担的债务范围内和债务人承担连带债务。

第七节 合同的权利义务终止

【解释1】合同的权利义务终止制度包括债的终止制度和合同解除制度。

【解释2】根据《民法典》的规定,债权债务终止的情形包括:①债务已经按照约定履行,即清偿;②债务相互抵销;③债务人依法将标的物提存;④债权人免除债务;⑤债权债务同归于一人,即混同;⑥法律规定或者当事人约定终止的其他情形。

【解释3】债的终止是指给付义务终局性地消灭。合同解除是指合同中原给付义务的效力终止,但在因违约而解除的场合中,债务人的损害赔偿义务仍然存在,故给付义务并未终局性地消灭。

【解释4】债权债务终止时,债务人的给付义务消灭,但当事人仍应当遵循诚信等原则,根据交易习惯履行通知、协助、保密、旧物回收等义务。

【解释5】债权债务终止时,债权的从权利同时消灭,但是法律另有规定或者当事人另有约定的除外。

【解释6】合同的权利义务关系终止,不影响合同中结算条款、清理条款及解决争议方法条款的效力。

【鑫考点1】清偿(★)

(1)债务人对同一债权人负担的数项债务种类相同,债务人的给付不足以清偿全部债务的,除当事人另有约定外,由债务人在清偿时指定其履行的债务。

(2)债务人未作指定的,应当优先履行已经到期的债务;数项债务均到期的,优先履行对债权人缺乏担保或者担保最少的债务;均无担保或者担保相等的,优先履行债务人负担较重的债务;负担相同的,按照债务到期的先后顺序履行;到期时间相同的,按照债务比例履行。

【解释1】清偿顺位的规则:约定清偿>指定清偿>法定清偿。

【解释2】法定清偿原则:遵循"债权人利益优先、兼顾债务人利益"原则。

【鑫考点2】解除(★★★)(2002年案例分析题;2005年案例分析题;2007年案例分析题;2014年多选题;2015年案例分析题;2017年案例分析题)

一、解除情形

约定解除	协商解除	当事人协商一致,可以解除合同
	约定解除	当事人可以约定一方解除合同的事由。解除合同的事由发生时,解除权人可以解除合同

法定解除	(1) 因不可抗力致使不能实现合同目的
	(2) 在履行期限届满前，当事人一方明确表示或者以自己的行为表明不履行主要债务
	(3) 当事人一方迟延履行主要债务，经催告后在合理期限内仍未履行
	(4) 当事人一方迟延履行债务或者有其他违约行为致使不能实现合同目的
	(5) 法律规定的其他情形
任意解除	以持续履行的债务为内容的不定期合同（如租赁合同），当事人可以随时解除合同，但是应当在合理期限之前通知对方

二、情势变更解除合同

合同成立后，合同的基础条件发生了当事人在订立合同时无法预见的、不属于商业风险的重大变化，继续履行合同对于当事人一方明显不公平的，受不利影响的当事人可以与对方重新协商；在合理期限内协商不成的，当事人可以请求人民法院或者仲裁机构变更或者解除合同。人民法院或者仲裁机构应当结合案件的实际情况，根据公平原则变更或者解除合同。

【提示1】合同的基础条件发生重大变化既可能是因不可抗力造成的，也可能是因其他不可归责于双方当事人的事由造成的。例如，施工过程中遇到双方难以预见的复杂地质情况，继续按照约定履行会造成施工成本增加数倍。

【提示2】构成情势变更时，当事人负有重新协商的义务。

【提示3】当事人请求变更或者解除合同的，人民法院或者仲裁机构应当将变更合同作为首先考虑的选项，只有在难以维持合同时才能解除合同。

三、解除权的行使和效果

行使期限	法律规定或者当事人约定解除权行使期限	期限届满当事人不行使的，该权利消灭
	法律没有规定或者当事人没有约定解除权行使期限	自解除权人知道或者应当知道解除事由之日起1年内不行使，或者经对方催告后在合理期限内不行使的，该权利消灭
行使方式	当事人一方依法主张解除合同的，应当通知对方	合同自通知到达对方时解除
		通知载明债务人在一定期限内不履行债务则合同自动解除，债务人在该期限内未履行债务的，合同自通知载明的期限届满时解除
	当事人一方未通知对方，直接以提起诉讼或者申请仲裁的方式依法主张解除合同	人民法院或者仲裁机构确认该主张的，合同自起诉状副本或者仲裁申请书副本送达对方时解除
法律效果	合同解除后，尚未履行的，终止履行；已经履行的，根据履行情况和合同性质，当事人可以请求恢复原状或者采取其他补救措施，并有权请求赔偿损失	
	合同因违约解除的，解除权人可以请求违约方承担违约责任，但是当事人另有约定的除外	
	主合同解除后，担保人对债务人应当承担的民事责任仍应当承担担保责任，但是担保合同另有约定的除外	

【考题·多选题】根据合同法律制度的规定，下列情形中，买受人可以取得合同解除权的有（　　）。（2014年）
A. 因出卖人过错导致标的物在交付前灭失
B. 因不可抗力导致标的物在交付前灭失
C. 出卖人在履行期限届满前明确表示拒绝交付标的物
D. 出卖人在履行期限届满后明确表示拒绝交付标的物
【答案】ABCD
【解析】（1）选项AB：如果标的物为可替代物，可以以同类物替代履行，买受人不能解除合同；如果标的物为不可替代物，因买受人的合同目的已经不能实现，买受人可以解除合同（选项AB是否正确，值得商榷，但官方公布的答案将其视为正确答案）。（2）选项C：在履行期限届满之前，出卖人明确表示或者以自己的行为表明不履行主要债务的，买受人可以解除合同。（3）选项D：出卖人迟延履行债务或者有其他违约行为致使买受人不能实现合同目的，买受人可以解除合同。

【考点3】抵销（★★）（2008年案例分析题；2017年单选题）

一、法定抵销的条件

当事人互负债务，该债务的标的物种类、品质相同的，任何一方可以将自己的债务与对方的到期债务抵销；但是，根据债务性质、按照当事人约定或者依照法律规定不得抵销的除外。

（1）须双方互负有债务，互享有债权。
（2）须双方债务的给付为同一种类、品质相同。
（3）须对方的债务届清偿期。
（4）须双方的债务均为可抵销的债务。

【提示1】下列债务均不可抵销：
① 法律规定不得抵销的债务，如因故意侵权行为而产生的债务；
② 根据债务性质不能抵销的债务，如提供劳务的债务、不作为的债务等；
③ 当事人约定不得抵销的债务。

【提示2】当事人互负债务，标的物种类、品质不相同的，经协商一致，也可以抵销。（约定抵销）

二、法定抵销的效果

（1）法定抵销中的抵销权属于形成权，因此，当事人主张抵销的，应当通知对方，通知为非要式。
（2）抵销不得附条件或者附期限。
（3）抵销的效果自通知到达对方时生效。

【提示】抵销产生如下法律效力：

① 双方的债权债务于抵销数额内消灭；

② 抵销的意思表示溯及于得为抵销之时。

【鑫考题1·单选题】 根据合同法律制度的规定，下列关于法定抵销权性质的表述中，正确的是（   ）。(2017年)

A. 支配权　　　　B. 请求权　　　　C. 抗辩权　　　　D. 形成权

【答案】D

【解析】法定抵销中的抵销权在性质上属于形成权，当事人主张抵销的，应当通知对方，抵销的效果自通知到达对方时生效。

【鑫考题2·单选题】 根据合同法律制度的规定，下列关于抵销的表述中，正确的是（   ）。(2017年)

A. 抵销通知为要式

B. 抵销的意思表示溯及于得为抵销之时

C. 抵销的效果自通知发出时生效

D. 抵销可以附条件或者附期限

【答案】B

【解析】(1) 选项A：抵销通知为非要式；(2) 选项C：抵销的效果自通知到达对方时生效（而非"通知时"）；(3) 选项D：抵销不得附条件或者附期限。

【鑫考点4】提存（★★）(2009年多选题、案例分析题；2012年多选题；2014年单选题；2015年单选题)

适用情形	有下列情形之一，难以履行债务的，债务人可以将标的物提存： (1) 债权人无正当理由拒绝受领 (2) 债权人下落不明 (3) 债权人死亡未确定继承人、遗产管理人，或者丧失民事行为能力未确定监护人 (4) 法律规定的其他情形 【提示】标的物不适于提存或者提存费用过高的，债务人依法可以拍卖或者变卖标的物，提存所得的价款
通知	除债权人下落不明外，标的物提存后，债务人应当及时通知债权人或者债权人的继承人、遗产管理人、监护人、财产代管人
法律效力	(1) 标的物提存后，毁损、灭失的风险由债权人承担 (2) 提存期间，标的物的孳息归债权人所有 (3) 提存费用由债权人负担

领取提存物	债权人领取	(1) 债权人可以随时领取提存物。但是，债权人对债务人负有到期债务的，在债权人未履行债务或者提供担保之前，提存部门根据债务人的要求应当拒绝其领取提存物
		(2) 债权人领取提存物的权利，自提存之日起5年内不行使而消灭，提存物扣除提存费用后归国家所有
	债务人领取	债权人未履行对债务人的到期债务，或者债权人向提存部门书面表示放弃领取提存物权利的，债务人负担提存费用后有权取回提存物

【鑫考题1·多选题】甲、乙双方签订一份合同，约定甲向乙购买水泥10吨。乙按约定日期向甲交货，但甲因躲避他人债务不知去向。乙无奈，将水泥提存。提存当晚，突降特大暴雨，库房坍塌，水泥被水浸泡，全部毁损。1个月后，甲躲债归来，请求乙交付水泥。乙拒绝，并要求甲支付水泥价款和提存费用。根据合同法律制度的规定，下列表述中，正确的有（　　）。(2012年)

A. 乙的合同义务已履行完毕，有权拒绝甲交付水泥的请求

B. 水泥毁损的损失应由甲承担

C. 乙有权要求甲支付水泥价款

D. 乙无权要求甲支付提存费用

【答案】ABC

【解析】（1）选项AC：提存成立的，视为债务人在其提存范围内已经履行债务；（2）选项B：提存成立的，毁损、灭失的风险由债权人承担；（3）选项D：提存成立的，提存费用由债权人负担。

【鑫考题2·单选题】债权人甲下落不明，为履行到期债务，债务人乙将标的物提存。根据合同法律制度的规定，下列表述中，正确的是（　　）。(2015年)

A. 提存费用由乙负担

B. 标的物提存后，毁损、灭失的风险由乙承担

C. 甲领取提存物的权利，自提存之日起5年内不行使则消灭

D. 若甲自提存之日起5年内不领取提存物，提存物归提存机构所有

【答案】C

【解析】（1）选项A：提存费用由债权人（甲）负担；（2）选项B：毁损、灭失的风险由债权人（甲）承担；（3）选项CD：债权人（甲）领取提存物的权利，自提存之日起5年内不行使而消灭，提存物扣除提存费用后原则上归国家所有。

第八节 违约责任

【鑫考点1】违约责任的概述（★）（2001年单选题）

（1）合同关系具有相对性，因此，违约责任也具有相对性，违约责任只能在特定的当事人之间，即合同关系的当事人之间发生。

（2）当事人一方因第三人的原因造成违约的，应当依法向对方承担违约责任。当事人一方和第三人之间的纠纷，依照法律规定或者按照约定处理。

（3）因当事人一方的违约行为，损害对方人身权益、财产权益的，受损害方有权选择请求其承担违约责任或者侵权责任。

（4）当事人一方明确表示或者以自己的行为表明不履行合同义务的，对方可以在履行期限届满前请求其承担违约责任。

【鑫考点2】违约责任承担的方式（★★★）（2009年案例分析题；2010年案例分析题；2016年案例分析题；2017年案例分析题）

【解释】当事人一方不履行合同义务或者履行合同义务不符合约定的，应当承担继续履行、采取补救措施或者赔偿损失等违约责任。

一、继续履行

1. 金钱之债

当事人一方未支付价款、报酬、租金、利息，或者不履行其他金钱债务的，对方可以请求其支付。

2. 非金钱之债

当事人一方不履行非金钱债务或者履行非金钱债务不符合约定的，对方可以请求履行，但是有下列情形之一的除外：

（1）法律上或者事实上不能履行。

（2）债务的标的不适于强制履行或者履行费用过高。

（3）债权人在合理期限内未请求履行。

二、补救措施

（1）履行不符合约定的，应当按照当事人的约定承担违约责任。

（2）对违约责任没有约定或者约定不明确，依据《民法典》的规定仍不能确定的，受损害方根据标的的性质及损失的大小，可以合理选择请求对方承担修理、重作、更换、退货、减少价款或者报酬等违约责任。（2017年案例分析题）

三、损害赔偿

【解释1】当事人一方在履行义务或者采取补救措施后，对方还有其他损失的，应当

对其他损失承担赔偿责任。（2009 年案例分析题；2010 年案例分析题）

【解释2】损害赔偿的具体方式主要是赔偿损失、支付违约金、适用定金罚则等。

赔偿损失	损失赔偿范围	损失赔偿额应当相当于因违约所造成的损失，包括合同履行后可以获得的利益，但不得超过违约一方订立合同时预见到或者应当预见到的因违约可能造成的损失。当事人可以约定因违约产生的损失赔偿额的计算方法
	过失相抵规则	当事人一方违约后，对方应当采取适当措施防止损失的扩大；没有采取适当措施致使损失扩大的，不得就扩大的损失要求赔偿。当事人因防止损失扩大而支出的合理费用，由违约方承担
		当事人一方违约造成对方损失，对方对损失的发生有过错的，可以减少相应的损失赔偿额
支付违约金	与损失	约定的违约金低于造成的损失的，当事人可以请求人民法院或者仲裁机构予以增加；约定的违约金过分高于造成的损失（超过损失的30%）的，当事人可以请求人民法院或者仲裁机构予以适当减少
	与继续履行	当事人就迟延履行约定违约金的，违约方支付违约金后，还应当继续履行债务
	与合同变更	买卖合同对付款期限作出的变更，不影响当事人关于逾期付款违约金的约定，但该违约金的起算点应当随之变更
	与合同解除	买卖合同因违约而解除后，守约方主张继续适用违约金条款的，人民法院应予支持

【鑫考点3】法定免责事由（★★）(2012 年多选题)

一、不可抗力情形

【解释】不可抗力是不能预见、不能避免且不能克服的客观情况。
常见的不可抗力有：
(1) 自然灾害，如地震、台风、洪水、海啸等。
(2) 政府行为。
(3) 社会异常现象，如罢工、骚乱等。

二、不可抗力免责的效力

(1) 当事人迟延履行后发生不可抗力的，不免除其违约责任。
(2) 因不可抗力不能履行合同的，应当及时通知对方，以减轻可能给对方造成的损失，并应当在合理期限内提供证明。

第九节 主要的有名合同

【鑫考点1】买卖合同（★★★）（2011年案例分析题；2012年案例分析题；2013年多选题；2014年案例分析题；2015年案例分析题；2017年案例分析题；2020年单选题、案例分析题）

一、"一物多卖"所有权归属

1. 普通动产

出卖人就同一普通动产订立多重买卖合同，在买卖合同均有效的情况下，买受人均要求实际履行合同的，应当按照以下情形分别处理：

（1）先行受领交付的买受人请求确认所有权已经转移的，人民法院应予支持。

（2）各买受人均未受领交付，先行支付价款的买受人请求出卖人履行交付标的物等合同义务的，人民法院应予支持。

（3）各买受人均未受领交付，也未支付价款，依法成立在先合同的买受人请求出卖人履行交付标的物等合同义务的，人民法院应予支持。

【总结】交付＞付款＞合同成立。

2. 特殊动产

出卖人就同一船舶、航空器、机动车等特殊动产订立多重买卖合同，在买卖合同均有效的情况下，买受人均要求实际履行合同的，应当按照以下情形分别处理：

（1）先行受领交付的买受人请求出卖人履行办理所有权转移登记手续等合同义务的，人民法院应予支持。

（2）各买受人均未受领交付，先行办理所有权转移登记手续的买受人请求出卖人履行交付标的物等合同义务的，人民法院应予支持。

（3）各买受人均未受领交付，也未办理所有权转移登记手续，依法成立在先合同的买受人请求出卖人履行交付标的物和办理所有权转移登记手续等合同义务的，人民法院应予支持。

（4）出卖人将标的物交付给买受人之一，又为其他买受人办理所有权转移登记，已受领交付的买受人请求将标的物所有权登记在自己名下的，人民法院应予支持。

【总结】交付＞登记＞合同成立。

【鑫考题·单选题】甲欲出售闲置电视机一台，先后分别与乙、丙订立了买卖合同，最终将电视机交付给了丙。下列关于甲与乙、丙之间的买卖合同效力的表述中，正确的是（　　）。（2020年）

A. 甲与乙之间的买卖合同有效

B. 甲与丙之间的买卖合同效力待定

C. 甲与丙之间的买卖合同无效
D. 甲与乙之间的买卖合同可撤销

【答案】A

【解析】出卖人就同一标的物订立多重买卖合同，原则上各个买卖合同均属有效。

二、标的物的风险负担

【解释】标的物的风险负担是指在买卖合同生效后，由于不可归责于双方当事人的事由导致标的物发生毁损、灭失的情形。可归责于一方当事人的事由导致标的物毁损、灭失，不属于风险负担，应当按照违约责任或者侵权责任处理。

1. 一般规则

标的物毁损、灭失的风险，在标的物交付之前由出卖人承担，交付之后由买受人承担，但法律另有规定或者当事人另有约定的除外。（2011年案例分析题；2017年案例分析题）

2. 违约情形

（1）因买受人的原因致使标的物未按照约定的期限交付的，买受人应当自违反约定时起承担标的物毁损、灭失的风险。

（2）出卖人按照约定或者依据法律规定将标的物置于交付地点，买受人违反约定没有收取的，标的物毁损、灭失的风险自违反约定时起由买受人承担。

（3）因标的物不符合质量要求，致使不能实现合同目的的，买受人可以拒绝接受标的物或者解除合同。买受人拒绝接受标的物或者解除合同的，标的物毁损、灭失的风险由出卖人承担。

3. 出卖在途标的物

出卖人出卖交由承运人运输的在途标的物，除当事人另有约定外，毁损、灭失的风险自合同成立时起由买受人承担。

【提示】出卖人出卖交由承运人运输的在途标的物，在合同成立时知道或者应当知道标的物已经毁损、灭失却未告知买受人，买受人主张出卖人负担标的物毁损、灭失的风险的，人民法院应予支持。

4. 未约定履行地点

当事人没有约定交付地点或者约定不明确，依据法律规定仍不能确定且标的物需要运输的，出卖人将标的物交付给第一承运人后，标的物毁损、灭失的风险由买受人承担。（2020年案例分析题）

5. 两个"不影响"

（1）出卖人按照约定未交付有关标的物的单证和资料的，不影响标的物毁损、灭失风险的转移。

（2）标的物毁损、灭失的风险由买受人承担的，不影响因出卖人履行义务不符合约定，买受人请求其承担违约责任的权利。

【鑫考题·多选题】根据合同法律制度的规定，下列情形中，买受人应当承担标的

物灭失风险的有（　　）。（2013年）

A. 出卖人依约为买受人代办托运，货交第一承运人后意外灭失
B. 买卖双方未约定交付地点，出卖人将标的物交由承运人运输，货物在运输途中意外灭失
C. 约定在出卖人营业地交货，买受人未按约定时间前往提货，后货物在地震中灭失
D. 买受人下落不明，出卖人将标的物提存后意外灭失

【答案】ABCD

【解析】（1）选项A：出卖人按照约定将标的物运送至买受人指定地点并交付给承运人后（出卖人依约代办托运），标的物毁损、灭失的风险由买受人承担，但当事人另有约定的除外；（2）选项B：当事人没有约定交付地点，标的物需要运输的，出卖人将标的物交付给第一承运人后，标的物毁损、灭失的风险由买受人承担；（3）选项C：出卖人按照约定将标的物置于交付地点，买受人违反约定没有收取的，标的物毁损、灭失的风险自违反约定时起由买受人承担；（4）选项D：出卖人将标的物依法提存后，毁损、灭失的风险由买受人承担。

三、标的物的检验

1. 约定检验期限

当事人约定检验期限的，买受人应当在检验期限内将标的物的数量或者质量不符合约定的情形通知出卖人。买受人怠于通知的，视为标的物的数量或者质量符合约定。（2015年案例分析题；2017年案例分析题）

2. 未约定检验期限

当事人没有约定检验期限的，买受人应当在发现或者应当发现标的物的数量或者质量不符合约定的合理期限内通知出卖人。买受人在合理期限内未通知或者自收到标的物之日起2年内未通知出卖人的，视为标的物的数量或者质量符合约定；但是，对标的物有质量保证期的，适用质量保证期，不适用该2年的规定。出卖人知道或者应当知道提供的标的物不符合约定的，买受人不受前两款规定的通知时间的限制。（2020年案例分析题）

【提示1】出卖人自愿承担违约责任后，又以上述期限经过为由反悔的，人民法院不予支持。

【提示2】2年是最长的合理期限。该期限为不变期限，不适用中止、中断或延长。

四、买卖合同的特别解除规则

1. 主物与从物

因标的物的主物不符合约定而解除合同的，解除合同的效力及于从物。因标的物的从物不符合约定被解除的，解除的效力不及于主物。

2. 一物与数物

标的物为数物，其中一物不符合约定的，买受人可以就该物解除。但是，该物与他物分离使标的物的价值显受损害的，买受人可以就数物解除合同。（2007年案例分析题；

2020年案例分析题）

3. 分批交付

（1）出卖人分批交付标的物的，出卖人对其中一批标的物不交付或者交付不符合约定，致使该批标的物不能实现合同目的的，买受人可以就该批标的物解除。

（2）出卖人不交付其中一批标的物或者交付不符合约定，致使之后其他各批标的物的交付不能实现合同目的的，买受人可以就该批及之后其他各批标的物解除。

（3）买受人如果就其中一批标的物解除，该批标的物与其他各批标的物相互依存的，可以就已经交付和未交付的各批标的物解除。

4. 分期（至少分3次）付款

分期付款的买受人未支付到期价款的数额达到全部价款的1/5，经催告后在合理期限内仍未支付到期价款的，出卖人可以请求买受人支付全部价款或者解除合同。出卖人解除合同的，可以向买受人请求支付该标的物的使用费。（2014年案例分析题）

【鑫考题·单选题】根据合同法律制度的规定，下列关于买卖合同解除规则的表述中，正确的是（　　）。（2020年）

A. 因标的物的主物不符合约定而解除合同的，解除效力及于从物

B. 标的物为数物，仅其中一物不符合约定的，买受人不得单就该物解除

C. 出卖人分批交付标的物的，不交付其中一批致使今后其他各批交付不能实现合同目的的，买受人仅有权就该批标的物解除合同

D. 出卖人分批交付标的物的，其中一批标的物不符合约定时，买受人不得单就该批标的物解除合同

【答案】A

【解析】（1）选项B：标的物为数物，其中一物不符合约定，买受人可以就该物解除合同，但该物与他物分离使标的物的价值显受损害的，买受人可以就数物解除合同；（2）选项C：买受人如果就其中一批标的物解除，该批标的物与其他各批标的物相互依存的，可以就已经交付和未交付的各批标的物解除；（3）选项D：出卖人分批交付标的物的，出卖人对其中一批标的物不交付或者交付不符合约定，致使该批标的物不能实现合同目的的，买受人可以就该批标的物解除。

五、试用买卖合同

试用期	对试用期限没有约定或者约定不明确，依据法律的有关规定仍不能确定的，由出卖人确定
视为购买	试用买卖的买受人在试用期内可以购买标的物，也可以拒绝购买。但是下列情形之一的视为购买： （1）试用期限届满，买受人对是否购买标的物未作表示的 （2）试用买卖的买受人在试用期内已经支付部分价款 （3）试用买卖的买受人在试用期内对标的物实施出卖、出租、设定担保物权等非试用行为

不属于试用买卖	买卖合同存在下列约定内容之一的,不属于试用买卖: (1) 约定标的物经过试用或者检验符合一定要求时,买受人应当购买标的物 (2) 约定第三人经试验对标的物认可时,买受人应当购买标的物 (3) 约定买受人在一定期间内可以调换标的物 (4) 约定买受人在一定期间内可以退还标的物

六、商品房买卖合同

【解释】 商品房买卖合同是指房地产开发企业(以下简称"出卖人")将尚未建成或者已竣工的房屋向社会销售并转移房屋所有权于买受人,买受人支付价款的合同。

1. 销售广告的性质认定

(1) 商品房的销售广告和宣传资料为要约邀请,但是出卖人就商品房开发规划范围内的房屋及相关设施所作的说明和允诺具体确定,并对商品房买卖合同的订立及房屋价格的确定有重大影响的,构成要约。

(2) 该说明和允诺即使未载入商品房买卖合同,亦应当为合同内容,当事人违反的,应当承担违约责任。

2. 商品房预售合同的效力

(1) 出卖人未取得商品房预售许可证明,与买受人订立的商品房预售合同,应当认定无效,但是在起诉前取得商品房预售许可证明的,可以认定有效。

(2) 当事人以商品房预售合同未按照法律、行政法规规定办理登记备案手续为由,请求确认合同无效的,不予支持。当事人约定以办理登记备案手续为商品房预售合同生效条件的,从其约定。

3. 法定解除情形

(1) 因房屋主体结构质量不合格不能交付使用,或者房屋交付使用后,房屋主体结构质量经核验确属不合格,买受人请求解除合同和赔偿损失的,应予支持。

(2) 因房屋质量问题严重影响正常居住使用,买受人请求解除合同和赔偿损失的,应予支持。

(3) 出卖人迟延交付房屋或者买受人迟延支付购房款,经催告后在3个月的合理期限内仍未履行,解除权人请求解除合同的,应予支持,但当事人另有约定的除外。

(4) 商品房买卖合同约定或者法定的办理不动产登记的期限届满后超过1年,由于出卖人的原因,导致买受人无法办理不动产登记,买受人请求解除合同和赔偿损失的,应予支持。

4. 商品房买卖合同与贷款合同的效力关系

(1) 商品房买卖合同约定,买受人以担保贷款方式付款、因当事人一方原因未能订立商品房担保贷款合同并导致商品房买卖合同不能继续履行的,对方当事人可以请求解除合同和赔偿损失。因不可归责于当事人双方的事由未能订立商品房担保贷款合同并导致商品房买卖合同不能继续履行的,当事人可以请求解除合同,出卖人应当将收受的购房款本金及其利息或者定金返还买受人。

(2) 因商品房买卖合同被确认无效或者被撤销、解除,致使商品房担保贷款合同的目的无法实现,当事人请求解除商品房担保贷款合同的,应予支持。

(3) 商品房买卖合同被确认无效或者被撤销、解除后,商品房担保贷款合同也被解除的,出卖人应当将收受的购房贷款和购房款的本金及利息分别返还担保权人和买受人。

【鑫考题·多选题】甲房地产开发公司在预售某住宅小区的广告中,宣称其"容积率不高于1.2""绿地面积超过50%",引起购房者的热烈关注,所预售的商品房一售而空,价格也比周边小区高出20%。但是,该小区商品房的预售合同中未对容积率和公共绿地面积问题作约定。甲公司交房后,购房者乙却发现小区的容积率超过2.0,绿地面积只有20%,并且在调查后得知,甲公司报经批准的规划就是如此。下列关于甲公司和乙之间的房屋预售合同的表述中,正确的有(   )。(2010年)

A. 合同无效
B. 乙有权请求人民法院或者仲裁机构撤销合同并请求甲公司赔偿损失
C. 乙有权请求甲公司承担违约责任
D. 乙无权请求甲公司承担违约责任

【答案】BC

【解析】(1) 选项AB:开发商的行为构成欺诈,该合同可撤销(而非直接无效)。(2) 选项CD:开发商就商品房开发规划范围内的房屋及相关设施所作的说明和允诺具体确定,并对商品房买卖合同的订立及房屋价格的确定有重大影响的,构成要约。

【鑫考点2】运输合同(★★)(2006年案例分析题;2010年多选题;2020年案例分析题)

一、客运合同

(1) 客运合同自承运人向旅客出具客票时成立,但是当事人另有约定或者另有交易习惯的除外。

(2) 承运人应当按照有效客票记载的时间、班次和座位号运输旅客。承运人迟延运输或者有其他不能正常运输情形的,应当根据旅客的要求安排改乘其他班次或者退票;由此造成旅客损失的,承运人应当承担赔偿责任,但是不可归责于承运人的除外。

(3) 承运人擅自降低服务标准的,应当根据旅客的请求退票或者减收票款;提高服务标准的,不得加收票款。

二、货运合同

(1) 在承运人将货物交付收货人之前,托运人可以要求承运人中止运输、返还货物、变更到达地或者将货物交给其他收货人,但是应当赔偿承运人因此受到的损失。

(2) 承运人对运输过程中货物的毁损、灭失承担赔偿责任。但是,承运人证明货物的毁损、灭失是因不可抗力、货物本身的自然性质或者合理损耗及托运人、收货人的过错造成的,不承担赔偿责任。(2006年案例分析题;2010年多选题;2020年案例分析题)

(3) 货物的毁损、灭失的赔偿额,当事人有约定的,按照其约定;没有约定或者约定不明确，依据《民法典》有关规定仍不能确定的，按照交付或者应当交付时货物到达地的市场价格计算。

（4）货物在运输过程中因不可抗力灭失，未收取运费的，承运人不得请求支付运费；已经收取运费的，托运人可以请求返还。

（5）托运人或者收货人不支付运费、保管费或者其他费用的，承运人对相应的运输货物享有留置权，但是当事人另有约定的除外。

【鑫考题·多选题】甲公司与乙运输公司订立运输合同。根据合同法律制度的规定，该运输合同约定的下列条款中，有效的有（   ）。（2010年）

A．乙公司有轻过失而导致货物毁损、灭失的，由甲公司承受其损失
B．乙公司对货物毁损、灭失无过错的，由甲公司承受其损失
C．因不可抗力而导致货物毁损、灭失的，由甲公司承受其损失
D．因收货人的过错而导致货物毁损、灭失的，由甲公司承受其损失

【答案】ABCD
【解析】选项A：《民法典》规定，合同中的下列免责条款无效：（1）造成对方人身损害的；（2）因故意或者重大过失造成对方财产损失的。

【鑫考点3】赠与合同（★★）（2009年多选题；2010年单选题；2012年单选题；2014年案例分析题；2016年多选题；2017年多选题；2020年单选题）

一、合同性质

赠与合同是赠与人将自己的财产无偿给予受赠人，受赠人表示接受赠与的合同。赠与合同是单务合同、无偿合同、诺成合同。

二、赠与人的义务

（1）赠与的财产有瑕疵的，赠与人不承担责任。

（2）附义务的赠与，赠与的财产有瑕疵的，赠与人在附义务的限度内承担与出卖人相同的责任。

（3）赠与人故意不告知瑕疵或者保证无瑕疵，造成受赠人损失的，应当承担赔偿责任。

（4）应当交付的赠与财产因赠与人故意或者重大过失致使毁损、灭失的，赠与人应当承担赔偿责任。

（5）赠与合同成立后，赠与人的经济状况显著恶化，严重影响其生产经营或者家庭生活的，可以不再履行赠与义务。

三、赠与合同的撤销

1. 任意撤销

（1）赠与人在赠与财产的权利转移之前可以撤销赠与。

(2) 经过公证的赠与合同或者依法不得撤销的具有救灾、扶贫、助残等公益、道德义务性质的赠与合同，不得撤销。（2014 年案例分析题）

【提示】经过公证的赠与合同或者依法不得撤销的具有救灾、扶贫、助残等公益、道德义务性质的赠与合同，赠与人不交付赠与财产的，受赠人可以请求交付。

2. 法定撤销

赠与人	赠与人的继承人、法定代理人
（1）严重侵害赠与人或者赠与人近亲属的合法权益	因受赠人的违法行为致使赠与人死亡或者丧失民事行为能力
（2）对赠与人有扶养义务而不履行	
（3）不履行赠与合同约定的义务	
自知道或者应当知道撤销事由之日起 1 年内行使	自知道或者应当知道撤销事由之日起 6 个月内行使

【鑫考题 1·单选题】2011 年 10 月 8 日，甲提出将其正在使用的轿车赠送给乙，乙欣然接受。10 月 21 日，甲将车交付给乙，但未办理过户登记。交车时，乙向甲询问车况，甲称"一切正常，放心使用"。事实上，该车三天前曾出现刹车失灵，故障原因尚未查明。乙驾车回家途中，刹车再度失灵，车毁人伤。根据合同法律制度的规定，下列表述中，正确的是（   ）。（2012 年）

A. 甲、乙赠与合同的成立时间是 2011 年 10 月 8 日

B. 双方没有办理过户登记，因此轿车所有权尚未转移

C. 甲未如实向乙告知车况，构成欺诈，因此赠与合同无效

D. 赠与合同是无偿合同，因此乙无权就车毁人伤的损失要求甲赔偿

【答案】A

【解析】（1）选项 A：赠与合同是诺成合同，自 2011 年 10 月 8 日双方达成赠与合意时，合同即成立；（2）选项 B：对于船舶、航空器、机动车等动产，其所有权的转移仍以交付为要件，而不以登记为要件；（3）选项 C：因欺诈成立的合同，为可撤销合同，而非无效合同；（4）选项 D：赠与人故意不告知瑕疵或者保证无瑕疵，造成受赠人损失的，应当承担赔偿责任。

【鑫考题 2·多选题】甲为庆祝好友乙 60 岁生日，拟赠与其古董瓷瓶一只。但双方约定，瓷瓶交付乙后，甲可以随时借用该瓷瓶。根据合同法律制度的规定，下列表述中，正确的有（   ）。（2016 年）

A. 瓷瓶交付乙前，甲不得撤销赠与

B. 瓷瓶交付乙后，若被鉴定为赝品，乙有权以欺诈为由撤销赠与

C. 瓷瓶交付乙后，若甲请求借用时被乙拒绝，甲可以撤销赠与

D. 瓷瓶交付乙前，若甲的经济状况显著恶化，严重影响其生活，可不再履行赠与义务

【答案】CD

【解析】（1）选项A：赠与人在赠与财产的权利转移之前可以撤销赠与，但经过公证的赠与合同或者依法不得撤销的具有救灾、扶贫、助残等公益、道德义务性质的赠与合同，不得撤销。（2）选项B：如果甲不具有主观欺诈的故意（如甲不知瓷瓶是赝品），那么乙无权以欺诈为由撤销赠与；但如果甲明知瓷瓶是赝品，则甲构成欺诈，乙有权以欺诈为由撤销赠与。

【鑫考题3·多选题】赠与合同履行后，受赠人有特定忘恩行为时，赠与人有权撤销赠与合同。根据合同法律制度的规定，下列各项中，属于此类忘恩行为的有（   ）。(2017年)

A. 受赠人严重侵害赠与人近亲属的合法权益
B. 受赠人严重侵害赠与人的合法权益
C. 受赠人不履行赠与合同约定的义务
D. 受赠人对赠与人有扶养义务而不履行

【答案】ABCD

【解析】受赠人有下列情形之一的，赠与人可以撤销赠与：（1）严重侵害赠与人或者赠与人近亲属的合法权益；（2）对赠与人有扶养义务而不履行；（3）不履行赠与合同约定的义务。

【鑫考题4·单选题】根据合同法律制度的规定，下列关于赠与合同撤销的表述中，正确的是（   ）。(2020年)

A. 受赠人严重侵害赠与人近亲属的合法权益，赠与人不得以此为由撤销赠与
B. 受赠人有法律规定的忘恩行为时，即使赠与具有救灾性质，赠与人也可以撤销赠与
C. 赠与人的撤销权，须从撤销原因发生之日起1年内行使
D. 赠与人因受赠人的侵害行为而死亡的，赠与人的继承人行使撤销权的期间是自知道或者应当知道撤销原因之日起1年

【答案】B

【解析】（1）选项A：受赠人有下列情形之一的，赠与人可以撤销赠与：①严重侵害赠与人或者赠与人近亲属的合法权益；②对赠与人有扶养义务而不履行；③不履行赠与合同约定的义务。（2）选项B：受赠人有忘恩行为时，无论赠与财产的权利是否转移，赠与是否具有救灾、扶贫等社会公益、道德义务性质或者经过公证，赠与人或者赠与人的继承人、法定代理人可以撤销该赠与。（3）选项C：赠与人本人的撤销权，自知道或者应当知道撤销原因之日起1年内行使。（4）选项D：赠与人的继承人或者法定代理人的撤销权，自知道或者应当知道撤销原因之日起6个月内行使。

【鑫考点4】借款合同（★★★）(2002年案例分析题；2003年多选题；2005年单选题；2016年单选题；2017年案例分析题；2018年案例分析题；2019年案例分析题)

一、合同性质

（1）借款合同应当采用书面形式（要式合同），但是自然人之间借款另有约定的

除外。

(2) 借款合同转移的是货币的所有权,而非货币的使用权。

(3) 金融机构贷款或者其他主体贷款的借款合同是诺成合同,自双方意思表示一致时成立。但自然人之间的借款合同是实践合同,自贷款人提供借款时生效。

【提示】自然人之间的借款合同具有下列情形之一的,可以视为合同成立:
① 以现金支付的,自借款人收到借款时;
② 以银行转账、网上电子汇款等形式支付的,自资金到达借款人账户时;
③ 以票据交付的,自借款人依法取得票据权利时;
④ 出借人将特定资金账户支配权授权给借款人的,自借款人取得对该账户实际支配权时;
⑤ 出借人以与借款人约定的其他方式提供借款并实际履行完成时。

二、未按约定借款用途使用

借款人未按照约定的借款用途使用借款的,贷款人可以停止发放借款、提前收回借款或者解除合同。

三、借款利息

1. 利息确定规则

借款合同对支付利息没有约定的,视为没有利息。借款合同对支付利息约定不明确,当事人不能达成补充协议的,按照当地或者当事人的交易方式、交易习惯、市场利率等因素确定利息;自然人之间借款的,视为没有利息。

2. 预先扣除利息

借款的利息不得预先在本金中扣除。利息预先在本金中扣除的,应当按照实际借款数额返还借款并计算利息。(2017年案例分析题)

3. 利息的支付方式

借款人应当按照约定的期限支付利息。对支付利息的期限没有约定或者约定不明确,依据《民法典》有关规定仍不能确定:

(1) 借款期间不满1年的,应当在返还借款时一并支付。

(2) 借款期间1年以上的,应当在每届满1年时支付,剩余期间不满1年的,应当在返还借款时一并支付。

4. 提前还款利息计算

借款人提前返还借款的,除当事人另有约定外,应当按照实际借款的期间计算利息。

四、民间借贷合同

【解释】民间借贷是指自然人、法人和非法人组织之间进行资金融通的行为。经金融监管部门批准设立的从事贷款业务的金融机构及其分支机构,因发放贷款等相关金融业务引发的纠纷,不适用下述规定。

1. 民间借贷案件的受理与管辖

当事人持有的借据、收据、欠条等债权凭证没有载明债权人,持有债权凭证的当事人提起民间借贷诉讼的，人民法院应予受理。被告对原告的债权人资格提出有事实依据的抗辩，人民法院经审查认为原告不具有债权人资格的，裁定驳回起诉。

2. 民间借贷合同的效力

具有下列情形之一的，人民法院应当认定民间借贷合同无效：

（1）套取金融机构贷款转贷的。

（2）以向其他营利法人借贷、向本单位职工集资，或者以向公众非法吸收存款等方式取得的资金转贷的。

（3）未依法取得放贷资格的出借人，以营利为目的向社会不特定对象提供借款的。

（4）出借人事先知道或者应当知道借款人借款用于违法犯罪活动仍然提供借款的。

（5）违反法律、行政法规强制性规定的。

（6）违背公序良俗的。

【提示1】法人或者非法人组织在本单位内部通过借款形式向职工筹集资金，用于本单位生产、经营，且不存在《民法典》和司法解释规定的无效情形，当事人主张民间借贷合同有效的，人民法院应予支持。

【提示2】借款人或者出借人的借贷行为涉嫌犯罪，或者已经生效的裁判认定构成犯罪，当事人提起民事诉讼的，民间借贷合同并不当然无效。人民法院应当依据《民法典》和司法解释的有关规定，认定民间借贷合同的效力。

【提示3】担保人以借款人或者出借人的借贷行为涉嫌犯罪或者已经生效的裁判认定构成犯罪为由，主张不承担民事责任的，人民法院应当依据民间借贷合同与担保合同的效力、当事人的过错程度，依法确定担保人的民事责任。

3. 网络贷款平台的法律责任

（1）借贷双方通过网络贷款平台形成借贷关系，网络贷款平台的提供者仅提供媒介服务，当事人请求其承担担保责任的，人民法院不予支持。

（2）网络贷款平台的提供者通过网页、广告或者其他媒介明示或者有其他证据证明其为借贷提供担保，出借人请求网络贷款平台的提供者承担担保责任的，人民法院应予支持。

4. 法定代表人或者负责人在民间借贷合同中的责任

（1）法人的法定代表人或者非法人组织的负责人以单位名义与出借人签订民间借贷合同，有证据证明所借款项系法定代表人或者负责人个人使用，出借人请求将法定代表人或者负责人列为共同被告或者第三人的，人民法院应予准许。

（2）法人的法定代表人或者非法人组织的负责人以个人名义与出借人订立民间借贷合同，所借款项用于单位生产经营，出借人请求单位与个人共同承担责任的，人民法院应予支持。

5. 民间借贷合同与买卖合同混合时的处理规则

（1）当事人以订立买卖合同作为民间借贷合同的担保，借款到期后借款人不能还款，出借人请求履行买卖合同的，人民法院应当按照民间借贷法律关系审理。当事人根据法庭审理情况变更诉讼请求的，人民法院应当准许。

（2）按照民间借贷法律关系审理作出的判决生效后，借款人不履行生效判决确定的金钱债务，出借人可以申请拍卖买卖合同标的物，以偿还债务。就拍卖所得的价款与应偿还借款本息之间的差额，借款人或者出借人有权主张返还或者补偿。

6．民间借贷的利率

（1）出借人请求借款人按照合同约定利率支付利息的，人民法院应予支持，但是双方约定的利率超过合同成立时1年期贷款市场报价利率4倍的除外。

（2）借贷双方对逾期利率有约定的，从其约定，但是以不超过合同成立时1年期贷款市场报价利率4倍为限。

（3）未约定逾期利率或者约定不明的，人民法院可以区分不同情况处理：

① 既未约定借期内利率，也未约定逾期利率，出借人主张借款人自逾期还款之日起参照当时1年期贷款市场报价利率标准计算的利息承担逾期还款违约责任的，人民法院应予支持；

② 约定了借期内利率但是未约定逾期利率，出借人主张借款人自逾期还款之日起按照借期内利率支付资金占用期间利息的，人民法院应予支持。

（4）出借人与借款人既约定了逾期利率，又约定了违约金或者其他费用，出借人可以选择主张逾期利息、违约金或者其他费用，也可以一并主张，但是总计超过合同成立时1年期贷款市场报价利率4倍的部分，人民法院不予支持。

【鑫考点5】租赁合同（★★★）（2013年案例分析题；2014年案例分析题；2016年单选题、案例分析题；2018年案例分析题；2019年案例分析题；2020年案例分析题）

一、租赁期限

1．租赁期限限制

（1）租赁期限不得超过20年。超过20年的，超过部分无效。

（2）租赁期限届满，当事人可以续订租赁合同；但是，约定的租赁期限自续订之日起不得超过20年。

2．不定期租赁

（1）租赁期限6个月以上的，应当采用书面形式。当事人未采用书面形式，无法确定租赁期限的，视为不定期租赁。（2019年案例分析题）

（2）当事人对租赁期限没有约定或者约定不明确的，可以协议补充；不能达成补充协议的，按照合同有关条款或者交易习惯确定；仍不能确定的，视为不定期租赁。

（3）租赁期限届满，承租人继续使用租赁物，出租人没有提出异议的，原租赁合同继续有效，但是租赁期限为不定期。（2020年案例分析题）

【提示】对于不定期租赁，当事人可以随时解除合同，但是应当在合理期限之前通知对方。（2013年案例分析题；2019年案例分析题）

二、双方当事人的权利义务

1. 维修义务（2019年案例分析题；2020年案例分析题）

（1）出租人应当履行租赁物的维修义务，但是当事人另有约定的除外。

（2）承租人在租赁物需要维修时可以请求出租人在合理期限内维修。出租人未履行维修义务的，承租人可以自行维修，维修费用由出租人负担。

（3）因维修租赁物影响承租人使用的，应当相应减少租金或者延长租期。

2. 租赁物的使用与收益（2014年案例分析题；2020年案例分析题）

（1）承租人按照约定的方法或者根据租赁物的性质使用租赁物，致使租赁物受到损耗的，不承担赔偿责任。

（2）承租人未按照约定的方法或者未根据租赁物的性质使用租赁物，致使租赁物受到损失的，出租人可以解除合同并请求赔偿损失。

（3）承租人经出租人同意，可以对租赁物进行改善或者增设他物。承租人未经出租人同意，对租赁物进行改善或者增设他物的，出租人可以请求承租人恢复原状或者赔偿损失。

3. 转租（2020年案例分析题）

（1）承租人经出租人同意，可以将租赁物转租给第三人。承租人转租的，承租人与出租人之间的租赁合同继续有效；第三人造成租赁物损失的，承租人应当赔偿损失。

（2）承租人未经出租人同意转租的，出租人可以解除（出租）合同。

【提示1】出租人知道或者应当知道承租人转租，但是在6个月内未提出异议的，视为出租人同意转租。

【提示2】承租人拖欠租金的，次承租人可以代承租人支付其欠付的租金和违约金，但是转租合同对出租人不具有法律约束力的除外。次承租人代为支付的租金和违约金，可以充抵次承租人应当向承租人支付的租金；超出其应付的租金数额的，可以向承租人追偿。

【相关链接】债务人不履行债务，第三人对履行该债务具有合法利益的，第三人有权向债权人代为履行；但是，根据债务性质、按照当事人约定或者依照法律规定只能由债务人履行的除外。债权人接受第三人履行后，其对债务人的债权转让给第三人，但是债务人和第三人另有约定的除外。

【鑫考题·单选题】乙承租甲的房屋，约定租赁期间为2015年1月1日至2016年12月31日。经甲同意，乙将该房屋转租给丙，租赁期间为2015年6月1日至2016年5月31日。根据合同法律制度的规定，下列表述中，正确的是（　　）。（2016年）

A. 甲有权直接向丙收取租金

B. 甲和乙之间的租赁合同在转租期内失效

C. 甲有权解除乙和丙之间的转租合同

D. 若丙对房屋造成损害，甲有权向乙主张赔偿

【答案】D

【解析】(1) 选项AC：转租合同在乙与丙之间发生效力，而非约束甲与丙，根据合同相对性，甲无权解除乙与丙之间的合同，也无权直接向丙收取租金。若承租人未经出租人同意转租的，出租人可以解除合同（甲与乙之间的出租合同）。(2) 选项BD：承租人经出租人同意，可以将租赁物转租给第三人，承租人与出租人之间的租赁合同继续有效；第三人造成租赁物损失的，承租人应当赔偿损失。

4. 租金支付期限

(1) 承租人应当按照约定的期限支付租金。

(2) 对支付租金的期限没有约定或者约定不明确，依据法律规定仍不能确定，租赁期限不满1年的，应当在租赁期限届满时支付；租赁期限1年以上的，应当在每届满1年时支付，剩余期限不满1年的，应当在租赁期限届满时支付。

三、租赁合同的解除（总结）

出租方	(1) 承租人未经出租人同意转租的
	(2) 承租人经催告后在合理期限内仍不支付租金的
	(3) 承租人未按照约定的方法或者未根据租赁物的性质使用租赁物，致使租赁物受到损失的
承租方	(1) 租赁物危及承租人的安全或者健康的，即使承租人订立合同时明知该租赁物质量不合格
	(2) 因不可归责于承租人的事由，致使租赁物部分或者全部毁损、灭失，且不能实现合同目的的
双方	对于不定期租赁，双方当事人均可随时解除

四、房屋租赁合同

1. 租赁合同无效

违建	出租人就未取得建设工程规划许可证或者未按照建设工程规划许可证的规定建设的房屋，与承租人订立的租赁合同无效	在一审法庭辩论终结前无效原因消灭，人民法院应当认定有效
未批	出租人就未经批准或者未按照批准内容建设的临时建筑，与承租人订立的租赁合同无效	
超期	租赁期限超过临时建筑的使用期限，超过部分无效	
无效处理	房屋租赁合同无效，当事人请求参照合同约定的租金标准支付房屋占有使用费的，人民法院一般应予支持	
提示	当事人未依照法律、行政法规规定办理租赁合同登记备案手续的，不影响合同的效力	

2. 买卖不破租赁

租赁物（包括但不限于房屋）在承租人按照租赁合同占有期限内发生所有权变动的，不影响租赁合同的效力。（2013年案例分析题；2016年案例分析题；2018年案例分析题）

3. 房屋租赁中承租人的优先权（2014年案例分析题；2016年案例分析题）

（1）出租人出卖租赁房屋的，应当在出卖之前的合理期限内通知承租人，承租人享有以同等条件优先购买的权利；但是，房屋按份共有人行使优先购买权或者出租人将房屋出卖给近亲属（限于祖父母、外祖父母、父母、配偶、兄弟姐妹、子女、孙子女、外孙子女）的除外。

（2）出租人履行通知义务后，承租人在15日内未明确表示购买的，视为承租人放弃优先购买权。

（3）出租人委托拍卖人拍卖租赁房屋的，应当在拍卖5日前通知承租人。承租人未参加拍卖的，视为放弃优先购买权。

（4）出租人未通知承租人或者有其他妨害承租人行使优先购买权情形的，承租人可以请求出租人承担赔偿责任。但是，出租人与第三人订立的房屋买卖合同的效力不受影响。

【鑫考题·多选题】甲承租乙的住房，租期未满，乙有意将该住房出售。根据合同法律制度的规定，下列表述中，正确的有（　　）。(2011年)

A. 乙应在出售之前的合理期限内通知甲，甲在同等条件下享有优先购买权

B. 如果乙对甲隐瞒情况，将房屋出售给丙，甲可以主张乙、丙之间的房屋买卖合同无效

C. 如果甲放弃优先购买权，当丙购得该住房成为新所有人后，即使租期未满，也有权要求甲立即迁出该住房

D. 如果乙的哥哥丁想要购买该住房，则甲不得主张优先购买权

【答案】AD

【解析】(1) 选项A：出租人出卖租赁房屋的，应当在出卖之前的合理期限内通知承租人，承租人享有以同等条件优先购买的权利；(2) 选项B：出租人出卖租赁房屋未在合理期限内通知承租人或者存在其他妨害承租人行使优先购买权情形的，承租人可以请求出租人承担赔偿责任，但不得主张出租人与第三人订立的房屋买卖合同无效；(3) 选项C：租赁物在租赁期间发生所有权变动的，不影响租赁合同的效力；(4) 选项D：出租人将房屋出卖给近亲属，承租人主张优先购买权的，人民法院不予支持。

【鑫考点6】融资租赁合同（★★★）(2005年案例分析题；2011年多选题；2014年案例分析题；2018年案例分析题；2020年案例分析题)

一、融资租赁合同的认定

（1）融资租赁合同是出租人根据承租人对出卖人、租赁物的选择，向出卖人购买租赁物，提供给承租人使用，承租人支付租金的合同。典型的融资租赁合同涉及三方当事人，即出租人、承租人和出卖人；内容涉及两个合同，即融资租赁合同和买卖合同。

（2）承租人将其自有物出卖给出租人，再通过融资租赁合同将租赁物从出租人处租

回的，人民法院不应仅以承租人和出卖人系同一人为由认定不构成融资租赁法律关系。

【提示1】融资租赁合同应当采用书面形式。

【提示2】依照法律、行政法规的规定，对于租赁物的经营使用应当取得行政许可的，出租人未取得行政许可不影响融资租赁合同的效力。

【提示3】出租人根据承租人对出卖人、租赁物的选择订立的买卖合同，未经承租人同意，出租人不得变更与承租人有关的合同内容。

二、融资租赁合同的解除

（1）有下列情形之一，出租人请求解除融资租赁合同的，人民法院应予支持：

① 承租人未按照合同约定的期限和数额支付租金，符合合同约定的解除条件，经出租人催告后在合理期限内仍不支付的；

② 合同对于欠付租金解除合同的情形没有明确约定，但承租人欠付租金达到2期以上，或者数额达到全部租金15%以上，经出租人催告后在合理期限内仍不支付的；

③ 承租人违反合同约定，致使合同目的不能实现的其他情形。

【提示】承租人应当按照约定支付租金。承租人经催告后在合理期限内仍不支付租金的，出租人可以要求支付全部租金；也可以解除合同，收回租赁物。（2018年案例分析题）

（2）承租人未经出租人同意，将租赁物转让、抵押、质押、投资入股或者以其他方式处分的，出租人可以解除融资租赁合同。

（3）因出租人的原因致使承租人无法占有、使用租赁物，承租人请求解除融资租赁合同的，人民法院应予支持。

三、租赁物的所有权归属

1. 所有权归出租人

（1）出租人享有租赁物的所有权。承租人破产的，租赁物不属于破产财产。（2005年案例分析题）

【提示】出租人对租赁物享有的所有权，未经登记，不得对抗善意第三人。

（2）出租人和承租人可以约定租赁期限届满租赁物的归属；对租赁物的归属没有约定或者约定不明确，依据《民法典》的有关规定仍不能确定的，租赁物的所有权归出租人。（2014年案例分析题；2018年案例分析题；2020年案例分析题）

【提示1】当事人约定租赁期限届满租赁物归承租人所有，承租人已经支付大部分租金，但是无力支付剩余租金，出租人因此解除合同收回租赁物，收回的租赁物的价值超过承租人欠付的租金及其他费用的，承租人可以请求相应返还。

【提示2】当事人约定租赁期限届满租赁物归出租人所有，因租赁物毁损、灭失或者附合、混合于他物致使承租人不能返还的，出租人有权请求承租人给予合理补偿。

2. 所有权归承租人

当事人约定租赁期限届满，承租人仅须向出租人支付象征性价款的，视为约定的租金义务履行完毕后租赁物的所有权归承租人。

3. 第三人善意取得（2020年案例分析题）

承租人或者租赁物的实际使用人，未经出租人同意转让租赁物或者在租赁物上设立其他物权，第三人依据《民法典》善意取得规定取得租赁物的所有权或者其他物权，出租人主张第三人物权权利不成立的，人民法院不予支持。但有下列情形之一的除外（包括但不限于）：①出租人已在租赁物的显著位置作出标识，第三人在与承租人交易时知道或者应当知道该物为租赁物的；②出租人授权承租人将租赁物抵押给出租人并在登记机关依法办理抵押权登记的。

【相关链接】承租人以融资租赁方式占有租赁物但是未付清全部租金，又以标的物为他人设立担保物权，以融资租赁方式出租该动产的出租人为租金的实现而订立担保合同，并在该动产交付后10日内办理登记，主张其权利优先于买受人为他人设立的担保物权的，人民法院应予支持。

四、双方当事人的权利义务

（1）出租人、出卖人、承租人可以约定，出卖人不履行买卖合同义务的，由承租人行使索赔的权利。承租人行使索赔权利的，出租人应当协助。

【提示】承租人对出卖人行使索赔权利，不影响其履行支付租金的义务。但是，承租人依赖出租人的技能确定租赁物或者出租人干预选择租赁物的，承租人可以请求减免相应租金。

（2）租赁物不符合约定或者不符合使用目的的，出租人不承担责任。但是，承租人依赖出租人的技能确定租赁物或者出租人干预选择租赁物的除外。

（3）承租人应当妥善保管、使用租赁物。承租人应当履行占有租赁物期间的维修义务。

（4）承租人占有租赁物期间，租赁物毁损、灭失的，出租人有权请求承租人继续支付租金，但是法律另有规定或者当事人另有约定的除外。

（5）承租人占有租赁物期间，租赁物造成第三人人身损害或者财产损害的，出租人不承担责任。

【鑫考题·多选题】甲公司欲购乙公司生产的塔吊，因缺乏资金，遂由丙公司提供融资租赁。由于塔吊存在质量问题，吊装的物品坠落并砸伤行人丁，甲公司被迫停产修理。根据合同法律制度的规定，下列各项中，正确的有（　　）。(2011年)

A. 甲公司无权请求丙公司赔偿修理塔吊的费用

B. 甲公司不得以塔吊存在质量问题并发生事故为由，延付或拒付租金

C. 丙公司应当对甲公司承担违约责任

D. 丁可以请求丙公司赔偿损失

【答案】AB

【解析】（1）选项A：融资租赁期间，维修义务由承租人承担；（2）选项BC：租赁

物不符合租赁合同约定或者不符合使用目的的，出租人不承担责任，但承租人依赖出租人的技能确定租赁物或者出租人干预选择租赁物的除外；（3）选项D：承租人占有租赁物期间，租赁物造成第三人人身损害或者财产损失的，出租人不承担责任。

【鑫考点7】承揽合同（★）(2013年单选题)

一、合同履行中的第三人

（1）承揽人应当以自己的设备、技术和劳力，完成主要工作，但是当事人另有约定的除外。

（2）承揽人将其承揽的主要工作交由第三人完成的，应当就该第三人完成的工作成果向定作人负责；未经定作人同意的，定作人也可以解除合同。

（3）承揽人可以将其承揽的辅助工作交由第三人完成。承揽人将其承揽的辅助工作交由第三人完成的，应当就该第三人完成的工作成果向定作人负责。

二、支付报酬的期限

定作人应当按照约定的期限支付报酬。对支付报酬的期限没有约定或者约定不明确，依照《民法典》的有关规定仍不能确定的，定作人应当在承揽人交付工作成果时支付；工作成果部分交付的，定作人应当相应支付。

【提示】定作人未向承揽人支付报酬或者材料费等价款的，承揽人对完成的工作成果享有留置权或者有权拒绝交付，但是当事人另有约定的除外。

三、相关责任

（1）共同承揽人对定作人承担连带责任，但是当事人另有约定的除外。

（2）承揽人交付的工作成果不符合质量要求的，定作人可以合理选择请求承揽人承担修理、重作、减少报酬、赔偿损失等违约责任。

（3）定作人中途变更承揽工作的要求，造成承揽人损失的，应当赔偿损失。

（4）定作人在承揽人完成工作前可以随时解除合同，造成承揽人损失的，应当赔偿损失。

【鑫考题·单选题】甲、乙订立承揽合同，甲提供木料，乙为其加工家具。在乙已完成加工工作的50%时，甲通知乙解除合同。根据合同法律制度的规定，下列表述中，正确的是（　　）。(2013年)

A. 甲有权解除合同，但应按约定金额向乙支付报酬

B. 甲有权解除合同，且无须赔偿乙的损失

C. 甲有权解除合同，但应赔偿乙的损失

D. 甲无权解除合同，并应依约向乙支付报酬

【答案】C

【解析】定作人在承揽人完成工作前可以随时解除承揽合同，造成承揽人损失的，

应当赔偿损失。

【鑫考点8】建设工程合同（★★★）（2004年案例分析题；2012年多选题、案例分析题；2013年单选题；2014年单选题；2016年单选题；2018年案例分析题）

一、建设工程合同的无效

1. 合同无效的情形

建设工程施工合同具有下列情形之一的，应当依法认定无效：

（1）承包人未取得建筑业企业资质或者超越资质等级的。

（2）没有资质的实际施工人借用有资质的建筑施工企业名义的。

（3）建设工程必须进行招标而未招标或者中标无效的。

（4）承包人因转包、违法分包建设工程与他人签订的建设工程施工合同，应当依据《民法典》的相关规定，认定无效。

【提示1】承包人超越资质等级许可的业务范围签订建设工程施工合同，在建设工程竣工前取得相应资质等级，当事人请求按照无效合同处理的，人民法院不予支持。

【提示2】具有劳务作业法定资质的承包人与总承包人、分包人签订的劳务分包合同，当事人请求确认无效的，人民法院依法不予支持。

【提示3】缺乏资质的单位或者个人借用有资质的建筑施工企业名义签订建设工程施工合同，发包人请求出借方与借用方对建设工程质量不合格等因出借资质造成的损失承担连带赔偿责任的，人民法院应予支持。

2. 合同无效的法律后果

（1）建设工程施工合同无效，一方当事人请求对方赔偿损失的，应当就对方过错、损失大小、过错与损失之间的因果关系承担举证责任。（谁主张谁举证）

（2）损失大小无法确定，一方当事人请求参照合同约定的质量标准、建设工期、工程价款支付时间等内容确定损失大小的，人民法院可以结合双方过错程度、过错与损失之间的因果关系等因素作出裁判。

【相关链接】建设工程施工合同无效，但是建设工程经验收合格的，可以参照合同关于工程价款的约定折价补偿承包人。建设工程施工合同无效，且建设工程经验收不合格的，按照以下情形处理：

① 修复后的建设工程经验收合格的，发包人可以请求承包人承担修复费用；

② 修复后的建设工程经验收不合格的，承包人无权请求参照合同关于工程价款的约定折价补偿。

二、建设工程合同的分包

（1）发包人可以与总承包人订立建设工程合同，也可以分别与勘察人、设计人、施工人订立勘察、设计、施工承包合同。发包人不得将应当由一个承包人完成的建设工程支解成若干部分发包给数个承包人。

（2）总承包人或者勘察、设计、施工承包人经发包人同意，可以将自己承包的部分工作交由第三人完成。第三人就其完成的工作成果与总承包人或者勘察、设计、施工承包人向发包人承担连带责任。

【提示】承包人不得将其承包的全部建设工程转包给第三人或者将其承包的全部建设工程支解以后以分包的名义分别转包给第三人。

（3）禁止承包人将工程分包给不具备相应资质条件的单位。禁止分包单位将其承包的工程再分包。

（4）建设工程主体结构的施工必须由承包人自行完成。

【提示】承包人将建设工程转包、违法分包的，发包人可以解除合同。

三、建设工程的竣工日期

当事人对建设工程实际竣工日期有争议的，人民法院应当分别按照以下情形予以认定：

（1）建设工程经竣工验收合格的，以竣工验收合格之日为竣工日期。

（2）承包人已经提交竣工验收报告，发包人拖延验收的，以承包人提交验收报告之日为竣工日期。

（3）建设工程未经竣工验收，发包人擅自使用的，以转移占有建设工程之日为竣工日期。

【提示1】建设工程竣工经验收合格后，方可交付使用；未经验收或者验收不合格的，不得交付使用。

【提示2】建设工程未经竣工验收，发包人擅自使用后，又以使用部分质量不符合约定为由主张权利的，人民法院不予支持；但是承包人应当在建设工程的合理使用寿命内对地基基础工程和主体结构质量承担民事责任。

【鑫考题·单选题】根据合同法律制度的规定，建设工程合同当事人对工程实际竣工日期有争议时，下列处理规则中，正确的是（　　）。（2016年）

A. 工程竣工验收合格的，以工程转移占有之日为竣工日期

B. 工程未经竣工验收，发包人擅自使用的，以开始使用之日为竣工日期

C. 工程未经竣工验收，发包人擅自使用的，以工程封顶之日为竣工日期

D. 承包人已提交竣工验收报告，发包人拖延验收的，以承包人提交验收报告之日为竣工日期

【答案】D

【解析】当事人对建设工程实际竣工日期有争议的，按照以下情形分别处理：（1）建设工程经竣工验收合格的，以竣工验收合格之日为竣工日期；（2）承包人已经提交竣工验收报告，发包人拖延验收的，以承包人提交验收报告之日为竣工日期；（3）建设工程未经竣工验收，发包人擅自使用的，以转移占有建设工程之日为竣工日期。

四、承包人的垫资

(1) 当事人对垫资和垫资利息有约定,承包人请求按照约定返还垫资及其利息的,人民法院应予支持,但是约定的利息计算标准高于垫资时的同类贷款利率或者同期贷款市场报价利率的部分除外。

(2) 当事人对垫资没有约定的,按照工程欠款处理。

(3) 当事人对垫资利息没有约定,承包人请求支付利息的,人民法院不予支持。

【相关链接】当事人对欠付工程价款利息计付标准有约定的,按照约定处理。没有约定的,按照同期同类贷款利率或者同期贷款市场报价利率计息。

【解释】利息从应付工程价款之日开始计付。当事人对付款时间没有约定或者约定不明的,下列时间视为应付款时间:①建设工程已实际交付的,为交付之日;②建设工程没有交付的,为提交竣工结算文件之日;③建设工程未交付,工程价款也未结算的,为当事人起诉之日。

【总结】垫资利息与工程价款利息。

	垫资利息	工程价款利息
约定	按照约定支付利息,但是约定的利息计算标准高于垫资时的同类贷款利率或者同期贷款市场报价利率的部分除外	按照约定支付利息
未约定	不支付利息	按照同期同类贷款利率或者同期贷款市场报价利率计息

五、承包人的工程价款优先受偿

(1) 发包人未按照约定支付价款的,承包人可以催告发包人在合理期限内支付价款。发包人逾期不支付的,除根据建设工程的性质不宜折价、拍卖外,承包人可以与发包人协议将该工程折价,也可以请求人民法院将该工程依法拍卖。建设工程的价款就该工程折价或者拍卖的价款优先受偿。

(2) 承包人享有的建设工程价款优先受偿权优于抵押权和其他债权。

(3) 承包人建设工程价款优先受偿的范围依照国务院有关行政主管部门关于建设工程价款范围的规定确定。承包人就逾期支付建设工程价款的利息、违约金、损害赔偿金等主张优先受偿的,人民法院不予支持。

(4) 承包人应当在合理期限内行使建设工程价款优先受偿权,但最长不得超过18个月,自发包人应当给付建设工程价款之日起算。

(5) 发包人与承包人约定放弃或者限制建设工程价款优先受偿权,损害建筑工人利益,发包人根据该约定主张承包人不享有建设工程价款优先受偿权的,人民法院不予支持。

六、建设工程合同的诉讼

(1) 因建设工程质量发生争议的,发包人可以以总承包人、分包人和实际施工人为共同被告提起诉讼。

(2) 实际施工人以转包人、违法分包人为被告起诉的，人民法院应当依法受理。

(3) 实际施工人以发包人为被告主张权利的，人民法院应当追加转包人或者违法分包人为本案第三人，在查明发包人欠付转包人或者违法分包人建设工程价款的数额后，判决发包人在欠付建设工程价款范围内对实际施工人承担责任。

【鑫考点9】委托合同（★★）(2015年单选题)

一、委托事务的处理

(1) 受托人应当亲自处理委托事务。

(2) 经委托人同意，受托人可以转委托。转委托经同意或者追认的，委托人可以就委托事务直接指示转委托的第三人，受托人仅就第三人的选任及其对第三人的指示承担责任。

(3) 转委托未经同意或者追认的，受托人应当对转委托的第三人的行为承担责任；但是，在紧急情况下受托人为了维护委托人的利益需要转委托第三人的除外。

二、隐名代理

(1) 受托人以自己的名义，在委托人的授权范围内与第三人订立的合同，第三人在订立合同时知道受托人与委托人之间的代理关系的，该合同直接约束委托人和第三人；但是，有确切证据证明该合同只约束受托人和第三人的除外。

(2) 受托人以自己的名义与第三人订立合同时，第三人不知道受托人与委托人之间的代理关系的，受托人因第三人的原因对委托人不履行义务，受托人应当向委托人披露第三人，委托人因此可以行使受托人对第三人的权利。但是，第三人与受托人订立合同时如果知道该委托人就不会订立合同的除外。

(3) 受托人因委托人的原因对第三人不履行义务，受托人应当向第三人披露委托人，第三人因此可以选择受托人或者委托人作为相对人主张其权利，但是第三人不得变更选定的相对人。

三、委托合同的费用与报酬

(1) 委托人应当预付处理委托事务的费用。受托人为处理委托事务垫付的必要费用，委托人应当偿还该费用并支付利息。

(2) 受托人完成委托事务的，委托人应当按照约定向其支付报酬。

(3) 因不可归责于受托人的事由，委托合同解除或者委托事务不能完成的，委托人应当向受托人支付相应的报酬。当事人另有约定的，按照其约定。

四、委托合同下的损害赔偿

(1) 有偿的委托合同，因受托人的过错造成委托人损失的，委托人可以请求赔偿损失。

(2) 无偿的委托合同，因受托人的故意或者重大过失造成委托人损失的，委托人可以请求赔偿损失。

（3）两个以上的受托人共同处理委托事务的，对委托人承担连带责任。

【鑫考题·单选题】根据合同法律制度的规定，下列关于委托合同的表述中，正确的是（　　）。（2015年）

A. 原则上受托人有权转委托，不必征得委托人同意

B. 无偿的委托合同，因受托人一般过失造成委托人损失的，委托人可以请求赔偿损失

C. 有偿的委托合同，因不可归责于受托人的事由，委托事务不能完成的，委托人有权拒绝支付报酬

D. 两个以上的受托人共同处理委托事务的，对委托人承担连带责任

【答案】D

【解析】（1）选项A：原则上受托人转委托应征得委托人同意。（2）选项B：无偿的委托合同，因受托人的故意或重大过失造成委托人损失的，委托人可以请求赔偿损失。（3）选项C：因不可归责于受托人的事由，委托合同解除或者委托事务不能完成的，委托人应当向受托人支付相应的报酬。当事人另有约定的，按照其约定。（4）选项D：两个以上的受托人共同处理委托事务的，对委托人承担连带责任。

【鑫考点10】行纪合同（★★）

一、行纪合同的性质

1. 基本概念

行纪合同是行纪人以自己的名义为委托人从事贸易活动，委托人支付报酬的合同。如拍卖公司和委托人之间的合同。

【提示】行纪人完成或者部分完成委托事务的，委托人应当向其支付相应的报酬。委托人逾期不支付报酬的，行纪人对委托物享有留置权，但是当事人另有约定的除外。

2. 行纪合同与委托合同

	行纪合同	委托合同
对外名义	必须以自己的名义与第三人订立合同	原则上以委托人的名义，也可以以自己的名义与第三人订立合同
有偿性	有偿合同	可以是有偿合同，也可以是无偿合同
费用承担	由行纪人自行承担，除非另有约定	由委托人承担

【相关链接】行纪与代理。

	行纪	代理
对外名义	行纪是以行纪人自己的名义实施的民事法律行为	代理是以被代理人的名义实施的民事法律行为
有偿性	有偿民事法律行为	可以是有偿，也可以是无偿
法律效果	先由行纪人承受，然后通过其他法律关系转给委托人	直接由被代理人享有

二、当事人的权利与义务

（1）行纪人低于委托人指定的价格卖出或者高于委托人指定的价格买入的，应当经委托人同意；未经委托人同意，行纪人补偿其差额的，该买卖对委托人发生效力。

（2）行纪人高于委托人指定的价格卖出或者低于委托人指定的价格买入的，可以按照约定增加报酬；没有约定或者约定不明确，依据《民法典》的有关规定仍不能确定的，该利益属于委托人。

（3）行纪人卖出或者买入具有市场定价的商品，除委托人有相反的意思表示外，行纪人自己可以作为买受人或者出卖人。行纪人有前款规定情形的，仍然可以请求委托人支付报酬。

（4）行纪人与第三人订立合同的，行纪人对该合同直接享有权利、承担义务。第三人不履行义务致使委托人受到损害的，行纪人应当承担损害赔偿责任，但行纪人与委托人另有约定的除外。

【鑫考点11】技术合同（★）

【解释】职务技术成果是执行法人或者非法人组织的工作任务，或者主要是利用法人或者非法人组织的物质技术条件所完成的技术成果。

（1）职务技术成果的使用权、转让权属于法人或者非法人组织的，法人或者非法人组织可以就该项职务技术成果订立技术合同。

（2）法人或者非法人组织订立技术合同转让职务技术成果时，职务技术成果的完成人享有以同等条件优先受让的权利。

第五章

合伙企业法律制度

本章考点

在最近3年的考试中,本章的平均分值为7分,属于一般性章节,考核形式主要是客观题,个别年份(2007年、2011年、2012年)考核了案例分析题。本章复习难度不大,重点掌握合伙企业的设立、财产份额、事务执行、退伙等考点。在复习过程中,考生需要注意把握两点:① 注意区分"约定"与"法定"的情形;② 注意区分"普通合伙人"与"有限合伙人"的相关规定。

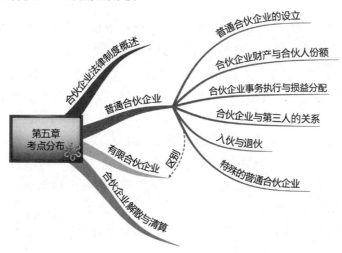

本章考情

其中1套试卷

题型	2018年	2019年	2020年
单选题	4题4分	4题4分	4题4分
多选题	2题3分	2题3分	2题3分
合计	6题7分	6题7分	6题7分

第一节 合伙企业法律制度概述

【鑫考点】合伙企业的特征和分类（★）（2018年单选题）

一、合伙企业的特征（包括但不限于）

1. 合伙企业无法人资格，但具有许多类似法人的特点

（1）合伙企业可以对外以自己的名义从事法律行为，建立法律关系，而无须依赖合伙人的主体资格。

（2）合伙企业拥有自己的、与合伙人财产相区别的财产，合伙企业的债务应当先以合伙企业的财产清偿，合伙企业的财产不足以清偿时，普通合伙人才承担清偿责任。

（3）合伙企业可以以自己的名义起诉和应诉。

2. 合伙企业并非企业所得税的纳税人

合伙企业的生产经营所得和其他所得，按照国家有关税收规定，由合伙人分别缴纳所得税。合伙企业不缴纳企业所得税。

二、合伙企业的分类

1. 普通合伙企业

普通合伙企业由普通合伙人组成，合伙人对合伙企业债务承担无限连带责任。

【解释】 所谓连带责任，是指合伙人在第二顺序的责任承担中相互之间所负的连带责任，而非合伙人与合伙企业之间的连带责任。

【提示】 特殊的普通合伙企业（事务所类型）：某一个合伙人在执业过程中因故意或者重大过失造成的合伙企业债务，由该合伙人承担无限责任，其他合伙人以其在合伙企业中的财产份额为限承担责任。

2. 有限合伙企业

有限合伙企业由普通合伙人和有限合伙人组成。

（1）普通合伙人（创业者）对合伙企业债务承担无限连带责任。

（2）有限合伙人（风投者）以其认缴的出资额为限对合伙企业债务承担责任。

【提示】 第三人有理由相信有限合伙人为普通合伙人并与其交易的，该有限合伙人对该笔交易承担与普通合伙人同样的责任。

【鑫考题·单选题】 2017年，甲有限合伙企业实现利润300万元。2018年年初，合伙企业向普通合伙人乙、丙及有限合伙人丁各分配利润100万元。根据合伙企业法律制度的规定，就上述可分配利润应缴纳所得税的主体是（ ）。（2018年）

A. 乙和丙　　B. 乙、丙和丁　　C. 丁　　D. 甲、乙、丙和丁

【答案】 B

【解析】合伙企业的生产经营所得和其他所得,按照国家有关税收规定,由合伙人分别缴纳所得税。合伙企业不缴纳企业所得税。

第二节 普通合伙企业

【鑫考点1】普通合伙企业的设立(★★★)(2015年单选题、多选题;2016年单选题;2017年单选题;2019年单选题;2020年单选题)

一、设立条件

1. 有两个以上合伙人

合伙人可以是自然人,也可以是法人或者其他组织。

【提示1】合伙人为自然人的,应当具有完全民事行为能力。

【提示2】国有独资公司、国有企业、上市公司及公益性的事业单位、社会团体不得成为普通合伙人,但可以成为有限合伙人。

2. 有书面合伙协议

(1) 合伙协议依法由全体合伙人协商一致、以书面形式订立。

(2) 合伙协议经全体合伙人签名、盖章后生效。

(3) 修改或者补充合伙协议,应当经全体合伙人一致同意;合伙协议另有约定的除外。

3. 有各合伙人认缴或者实缴的出资

(1) 出资方式。合伙人可以用货币、实物、知识产权、土地使用权或者其他财产权利出资,也可以用劳务出资。

(2) 评估方法:

① 劳务出资,由全体合伙人协商确定并在合伙协议中载明;

② 其他出资,由全体合伙人协商确定或委托法定评估机构评估。

4. 有合伙企业的名称和生产经营场所

(1) 普通合伙企业名称中应当标明"普通合伙"字样。

(2) 特殊的普通合伙企业名称中应当标明"特殊普通合伙"字样。

【提示】有限合伙企业名称中应当标明"有限合伙"字样。

【鑫考题1·单选题】甲国有独资公司、乙上市公司、丙外商独资企业、丁民营投资有限公司拟成立一家有限合伙企业。根据合伙企业法律制度的规定,上述投资主体中,可以担任普通合伙人的是( )。(2015年)

A. 甲和丙   B. 乙和丙   C. 丙和丁   D. 甲和丁

【答案】C

【解析】国有独资公司、国有企业、上市公司及公益性的事业单位、社会团体不得成为普通合伙人，但可以成为有限合伙人。

【考题2·单选题】根据合伙企业法律制度的规定，下列出资形式中，只能由全体合伙人协商确定价值评估办法的是（　　）。(2016年、2019年)

A. 实物
B. 土地使用权
C. 知识产权
D. 劳务

【答案】D

【解析】(1) 选项ABC：合伙人以实物、知识产权、土地使用权或者其他财产权利出资，需要评估作价的，可以由全体合伙人协商确定，也可以由全体合伙人委托法定评估机构评估；(2) 选项D：合伙人以劳务出资的，其评估办法由全体合伙人协商确定，并在合伙协议中载明。

【考题3·单选题】根据合伙企业法律制度的规定，下列关于普通合伙企业合伙人的表述中，正确的是（　　）。(2017年)

A. 非法人组织不能成为合伙人
B. 国有企业不能成为合伙人
C. 限制民事行为能力的自然人可以成为合伙人
D. 公益性社会团体可以成为合伙人

【答案】B

【解析】(1) 选项A：合伙人可以是自然人，也可以是法人或者其他组织（如个人独资企业、合伙企业）。(2) 选项C：合伙人为自然人的，应当具有完全民事行为能力。无民事行为能力人和限制民事行为能力人不得成为普通合伙人。(3) 选项BD：国有独资公司、国有企业、上市公司及公益性的事业单位、社会团体不得成为普通合伙人。

【考题4·单选题】根据合伙企业法律制度的规定，下列关于普通合伙企业合伙人的表述中，正确的是（　　）。(2017年)

A. 上市公司可以成为合伙人
B. 限制民事行为能力的自然人不能成为合伙人
C. 非法人组织不能成为合伙人
D. 公益性社会团体可以成为合伙人

【答案】B

【解析】(1) 选项AD：国有独资公司、国有企业、上市公司及公益性的事业单位、社会团体不得成为普通合伙人；(2) 选项C：合伙人可以是自然人，也可以是法人或者其他组织（如个人独资企业、合伙企业）。

【考题5·单选题】甲、乙、丙拟设立一普通合伙企业，2020年5月10日，三人口头约定合伙协议内容，并明确合伙企业在各合伙人出资后成立；5月20日，三人按照前述约定签订书面合伙协议；5月30日，三人按照约定缴纳出资额；6月5日，登记机关

签发合伙企业营业执照。下列各项中，该合伙企业协议生效的日期为（ ）。(2020年)

A. 5月10日　　　B. 5月20日　　　C. 5月30日　　　D. 6月5日

【答案】B

【解析】（1）合伙协议经全体合伙人签名、盖章后生效；（2）合伙协议依法由全体合伙人协商一致、以书面形式订立。在本题中，5月20日，三人按照前述约定签订书面合伙协议，故合伙协议生效日期为5月20日。

【鑫考题6·单选题】 根据合伙企业法律制度的规定，下列主体中，可以成为普通合伙人的是（ ）。(2020年)

A. 创业板上市的某民营企业　　　B. 某公益性事业单位
C. 某大型国有企业　　　　　　　D. 某个人独资企业

【答案】D

【解析】国有独资公司、国有企业、上市公司及公益性的事业单位、社会团体不得成为普通合伙人，但可以成为有限合伙人。

【鑫考题7·单选题】 甲、乙、丙、丁四人拟成立一家普通合伙企业。合伙协议约定，甲以货币出资，乙以国有土地使用权出资，丙以技术专利出资，丁以劳务出资。合伙协议对出资的评估和缴纳方法未作约定。根据合伙企业法律制度的规定，下列关于各合伙人出资的表述中，正确的是（ ）。(2020年)

A. 甲的货币出资不得分期支付
B. 乙可以自行委托评估机构评估土地使用权价值
C. 丁的劳务出资价值评估办法应由全体合伙人协商确定，并在合伙协议中载明
D. 丙的技术专利出资可以由全体合伙人协商确定价值，也可以由丙自行委托法定评估机构评估

【答案】C

【解析】（1）选项A：合伙人应当按照合伙协议约定的出资方式、数额和缴付期限，履行出资义务；（2）选项BD：合伙人以实物、知识产权、土地使用权或者其他财产权利出资，需要评估作价的，可以由全体合伙人协商确定，也可以由全体合伙人委托法定评估机构评估。

二、设立登记

1. 登记事项

企业登记机关应当自受理申请之日起20日内，作出是否登记的决定。合伙企业的登记事项应当包括：

① 名称；② 主要经营场所；③ 执行事务合伙人；④ 经营范围；⑤ 合伙企业类型；⑥ 合伙人姓名或者名称及住所、承担责任方式、认缴或者实际缴付的出资数额、缴付期限、出资方式和评估方式等。

2. 成立日期

合伙企业的营业执照签发日期，为合伙企业成立日期。合伙企业领取营业执照前，

合伙人不得以合伙企业名义从事合伙业务。

【鑫考题·多选题】根据合伙企业法律制度的规定，合伙企业的下列事项中，应当在工商行政管理机关登记的有（   ）。（2015年）
A. 主要经营场所
B. 合伙人的住所
C. 合伙人的家庭状况
D. 执行事务合伙人

【答案】ABD
【解析】合伙企业的登记事项应当包括：（1）名称；（2）主要经营场所；（3）执行事务合伙人；（4）经营范围；（5）合伙企业类型；（6）合伙人姓名或者名称及住所、承担责任方式、认缴或者实际缴付的出资数额、缴付期限、出资方式和评估方式等。

【鑫考点2】 合伙企业财产与合伙人份额（★★★）（2014年单选题、多选题；2016年单选题；2017年单选题；2018年单选题；2019年单选题）

一、合伙企业财产的构成
（1）合伙人的出资。
（2）以合伙企业名义取得的收益。
【提示】以合伙企业名义取得的收益，主要包括合伙企业的公共积累资金、未分配的盈余、合伙企业债权、合伙企业取得的工业产权和非专利技术等财产权利。
（3）依法取得的其他财产（如合法接受的赠与财产）。
【提示】合伙企业的原始财产是全体合伙人认缴的财产，而非各合伙人实际缴纳的财产。

二、合伙企业财产的性质
（1）合伙企业财产具有独立性和完整性的特征。
【解释】所谓独立性和完整性，是指合伙企业的财产独立于合伙人，合伙企业的财产权主体是合伙企业，而不是单独的每一个合伙人。合伙人对合伙企业财产权益的表现形式，仅是依照合伙协议所确定的财产收益份额或者比例。
（2）合伙人在合伙企业清算前，不得请求分割合伙企业的财产；但是，法律另有规定的除外。
（3）合伙人在合伙企业清算前私自转移或者处分合伙企业财产的，合伙企业不得以此对抗善意第三人。

【鑫考题1·多选题】根据合伙企业法律制度的规定，下列各项中，属于合伙企业财产的有（   ）。（2014年）
A. 合伙人缴纳的实物出资
B. 合伙企业借用的某合伙人的电脑
C. 合伙企业对某公司的债权
D. 合伙企业合法接受的赠与财产

【答案】ACD

【解析】合伙企业财产包括：(1) 合伙人的出资；(2) 以合伙企业名义取得的收益（包括但不限于合伙企业债权）；(3) 依法取得的其他财产（如合法接受的赠与财产）。

【鑫考题2·单选题】甲为普通合伙企业执行合伙事务的合伙人。甲为清偿其对合伙企业以外的第三人乙的20万元个人债务，私自将合伙企业的一台工程机械以25万元的市价卖给善意第三人丙并交付。甲用所获价款中的20万元清偿了对乙的债务，剩余5万元被其挥霍一空。根据合伙企业法律制度的规定，下列表述中，正确的是（　　）。(2018年)

A. 合伙企业有权从丙处取回工程机械
B. 乙应将20万元款项直接返还给合伙企业
C. 甲与丙的工程机械买卖合同不成立
D. 合伙企业有权就企业所受损失向甲追偿

【答案】D

【解析】(1) 选项AD：合伙人在合伙企业清算前私自转移或者处分合伙企业财产的，合伙企业不得以此对抗善意第三人。在确认善意取得的情况下，合伙企业的损失只能向合伙人进行追索（选项D正确），而不能向善意第三人追索。(2) 选项C：无权处分订立的买卖合同有效。(3) 选项B：货币具有特殊性，转移占有即转移所有权。乙接受甲的清偿合法有效，故不必返还。

三、合伙人财产份额的转让

(1) 对内：合伙人之间转让在合伙企业中的全部或者部分财产份额时，应当通知其他合伙人。

(2) 对外：合伙人向合伙人以外的人转让其在合伙企业中的全部或者部分财产份额时，须经其他合伙人一致同意；但是，合伙协议另有约定的除外。

(3) 合伙人向合伙人以外的人转让其在合伙企业中的财产份额的，在同等条件下，其他合伙人有优先购买权；但是，合伙协议另有约定的除外。

【提示】普通合伙人对外转让财产份额：先看"约定"，再看"法定"。

【鑫考题1·单选题】某普通合伙企业的一名合伙人拟将其合伙财产份额转让给合伙企业以外的人，但合伙协议对该事项的决定规则未作约定。根据合伙企业法律制度的规定，下列关于该事项决定规则的表述中，正确的是（　　）。(2016年)

A. 须经其他合伙人半数以上同意　　B. 须经其他合伙人一致同意
C. 须经其他合伙人2/3以上同意　　D. 须经其他合伙人过半数同意

【答案】B

【解析】除合伙协议另有约定外，合伙人向合伙人以外的人转让其在合伙企业中的全部或者部分财产份额时，须经其他合伙人一致同意。

【鑫考题2·单选题】某普通合伙企业合伙人甲拟对外转让其持有的合伙财产份额。

合伙协议对于转让程序无特定约定。根据合伙企业法律制度的规定，下列关于该转让的表述中，正确的是（　　）。(2018年)

A. 须经全体合伙人2/3以上同意
B. 须经甲以外的其他合伙人2/3以上同意
C. 须经全体合伙人1/2以上同意
D. 须经甲以外的其他合伙人一致同意

【答案】D

【解析】除合伙协议另有约定外，合伙人向合伙人以外的人转让其在合伙企业中的全部或者部分财产份额时，须经其他合伙人一致同意。

【鑫考题3·单选题】普通合伙人甲、乙、丙、丁分别持有某合伙企业18%、20%、27%和35%的财产份额。合伙协议约定：合伙人对外转让财产份额应当经持有3/5以上合伙财产份额的合伙人同意。现甲欲将其持有的10%财产份额转让给非合伙人戊，并将剩余8%的财产份额转让给合伙人丙。根据合伙企业法律制度的规定，下列表述中，正确的是（　　）。(2019年)

A. 未经乙、丙、丁一致同意，甲不得将其财产份转让给戊
B. 未经丁同意，甲不得将其财产份额转让给丙
C. 经丙、丁同意，甲即可将其财产份额转让给戊
D. 未经乙同意，甲不得将其财产份额转让给丙

【答案】C

【解析】（1）选项AC：除合伙协议另有约定外，合伙人向合伙人以外的人转让其在合伙企业中的全部或者部分财产份额时，须经其他合伙人一致同意，即有约定按照约定。在本题中，合伙协议约定对外转让财产份额经持有3/5以上合伙财产份额的合伙人同意即可，因此，经丙、丁（合计62%）同意，甲即可对外转让财产份额。（2）选项BD：合伙人之间转让在合伙企业中的全部或者部分财产份额时，应当通知其他合伙人，即可以自由转让，通知即可。

四、合伙人财产份额的出质（质押）

（1）合伙人以其在合伙企业中的财产份额出质的，须经其他合伙人一致同意（法定）。

（2）未经其他合伙人一致同意，其行为无效，由此给善意第三人造成损失的，由行为人依法承担赔偿责任。

【鑫考题1·单选题】某普通合伙企业合伙人甲，在未告知其他合伙人的情况下，以其在合伙企业中的财产份额出质。其他合伙人知悉后表示反对。根据合伙企业法律制度的规定，下列关于该出质行为效力的表述中，正确的是（　　）。(2014年)

A. 有效　　B. 无效　　C. 可撤销　　D. 效力未定

【答案】B

【解析】合伙人以其在合伙企业中的财产份额出质的，须经其他合伙人一致同意；

未经其他合伙人一致同意,其行为无效,由此给善意第三人造成损失的,由行为人依法承担赔偿责任。

【鑫考题2·单选题】某普通合伙企业合伙人甲因个人借款,拟将其合伙财产份额质押给债权人乙。根据合伙企业法律制度的规定,为使该质押行为有效,同意质押的合伙人人数应当是（   ）。(2017年)

A. 超过全体合伙人的2/3　　　　B. 超过全体合伙人的1/2

C. 全体合伙人　　　　　　　　　D. 超过全体合伙人的3/4

【答案】C

【解析】合伙人以其在合伙企业中的财产份额出质的,须经其他合伙人一致同意。

【鑫考点3】合伙企业事务执行与损益分配（★★★）(2011年案例分析题;2012年单选题;2015年单选题;2016年单选题;2018年单选题;2019年单选题、多选题;2020年多选题)

一、合伙事务执行的形式

（1）全体合伙人共同执行合伙事务。

（2）委托一个或者数个合伙人执行合伙事务。

① 委托一个或者数个合伙人执行合伙事务的,其他合伙人不再执行合伙事务;

② 合伙人可以将合伙事务委托一个或数个合伙人执行,但并非所有的合伙事务都可以委托给部分合伙人决定。

【提示】除合伙协议另有约定外,合伙企业的下列事项应当经全体合伙人一致同意:

① 改变合伙企业的名称;

② 改变合伙企业的经营范围、主要经营场所的地点;

③ 处分合伙企业的不动产;

④ 转让或者处分合伙企业的知识产权和其他财产权利;

⑤ 以合伙企业名义为他人提供担保;

⑥ 聘任合伙人以外的人担任合伙企业的经营管理人员。

【鑫考题1·单选题】根据合伙企业法律制度的规定,除合伙协议另有约定外,下列事项中,须经全体合伙人一致同意的是（   ）。(2012年)

A. 聘请合伙人以外的人担任企业的财务负责人

B. 出售合伙企业名下的动产

C. 合伙人以其个人财产为他人提供担保

D. 聘请会计师事务所承办合伙企业的审计业务

【答案】A

【解析】除合伙协议另有约定外,合伙企业的下列事项应当经全体合伙人一致同意:（1）改变合伙企业的名称;（2）改变合伙企业的经营范围、主要经营场所的地点;（3）处分合伙企业的不动产;（4）转让或者处分合伙企业的知识产权和其他财产权利;

(5) 以合伙企业名义为他人提供担保；(6) 聘任合伙人以外的人担任合伙企业的经营管理人员。

【鑫考题2·单选题】 某普通合伙企业拟变更企业名称，但合伙协议对该事项的决议规则未作约定。下列表述中，符合合伙企业法律制度规定的是（　　）。(2016年)

A. 该事项经全体合伙人一致同意方可通过

B. 该事项经半数以上合伙人同意即可通过

C. 该事项经2/3以上合伙人同意即可通过

D. 该事项经出资占比2/3以上的合伙人同意即可通过

【答案】A

【解析】根据《合伙企业法》的规定，除合伙协议另有约定外，合伙企业的下列事项应当经全体合伙人一致同意：(1) 改变合伙企业的名称；(2) 改变合伙企业的经营范围、主要经营场所的地点；(3) 处分合伙企业的不动产（不包括动产）；(4) 转让或者处分合伙企业的知识产权和其他财产权利；(5) 以合伙企业名义为他人提供担保；(6) 聘任合伙人以外的人担任合伙企业的经营管理人员。

【鑫考题3·多选题】 根据合伙企业法律制度的规定，下列事项中，除合伙协议另有约定外，须经全体合伙人一致同意方能通过的有（　　）。(2019年)

A. 合伙人向合伙人以外的人转让其合伙份额

B. 合伙企业处分其不动产

C. 合伙企业聘任合伙人以外的人担任企业经营管理人员

D. 合伙企业分配利润

【答案】ABC

【解析】(1) 选项A：除合伙协议另有约定外，合伙人向合伙人以外的人转让其在合伙企业中的全部或者部分财产份额时，须经其他合伙人一致同意。(2) 选项D：合伙企业的利润分配、亏损分担，按照合伙协议的约定办理；合伙协议未约定或者约定不明确的，由合伙人协商决定；协商不成的，由合伙人按照实缴出资比例分配、分担；无法确定出资比例的，由合伙人平均分配、分担。

【鑫考题4·多选题】 甲、乙、丙三人共同出资成立某普通合伙企业，合伙协议约定，甲担任合伙事务执行人，但并未约定其执行事务的权限。根据合伙企业法律制度的规定，下列事项中，甲无权单独决定的有（　　）。(2020年)

A. 变更该企业的经营范围

B. 变更该企业的名称

C. 变更该企业主要经营场所的地点

D. 聘任丁为该合伙企业的总经理

【答案】ABCD

【解析】除合伙协议另有约定外，合伙企业的下列事项应当经全体合伙人一致同意：

(1) 改变合伙企业的名称（选项B）；(2) 改变合伙企业的经营范围、主要经营场所的地点（选项AC）；(3) 处分合伙企业的不动产；(4) 转让或者处分合伙企业的知识产权和其他财产权利；(5) 以合伙企业名义为他人提供担保；(6) 聘任合伙人以外的人担任合伙企业的经营管理人员（选项D）。

二、合伙人的权利与义务

1. 权利

权利平等	合伙人对执行合伙事务享有同等的权利
对外代表权	(1) 执行合伙事务的合伙人对外代表合伙企业 (2) 作为合伙人的法人、其他组织执行合伙事务的，由其委派的代表执行
监督权	不执行合伙事务的合伙人有监督执行事务合伙人执行合伙事务的权利
知情权	合伙人有查阅合伙企业会计账簿等财务资料的权利
异议权	合伙人分别执行合伙事务的，执行事务合伙人可以对其他合伙人执行的事务提出异议
撤销权	受委托执行合伙事务的合伙人不按照合伙协议或全体合伙人的决定执行事务的，其他合伙人可以决定撤销该委托

【鑫考题·单选题】根据合伙企业法律制度的规定，下列关于合伙事务执行的表述中，正确的是（　　）。(2019年)

A. 合伙人对执行合伙事务享有同等的权利

B. 有限合伙人不得监督合伙事务执行情况

C. 合伙事务应由出资最多的合伙人执行

D. 法人不得担任合伙事务执行人

【答案】A

【解析】(1) 选项AC：各合伙人无论其出资多少，都有权平等享有执行合伙事务的权利；(2) 选项B：不执行合伙事务的合伙人有权监督执行事务合伙人执行合伙事务的情况；(3) 选项D：法人如果是普通合伙人，则可以担任合伙事务执行人，作为合伙人的法人、其他组织执行合伙事务的，由其委派的代表执行。

2. 义务

	义务	法律后果
竞业	合伙人不得自营或同他人合作经营与本合伙企业相竞争的业务（竞业禁止）	合伙人违反竞业禁止或交易限制规定的，所产生的收益归合伙企业所有，给合伙企业或其他合伙人造成损失的，依法承担赔偿责任
交易	合伙人不得同本合伙企业进行交易，但是合伙协议另有约定或者经全体合伙人一致同意的除外（交易限制）	

三、合伙企业的损益分配

协议有约定	按约定的比例分配和分担
协议未约定或约定不明确的	（1）由合伙人协商决定
	（2）协商不成的，由合伙人按照实缴出资比例分配、分担
	（3）无法确定出资比例的，由合伙人平均分配、分担

【提示】① 普通合伙企业合伙协议不得约定将全部利润分配给部分合伙人或者由部分合伙人承担全部亏损（法定禁止）；

② 有限合伙企业不得将全部利润分配给部分合伙人，但合伙协议另有约定的除外（原则上禁止）。

【鑫考题1·单选题】根据合伙企业法律制度的规定，合伙企业利润分配的首要依据是（　　）。(2015年)

A. 合伙协议约定的比例　　　　B. 合伙人均等的比例
C. 合伙人实缴出资的比例　　　D. 合伙人认缴出资的比例

【答案】A

【解析】合伙企业损益分配原则：约定→协商→实缴出资比例→平均。

【鑫考题2·单选题】2017年6月，自然人甲、乙、丙设立某合伙企业。合伙协议约定：甲、乙各出资30万元，丙出资90万元，均应于合伙企业成立之日起2年内缴清。合伙协议未约定利润分配事项。2018年6月，合伙企业拟分配利润，此时甲、乙已完全履行出资义务，丙已向合伙企业出资60万元，在甲、乙、丙未能就此次利润分配方案达成一致意见的情形下，下列关于此次利润应如何分配的表述中，正确的是（　　）。(2018年)

A. 甲、乙、丙应按1∶1∶2的比例分配
B. 甲、乙、丙应按1∶1∶3的比例分配
C. 甲、乙、丙应按1∶1∶1的比例分配
D. 甲、乙、丙应按各自对合伙企业的贡献度分配

【答案】A

【解析】合伙企业的利润分配、亏损分担，按照合伙协议的约定办理；合伙协议未约定或者约定不明确的，由合伙人协商决定；协商不成的，由合伙人按照实缴出资比例分配、分担；无法确定出资比例的，由合伙人平均分配、分担。

四、非合伙人参与经营管理

1. 程序

除合伙协议另有约定外，经全体合伙人一致同意，可以聘任合伙人以外的人担任合伙企业的经营管理人员。

2. 责任

(1) 对外：该经营管理人员属于非合伙人，无须对企业债务承担无限连带责任。

(2) 对内：被聘任的合伙企业的经营管理人员，超越合伙企业授权范围履行职务，或者在履行职务过程中因故意或者重大过失给合伙企业造成损失的，依法承担赔偿责任。

【鑫考点4】合伙企业与第三人的关系（★★★）（2007年案例分析题；2009年单选题；2012年单选题；2015年单选题；2018年多选题；2019年单选题）

一、对外代表权的限制

合伙企业对合伙人执行合伙事务及对外代表合伙企业权利的限制，不得对抗善意第三人。

二、合伙企业的债务清偿

(1) 合伙企业优先清偿。

(2) 合伙企业不能清偿到期债务的，合伙人承担无限连带责任（先企业后个人）。

(3) 合伙人清偿数额超过规定的亏损分担比例的，有权就其超过部分向其他合伙人（未支付或者未足额支付的合伙人）追偿。

【鑫考题1·单选题】根据合伙企业法律制度的规定，下列关于普通合伙企业债务清偿的表述中，正确的是（　　）(2015年)

A. 债权人应当首先向合伙企业求偿

B. 债权人应当首先向合伙人求偿

C. 债权人应当同时向合伙企业及其合伙人求偿

D. 债权人可以选择向合伙企业或其合伙人求偿

【答案】A

【解析】合伙企业对其债务，应先以其全部财产进行清偿。合伙企业不能清偿到期债务的，合伙人承担无限连带责任（先企业后个人）。

【鑫考题2·单选题】某普通合伙企业有甲、乙、丙、丁四位合伙人，合伙协议约定，合伙企业债务由各合伙人平均承担。现该合伙企业无力清偿到期债务12万元，甲向债权人清偿了9万元，乙向债权人清偿了3万元。根据合伙企业法律制度的规定，下列关于合伙企业债务内部追偿的表述中，正确的是（　　）。(2019年)

A. 甲无权向丙或丁追偿　　B. 甲可以向丁追偿3万元

C. 甲可以向乙追偿3万元　　D. 甲可以向丙追偿6万元

【答案】B

【解析】如果某一合伙人实际支付的清偿数额超过其依照既定比例所应承担的数额，该合伙人有权就其超过部分向其他未支付或者未足额支付应承担数额的合伙人追偿。在本题中，合伙协议约定合伙企业债务由各合伙人平均清偿，即每人承担3万元，此时甲可以向丙或丁追偿3万元，不可以再向乙追偿。

三、合伙人个人债务清偿

两个不得	债权人不得以其债权抵销其对合伙企业的债务
	债权人也不得代位行使合伙人在合伙企业中的权利
两个可以	合伙人可以以其从合伙企业中分取的收益用于清偿
	债权人也可以依法请求人民法院强制执行合伙人在合伙企业中的财产份额用于清偿
强制执行	人民法院强制执行合伙人的财产份额时，应当通知全体合伙人，其他合伙人有优先购买权

【考题1·单选题】某合伙企业欠甲到期借款3万元，该合伙企业合伙人乙亦欠甲到期借款2万元；甲向该合伙企业购买了一批产品，应付货款5万元。下列表述中，符合合伙企业法律制度规定的是（　　）。(2009年)

A. 甲可将其所欠合伙企业5万元货款与该合伙企业所欠其3万元到期借款及合伙人乙所欠其2万元到期借款相抵销，甲无须再向合伙企业偿付货款

B. 甲只能将其所欠合伙企业5万元货款与该合伙企业所欠其3万元到期借款进行抵销，因此，甲仍应向该合伙企业偿付2万元

C. 甲只能将其所欠合伙企业5万元货款与乙所欠其2万元到期借款进行抵销，因此，甲仍应向该合伙企业偿付3万元

D. 甲所欠合伙企业之债务与该合伙企业及乙所欠其债务之间均不能抵销

【答案】B

【解析】合伙人发生与合伙企业无关的债务，相关债权人不得以其债权抵销其对合伙企业的债务。所以，甲可以以其对合伙企业的3万元债权抵销其欠合伙企业的3万元债务，但不能以其对合伙人乙的2万元债权抵销其欠合伙企业的剩余2万元债务。因此，选项B正确。

【考题2·多选题】甲为普通合伙企业合伙人，因个人原因欠合伙企业以外的第三人乙10万元。乙欠合伙企业货款15万元。现甲无力以个人财产清偿欠乙的债务，乙的下列主张中，符合合伙企业法律制度规定的有（　　）。(2018年)

A. 以其对甲的债权部分抵销其欠合伙企业的债务

B. 以甲从合伙企业中分得的利润偿付债务

C. 代位行使甲在合伙企业中的各项权利

D. 请求人民法院强制执行甲在合伙企业中的财产份额用于偿付债务

【答案】BD

【解析】(1)选项AC：合伙人发生与合伙企业无关的债务，相关债权人不得以其债权抵销其对合伙企业的债务，也不得代位行使合伙人在合伙企业中的权利。(2)选项BD：合伙人的自有财产不足清偿其与合伙企业无关的债务的，该合伙人可以以其从合伙企业中分取的收益用于清偿；债权人也可以依法请求人民法院强制执行该合伙人在合伙

企业中的财产份额用于清偿。

【鑫考点5】入伙与退伙（★★★）（2009年单选题；2012年单选题；2014年单选题；2015年单选题、多选题；2016年多选题；2017年单选题、多选题；2018年单选题、多选题；2019年多选题；2020年单选题、多选题）

一、入伙

1. 程序

新合伙人入伙，应当经全体合伙人一致同意，并依法订立书面入伙协议；合伙协议另有约定的除外。

2. 责任

新合伙人对入伙前（后）合伙企业的债务承担无限连带责任。

二、退伙情形

1. 自愿退伙

	前提	合伙协议约定合伙期限
协议退伙	情形	（1）合伙协议约定的退伙事由出现
		（2）经全体合伙人一致同意
		（3）发生合伙人难以继续参加合伙的事由
		（4）其他合伙人严重违反合伙协议约定的义务
通知退伙		（1）合伙协议未约定合伙期限
		（2）不给合伙企业事务执行造成不利影响
		（3）应当提前30日通知其他合伙人

【鑫考题1·单选题】 根据合伙企业法律制度的规定，合伙协议未约定合伙期限的，在不给合伙企业事务执行造成不利影响的情况下，合伙人可以退伙，但应当提前一定期限通知其他合伙人，该期限是（　　）。(2018年)

A. 10日　　　　B. 15日　　　　C. 30日　　　　D. 7日

【答案】C

【解析】合伙协议未约定合伙期限的，合伙人在不给合伙企业事务执行造成不利影响的情况下，可以退伙，但应当提前30日通知其他合伙人。

【鑫考题2·多选题】 根据合伙企业法律制度的规定。合伙企业存续期间内出现特定情形时，合伙人可以退伙。这些情形有（　　）。(2019年)

A. 发生合伙协议约定的退伙事由

B. 其他合伙人严重违反合伙协议约定的义务

C. 全体合伙人一致同意退伙

D. 发生合伙人难以继续参加合伙的事由

【答案】ABCD

【解析】合伙协议约定合伙期限的，在合伙企业存续期间，有下列情形之一的，合伙人可以退伙：（1）合伙协议约定的退伙事由出现；（2）经全体合伙人一致同意；（3）发生合伙人难以继续参加合伙的事由；（4）其他合伙人严重违反合伙协议约定的义务。

【鑫考题3·多选题】根据合伙企业法律制度的规定，下列各项中，属于合伙人通知退伙应当满足的条件的有（　　）。（2020年）

A. 退伙不给合伙企业事务执行造成不利影响
B. 合伙协议未约定合伙企业的经营期限
C. 提前30日通知其他合伙人
D. 其他合伙人一致同意

【答案】ABC

【解析】合伙协议未约定合伙期限的，合伙人在不给合伙企业事务执行造成不利影响的情况下，可以退伙，但应当提前30日通知其他合伙人。

2. 当然退伙

情形	普通合伙人	有限合伙人
作为合伙人的自然人死亡或者被依法宣告死亡	√	√
个人丧失偿债能力	√	×
作为合伙人的法人或者其他组织依法被吊销营业执照、责令关闭、撤销，或者被宣告破产	√	√
法律规定或者合伙协议约定合伙人必须具有相关资格而丧失该资格	√	√
合伙人在合伙企业中的全部财产份额被人民法院强制执行	√	√

【提示1】退伙事由实际发生之日为退伙生效日。

【提示2】合伙人丧失行为能力：

普通合伙人：经其他合伙人一致同意，转为有限合伙人（有限合伙企业）；未能一致同意，退伙。

有限合伙人：其他合伙人不得因此要求其退伙。

【鑫考题1·单选题】某普通合伙企业的合伙人包括有限责任公司甲、乙，自然人丙、丁。根据合伙企业法律制度的规定，下列情形中，属于当然退伙事由的是（　　）。（2014年）

A. 甲被债权人申请破产　　　　B. 乙被吊销营业执照
C. 丙被依法宣告失踪　　　　　D. 丁因斗殴被公安机关拘留

【答案】B

【解析】（1）选项AB：作为合伙人的法人或者其他组织依法被吊销营业执照、责令关闭、撤销，或者被宣告破产（而非被申请破产），当然退伙；（2）选项CD：作为合伙人的自然人死亡或者被依法宣告死亡（而非失踪、被拘留），当然退伙。

【鑫考题2·多选题】根据合伙企业法律制度的规定，下列各项中，属于普通合伙企业的合伙人当然退伙情形的有（　　）。(2015年)

A. 经全体合伙人一致同意

B. 个人丧失偿债能力

C. 合伙人在合伙企业中的全部财产份额被人民法院强制执行

D. 发生合伙人难以继续参加合伙的事由

【答案】BC

【解析】（1）普通合伙人当然退伙情形包括：①作为合伙人的自然人死亡或者被依法宣告死亡；②个人丧失偿债能力（选项B）；③作为合伙人的法人或者其他组织依法被吊销营业执照、责令关闭、撤销，或者被宣告破产；④法律规定或者合伙协议约定合伙人必须具有相关资格而丧失该资格；⑤合伙人在合伙企业中的全部财产份额被人民法院强制执行（选项C）。（2）选项AD属于协议退伙。

【鑫考题3·单选题】根据合伙企业法律制度的规定，下列各项中，构成有限合伙人当然退伙情形的是（　　）。(2017年)

A. 作为有限合伙人的法人被宣告破产

B. 作为有限合伙人的自然人故意给合伙企业造成损失

C. 作为有限合伙人的自然人被宣告失踪

D. 作为有限合伙人的自然人丧失民事行为能力

【答案】A

【解析】（1）选项B：作为有限合伙人的自然人故意给合伙企业造成损失，经其他合伙人一致同意，可以决议将其除名；（2）选项C：作为有限合伙人的自然人死亡或者被依法宣告死亡（而非失踪），当然退伙；（3）选项D：作为有限合伙人的自然人丧失民事行为能力，并不当然退伙。

【鑫考题4·多选题】根据合伙企业法律制度的规定，下列各项中，属于普通合伙企业合伙人当然退伙的情形有（　　）。(2018年)

A. 法人合伙人被吊销营业执照　　B. 因重大过失给合伙企业造成损失

C. 自然人合伙人被宣告死亡　　　D. 未履行出资义务

【答案】AC

【解析】关于当然退伙，《合伙企业法》规定，合伙人有下列情形之一的，当然退伙：（1）作为合伙人的自然人死亡或者被依法宣告死亡（选项C）；（2）个人丧失偿债能力；（3）作为合伙人的法人或者其他组织依法被吊销营业执照（选项A）、责令关闭、撤销，或者被宣告破产；（4）法律规定或者合伙协议约定合伙人必须具有相关资格而丧失该资格；（5）合伙人在合伙企业中的全部财产份额被人民法院强制执行。

【鑫考题5·单选题】 根据合伙企业法律制度的规定，下列情形中，属于当然退伙事由的是（　　）。（2020年）

　　A. 合伙人个人丧失偿债能力

　　B. 合伙人未履行出资义务

　　C. 合伙人执行合伙事务时有不正当行为

　　D. 合伙人因故意或重大过失给合伙企业造成损失

【答案】A

【解析】合伙人有下列情形之一的，当然退伙：（1）作为合伙人的自然人死亡或者被依法宣告死亡；（2）个人丧失偿债能力（选项A正确）；（3）作为合伙人的法人或者其他组织依法被吊销营业执照、责令关闭、撤销，或者被宣告破产；（4）法律规定或者合伙协议约定合伙人必须具有相关资格而丧失该资格；（5）合伙人在合伙企业中的全部财产份额被人民法院强制执行。

3. 除名退伙

合伙人有下列情形之一的，经其他合伙人一致同意，可以决议将其除名：

（1）未履行出资义务。

（2）因故意或者重大过失给合伙企业造成损失。

（3）执行合伙事务时有不正当行为。

（4）发生合伙协议约定的事由。

【提示1】对合伙人的除名决议应当书面通知被除名人。被除名人接到除名通知之日，除名生效，被除名人退伙。

【提示2】被除名人对除名决议有异议的，可以自接到除名通知之日起30日内，向人民法院起诉。

【鑫考题1·单选题】 某普通合伙企业合伙人甲因执行合伙事务有不正当行为，经合伙人会议决议将其除名，甲接到除名通知后不服，诉至人民法院。根据合伙企业法律制度的规定，该合伙企业对甲除名的生效日期为（　　）。（2015年）

　　A. 甲的不正当行为作出之日　　B. 除名决议作出之日

　　C. 甲接到除名通知之日　　D. 甲的诉讼请求被人民法院驳回之日

【答案】C

【解析】对合伙人的除名决议应当书面通知被除名人。被除名人接到除名通知之日，除名生效，被除名人退伙。

【鑫考题2·多选题】 根据合伙企业法律制度的规定，在合伙协议无特别约定的情况下，合伙人发生的下列情形中，属于经其他合伙人一致同意即可除名的有（　　）。（2016年）

A. 未履行出资义务

B. 因故意或者重大过失给合伙企业造成损失

C. 执行合伙事务时有不正当行为

D. 被依法宣告死亡

【答案】ABC

【解析】(1) 选项ABC：合伙人有下列情形之一的，经其他合伙人一致同意，可以决议将其除名：①未履行出资义务；②因故意或者重大过失给合伙企业造成损失；③执行合伙事务时有不正当行为；④发生合伙协议约定的事由。(2) 选项D：属于当然退伙情形。

三、财产继承

1. 不愿意成为合伙人

应当向合伙人的继承人退还被继承合伙人的财产份额。

2. 愿意成为合伙人

(1) 继承人（完全民事行为能力人）。

按照合伙协议的约定或者经全体合伙人一致同意，可以取得普通合伙人资格。

(2) 继承人（无民事行为能力人或限制民事行为能力人）。

① 经全体合伙人一致同意，可以依法成为有限合伙人（有限合伙企业）；

② 全体合伙人未能一致同意的，应当将被继承合伙人的财产份额退还该继承人。

【相关链接】有限合伙人死亡后，其继承人或者权利承受人可以依法取得该有限合伙人在有限合伙企业中的资格。

【鑫考题1·单选题】甲、乙、丙共同投资设立一普通合伙企业，合伙协议对合伙人的资格取得或丧失未作约定。合伙企业存续期间，甲因车祸去世，甲妻丁是唯一继承人。下列表述中，符合合伙企业法律制度规定的是（　　）。(2009年)

A. 丁自动取得该企业合伙人资格

B. 经乙、丙一致同意，丁取得该企业合伙人资格

C. 丁不能取得该企业合伙人资格，只能由该企业向丁退还甲在企业中的财产份额

D. 丁自动成为有限合伙人，该企业转为有限合伙企业

【答案】B

【解析】(1) 选项AB：继承人具备完全民事行为能力的（甲的妻子具备完全民事行为能力），按照合伙协议的约定或者经全体合伙人一致同意，可以取得普通合伙人资格；(2) 选项CD：合伙人死亡，继承人不愿意成为合伙人或者继承人未取得合伙协议约定的合伙人资格时，合伙企业应当向合伙人的继承人退还被继承合伙人的财产份额。

【鑫考题2·单选题】某普通合伙企业合伙人甲死亡，其未成年子女乙、丙是其全部合法继承人。根据合伙企业法律制度的规定，下列表述中，正确的是（　　）。(2017年)

A. 乙、丙可以继承甲的财产份额，但不能成为合伙人

B. 乙、丙因继承甲的财产份额自动取得合伙人资格

C. 经全体合伙人一致同意，乙、丙可以成为有限合伙人

D. 应解散合伙企业，清算后向乙、丙退还甲的财产份额

【答案】C

【解析】合伙人死亡或者被依法宣告死亡的，对该合伙人在合伙企业中的财产份额享有合法继承权的继承人，按照合伙协议的约定或者经全体合伙人一致同意，从继承开始之日起，取得该合伙企业的合伙人资格。合伙人的继承人为无民事行为能力人或者限制民事行为能力人的，经全体合伙人一致同意，可以依法成为有限合伙人，普通合伙企业依法转为有限合伙企业；全体合伙人未能一致同意的，合伙企业应当将被继承合伙人的财产份额退还该继承人。

四、退伙责任

退伙人（普通合伙人）对基于其退伙前的原因发生的合伙企业债务，承担无限连带责任。

【相关链接】有限合伙人退伙后，对基于退伙前的原因发生的有限合伙企业的债务，以其退伙时从有限合伙企业中取回的财产承担责任。

【鑫考题1·多选题】某普通合伙企业经营期间，吸收甲入伙。甲入伙前合伙企业已负债20万元。甲入伙1年后退伙，在此期间合伙企业新增负债10万元。甲退伙后半年，合伙企业解散，以企业全部财产清偿债务后，尚有80万元债务不能清偿。根据合伙企业法律制度的规定，下列关于甲承担清偿责任的表述中，正确的有（　　）。（2016年）

A. 甲对入伙前合伙企业的20万元债务承担无限连带责任

B. 甲对入伙后至合伙企业解散时新增的60万元债务承担无限连带责任

C. 甲对合伙企业解散后尚未清偿的全部80万元债务承担无限连带责任

D. 甲对担任合伙人期间合伙企业新增的10万元债务承担无限连带责任

【答案】AD

【解析】甲对入伙前及担任合伙人期间的30万元债务承担无限连带责任。

【鑫考题2·多选题】甲、乙和丙设立某普通合伙企业，从事餐饮服务。2017年6月5日，甲退伙；6月10日，丁入伙。6月9日，合伙企业经营的餐厅发生卡式燃气炉灼伤顾客戊的事件，需要支付医疗费用等总计45万元，经查，该批燃气炉系当年4月合伙人共同决定购买，其质量不符合相关国家标准。该合伙企业支付30万元赔偿后已无赔偿能力。现戊请求合伙人承担其余15万元赔偿责任。根据合伙企业法律制度的规定，应承担赔偿责任的合伙人有（　　）。（2017年）

A. 乙　　　　B. 甲　　　　C. 丁　　　　D. 丙

【答案】ABCD

【解析】（1）选项AD：合伙企业不能清偿到期债务的，合伙人承担无限连带责任。在本题中，乙、丙作为普通合伙人，应当对合伙企业不能清偿的债务承担无限连带责任。

（2）选项 B：普通合伙人退伙后，对基于其退伙前的原因发生的合伙企业债务，承担无限连带责任。在本题中，发生事故的燃气炉系当年 4 月合伙人共同决定购买，其质量不符合相关国家标准，此时甲依然是普通合伙人，应当对此承担无限连带责任。（3）选项 C：新合伙人对入伙前合伙企业的债务承担无限连带责任。

【鑫考点6】特殊的普通合伙企业（★★）（2008年单选题；2011年案例分析题；2012年多选题；2013年单选题；2016年多选题；2020年单选题）

一、责任承担

1. 有限责任与无限责任相结合

合伙人在执业过程中因故意或重大过失造成合伙企业债务的，应当承担无限责任或者无限连带责任，其他合伙人以其在合伙企业中的财产份额为限承担责任。

2. 无限连带责任

合伙人在执业过程中非因故意或者重大过失造成的合伙企业债务及合伙企业的其他债务，由全体合伙人承担无限连带责任。

二、执业风险防范

（1）特殊的普通合伙企业应当建立执业风险基金、办理职业保险。

（2）特殊的普通合伙企业从其经营收益中提取相应比例的资金，用于偿付合伙人执业活动造成的债务。

（3）执业风险基金应当单独立户管理。

【鑫考题1·多选题】甲、乙、丙共同出资设立一特殊的普通合伙制的律师事务所。2010年5月，乙从事务所退出，丁加入事务所成为新合伙人。2010年8月，法院认定甲在2009年的某项律师业务中存在重大过失，判决事务所向客户赔偿损失。根据合伙企业法律制度的规定，下列关于赔偿责任承担的表述中，正确的有（　　）。（2012年）

A. 甲应以其全部个人财产承担无限责任

B. 乙应以其退出时在事务所中的实际财产份额为限承担赔偿责任

C. 丙应以其在事务所中的财产份额为限承担赔偿责任

D. 丁无须承担赔偿责任

【答案】ABC

【解析】在特殊的普通合伙企业中，一个合伙人或者数个合伙人在执业活动中因故意或者重大过失造成合伙企业债务的，应当承担无限责任或者无限连带责任（甲应以其全部个人财产承担无限责任），其他合伙人以其在合伙企业中的财产份额为限承担责任（乙应以其退出时在事务所中的实际财产份额为限承担赔偿责任，丙和丁应以其在事务所中的财产份额为限承担赔偿责任）。

【鑫考题2·多选题】根据合伙企业法律制度的规定，下列关于特殊的普通合伙企业执业风险防范措施的表述中，正确的有（　　）。（2016年）

A. 企业可以选择建立执业风险基金或者办理职业保险

B. 执业风险基金用于偿付合伙人执业活动造成的债务

C. 执业风险基金应当单独立户管理

D. 企业应当从其经营收益中提取相应比例资金作为执业风险基金

【答案】BCD

【解析】选项A：特殊的普通合伙企业应当建立执业风险基金、办理职业保险。

【鑫考题3·单选题】甲、乙、丙共同出资设立一特殊普通合伙企业，甲、乙、丙的出资分别为50万元、25万元、25万元，均已实缴。甲在执业活动中因重大过失造成合伙企业债务，以合伙企业全部财产偿还后，仍有余债100万元。根据合伙企业法律制度的规定，下列关于该100万元债务的清偿责任的表述中，正确的是（　　）。（2020年）

A. 甲应承担无限责任，乙、丙以25万元范围承担补充责任

B. 甲应承担无限责任，乙、丙无须以个人财产承担责任

C. 甲、乙、丙均无须以个人财产承担责任

D. 甲、乙、丙应当承担无限连带责任

【答案】B

【解析】特殊普通合伙企业中的一个合伙人或者数个合伙人在执业活动中因故意或者重大过失造成合伙企业债务的，应当承担无限责任或者无限连带责任，其他合伙人以其在合伙企业中的财产份额为限承担责任。

第三节　有限合伙企业

【鑫考点1】有限合伙企业的设立（★★★）（2007年案例分析题；2014年单选题；2018年单选题）

数量	(1) 2个以上50个以下合伙人，其中至少有1个普通合伙人，1个有限合伙人 (2) 有限合伙企业只剩下普通合伙人，应转为普通合伙企业；只剩下有限合伙人，应解散
名称	企业名称中应当标明"有限合伙"字样
出资	有限合伙人不得以劳务出资 有限合伙人应当按照合伙协议的约定按期足额缴纳出资；未按期足额缴纳的，应当承担补缴义务，并对其他合伙人承担违约责任

【鑫考题1·单选题】根据合伙企业法律制度的规定，下列各项中，有限合伙人可用作合伙企业出资的是（　　）。（2014年）

A. 为合伙企业提供财务管理　　B. 为合伙企业提供战略咨询

C. 债权　　D. 社会关系

【答案】C

【解析】(1) 选项AB：有限合伙人不得以劳务出资；(2) 选项D：无法评估作价，不得用于出资。

【鑫考题2·单选题】根据合伙企业法律制度的规定，下列关于有限合伙企业的表述中，错误的是（　　）。(2018年)

A. 除法律另有规定外，有限合伙人人数不得超过200人

B. 国有独资公司及公益性的事业单位，不得担任普通合伙人

C. 法人及其他组织均可依照法律规定设立有限合伙企业

D. 有限合伙企业仅剩普通合伙人的，应当转为普通合伙企业

【答案】A

【解析】有限合伙企业由2个以上50个以下合伙人设立；但法律另有规定的除外。

【鑫考点2】有限合伙企业事务执行（★★★）(2010年多选题；2011年单选题；2012年单选题、案例分析题；2014年多选题；2015年单选题；2016年单选题；2017年多选题；2019年单选题；2020年单选题、多选题)

一、事务执行

由普通合伙人执行合伙事务，有限合伙人不执行合伙事务，不得对外代表有限合伙企业。

【提示1】执行事务合伙人可以就其执行事务的劳动付出，要求企业支付报酬。

【提示2】有限合伙人的下列行为，不视为执行合伙事务：

① 参与决定普通合伙人入伙、退伙；

② 对企业的经营管理提出建议；

③ 参与选择承办有限合伙企业审计业务的会计师事务所；

④ 获取经审计的有限合伙企业财务会计报告；

⑤ 对涉及自身利益的情况，查阅有限合伙企业财务会计账簿等财务资料；

⑥ 在有限合伙企业中的利益受到侵害时，向有责任的合伙人主张权利或者提起诉讼；

⑦ 执行事务合伙人怠于行使权利时，督促其行使权利或者为了本企业的利益以自己的名义提起诉讼；

⑧ 依法为本企业提供担保。

【鑫考题1·多选题】某产业投资基金的组织形式为有限合伙企业，其有限合伙人的下列行为中，符合合伙企业法律制度规定的有（　　）。(2014年)

A. 担任该基金总经理

B. 参与选择承办该基金审计业务的会计师事务所

C. 依法为该基金提供担保

D. 对该基金的经营管理提出建议

【答案】BCD

【解析】（1）选项A：有限合伙人不得执行合伙事务（担任该基金总经理）；（2）选项BCD：不视为执行合伙事务。

【鑫考题2·单选题】根据合伙企业法律制度的规定，下列行为中，禁止由有限合伙人实施的是（　　）。(2015年)

A. 为本合伙企业提供担保

B. 参与决定普通合伙人入伙

C. 以合伙企业的名义对外签订买卖合同

D. 对涉及自身利益的情况，查阅合伙企业的财务会计账簿

【答案】C

【解析】有限合伙人的下列行为，不视为执行合伙事务（包括但不限于）：（1）参与决定普通合伙人入伙、退伙（选项B）；（2）对涉及自身利益的情况，查阅有限合伙企业财务会计账簿等财务资料（选项D）；（3）依法为本企业提供担保（选项A）。

【鑫考题3·多选题】根据合伙企业法律制度的规定，下列有限合伙人的行为中，视为执行合伙事务的有（　　）。(2017年)

A. 参与决定转让合伙企业的知识产权

B. 参与决定普通合伙人退伙

C. 参与决定合伙企业为第三人提供担保

D. 对合伙企业的经营管理提出建议

【答案】AC

【解析】有限合伙人的下列行为，不视为执行合伙事务：（1）参与决定普通合伙人入伙、退伙（选项B）；（2）对企业的经营管理提出建议（选项D）；（3）参与选择承办有限合伙企业审计业务的会计师事务所；（4）获取经审计的有限合伙企业财务会计报告；（5）对涉及自身利益的情况，查阅有限合伙企业财务会计账簿等财务资料；（6）在有限合伙企业中的利益受到侵害时，向有责任的合伙人主张权利或者提起诉讼；（7）执行事务合伙人怠于行使权利时，督促其行使权利或者为了本企业的利益以自己的名义提起诉讼；（8）依法为本企业提供担保。

【鑫考题4·多选题】根据合伙企业法律制度的规定，下列有限合伙人的行为中，视为执行合伙事务的有（　　）。(2017年)

A. 参与决定普通合伙人退伙

B. 参与决定合伙企业为第三人提供担保

C. 参与决定出售合伙企业房产

D. 为合伙企业提供担保

【答案】BC

【解析】有限合伙人的下列行为，不视为执行合伙事务：(1) 参与决定普通合伙人入伙、退伙（选项 A）；(2) 对企业的经营管理提出建议；(3) 参与选择承办有限合伙企业审计业务的会计师事务所；(4) 获取经审计的有限合伙企业财务会计报告；(5) 对涉及自身利益的情况，查阅有限合伙企业财务会计账簿等财务资料；(6) 在有限合伙企业中的利益受到侵害时，向有责任的合伙人主张权利或者提起诉讼；(7) 执行事务合伙人怠于行使权利时，督促其行使权利或者为了本企业的利益以自己的名义提起诉讼；(8) 依法为本企业提供担保（选项 D）。

【鑫考题 5·单选题】根据合伙企业法律制度的规定，下列关于有限合伙企业合伙事务执行人的表述中，正确的是（　　）。(2020 年)

A. 合伙协议无约定的情况下，全体普通合伙人是合伙事务的共同执行人

B. 合伙协议可以约定由有限合伙人担任合伙事务执行人

C. 合伙事务执行人执行合伙事务造成合伙财产损失的，应向合伙企业或其他合伙人承担赔偿责任

D. 合伙事务执行人不得要求合伙企业就执行事务的劳动付出支付报酬

【答案】A

【解析】(1) 选项 B：有限合伙人不执行合伙事务，不得对外代表有限合伙企业；(2) 选项 C：合伙事务执行人若因自己的过错造成合伙企业财产损失的，应向合伙企业或其他合伙人负赔偿责任；(3) 选项 D：执行事务合伙人可以就执行事务的劳动付出，要求企业支付劳动报酬。

二、份额转让、出质、交易、竞业

	有限合伙人	普通合伙人
份额出质	可以（协议另有约定的除外）	必须经一致同意（法定）
份额对外转让	提前30日通知	协议约定→经一致同意
交易	可以（协议另有约定的除外）	不得（协议约定→经一致同意可以）
竞业	可以（协议另有约定的除外）	不得（法定禁止）

【鑫考题 1·多选题】甲、乙、丙、丁共同投资设立一个有限合伙企业，甲、乙为普通合伙人，丙、丁为有限合伙人。下列有关合伙人以财产份额出质的表述中，符合合伙企业法律制度规定的有（　　）。(2010 年)

A. 经乙、丙、丁同意，甲可以以其在合伙企业中的财产份额出质

B. 如果合伙协议没有约定，即使甲、乙均不同意，丁也可以以其在合伙企业中的财产份额出质

C. 合伙协议可以约定，经2个以上合伙人同意，乙可以以其在合伙企业中的财产份额出质

D. 合伙协议可以约定，未经2个以上合伙人同意，丙不得以其在合伙企业中的财产

份额出质

【答案】ABD

【解析】（1）普通合伙人以其财产份额出质的，必须经其他合伙人一致同意（选项A正确），这是《合伙企业法》的强制性规定，合伙协议不得作出与此相矛盾的约定（选项C错误）；（2）有限合伙人以其财产份额出质的，先看合伙协议的约定（协议怎么约定都合法，选项D正确），没有约定的，有限合伙人可以以其财产份额出质（选项B正确）。

【鑫考题2·单选题】某有限合伙企业合伙协议的下列约定中，符合合伙企业法律制度规定的是（　　）。（2011年）

A. 普通合伙人以现金出资，有限合伙人以劳务出资

B. 合伙企业成立后前三年的利润全部分配给普通合伙人

C. 有限合伙人甲对外代表本合伙企业，执行合伙事务

D. 合伙企业由普通合伙人1人、有限合伙人99人组成

【答案】B

【解析】（1）选项A：有限合伙人不得以劳务出资；（2）选项B：有限合伙企业不得将全部利润分配给部分合伙人，但合伙协议另有约定的除外；（3）选项C：有限合伙企业由普通合伙人执行合伙事务，有限合伙人不执行合伙事务，不得对外代表有限合伙企业；（4）选项D：有限合伙企业由2个以上50个以下合伙人设立。

【鑫考题3·单选题】甲、乙、丙拟设立一有限合伙企业。甲为普通合伙人，乙、丙为有限合伙人。下列合伙协议内容中，符合合伙企业法律制度规定的是（　　）。（2015年）

A. 乙以劳务作价20万元出资

B. 甲以其出资金额的两倍为限对合伙债务承担责任

C. 丙不得将其在合伙企业中的财产份额出质

D. 丙为合伙事务执行人

【答案】C

【解析】（1）选项A：只有普通合伙人可以以劳务出资，有限合伙人不得以劳务出资；（2）选项B：有限合伙企业的普通合伙人对合伙企业债务承担无限连带责任，有限合伙人以其认缴的出资额为限对合伙企业债务承担责任；（3）选项C：有限合伙人可以以其财产份额出质，除非合伙协议另有约定；（4）选项D：有限合伙企业由普通合伙人执行合伙事务，有限合伙人不执行合伙事务，不得对外代表有限合伙企业。

【鑫考题4·单选题】甲、乙、丙、丁拟共同投资设立一有限合伙企业，甲、乙为普通合伙人，丙、丁为有限合伙人。四人草拟了一份合伙协议。该合伙协议的下列内容中，符合合伙企业法律制度规定的是（　　）。（2016年）

A. 丙任执行事务合伙人

B. 甲以房屋作价 30 万元出资，乙以专利技术作价 15 万元出资，丙以劳务作价 20 万元出资，丁以现金 50 万元出资

C. 丙、丁可以将其在合伙企业中的财产份额出质

D. 合伙企业名称为"环宇商贸有限公司"

【答案】C

【解析】(1) 选项 A：有限合伙企业由普通合伙人执行合伙事务，有限合伙人不执行合伙事务，不得对外代表有限合伙企业。(2) 选项 B：有限合伙人可以用货币、实物、知识产权、土地使用权或者其他财产权利作价出资；有限合伙人不得以劳务出资。(3) 选项 C：有限合伙人可以将其在有限合伙企业中的财产份额出质；但是，合伙协议另有约定的除外。(4) 选项 D：有限合伙企业名称中应当标明"有限合伙"字样，而不能标明"普通合伙""特殊普通合伙""有限公司""有限责任公司"等字样。

【鑫考题 5·单选题】甲为某有限合伙企业的有限合伙人，欲将其财产份额出质。合伙协议对该类事项的批准方式未作约定。下列关于该事项批准方式的表述中，符合合伙企业法律制度规定的是（　　）。(2019 年)

A. 其他合伙人一致同意　　　　B. 无须其他合伙人同意

C. 普通合伙人一致同意　　　　D. 有限合伙人一致同意

【答案】B

【解析】有限合伙人可以将其在有限合伙企业中的财产份额出质；但是，合伙协议另有约定的除外。

【鑫考题 6·多选题】根据合伙企业法律制度的规定，下列各项中，属于有限合伙人可以从事的行为的有（　　）。(2020 年)

A. 对外代表企业

B. 在合伙协议无相反约定的情况下，同本企业进行交易

C. 以劳务向合伙企业出资

D. 在合伙协议无相反约定的情况下，经营与本企业相竞争的业务

【答案】BD

【解析】(1) 选项 A：有限合伙人不执行合伙事务，不得对外代表有限合伙企业。(2) 选项 C：有限合伙人不得以劳务出资。

【鑫考题 7·单选题】根据合伙企业法律制度的规定，在合伙协议没有特别约定的情况下，下列关于有限合伙人对外转让所持合伙企业财产份额的表述中，正确的是（　　）。(2020 年)

A. 须全体普通合伙人一致同意　　　B. 须其他合伙人一致同意

C. 只有有限合伙人有优先购买权　　D. 须提前 30 日通知其他合伙人

【答案】D

【解析】(1) 选项 ABD：有限合伙人可以按照合伙协议的约定向合伙人以外的人转

让其在有限合伙企业中的财产份额，但应当提前30日通知其他合伙人；（2）选项C：有限合伙人对外转让其在有限合伙企业的财产份额时，有限合伙企业的其他合伙人有优先购买权。

【鑫考点3】入伙、退伙及身份转变（★★★）（2010年多选题；2012年单选题、案例分析题；2014年多选题；2015年单选题；2016年单选题；2017年多选题）

	有限合伙人	普通合伙人
入伙	前：有限责任（认缴的出资） 后：有限责任（认缴的出资）	前：无限连带责任 后：无限连带责任
退伙	前：有限责任（取回的财产） 后：×	前：无限连带责任 后：×
身份转变	有限合伙人→普通合伙人 前+后：无限连带责任	普通合伙人→有限合伙人 前：无限连带责任 后：有限责任
	除合伙协议另有约定外，普通合伙人转变为有限合伙人，或者有限合伙人转变为普通合伙人，应当经全体合伙人一致同意	

【鑫考题·多选题】 甲、乙分别为某有限合伙企业的普通合伙人和有限合伙人，后甲变更为有限合伙人，乙变更为普通合伙人。下列关于甲、乙对其合伙人性质互换前的企业债务承担的表述中，符合合伙企业法律制度规定的有（　　）。(2014年)

A. 甲对其作为普通合伙人期间的企业债务承担无限连带责任
B. 甲对其作为普通合伙人期间的企业债务承担有限责任
C. 乙对其作为有限合伙人期间的企业债务承担无限连带责任
D. 乙对其作为有限合伙人期间的企业债务承担有限责任

【答案】AC
【解析】（1）选项AB：普通合伙人转变为有限合伙人的，对其作为普通合伙人期间合伙企业发生的债务承担无限连带责任；（2）选项CD：有限合伙人转变为普通合伙人的，对其作为有限合伙人期间有限合伙企业发生的债务承担无限连带责任。

【鑫考点4】合伙企业议事规则（总结）（★★★）（2007年案例分析题；2012年案例分析题；2015年单选题）

一、法定情形（包括但不限于）

1. 普通合伙企业

（1）普通合伙人以其财产份额出质的，必须经其他合伙人一致同意。

（2）普通合伙人绝对不得从事同本企业相竞争的业务。

（3）普通合伙企业的合伙协议绝对不得约定将全部利润分配给部分合伙人或者由部分合伙人承担全部亏损。

（4）国有独资公司、国有企业、上市公司及公益性的事业单位、社会团体不得成为普通合伙人。

2. 有限合伙企业

（1）有限合伙人不得以劳务出资。

（2）有限合伙企业由普通合伙人执行合伙事务，有限合伙人不执行合伙事务，不得对外代表有限合伙企业。

3. 两个"通知"

（1）普通合伙人之间转让在合伙企业中的全部或者部分财产份额时，应当通知其他合伙人。

（2）有限合伙人可以按照合伙协议的约定向合伙人以外的人转让其在有限合伙企业中的财产份额，但应当提前30日通知其他合伙人。

二、未约定→一致同意（包括但不限于）

（1）除合伙协议另有约定外，合伙企业的下列事项应当经全体合伙人一致同意：①改变合伙企业的名称；②改变合伙企业的经营范围、主要经营场所的地点；③处分合伙企业的不动产；④转让或者处分合伙企业的知识产权和其他财产权利；⑤以合伙企业名义为他人提供担保；⑥聘任合伙人以外的人担任合伙企业的经营管理人员。

（2）除合伙协议另有约定外，修改或者补充合伙协议，应当经全体合伙人一致同意。

（3）新合伙人入伙，除合伙协议另有约定外，应当经全体合伙人一致同意。

（4）除合伙协议另有约定外，普通合伙人转变为有限合伙人，或者有限合伙人转变为普通合伙人，应当经全体合伙人一致同意。

（5）除合伙协议另有约定外，普通合伙人向合伙人以外的人转让其在合伙企业中的全部或者部分财产份额时，须经其他合伙人一致同意。

三、未约定＋未法定

合伙协议未约定或者约定不明确、法律也没有特别规定时，实行合伙人一人一票并经全体合伙人过半数通过的表决办法。（2007年案例分析题；2012年案例分析题；2015年单选题）

【鑫考题·单选题】合伙企业举行合伙人会议表决对外投资事项，但合伙协议对该事项的表决办法未作约定。下列关于合伙企业表决办法的表述中，正确的是（　　）。（2015年）

A. 须持有过半数财产份额的合伙人同意

B. 须全体合伙人一致同意

C. 须过半数合伙人同意

D. 须2/3以上合伙人同意

【答案】C

【解析】合伙协议未约定或者约定不明确、法律也没有特别规定时,实行合伙人一人一票并经全体合伙人过半数通过的表决办法。

第四节　合伙企业解散与清算

【鑫考点1】合伙企业的解散（★）（2008年多选题）

（1）合伙期限届满,合伙人决定不再经营。
（2）合伙协议约定的解散事由出现。
（3）全体合伙人决定解散。
（4）合伙人已不具备法定人数满30天。
（5）合伙协议约定的合伙目的已经实现或者无法实现。
（6）依法被吊销营业执照、责令关闭或者被撤销。
（7）法律、行政法规规定的其他原因。
【总结】企业解散情形：不想干；不让干；干不了。

【鑫考点2】合伙企业的清算（★）（2016年单选题；2019年单选题；2020年单选题）

一、清算人

1. 自行清算
（1）清算人由全体合伙人担任。
（2）经全体合伙人过半数同意,可以自合伙企业解散事由出现后15日内指定一个或者数个合伙人,或者委托第三人,担任清算人。

2. 指定清算
自合伙企业解散事由出现之日起15日内未确定清算人的,合伙人或者其他利害关系人可以申请人民法院指定清算人。

二、清算人的职责

清算人在清算期间执行下列事务：
（1）清理合伙企业财产,分别编制资产负债表和财产清单。
（2）处理与清算有关的合伙企业未了结事务。
（3）清缴所欠税款。
（4）清理债权、债务。
（5）处理合伙企业清偿债务后的剩余财产。
（6）代表合伙企业参加诉讼或者仲裁活动。

三、通知与公告债权人

（1）清算人自被确定之日起10日内将合伙企业解散事项通知债权人,并于60日内在报纸上公告。

(2) 债权人应当自接到通知书之日起 30 日内，未接到通知书的自公告之日起 45 日内，向清算人申报债权。

四、财产清偿顺位

(1) 支付清算费用。

(2) 支付职工工资、社会保险费用、法定补偿金。

(3) 缴纳所欠税款。

(4) 清偿债务。

(5) 利润分配和亏损分担。

【提示】违反《合伙企业法》规定，应当承担民事赔偿责任和缴纳罚款、罚金，其财产不足以同时支付的，先承担民事赔偿责任。

五、不能清偿到期债务的处理

(1) 依法向人民法院提出破产清算申请。

(2) 要求普通合伙人清偿。

【提示】合伙企业依法被宣告破产的，普通合伙人对合伙企业的债务仍应承担无限连带责任。

【鑫考题1·单选题】根据合伙企业法律制度的规定，合伙企业解散清算时，企业财产首先应当清偿或支付的是（　　）。(2016 年)

A. 所欠税款　　　　　　　　　B. 所欠银行借款

C. 所欠职工工资　　　　　　　D. 清算费用

【答案】D

【解析】合伙企业清算时，其财产在支付清算费用和职工工资、社会保险费用、法定补偿金及缴纳所欠税款、清偿债务后的剩余财产，依照《合伙企业法》关于利润分配和亏损分担的规定进行分配。因此，合伙企业财产应首先支付清算费用。

【鑫考题2·单选题】根据合伙企业法律制度的规定，合伙企业清算时，企业财产在支付清算费用后，应当最先支付的是（　　）。(2019 年)

A. 法定补偿金　　B. 所欠税款　　C. 社会保险费用　　D. 职工工资

【答案】D

【解析】合伙企业的财产在支付清算费用后，清偿顺序依次为：支付职工工资；支付社会保险费用和法定补偿金；缴纳所欠税款；清偿债务。

【鑫考题3·单选题】根据合伙企业法律制度的规定，合伙企业解散的，应当进行清算。下列各项中，应当以合伙企业财产优先支付的是（　　）。(2020 年)

A. 清算费用　　B. 所欠税款　　C. 职工工资　　D. 所欠债务

【答案】A

第六章

公司法律制度

本章考点

在最近3年的考试中，本章的平均分值为13分，属于重点章节，各种题型均有考核，考生需要重点关注《公司法》与《证券法》相结合的案例分析题。本章复习难度较大，考生要过数字关，重点掌握股东出资制度、股东权利、股份有限公司（特别是上市公司）的有关规定。

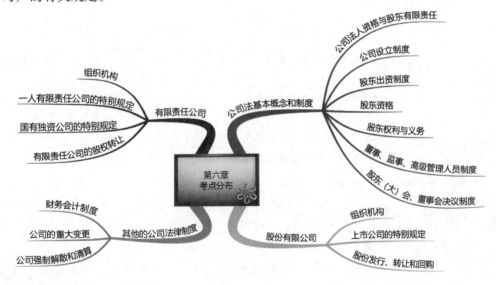

本章考情

其中1套试卷

题型	2018年	2019年	2020年
单选题	4题4分	4题4分	3题3分
多选题	2题3分	3题3分	2题3分
案例分析题	1题3问8分	1题2问6分	—
合计	7题15分	8题13分	5题6分

第一节 公司法律制度概述

【鑫考点1】公司法人资格与股东有限责任（★★★）（2007年单选题；2009年单选题；2011年案例分析题；2013年案例分析题；2015年单选题；2017年案例分析题）

一、对外投资的限制

决议	向其他企业投资，董事会或股东会（股东大会）决议
数额	公司章程对投资总额及单项数额有限额规定的，不得超过规定的限额（约定事项）
限制	公司可以向其他企业投资，除法律另有规定外，不得成为对所投资企业的债务承担连带责任的出资人

二、担保的限制

决议	为公司股东或实际控制人	股东会（股东大会）决议（2013年案例分析题）
		接受担保的股东或受实际控制人支配的股东，不得参加表决（2009年单选题）
		该项表决由出席会议的其他股东所持表决权的过半数（>1/2）通过（2007年单选题；2011年案例分析题）
	为他人	董事会或股东会（股东大会）决议
数额		公司章程对担保总额及单项担保数额有限额规定的，不得超过规定的限额（约定事项）

【提示1】有下列情形之一的，公司不得以其未依照《公司法》关于公司对外担保的规定作出决议为由主张不承担担保责任：

① 金融机构开立保函或者担保公司提供担保；

② 公司为其全资子公司开展经营活动提供担保；

③ 担保合同系由单独或者共同持有公司2/3以上对担保事项有表决权的股东签字同意。

上述第②项、第③项的规定不适用于上市公司对外提供担保。

【提示2】公司的法定代表人违反《公司法》关于公司对外担保决议程序的规定，超越权限代表公司与相对人订立担保合同：①相对人善意的，担保合同对公司发生效力，相对人有权请求公司承担担保责任；②相对人非善意的，担保合同对公司不发生效力，相对人请求公司承担赔偿责任的，参照主合同有效而担保合同无效的情形处理。

【解释】所谓善意，是指相对人在订立担保合同时不知道且不应当知道法定代表人超越权限。相对人有证据证明已对公司决议进行了合理审查的，应当认定其构成善意，但是公司有证据证明相对人知道或者应当知道决议系伪造、变造的除外。

【提示3】公司的分支机构未经公司股东（大）会或者董事会决议以自己的名义对外提供担保，相对人不得请求公司或者其分支机构承担担保责任，但是相对人不知道且不应当知道分支机构对外提供担保未经公司决议程序的除外。

三、借款的限制

1. 对外

根据《公司法》的规定，除非依公司章程的规定，经股东会、股东大会或者董事会的同意，公司董事、高级管理人员不得擅自将公司资金借贷给他人。

2. 对内

股份有限公司不得直接或者通过子公司向董事、监事、高级管理人员提供借款。（2013年案例分析题；2017年案例分析题）

【鑫考题1·单选题】某有限责任公司的股东会拟对公司为股东甲提供担保事项进行表决。下列有关该事项表决通过的表述中，符合公司法律制度规定的是（　　）。（2007年）

A. 该项表决由公司全体股东所持表决权的过半数通过
B. 该项表决由出席会议的股东所持表决权的过半数通过
C. 该项表决由除甲以外的股东所持表决权的过半数通过
D. 该项表决由出席会议的除甲以外的股东所持表决权的过半数通过

【答案】D

【解析】公司为股东或者实际控制人提供担保，该项表决由出席会议的其他股东所持表决权的过半数通过。

【鑫考题2·单选题】李某为甲股份有限公司的董事长。赵某为乙股份有限公司的董事长。甲公司持有乙公司60%的股份。甲、乙公司的下列行为中，《公司法》不予禁止的是（　　）。（2015年）

A. 乙公司向李某提供200万元购房借款
B. 甲公司向赵某提供200万元购房借款
C. 甲公司向李某提供200万元购房借款
D. 乙公司向赵某提供200万元购房借款

【答案】B

【解析】股份有限公司不得直接或者通过子公司向董事、监事、高级管理人员提供借款。

四、股东滥用法人独立地位和有限责任

（1）有限责任公司的股东以其认缴的出资额为限对公司承担责任；股份有限公司的股东以其认购的股份为限对公司承担责任。

（2）公司股东滥用公司法人独立地位和股东有限责任，逃避债务，严重损害公司债

权人利益的，应当对公司债务承担连带责任。

（3）一人有限责任公司的股东不能证明公司财产独立于股东自己的财产的，应当对公司债务承担连带责任。

【鑫考点 2】公司设立制度（★★）(2014 年单选题；2016 年多选题；2017 年单选题；2019 年单选题)

一、股份有限公司设立

1. 设立方式

（1）发起设立：由发起人认购公司应发行的全部股份。

（2）募集设立：由发起人认购公司应发行股份的一部分，其余股份向社会公开募集或向特定对象募集，其中发起人认购的股份不得少于公司股份总数的 35%。但法律、行政法规另有规定的，从其规定。

2. 设立条件

（1）发起人：2—200 人，半数以上发起人在中国境内有住所。

【解释】 发起人在中国境内有住所，是指中国公民以其户籍所在地为居住地或者经常居住地在中国境内；外国公民其经常居住地在中国境内；法人其主要办事机构所在地在中国境内。

（2）注册资本金。股份有限公司采取发起设立方式设立的，注册资本为在公司登记机关登记的全体发起人认购的股本总额。至于发起人何时缴纳出资，法律则没有任何规定，完全交由公司章程规定。

股份有限公司采取募集设立方式设立的，注册资本为在公司登记机关登记的实收股本总额。这意味着以募集设立方式设立的股份有限公司，股东必须在设立时缴纳全部出资。

3. 创立大会

（1）以募集设立方式设立股份有限公司的，发起人应当自股款缴足之日起 30 日内主持召开公司创立大会。

（2）创立大会应有代表股份总数过半数的发起人、认股人出席，方可举行。

【提示】 创立大会行使下列职权：① 审议发起人关于公司筹办情况的报告；② 通过公司章程；③ 选举董事会成员；④ 选举监事会成员；⑤ 对公司的设立费用进行审核；⑥ 对发起人用于抵作股款的财产的作价进行审核；⑦ 发生不可抗力或者经营条件发生重大变化直接影响公司设立的，可以作出不设立公司的决议。

（3）创立大会作出的相关决议必须经出席会议的认股人所持表决权过半数通过。

二、有限责任公司设立

1. 股东人数

50 人以下，允许设立一人有限责任公司。

【提示】股份有限公司的发起人为2—200人。

2. 公司章程

（1）设立有限责任公司必须由股东共同依法制定公司章程。

（2）一人有限责任公司章程由股东制定。

（3）国有独资公司章程由国有资产监督管理机构制定，或者由董事会制定，报国有资产监督管理机构批准。

【提示】公司章程对公司、股东、董事、监事、高级管理人员具有约束力。

三、公司设立阶段的债务

1. 合同之债

（1）发起人以自己的名义为设立公司之目的而与他人订立合同，合同相对人有权选择请求该发起人或者成立后的公司承担合同义务。

（2）发起人以设立中公司的名义与他人订立合同，公司成立后自动承担该合同义务。公司未成立，则单一发起人独自承担设立所产生的债务，发起人为数人的，连带承担债务。

【鑫考题1·多选题】甲、乙、丙、丁拟设立一家贸易公司，委派丙负责租赁仓库供公司使用，因公司尚未成立，丙以自己的名义与戊签订仓库租赁合同。根据公司法律制度的规定，下列关于仓库租赁合同义务承担的表述中，正确的有（　　）。（2016年）

A. 若贸易公司未能成立，戊可请求发起人承担合同义务

B. 贸易公司成立后，戊只能请求丙承担合同义务

C. 贸易公司成立后，戊只能请求贸易公司承担合同义务

D. 贸易公司成立后，戊可以请求贸易公司承担合同义务

【答案】AD

【解析】发起人以自己的名义为设立公司之目的而与他人订立合同，合同相对人有权选择请求该发起人或者成立后的公司承担合同义务。

【鑫考题2·单选题】甲、乙拟共同投资设立丙公司，约定由乙担任法定代表人。在公司设立过程中，甲以丙公司名义与丁公司签订房屋租赁合同。后丙公司因故未成立，尚欠丁公司房租20万元。根据公司法律制度的规定，下列关于该租金清偿责任的表述中，正确的是（　　）。（2019年）

A. 由甲承担全部责任

B. 由甲、乙依出资比例按股份承担责任

C. 由乙承担全部责任

D. 由甲、乙承担连带责任

【答案】D

【解析】发起人为设立公司以设立中公司的名义与他人订立合同，公司成立后自动承担该合同义务。公司未成立，则单一发起人独自承担设立所产生的债务，发起人为数

人的，连带承担债务。

2. 侵权之债（2017年单选题）

发起人如因设立公司而对他人造成损害的：

（1）公司成立后应自动承担该侵权责任。

（2）公司未成立的，受害人有权请求全体发起人承担连带赔偿责任。

（3）公司或者无过错的发起人承担赔偿责任后，可以向有过错的发起人追偿。

【鑫考题·单选题】甲、乙、丙三人拟设立一有限责任公司。在公司设立过程中，甲在搬运为公司购买的办公家具时，不慎将丁撞伤。根据公司法律制度的规定，下列关于对丁的侵权责任承担的表述中，正确的是（　　）。(2017年)

A. 若公司未成立，丁仅能请求甲承担该侵权责任

B. 若公司成立，则由公司自动承担该侵权责任

C. 若公司未成立，丁应先向甲请求赔偿，不足部分再由乙、丙承担

D. 无论公司是否成立，该侵权责任应由甲、乙、丙共同承担

【答案】B

【解析】发起人如因设立公司而对他人造成损害的，公司成立后应自动承担该侵权责任；公司未成立的，受害人有权请求全体发起人承担连带赔偿责任；公司或者无过错的发起人承担赔偿责任后，可以向有过错的发起人追偿。

3. 设立失败之债

《公司法》规定	公司不能成立时，发起人对设立行为所产生的债务和费用负连带责任；对认股人已缴纳的股款，发起人负返还股款并加算银行同期存款利息的连带责任
《公司法司法解释（三）》规定	债权人有权请求全体或者部分发起人对设立行为所产生的债务和费用承担连带清偿责任
	部分发起人承担责任后，请求其他发起人分担的（约定的责任承担比例→约定的出资比例→平均）
	因部分发起人的过错导致公司未成立，其他发起人主张其承担设立行为所产生的费用和债务的，人民法院应当根据过错情况，确定过错一方的责任范围

【鑫考点3】股东出资制度（★★★）（2012年单选题、多选题、案例分析题；2014年单选题、多选题；2017年单选题、案例分析题；2018年单选题；2019年单选题、多选题；2020年单选题）

一、出资方式

1. 可以出资的方式

可以用货币出资，也可以用实物、知识产权、土地使用权、股权、债权等可用货币估价并可依法转让的非货币财产作价出资。

【提示】根据《公司法司法解释（三）》，出资人以其他公司股权出资，符合下列条件的，人民法院应当认定出资人已履行出资义务：①出资的股权由出资人合法持有并依

法可以转让；②出资的股权无权利瑕疵或者权利负担；③出资人已履行关于股权转让的法定手续；④出资的股权已依法进行了价值评估。

2. 不得出资的方式

股东不得以劳务、信用、自然人姓名、商誉、特许经营权或者设定担保的财产等作价出资。

【提示】非货币财产出资：依法评估（资产评估机构或股东协商一致）；办理交付或权属变更手续；享有处分权。

【鑫考题·单选题】根据公司法律制度的规定，下列各项中，不得作为出资的是（　　）。(2018年)

A. 债权　　　　　B. 特许经营权　　　C. 股权　　　　　D. 知识产权

【答案】B

【解析】股东不得以劳务、信用、自然人姓名、商誉、特许经营权或者设定担保的财产等作价出资。

二、履行出资义务

1. 赃款出资

以贪污、受贿、侵占、挪用等违法犯罪所得的货币出资后取得股权的，对违法犯罪行为予以追究、处罚时，应当采取拍卖或者变卖的方式处置其股权。

2. 未评估作价（非货币财产）

（1）出资人以非货币财产出资，未依法评估作价，公司、其他股东或者公司债权人请求认定出资人未履行出资义务的，人民法院应当委托具有合法资格的评估机构对该财产评估作价。

（2）评估确定的价额显著低于公司章程所定价额的，人民法院应当认定出资人未依法全面履行出资义务。

（3）出资后因市场变化或其他客观因素导致出资财产贬值，公司、其他股东或者公司债权人则无权请求该出资人承担补足出资责任。当事人另有约定的除外。

3. 未交付或未办理权属变更手续

（1）公司、其他股东或者公司债权人主张认定出资人未履行出资义务的，人民法院应当责令当事人在指定的合理期间内办理权属变更手续；在前述期间内办理了权属变更手续的，人民法院应当认定其已经履行了出资义务；出资人主张自其实际交付财产给公司使用时享有相应股东权利的，人民法院应予支持。

（2）公司或者其他股东可以主张其向公司交付，并在实际交付之前不享有相应股东权利。

【鑫考题·单选题】甲有限责任公司成立于2017年1月5日。公司章程规定，股东乙以其名下的一套房产出资。乙于1月7日将房产交付公司，但未办理权属变更手续。5

月9日，股东丙诉至人民法院，要求乙履行出资义务。5月31日，人民法院责令乙于10日内办理权属变更手续。6月6日，乙完成办理权属变更手续。根据公司法律制度的规定，乙享有股东权利的起始日期是（　　）。(2017年)

　　A. 1月7日　　　　B. 1月5日　　　　C. 6月6日　　　　D. 5月31日

【答案】A

【解析】出资人以房屋、土地使用权或者需要办理权属登记的知识产权等财产出资，已经交付公司使用但未办理权属变更手续的，公司、其他股东或者公司债权人主张认定出资人未履行出资义务的，人民法院应当责令当事人在指定的合理期间内办理权属变更手续；在前述期间内办理了权属变更手续的，人民法院应当认定其已经履行了出资义务；出资人主张自其实际交付财产给公司使用时享有相应股东权利的，人民法院应予支持。

　　4. 以划拨或以设定权利负担的土地使用权出资

　　公司、其他股东或者公司债权人主张认定出资人未履行出资义务的，人民法院应当责令当事人在指定的合理期间内办理土地变更手续或者解除权利负担；逾期未办理或者未解除的，人民法院应当认定出资人未依法全面履行出资义务。

　　5. 以不享有处分权的财产出资

　　（1）公司取得该财产符合善意取得条件（公司受让时是善意的 + 以合理价格受让，即该财产经评估合理作价 + 转让的财产依法登记或交付给公司），该财产可以最终为公司所有。

　　（2）公司如果不符合善意取得条件，所有权人则有权取回该财产，此时应当认定出资人未履行出资义务。

【鑫考题·单选题】甲向乙借用一台机床。借用期间，未经乙同意，甲以所有权人名义，以该机床作为出资，与他人共同设立有限责任公司丙。公司其他股东对甲并非机床所有人的事实并不知情。乙发现上述情况后，要求返还机床。根据公司法律制度和物权法律制度的规定，下列表述中，正确的是（　　）。(2012年)

　　A. 甲出资无效，不能取得股东资格，乙有权要求返还机床
　　B. 甲出资无效，应以其他方式补足出资，乙有权要求返还机床
　　C. 甲出资有效，乙无权要求返还机床，但甲应向乙承担赔偿责任
　　D. 甲出资有效，乙无权要求返还机床，但丙公司应向乙承担赔偿责任

【答案】C

【解析】出资人甲以不享有处分权的机床出资，丙公司其他股东对此并不知情（丙公司善意），假定甲获得应得的股权且机床已经交付给丙公司使用，则丙公司有权主张善意取得该机床的所有权，相应地，甲的出资有效，乙无权要求返还机床，但可以向甲主张损害赔偿。

三、违反出资义务（未履行或未全面履行）的责任

1. 对该股东

公司或者其他股东可以请求其向公司依法全面履行出资义务。

【提示】有限责任公司成立后，股东未按章程规定缴纳出资的，除应当向公司足额缴纳外，还应当向已按期足额缴纳出资的股东承担违约责任。

2. 对发起人

公司成立后，如发现股东出资的实际价额低于章程所定价额，除该股东有责任补足差额外，公司设立时的其他股东（或发起人）还应承担连带责任。

3. 对董事、高级管理人员

股东在公司增资时未履行或者未全面履行出资义务，未尽《公司法》规定的忠实和勤勉义务的董事、高级管理人员承担相应责任的，董事、高级管理人员承担责任后，可以向被告股东追偿。

4. 对债权人

股东未履行或者未全面履行出资义务，公司债权人请求未履行或者未全面履行出资义务的股东在未出资本息范围内对公司债务不能清偿的部分承担补充赔偿责任的，人民法院应予支持。

【提示】依照上述规定提起诉讼的公司债权人，请求公司的发起人与被告股东承担连带责任的，人民法院应予支持；公司的发起人承担责任后，可以向被告股东追偿。

5. 对受让人

（1）有限责任公司的股东未履行或者未全面履行出资义务即转让股权，受让人对此知道或者应当知道，公司请求该股东履行出资义务、受让人对此承担连带责任的，人民法院应予支持。

（2）公司债权人依照上述规定向该股东提起诉讼，同时请求前述受让人对此承担连带责任的，人民法院应予支持。

（3）受让人根据前款规定承担责任后，向该未履行或者未全面履行出资义务的股东追偿的，人民法院应予支持。但是，当事人另有约定的除外。

【鑫考题·单选题】某有限责任公司的股东甲将其所持全部股权转让给该公司股东乙。乙受让该股权时，知悉甲尚有70%的出资款未按期缴付。下列关于甲不按规定出资责任的表述中，符合公司法律制度规定的是（　　）。(2012年)

A. 甲继续向公司承担足额缴纳出资的义务，乙对此不承担责任
B. 甲继续向公司承担足额缴纳出资的义务，乙对此承担连带责任
C. 乙代替甲向公司承担足额缴纳出资的义务，甲对此不再承担责任
D. 乙代替甲向公司承担足额缴纳出资的义务，甲对此承担补充清偿责任

【答案】B

【解析】有限责任公司的股东未履行或者未全面履行出资义务即转让股权，受让人

对此知道或者应当知道,公司请求该股东履行出资义务、受让人对此承担连带责任的,人民法院应予支持。

四、抽逃出资的责任(2012 年多选题;2014 年多选题;2017 年案例分析题;2019 年多选题)

1. 不得抽逃出资

公司成立后,股东不得抽逃出资。发行人、认股人缴纳股款或者交付抵作股款的出资后,除未按期募足股份、发起人未按期(30 日)召开创立大会或者创立大会决议不设立公司的情形外,不得抽回其股本。

【鑫考题·多选题】根据公司法律制度的规定,认股人缴纳出资后,有权要求返还出资的情形有( )。(2014 年)

A. 公司未按期募足股份　　　B. 发起人未按期召开创立大会
C. 创立大会决议不设立公司　D. 公司发起人抽逃出资,情节严重

【答案】ABC

【解析】根据《公司法》的规定,公司成立后,股东不得抽逃出资。发行人、认股人缴纳股款或者交付抵作股款的出资后,除未按期募足股份、发起人未按期召开创立大会或者创立大会决议不设立公司的情形外,不得抽回其股本。

2. 抽逃出资的形态

(1)通过虚构债权债务关系将其出资转出。
(2)制作虚假财务会计报表虚增利润进行分配。
(3)利用关联交易将出资转出。
(4)其他未经法定程序将出资抽回的行为。

3. 抽逃出资的民事责任

(1)公司或者其他股东可以请求其向公司返还出资本息、协助抽逃出资的其他股东、董事、高级管理人员或者实际控制人(不包括监事)对此承担连带责任。

(2)公司债权人可以请求抽逃出资的股东在抽逃出资本息范围内对公司债务不能清偿的部分承担补充赔偿责任、协助抽逃出资的其他股东、董事、高级管理人员或者实际控制人对此承担连带责任。(2017 年案例分析题)

【提示】当债权人已经提出此类请求,抽逃出资的股东已经在抽逃出资本息范围内承担上述责任后,其他债权人提出相同请求的,人民法院不予支持(该责任只能追究一次)。

【鑫考题1·多选题】根据公司法律制度的规定,公司于成立后以其相关股东的行为符合特定情形且损害公司权益为由,请求人民法院认定该股东抽逃出资的,人民法院应予支持。下列各项中,属于该特定情形的有( )。(2012 年)

A. 直接将公司等价出资额的设备搬回

B. 通过虚构债权债务关系将出资转出
C. 制作虚假财务会计报表虚增利润进行分配
D. 利用关联交易将出资转出

【答案】BCD

【解析】公司成立后，公司、股东或者公司债权人以相关股东的行为符合下列情形之一且损害公司权益为由，请求认定该股东抽逃出资的，人民法院应予支持：（1）通过虚构债权债务关系将其出资转出；（2）制作虚假财务会计报表虚增利润进行分配；（3）利用关联交易将出资转出；（4）其他未经法定程序将出资抽回的行为。

【鑫考题2·多选题】甲公司股东吴某抽逃出资。根据公司法律制度的规定，下列各项中，有资格对吴某提起向公司返还出资本息之诉的有（　　）。（2019年）

A. 甲公司
B. 甲公司其他股东
C. 甲公司董事会
D. 甲公司监事会

【答案】AB

【解析】对于抽逃出资的股东，公司或者其他股东可请求其向公司返还出资本息。

五、未履行和抽逃出资的其他相关责任

1. 股东权利合理限制

股东未履行或者未全面履行出资义务或者抽逃出资，公司根据公司章程或者股东会决议对其利润分配请求权、新股优先认购权、剩余财产分配请求权等股东权利作出相应的合理限制，该股东请求认定该限制无效的，人民法院不予支持。

2. 解除股东资格

有限责任公司的股东未履行出资义务或者抽逃全部出资，经公司催告缴纳或者返还，其在合理期间内仍未缴纳或者返还出资，公司以股东会决议解除该股东的股东资格，该股东请求确认该解除行为无效的，人民法院不予支持。

3. 不适用诉讼时效抗辩

（1）公司股东未履行或者未全面履行出资义务或者抽逃出资，公司或者其他股东请求其向公司全面履行出资义务或者返还出资，被告股东不得以诉讼时效为由进行抗辩。

（2）公司债权人的债权未过诉讼时效期间，其请求未履行或者未全面履行出资义务或者抽逃出资的股东承担赔偿责任，被告股东不得以出资义务或者返还出资义务超过诉讼时效期间为由进行抗辩。

【总结】未尽出资与抽逃出资。

	未尽出资	抽逃出资
该股东	补足出资本息	返还抽逃出资本息
发起人	连带责任（设立时股东＋不分善恶）	协助的股东——连带
董事、高管	增资＋未尽勤勉、忠实义务＋相应责任	协助的董事、高管——连带
实际控制人	—	协助的实际控制人——连带

	未尽出资	抽逃出资
第三人	转让股权＋知道或者应当知道＋连带（对公司、对债权人）＋追偿	—
债权人	在抽逃出资（未尽出资）本息范围内，对公司债务不能清偿的部分承担补充赔偿责任	

【鑫考题·单选题】甲有限责任公司的职工股东乙未履行出资义务，经公司催告在合理期间内仍拒绝缴纳。根据公司法律制度的规定，有权作出决议解除乙股东资格的公司机构是（　　）。（2020年）

A．监事会　　　　B．董事会　　　　C．股东会　　　　D．职工代表大会

【答案】C

【鑫考点4】股东资格（★★★）（2012年多选题、案例分析题；2013年多选题；2014年单选题；2017年单选题）

一、股东资格

（1）记载于股东名册的，可以依股东名册主张行使股东权利。

（2）未在公司登记机关登记的，不得对抗第三人。

二、名义股东与实际出资人

1．股权代持合同效力

（1）有限责任公司的实际出资人与名义出资人订立合同，约定由实际出资人出资并享有投资权益，以名义出资人为名义股东，实际出资人与名义股东对该合同效力发生争议的，如无法律规定的无效情形，人民法院应当认定该合同有效。

（2）实际出资人与名义股东因投资权益的归属发生争议，实际出资人以其实际履行了出资义务为由向名义股东主张权利的，人民法院应予支持。名义股东以公司股东名册记载、公司登记机关登记为由否认实际出资人权利的，人民法院不予支持。（2012年案例分析题）

2．实际出资人转为公司股东

实际出资人未经公司其他股东半数以上同意，请求公司变更股东、签发出资证明书、记载于股东名册、记载于公司章程并办理公司登记机关登记的，人民法院不予支持。（2012年案例分析题）

3．名义股东转让所代持股权

名义股东将登记于其名下的股权转让、质押或者以其他方式处分，实际出资人以其对于股权享有实际权利为由，请求认定处分股权行为无效的，第三人有权依法主张善意取得该股权。

【提示】名义股东处分股权造成实际出资人损失，实际出资人请求名义股东承担赔偿责任的，人民法院应予支持。

4. 名义股东的出资责任

公司债权人以登记于公司登记机关的股东（名义股东）未履行出资义务为由，请求其对公司债务不能清偿的部分在未出资本息范围内承担补充赔偿责任，股东以其仅为名义股东而非实际出资人为由进行抗辩的，人民法院不予支持。

【提示】名义股东在承担相应的赔偿责任后，向实际出资人追偿的，人民法院应予支持。

5. 被冒名登记为名义股东

未经他人同意，冒用他人名义出资并将该他人作为股东在公司登记机关登记的，冒名登记行为人应当承担相应责任，被冒名者并不需要承担任何责任。

【鑫考题1·多选题】甲、乙双方订立协议，由甲作为名义股东，代为持有乙在丙有限责任公司的股权，但投资收益由实际投资人乙享有。协议并无其他违法情形。后甲未经乙同意，将其代持的部分股权，以合理价格转让给丙公司的股东丁，丁对甲只是名义股东的事实并不知情。根据公司法律制度的规定，下列表述中，正确的有（　　）。(2012年)

A. 甲、乙之间的股权代持协议无效

B. 甲、乙之间的股权代持协议有效

C. 若乙反对甲、丁之间的股权转让，则丁不能取得甲所转让的股权

D. 即使乙反对甲、丁之间的股权转让，丁亦合法取得甲所转让的股权

【答案】BD

【解析】(1) 选项AB：实际出资人与名义出资人订立合同，约定由实际出资人出资并享有投资权益，以名义出资人为名义股东，实际出资人与名义股东对该合同效力发生争议的，如无《合同法》第52条规定的无效情形，人民法院应当认定该合同有效。(2) 选项CD：名义股东将登记于其名下的股权转让、质押或者以其他方式处分，只要受让方构成善意取得，交易的股权可以最终为其所有；但名义股东处分股权造成实际出资人损失，实际出资人请求名义股东承担赔偿责任的，人民法院应予支持。

【鑫考题2·单选题】根据公司法律制度的规定，在名义股东与实际出资人之间确定投资权益的归属时，应当依据（　　）。(2014年)

A. 股东名册的记载

B. 其他股东的过半数意见

C. 名义股东与实际出资人之间的合同约定

D. 公司登记机关的登记

【答案】C

【解析】实际出资人与名义出资人订立合同，约定由实际出资人出资并享有投资权益，以名义出资人为名义股东，实际出资人与名义股东对该合同效力发生争议的，如无法律规定的无效情形，人民法院应当认定该合同有效，实际出资人可依照合同约定向名义股东主张相关权益。

【鑫考题3·单选题】甲盗用乙的身份证,以乙的名义向丙公司出资。乙被记载于丙公司股东名册,并进行了工商登记,但直至出资期限届满仍未履行出资义务。根据公司法律制度的规定,下列关于出资责任承担的表述中,正确的是(　　)。(2017年)

A. 乙承担出资责任

B. 甲承担出资责任

C. 乙首先承担出资责任,不足部分再由甲补足

D. 甲、乙对出资承担连带责任

【答案】B

【解析】冒用他人名义出资并将该他人作为股东在公司登记机关登记的,冒名登记行为人应当承担相应责任;公司、其他股东或者公司债权人以未履行出资义务为由,请求被冒名登记的股东承担补足出资责任或者对公司债务不能清偿部分的赔偿责任的,人民法院不予支持。

【鑫考点5】股东权利与义务(★★★)(2008年案例分析题;2009年多选题、案例分析题;2011年案例分析题;2012年案例分析题;2013年案例分析题;2015年单选题、案例分析题;2016年单选题、多选题、案例分析题;2017年案例分析题;2018年单选题、多选题、案例分析题;2019年多选题;2020年单选题、多选题)

【提示】股东权利分类。

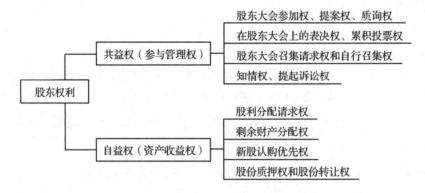

一、查阅权

1. 查阅内容

(1) 有限责任公司的股东有权查阅、复制公司章程、股东会会议记录、董事会会议决议、监事会会议决议和财务会计报告。股东可以要求查阅公司会计账簿。

(2) 股份有限公司的股东有权查阅公司章程、股东名册、公司债券存根、股东大会会议记录、董事会会议决议、监事会会议决议、财务会计报告。

【提示】公司章程或者股东之间的协议可以对查阅范围、方式等作出规定,但不得实质性剥夺股东以《公司法》享有的查阅权。

2. 查阅要求

(1) 提出查阅请求者应当具备股东资格。股东依据《公司法》或者公司章程的规

定,起诉请求查阅或者复制公司特定文件材料的,人民法院应当依法予以受理。公司有证据证明前款规定的原告在起诉时不具有公司股东资格的,人民法院应当驳回起诉,但原告有初步证据证明在持股期间其合法权益受到损害,请求依法查阅或者复制其持股期间的公司特定文件材料的除外。

(2)查阅账簿的要求。有限责任公司的股东要求查阅公司会计账簿的,应当向公司提出书面请求,说明目的。公司有合理根据认为股东查阅会计账簿有不正当目的,可能损害公司合法利益的,可以拒绝提供查阅,并应当自股东提出书面请求之日起15日内书面答复股东并说明理由。

【解释】《公司法司法解释(四)》关于"不正当目的"的认定。

有限责任公司有证据证明股东存在下列情形之一的,人民法院应当认定股东有"不正当目的":

① 股东自营或者为他人经营与公司主营业务有实质性竞争关系业务的,但公司章程另有规定或者全体股东另有约定的除外;

② 股东为了向他人通报有关信息查阅公司会计账簿,可能损害公司合法利益的;

③ 股东在向公司提出查阅请求之日前的3年内,曾通过查阅公司会计账簿,向他人通报有关信息损害公司合法利益的;

④ 股东有不正当目的的其他情形。

3. 查阅权行使

(1)人民法院审理股东请求查阅或者复制公司特定文件材料的案件,对原告诉讼请求予以支持的,应当在判决中明确查阅或者复制公司特定文件材料的时间、地点和特定文件材料的名录。

(2)股东依据人民法院生效判决查阅公司文件材料的,在该股东在场的情况下,可以由会计师、律师等依法或者依据执业行为规范负有保密义务的中介机构执业人员辅助进行。

(3)公司董事、高级管理人员有义务依法制作、保存公司资料。如果公司董事、高级管理人员未依法履行职责,导致公司未依法制作或保存股东有权查阅的资料,造成股东损失的,应承担赔偿责任。

(4)股东行使查阅权后泄露公司商业秘密导致公司合法利益受到损害,公司请求该股东赔偿相关损失的,人民法院应当予以支持。辅助股东查阅公司文件材料的会计师、律师等泄露公司商业秘密导致公司合法利益受到损害,公司请求其赔偿相关损失的,人民法院应当予以支持。

【鑫考题1·多选题】甲为一有限责任公司的小股东,不参与公司经营管理。根据公司法律制度的规定,下列文件中,甲有权查阅和复制的有(   )。(2009年)

A. 股东会会议记录 B. 财务会计报告
C. 公司会计账簿   D. 公司章程

【答案】ABD

【解析】（1）选项ABD：有限责任公司的股东有权查阅、复制公司章程、股东会会议记录、董事会会议决议、监事会会议决议和财务会计报告；（2）选项C：股东可以要求查阅公司会计账簿，但无权复制。

【鑫考题2·多选题】根据公司法律制度的规定，股份有限公司的下列文件中，股东有权查阅的有（　　）。（2016年）

A. 公司债券存根　　　　　　B. 股东名册
C. 董事会会议决议　　　　　D. 公司会计账簿

【答案】ABC

【解析】股份有限公司的股东有权查阅公司章程、股东名册、公司债券存根、股东大会会议记录、董事会会议决议、监事会会议决议、财务会计报告。

【鑫考题3·多选题】根据公司法律制度的规定，下列各项中，股份有限公司的所有股东均有权查阅的有（　　）。（2019年）

A. 股东名册　　　　　　　　B. 股东大会会议记录
C. 董事会会议记录　　　　　D. 监事会会议记录

【答案】AB

【解析】股份有限公司的股东有权查阅公司章程、股东名册、公司债券存根、股东大会会议记录、董事会会议决议、监事会会议决议、财务会计报告。

二、增资优先认缴权

（1）有限责任公司新增资本时，股东有权优先于股东以外的人，按照实缴的出资比例认缴出资。但是，全体股东约定不按照出资比例优先认缴出资的除外。

【提示】在股份有限公司中，股东并不当然享有新股优先认购权，除非股东大会在发行新股时通过向原股东配售新股的决议。

【相关链接】有限责任公司的股东按照出资比例行使表决权，但公司章程另有规定的除外。

（2）增资优先认缴权的行使条件是，公司决定接受外部投资者认缴出资而新增注册资本，因此公司吸收合并导致其注册资本增加的情况下，原有股东不享有增资优先认缴权。

（3）在具备行使该项权利条件的前提下，股东应当在公司形成增资决议的过程中，向公司作出明确且合格的行使增资优先认缴权的意思表示；增资优先认缴权性质上属于形成权，股东作出意思表示后即与公司形成认缴出资的合意。

（4）股东可以放弃行使自己的增资优先认缴权，其放弃的认缴份额并不当然成为其他股东行使增资优先认缴权的对象。

（5）增资优先认缴权可以在公司原股东之间自由转让，但不得转让给股东以外的人。

【鑫考题·多选题】根据公司法律制度的规定，下列关于有限责任公司股东增资优先认缴权的表述中，正确的有（   ）。（2020年）

A. 股东的优先认缴权只能依其实缴出资比例行使
B. 股东享有优先认缴权须以公司决议为前提
C. 股东可以放弃优先认缴权
D. 股东可以将其优先认缴权转让给其他股东

【答案】CD

【解析】（1）选项A：有限责任公司新增资本时，股东有权优先按照实缴的出资比例认缴出资。但是，全体股东可以事先约定不按照出资比例优先认缴出资。（2）选项B：有限责任公司股东的优先认缴权是法定权利，认购数额以其实缴出资比例为准，除非全体股东约定其他认购比例。（3）选项C：股东可以放弃行使自己的增资优先认缴权，其放弃的认缴份额并不当然成为其他股东行使增资优先认缴权的对象。（4）选项D：增资优先认缴权可以在公司原股东之间自由转让，但不得转让给股东以外的人。

三、股利分配请求权

1. 分配规则

（1）有限责任公司的股东按照实缴的出资比例分取红利，但全体股东约定不按照出资比例分取红利的除外。

（2）股份有限公司分配利润，按照股东持有的股份比例分配，但股份有限公司章程规定不按照持股比例分配的除外。

2. 股利分配诉讼（《公司法司法解释（四）》）

（1）股东请求公司分配利润的案件，应当列公司为被告。

【提示】一审法庭辩论终结前，其他股东基于同一分配方案请求分配利润并申请参加诉讼的，应当列为共同原告。

（2）股东提交载明具体分配方案的股东会或者股东大会的有效决议，请求公司分配利润，公司拒绝分配利润且其关于无法执行决议的抗辩理由不成立的，人民法院应当判决公司按照决议载明的具体分配方案向股东分配利润。

（3）股东未提交载明具体分配方案的股东会或者股东大会决议，请求公司分配利润的，人民法院应当驳回其诉讼请求，但违反法律规定滥用股东权利导致公司不分配利润，给其他股东造成损失的除外。

3. 公司实施利润分配决议的时间（《公司法司法解释（五）》）

（1）分配利润的股东会或者股东大会决议作出后，公司应当在决议载明的时间内完成利润分配。

（2）决议没有载明时间的，以公司章程规定的为准。

（3）决议、章程中均未规定时间或者时间超过1年的，公司应当自决议作出之日起1年内完成利润分配。

（4）决议中载明的利润分配完成时间超过公司章程规定时间的，股东可以依法请求人民法院撤销决议中关于该时间的规定。

【解释1】利润分配完成时限的原则：分配方案中有规定的，以分配方案为准；分配方案中没有规定的，以公司章程为准；分配方案和公司章程中均没有规定，或者有规定但时限超过1年的，则应当在1年内分配完毕。鉴于公司一般计算年度利润，故作出利润分配决议后，要在1年内完成分配，这一时间符合实际做法。

【解释2】如果具体分配方案中载明的分配时间超过了公司章程的规定，股东可能更希望按照公司章程规定的时间进行分配。这属于公司决议内容违反公司章程规定，符合决议可撤销情形，股东有权依法起诉撤销该决议中关于分配时间的部分。分配时间被撤销后，则应当依照公司章程的规定进行分配。

【鑫考题1·单选题】2014年1月，自然人甲和乙设立丙有限责任公司，双方约定甲出资4万元，乙出资2万元，对盈余分配无特别约定，截至2014年年底，甲实际缴付出资1万元，乙足额缴付出资，公司拟分配盈余9万元。根据公司法律制度的规定，甲可以分得的盈余是（　　）。(2015年)

A. 6万元　　　　B. 3万元　　　　C. 4.5万元　　　　D. 1.5万元

【答案】B

【解析】有限责任公司的股东按照实缴的出资比例分取红利；但是，全体股东可以事先约定不按照出资比例分取红利。在本题中，公司未事先约定，则按照实缴的出资比例分取红利，甲可以分得9万元的1/3，即3万元。

【鑫考题2·单选题】根据公司法律制度的规定，在股东起诉请求公司分配利润的案件中，应当列为被告的是（　　）。(2018年)

A. 公司　　　　　　　　　　B. 反对分配利润的董事
C. 反对分配利润的股东　　　D. 公司及反对分配利润的股东

【答案】A

【解析】股东起诉请求公司分配利润的案件，应当列公司为被告。

【鑫考题3·单选题】甲有限责任公司的股东乙起诉公司请求分配利润。该公司另一股东丙得知后，在一审法庭辩论终结前，基于同一分配方案也提出分配利润的请求并申请参加诉讼。根据公司法律制度的规定，丙在本案中的诉讼地位是（　　）。(2020年)

A. 共同被告　　　　　　　　B. 共同原告
C. 无独立请求权的第三人　　D. 有独立请求权的第三人

【答案】B

【解析】一审法庭辩论终结前，其他股东基于同一分配方案请求分配利润并申请参加诉讼的，应当列为共同原告。

【鑫考题4·单选题】根据公司法律制度的规定，股东会或者股东大会作出利润分配的决议后，公司完成利润分配的最长时限是（　　）。(2020年)

A. 自利润分配决议作出之日起 3 个月
B. 自利润分配决议作出之日起 6 个月
C. 自利润分配决议作出之日起 12 个月
D. 自利润分配决议作出之日起 18 个月

【答案】C

【解析】分配利润的股东会或者股东大会决议作出后，公司应当在决议载明的时间内完成利润分配。决议没有载明时间的，以公司章程规定的为准。决议、章程中均未规定时间或者时间超过 1 年的，公司应当自决议作出之日起 1 年内完成利润分配。

四、异议股东回购请求权

【解释】股东（大）会作出对股东权益产生重大和实质性影响的决议时，对该决议有异议的股东，有权要求公司以公平的价格回购其所持出资额或者股份，从而退出公司。

1. 有限责任公司

有限责任公司的股东在出现以下情形之一时，对股东会决议投反对票的股东，可以请求公司按照合理的价格收购其股权：

（1）公司连续 5 年不向股东分配利润，而该公司 5 年连续盈利，并且符合法律规定的分配利润条件的。

（2）公司合并、分立、转让主要财产的。

（3）公司章程规定的营业期限届满或者章程规定的其他解散事由出现，股东会会议通过决议修改章程使公司存续的。

2. 股份有限公司

仅限于对股东大会作出的公司合并、分立决议持有异议。（2009 年案例分析题；2012 年案例分析题；2015 年案例分析题；2018 年案例分析题）

五、股东代表诉讼（2011 年案例分析题；2013 年案例分析题；2015 年案例分析题；2016 年案例分析题；2017 年案例分析题；2018 年单选题）

1. 股东通过监事会或者监事提起诉讼

公司董事、高级管理人员执行公司职务时违反法律、行政法规或者公司章程的规定，给公司造成损失的，有限责任公司的股东、股份有限公司连续 180 日以上单独或者合计持有公司 1% 以上股份的股东，可以书面请求监事会或者不设监事会的有限责任公司的监事向人民法院提起诉讼。

【提示】监事会或者不设监事会的有限责任公司的监事对董事、高级管理人员提起诉讼的，应当列公司为原告，依法由监事会主席或者不设监事会的有限责任公司的监事代表公司进行诉讼。

2. 股东通过董事会或者董事提起诉讼

监事执行公司职务时违反法律、行政法规或者公司章程的规定，给公司造成损失的，有限责任公司的股东、股份有限公司连续 180 日以上单独或者合计持有公司 1% 以上股份的股东,可以书面请求董事会或者不设董事会的有限责任公司的执行董事向人民法院提起诉讼。

【提示】董事会或者不设董事会的有限责任公司的执行董事对监事或者对他人提起诉讼的,应当列公司为原告,依法由董事长或者不设董事会的有限责任公司的执行董事代表公司进行诉讼。

3. 股东对他人给公司造成损失的行为提起诉讼

公司董事、监事、高级管理人员以外的他人侵犯公司合法权益,给公司造成损失的,有限责任公司的股东、股份有限公司连续180日以上单独或者合计持有公司1%以上股份的股东,可以书面请求监事会或者监事、董事会或者执行董事向人民法院提起诉讼。

4. 股东直接提起诉讼

监事会、不设监事会的有限责任公司的监事,或者董事会、执行董事收到上述股东的书面请求后拒绝提起诉讼或者自收到请求之日起30日内未提起诉讼,或者情况紧急、不立即提起诉讼将会使公司利益受到难以弥补的损害的,有限责任公司的股东、股份有限公司连续180日以上单独或者合计持有公司1%以上股份的股东,有权为了公司的利益以自己的名义直接向人民法院提起诉讼。

【提示1】股东依据《公司法》规定直接提起诉讼的案件,胜诉利益归属于公司。股东请求被告直接向其承担民事责任的,人民法院不予支持。(《公司法司法解释(四)》)

【提示2】股东依据《公司法》规定直接提起诉讼的案件,其诉讼请求部分或者全部得到人民法院支持的,公司应当承担股东因参加诉讼支付的合理费用。(《公司法司法解释(四)》)

【提示3】公司董事、高级管理人员违反法律、行政法规或者公司章程的规定,损害股东利益的,股东可以(直接作为原告)依法向人民法院提起诉讼。(2008年案例分析题)

5. 关联交易损害公司利益之诉(《公司法司法解释(五)》)

(1)《公司法》第21条规定:公司的控股股东、实际控制人、董事、监事、高级管理人员不得利用其关联关系损害公司利益。违反前款规定,给公司造成损失的,应当承担赔偿责任。

【解释】《公司法》规定:关联关系是指公司控股股东、实际控制人、董事、监事、高级管理人员与其直接或者间接控制的企业之间的关系,以及可能导致公司利益转移的其他关系;但是,国家控股的企业之间不因为同受国家控股而具有关联关系。

(2)如果公司的控股股东、实际控制人、董事、监事、高级管理人员通过关联交易损害公司利益,原告公司请求控股股东、实际控制人、董事、监事、高级管理人员赔偿所造成的损失,被告仅以该交易已经履行了信息披露、经股东会或者股东大会同意等法律、行政法规或公司章程规定的程序为由抗辩的,人民法院不予支持。

【解释】关联交易损害公司利益的,履行法定程序不能豁免赔偿责任。

(3)公司怠于提起上述损害赔偿之诉的,股东有权提起代表诉讼。

(4)上述损害利益的关联交易合同,如果存在无效或者可撤销的情形,而公司又没有起诉合同相对方的,股东有权提起代表诉讼。

【解释】有限责任公司的股东、股份有限公司连续180日以上单独或者合计持有公司1%以上股份的股东可以书面请求监事会或者监事、董事会或者执行董事向人民法院提起诉讼。监事会、不设监事会的有限责任公司的监事，或者董事会、执行董事收到上述股东的书面请求后拒绝提起诉讼或者自收到请求之日起30日内未提起诉讼，或者情况紧急、不立即提起诉讼将会使公司利益受到难以弥补的损害的，该股东有权为了公司的利益以自己的名义直接向人民法院提起诉讼。

【鑫考题1·单选题】某有限责任公司有甲、乙、丙三名股东。甲、乙各持8%的股权，丙持84%的股权。丙任执行董事，乙任监事。甲发现丙将公司资产以极低价格转让给其妻开办的公司，严重损害了本公司利益，遂书面请求乙对丙提起诉讼。乙碍于情面予以拒绝。根据公司法律制度的规定，下列表述中，正确的是（　　）。(2016年)

A. 甲可以提议召开临时股东会，要求丙对相关事项作出说明
B. 甲可以以自己的名义对丙提起诉讼，要求其赔偿公司损失
C. 甲可以以公司内部监督机制失灵、公司和股东利益严重受损为由，请求人民法院判决解散公司
D. 甲可以请求公司以合理价格收购其股权，从而退出公司

【答案】B

【解析】(1) 选项AC：均要求股东持有表决权在10%以上；(2) 选项D：不符合异议股东回购请求权的情形。

【鑫考题2·单选题】某有限责任公司股东甲、乙、丙的持股比例分别为9%、9%和82%。公司未设监事会，乙任监事，丙任执行董事。甲发现丙擅自将公司资产以低于市价转让给其妻，严重损害公司利益，遂书面请求乙对丙提起诉讼。乙碍于情面，未提起诉讼。甲的下列行为中，符合公司法律制度规定的是（　　）。(2018年)

A. 以自己的名义对丙提起诉讼，要求其赔偿公司损失
B. 提议召开临时股东会，要求丙对相关事项作出说明
C. 请求公司以合理价格收购其股权，从而退出公司
D. 以公司监督机构失灵、公司和股东利益受到严重损害为由，请求人民法院解散公司

【答案】A

六、股东义务（2018年多选题）

股东义务主要有以下三个方面：
(1) 出资义务，即按照法律和公司章程的规定，向公司按期足额缴纳出资。
(2) 善意行使股东权利的义务。《公司法》规定：公司股东应当遵守法律、行政法规和公司章程，依法行使股东权利，不得滥用股东权利损害公司或者其他股东的利益。
(3) 公司出现解散事由后，股东有组织清算的义务。

【鑫考题·多选题】根据公司法律制度的规定，下列各项中，属于有限责任公司股

东义务的有（　　）。(2018年)

A. 经营管理公司的义务

B. 善意行使股权的义务

C. 出资义务

D. 公司出现解散事由后，组织清算的义务

【答案】BCD

【鑫考点6】董事、监事、高级管理人员制度（★★★）（2005年多选题；2013年案例分析题；2015年单选题；2017年案例分析题）

一、高级管理人员的界定

高级管理人员，是指公司的：

（1）经理。

（2）副经理。

（3）财务负责人。

（4）上市公司董事会秘书。

（5）公司章程规定的其他人员。

二、董事、监事、高级管理人员的任职资格

有下列情形之一的，不得担任公司的董事、监事、高级管理人员：

（1）无民事行为能力或者限制民事行为能力。

（2）个人所负数额较大的债务到期未清偿。

（3）因贪污、贿赂、侵占财产、挪用财产或者破坏社会主义市场经济秩序，被判处刑罚，执行期满未逾5年，或者因犯罪被剥夺政治权利，执行期满未逾5年。

【提示】处被剥夺政治权利，不看罪行类别，一律5年；未处被剥夺政治权利，看是否属经济类犯罪。

（4）担任破产清算的公司、企业的董事或者厂长、经理，对该公司、企业的破产负有个人责任的，自该公司、企业破产清算完结之日起未逾3年。

（5）担任因违法被吊销营业执照、责令关闭的公司、企业的法定代表人，并负有个人责任的，自该公司、企业被吊销营业执照之日起未逾3年。

【鑫考题·单选题】甲股份有限公司2018年1月召开股东大会，选举公司董事。根据公司法律制度的规定，下列人员中，不得担任该公司董事的是（　　）。

A. 张某，因盗窃被判处刑罚，执行期满已逾3年

B. 李某，因犯罪被剥夺政治权利3年，5年前出狱

C. 吴某，原系乙有限责任公司董事长，因其个人责任导致该公司破产，清算完结已逾3年

D. 杨某，原系丙有限责任公司法定代表人，因其个人责任导致该公司被吊销营业执照已逾5年

【答案】B

【解析】选项AB：因贪污、贿赂、侵占财产、挪用财产或者破坏社会主义市场经济秩序，被判处刑罚，执行期满未逾5年，或者因犯罪被剥夺政治权利，执行期满未逾5年的，不得担任公司的董事、监事、高级管理人员。

三、董事、监事、高级管理人员的义务

1. 忠实义务

公司董事、监事、高级管理人员不得利用其关联关系损害公司利益，违反该规定给公司造成损失的，应当承担赔偿责任。董事、高级管理人员不得有下列行为：

（1）挪用公司资金。

（2）将公司资金以其个人名义或者以其他个人名义开立账户存储。

（3）违反公司章程的规定，未经股东会、股东大会或者董事会同意，将公司资金借贷给他人或者以公司财产为他人提供担保。

（4）违反公司章程的规定或者未经股东会、股东大会同意，与本公司订立合同或者进行交易。

（5）未经股东会或者股东大会同意，利用职务便利为自己或者他人谋取属于公司的商业机会，自营或者为他人经营与所任职公司同类的业务。

（6）接受他人与公司交易的佣金归为己有。

（7）擅自披露公司秘密。

（8）违反对公司忠实义务的其他行为。

【提示】违反上述规定的处理：①所得收入应当归公司所有；②给公司造成损失的，应当承担赔偿责任。

2. 勤勉义务（2017年案例分析题）

《公司法》对于勤勉义务的规定只是提出了原则性要求，并无具体规定。

【鑫考题1·多选题】某有限责任公司的董事李某拟将其所有的一套商住两用房屋以略低于市场价格的条件卖给公司作为办公用房。根据公司法律制度的规定，下列表述中，正确的有（　　）。（2005年）

A. 该交易在获得公司监事会批准后可以进行

B. 该交易在获得公司董事会批准后可以进行

C. 该交易在获得公司股东会批准后可以进行

D. 如果公司章程中规定允许此种交易，该交易可以进行

【答案】CD

【鑫考题2·单选题】根据公司法律制度的规定，公司董事的下列行为中，涉嫌违反勤勉义务的是（　　）。（2015年）

A. 擅自披露公司商业秘密

B. 将公司资金以个人名义开立账户存储

C. 无正当理由长期不出席董事会会议
D. 篡夺公司商业机会

【答案】C

【鑫考点7】股东（大）会、董事会决议制度（★★★）（2016年单选题；2017年多选题；2018年单选题、案例分析题；2019年单选题、多选题、案例分析题）

一、决议不成立、无效、可撤销情形

1. 决议不成立情形

股东会或者股东大会、董事会决议存在下列情形之一，当事人主张决议不成立的，人民法院应当予以支持：

（1）公司未召开会议的，但依据《公司法》或者公司章程规定可以不召开股东会或者股东大会而直接作出决定，并由全体股东在决定文件上签名、盖章的除外。

（2）会议未对决议事项进行表决的。

（3）出席会议的人数或者股东所持表决权不符合《公司法》或者公司章程规定的。

（4）会议的表决结果未达到《公司法》或者公司章程规定的通过比例的。

（5）导致决议不成立的其他情形。

2. 决议撤销或无效情形

股东（大）会、董事会	违反法律、行政法规	违反公司章程
决议内容	无效	可撤销
召集程序、表决方式	可撤销	可撤销

【提示】股东会或者股东大会、董事会的会议召集程序、表决方式违反法律、行政法规或者公司章程，或者决议内容违反公司章程的，股东可以自决议作出之日起60日内（除斥期间），请求人民法院撤销，人民法院应当予以支持，但会议召集程序或者表决方式仅有轻微瑕疵，且对决议未产生实质影响的，人民法院不予支持。（2018年案例分析题；2019年案例分析题）

二、决议不成立、无效之诉

1. 原告

（1）有资格提起决议不成立、无效之诉的人包括公司股东、董事、监事等。

【提示】根据《民事诉讼法》的规定，原告应与诉讼争议有直接利害关系。因此，除股东、董事、监事外，公司高级管理人员、员工甚至公司债权人，如能证明其与所诉决议有直接利害关系，则也应当承认他们具有提起公司决议不成立、无效之诉的资格。

（2）依据《公司法》规定请求撤销股东会或者股东大会、董事会决议的原告，应当在起诉时具有公司股东资格。

2. 被告

原告请求确认股东会或者股东大会、董事会决议不成立、无效或者撤销决议的案件，

应当列公司为被告。对决议涉及的其他利害关系人，可以依法列为第三人。

3. 不得对抗善意第三人

股东会或者股东大会、董事会决议被人民法院判决确认无效或者撤销的，公司依据该决议与善意相对人形成的民事法律关系不受影响。

【鑫考题1·单选题】某股份有限公司董事会有9名董事。该公司召开董事会会议，甲、乙、丙、丁、戊5名董事出席，其余4名董事缺席。会议表决前，丁因故提前退席，亦未委托他人代为表决。会议最终由4名董事一致作出一项决议。根据公司法律制度的规定，下列关于该决议法律效力的表述中，正确的是（　　）。(2016年)

A. 有效　　　　B. 无效　　　　C. 可撤销　　　　D. 未成立

【答案】D

【解析】董事会作出决议必须经全体董事的过半数通过。董事会的表决结果未达到《公司法》或者公司章程规定的通过比例的，当事人主张决议不成立的，人民法院应当予以支持。

【鑫考题2·单选题】某有限责任公司有甲、乙两名股东，分别持有70%和30%的股权。2018年3月，乙发现，该公司基于股东会2017年2月作出的增资决议增加了注册资本，乙的持股比例被稀释。经查，该公司2017年2月并未召开股东会作出增资决议。根据公司法律制度的规定，如果乙拟提起诉讼推翻增资决议，其诉讼请求应当是（　　）。(2018年)

A. 撤销决议　　　　　　　　B. 确认决议不成立
C. 确认决议无效　　　　　　D. 确认决议效力待定

【答案】B

【解析】股东（大）会、董事会决议存在下列情形之一，当事人主张决议不成立的，人民法院应当予以支持：(1) 公司未召开会议的，但依据《公司法》或者公司章程规定可以不召开股东（大）会而直接作出决定，并由全体股东在决定文件上签名、盖章的除外；(2) 会议未对决议事项进行表决的；(3) 出席会议的人数或者股东所持表决权不符合《公司法》或者公司章程规定的；(4) 会议的表决结果未达到《公司法》或者公司章程规定的通过比例的；(5) 导致决议不成立的其他情形。

【鑫考题3·单选题】根据公司法律制度的规定，确认董事会决议无效之诉的被告是（　　）。(2019年)

A. 公司　　　　　　　　B. 对该决议投赞成票的董事
C. 董事会　　　　　　　D. 出席会议的董事

【答案】A

【解析】原告请求确认股东（大）会、董事会决议不成立、无效或者撤销决议的案件，应当列公司为被告。

【鑫考题4·多选题】根据公司法律制度的规定，下列情形中，人民法院应当确认董事会决议不成立的有（　　）。(2019年)

A. 公司未召开董事会会议作出该决议

B. 董事会会议表决结果未达到《公司法》或公司章程规定的通过比例
C. 公司召开了董事会会议,但未表决该决议事项
D. 公司召开董事会会议时,到会董事人数不符合《公司法》或公司章程规定

【答案】ABCD

【解析】股东(大)会、董事会决议存在下列情形之一,当事人主张决议不成立的,人民法院应当予以支持:(1)公司未召开会议的,但依据《公司法》或者公司章程规定可以不召开股东(大)会而直接作出决定,并由全体股东在决定文件上签名、盖章的除外(选项A正确);(2)会议未对决议事项进行表决的(选项C正确);(3)出席会议的人数或者股东所持表决权不符合《公司法》或者公司章程规定的(选项D正确);(4)会议的表决结果未达到《公司法》或者公司章程规定的通过比例的(选项B正确);(5)导致决议不成立的其他情形。

第二节 股份有限公司

【鑫考点1】组织机构(★★★)(2009年单选题、多选题;2011年案例分析题;2012年多选题;2015年单选题;2016年单选题、案例分析题;2017年多选题;2019年单选题、案例分析题;2020年多选题)

一、股东大会——权力机构

1. 职权

(1)决定公司的经营方针和投资计划。

(2)选举和更换非由职工代表担任的董事、监事,决定有关董事、监事的报酬事项。

【提示1】根据《公司法司法解释(五)》的规定,董事任期届满前被股东会或者股东大会以有效决议解除职务的(可以是无因解除),该董事如向人民法院起诉主张解除不发生法律效力,则人民法院不予支持。

【提示2】董事职务被解除后,因补偿与公司发生纠纷提起诉讼的,人民法院应当依据法律、行政法规、公司章程的规定或者合同的约定,综合考虑解除的原因、剩余任期、董事薪酬等因素,确定是否补偿及补偿的合理数额。

【解释1】在我国的《公司法》中,对董事与公司的关系并无明确的规定,但《公司法》理论研究与司法实践中已经基本统一认识,认为公司与董事之间实为委托关系,依股东会的选任决议和董事同意任职而成立《合同法》上的委托合同。既然为委托合同,则合同双方均有任意解除权,即公司可以随时解除董事职务,无论任期是否届满,董事也可以随时辞职。

【解释2】需要注意的是,我国公司中还存在职工董事。因职工董事不由股东决议任免,因此不存在股东会或股东大会决议解除其职务的情形。

(3)审议批准董事会的报告。

（4）审议批准监事会或者监事的报告。

（5）审议批准公司的年度财务预算方案、决算方案。

（6）审议批准公司的利润分配方案和弥补亏损方案。

（7）对公司增加或减少注册资本作出决议。

（8）对发行公司债券作出决议。

（9）对公司合并、分立、解散、清算或者变更公司形式作出决议。

（10）修改公司章程。

（11）公司章程规定的其他职权。

【提示】（7）（9）（10）为股东大会的特别决议事项。

2．年会

（1）股东大会年会应当每年召开一次。

（2）上市公司的年度股东大会应当于上一会计年度结束后的6个月内召开。

3．临时股东大会

有下列情形之一的，应当在2个月内召开临时股东大会：

（1）董事人数不足《公司法》规定人数或者公司章程所定人数的2/3时。

（2）公司未弥补的亏损达实收股本总额的1/3时。

（3）单独或者合计持有公司10%以上股份（不计优先股）的股东请求时。

（4）董事会认为必要时。

（5）监事会提议召开时。

（6）公司章程规定的其他情形。

4．会议召集与主持

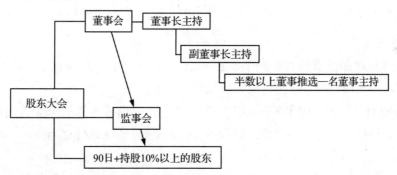

【提示】召开股东大会会议，应当将会议召开的时间、地点和审议的事项于会议召开20日前通知各股东；临时股东大会应当于会议召开15日前通知各股东；发行无记名股票的，应当于会议召开30日前公告会议召开的时间、地点和审议事项。

5．股东的临时提案权

（1）单独或者合计持有公司3%以上股份的股东，可以在股东大会召开10日前提出临时提案并书面提交董事会。（2019年案例分析题）

（2）董事会应当在收到提案后2日内通知其他股东，并将该临时提案提交股东大会审议。

（3）股东大会不得对通知中未列明的事项作出决议。

6. 股东大会决议

下列决议必须经出席会议的股东所持表决权的 2/3 以上通过：

（1）修改公司章程。

（2）增加或减少注册资本。

（3）公司合并、分立、解散、变更公司形式。

（4）上市公司在 1 年内购买、出售重大资产或者担保金额超过公司资产总额 30% 的。

【提示 1】普通事项：必须经出席会议的股东所持表决权过半数通过。

【提示 2】《公司法》未规定出席股东大会的最低人数和持股比例要求，因此，只要满足了提前通知的程序要求，只要有 1 名股东出席，持有无论多少比例的股权，该股东大会的召开都是有效的。

【提示 3】股东可以委托代理人出席股东大会会议，代理人应当向公司提交股东授权委托书，并在授权范围内行使表决权。

【提示 4】公司持有的本公司股份没有表决权。

【鑫考题·单选题】根据公司法律制度的规定，上市公司在 1 年内出售重大资产超过公司资产总额一定比例的，应当由股东大会作出决议，并经出席会议的股东所持表决权的 2/3 以上通过。该比例是（　　）。（2019 年）

A. 30%　　　　B. 70%　　　　C. 50%　　　　D. 60%

【答案】A

【解析】上市公司在 1 年内购买、出售重大资产或者担保金额超过公司资产总额 30% 的，应当由股东大会作出决议，并经出席会议的股东所持表决权的 2/3 以上通过。

7. 累积投票制

（1）累积投票制是指股东大会选举董事或者监事时，每一股份拥有与应选董事或者监事人数相同的表决权，股东拥有的表决权可以集中使用。

（2）控股股东控股比例在 30% 以上的上市公司，应当采用累积投票制。其他股份有限公司也可以依据公司章程的规定或者股东大会的决议，实行累积投票制。

8. 会议记录

股东大会应当对所议事项的决定作成会议记录，主持人、出席会议的董事应当在会议记录上签名。

【相关链接 1】董事会应当对所议事项的决定作成会议记录，出席会议的董事应当在会议记录上签名。

【相关链接 2】监事会应当对所议事项的决定作成会议记录，出席会议的监事应当在会议记录上签名。

【相关链接 3】（有限责任公司）股东会应当对所议事项的决定作成会议记录，出席会议的股东应当在会议记录上签名。

【鑫考题·多选题】根据公司法律制度的规定，股份有限公司可以实行累积投票制的情形有（   ）。（2020年）

　　A. 股东大会选举董事　　　　　　B. 股东大会选举监事
　　C. 监事会选举监事会主席　　　　D. 董事会选举董事长

【答案】AB

【解析】累积投票制是指股东大会选举董事或者监事时，每一股份拥有与应选董事或者监事人数相同的表决权，股东拥有的表决权可以集中使用。

二、董事会——决策机构

1. 职权

董事会的一般职权是制订方案，考生应重点关注董事会有权决定的事项：

（1）制订公司的年度财务预算、决算方案。

（2）决定公司的经营计划和投资方案。

（3）决定公司内部管理机构的设置。

（4）决定聘任或者解聘公司经理及其报酬事项，并根据经理的提名决定聘任或者解聘公司副经理、财务负责人及其报酬事项。

（5）制定公司的基本管理制度。

【提示】公司的具体规章由经理制定。

【鑫考题1·单选题】根据公司法律制度的规定，下列各项中，属于董事会职权的是（   ）。（2015年）

　　A. 修改公司章程　　　　　　　　B. 决定有关董事的报酬事项
　　C. 决定公司内部管理机构的设置　D. 决定发行公司债券

【答案】C

【解析】选项ABD：属于股东（大）会职权。

【鑫考题2·多选题】甲有限责任公司未设董事会，股东乙为执行董事。根据公司法律制度的规定，在公司章程无特别规定的情形下，乙可以行使的职权有（   ）。（2017年）

　　A. 决定公司的投资计划　　　　　B. 召集股东会会议
　　C. 决定公司的利润分配方案　　　D. 决定聘任公司经理

【答案】BD

【解析】（1）选项A：决定公司的经营计划和投资方案（而非"投资计划"）；（2）选项C：属于股东会的职权。

【鑫考题3·单选题】根据公司法律制度的规定，下列各项中，有权制订公司年度财务预算、决算方案的是（   ）。（2019年）

　　A. 总经理　　　B. 股东大会　　　C. 董事会　　　D. 监事会

【答案】C

【解析】制订公司的年度财务预算、决算方案属于董事会职权。

二、董事会组成及任期

人数	5—19人（法律并未要求必须为单数） 【提示】有限责任公司：3—13人
职工代表	可以有职工代表 【提示】两个以上国有投资+国有独资公司：应当有职工代表
董事长	董事长和副董事长由董事会以全体董事的过半数选举产生 【提示】有限责任公司：由公司章程规定；国有独资公司：由国有资产监管机构指定
董事任期	每届任期不得超过3年。任期届满，连选可连任

三、董事会会议的召开及决议

1. 会议频率

董事会每年度至少召开2次会议，每次会议应当于会议召开10日前通知全体董事和监事。

【相关链接】股份有限公司的监事会每6个月至少召开1次会议。

2. 临时会议（2016年案例分析题）

（1）代表10%以上表决权的股东提议。

（2）1/3以上董事提议。

（3）监事会提议。

（4）独立董事（上市公司）提议。

3. 会议表决（2016年单选题、案例分析题）

（1）董事会会议应有过半数的董事出席方可举行。

（2）董事会作出决议，必须经全体（而非出席）董事的过半数（>1/2）通过。

（3）董事会决议的表决，实行一人一票。董事会会议应由董事本人出席，董事因故不能出席会议的，可以书面（不能口头）委托其他董事（不能是非董事）代为出席，委托书中应载明授权范围。

4. 董事会决议的责任

（1）董事应当对董事会的决议承担责任。

（2）董事会的决议违反法律、行政法规或者公司章程、股东大会决议，致使公司遭受严重损失的，参与决议的董事对公司负赔偿责任；但经证明在表决时曾表明异议并记载于会议记录的，该董事可以免除责任。

【考题·多选题】下列关于股份有限公司董事会的表述中，符合公司法律制度规定的有（　　）。(2012年)

A. 董事会成员为5至19人，且人数须为单数

B. 董事会成员中应有一定比例的独立董事
C. 董事会会议应有过半数的董事出席方可举行
D. 董事会作出决议须经全体董事的过半数通过,董事会决议的表决实行一人一票

【答案】CD

【解析】选项A:公司法律制度并未要求股份有限公司董事会的人数必须为单数;选项B:只有上市公司才要求董事会成员中应当至少有1/3为独立董事,非上市公司可以不设独立董事。

三、监事会——监督机构

1. 职权

(1) 检查公司财务。

(2) 对董事、高级管理人员执行公司职务的行为进行监督,对违反法律、行政法规、公司章程或者股东大会决议的董事、高级管理人员提出罢免的建议。

(3) 当董事、高级管理人员的行为损害公司的利益时,要求董事、高级管理人员予以纠正。

(4) 提议召开临时股东大会会议、临时董事会会议。

(5) 向股东大会会议提出提案。

(6) 对董事、高级管理人员提起诉讼。

(7) 监事可以列席董事会会议,并对董事会决议事项提出质询或者建议。

【相关链接】上市公司监事会可提名独立董事候选人。

【提示】监事会行使职权所必需的费用,由公司承担。

2. 监事会组成及任期

人数	不得少于3人
职工代表	监事会应当包括职工代表且比例不得低于1/3
主席(副)	全体监事过半数选举产生
任期	每届任期3年,连选可以连任
限制	董事、高级管理人员(经理、副经理、财务负责人)不得兼任监事

3. 监事会会议的召开

(1) 监事会主席召集和主持监事会会议;监事会主席不能或不履行职务的,由监事会副主席召集和主持监事会会议;监事会副主席不能或不履行职务的,由半数以上监事共同推举1名监事召集和主持监事会会议。

(2) 股份有限公司监事会每6个月至少召开1次会议。

(3) 监事可以提议召开临时监事会会议。

【鑫考题·单选题】根据企业国有资产法律制度的规定,公司董事会、监事会的成员可以由公司职工代表出任。下列表述中,正确的是(   )。(2009年)

A. 国有独资公司的董事会、监事会成员中，应当有职工代表，且其比例不得低于董事会、监事会成员的1/3

B. 两个以上的国有企业投资设立的有限责任公司，其董事会成员中可以无职工代表，但监事会成员中必须有职工代表，且其比例不得低于监事会成员的1/3

C. 没有国有投资主体投资设立的有限责任公司，其董事会、监事会成员中可以无职工代表

D. 股份有限公司董事会成员中可以有职工代表，监事会成员中应当有职工代表，且其比例不得低于监事会成员的1/3

【答案】D

【鑫考点2】上市公司的特别规定（★★★）(2005年多选题；2008年单选题；2011年案例分析题；2014年单选题；2016年案例分析题；2018年单选题、多选题；2020年多选题)

一、股东大会的特别职权

（1）对上市公司聘用、解聘会计师事务所作出决议。

（2）审议上市公司1年内购买、出售重大资产超过上市公司最近一期经审计总资产30%的事项。（股东大会的特别决议）

（3）审议批准变更募集资金用途事项。

（4）审议股权激励计划。

（5）审议批准下列对外担保行为：

① 上市公司及其控股子公司的对外担保总额，达到或者超过最近一期经审计净资产50%以后提供的任何担保；

② 上市公司的对外担保总额，达到或者超过最近一期经审计总资产的30%以后提供的任何担保；（特别决议事项）

③ 为资产负债率超过70%的担保对象提供的担保；

④ 单笔担保额超过最近一期经审计净资产10%的担保；

⑤ 上市公司对股东、实际控制人及其关联方提供的担保。

【鑫考题·多选题】根据公司法律制度的规定，下列各项中，应当由上市公司股东大会作出决议的有（ ）。(2018年)

A. 公司对外担保总额超过最近一期经审计总资产的30%以后提供的担保

B. 为资产负债率超过70%的非关联方提供的担保

C. 公司对外担保总额达到最近一期经审计净资产的50%以后提供的担保

D. 为公司实际控制人及其关联方提供的担保

【答案】ABCD

二、上市公司关联关系董事的表决权排除制度

（1）上市公司董事与董事会会议决议事项所涉及的企业有关联关系的，不得对该项

决议行使表决权，不得代理其他董事行使表决权。

（2）董事会会议由过半数的无关联关系董事出席即可举行，董事会会议所作决议须经无关联关系董事过半数通过。

（3）出席董事会的无关联关系董事人数不足3人的，应将该事项提交上市公司股东大会审议。

三、上市公司经理的规定

（1）上市公司经理必须专职，经理在集团等控股股东单位不得担任除董事以外的其他职务。

（2）上市公司经理及其他高级管理人员（副经理、财务负责人和董事会秘书）必须在上市公司领薪，不得由控股股东代发薪水。

四、上市公司独立董事

1. 不得担任独立董事的情形

（1）在上市公司或其附属企业任职的人员及其直系亲属、主要社会关系。

【解释】直系亲属指配偶、父母、子女等；主要社会关系指兄弟姐妹、岳父母、儿媳女婿、兄弟姐妹的配偶、配偶的兄弟姐妹等。

（2）直接或间接持有上市公司已发行股份1%以上或者是上市公司前10名股东中的自然人股东及其直系亲属。

（3）在直接或间接持有上市公司已发行股份5%以上的股东单位或在上市公司前5名股东单位任职的人员及其直系亲属。

（4）最近1年内曾经具有前三项所列举情形的人员。

（5）为上市公司或者其附属企业提供财务、法律、咨询等服务的人员等。

（6）公司章程规定的其他人员。

（7）中国证监会认定的其他人员。

【考题1·单选题】甲、乙、丙、丁拟任A上市公司独立董事。根据《上市公司独立董事制度》的规定，下列选项中，不影响当事人担任独立董事的情形是（　　）。（2008年）

A. 甲之妻半年前卸任A上市公司之附属企业B公司经理之职

B. 乙于1年前卸任C公司副董事长之职，C公司持有A上市公司已发行股份的7%

C. 丙正在担任B公司的法律顾问

D. 丁是持有A上市公司已发行股份2%的自然人股东

【答案】B

【考题2·单选题】某上市公司拟聘任独立董事一名。甲为该公司人力资源总监的大学同学；乙为在该公司中持股7%的某国有企业的负责人；丙曾任该公司财务部经理，半年前离职；丁为某大学法学院教授，兼职担任该公司子公司的法律顾问。根据公司法律制度的规定，可以担任该公司独立董事的是（　　）。（2014年）

A. 甲　　　　B. 乙　　　　C. 丙　　　　D. 丁

【答案】A

【解析】(1) 选项A：在上市公司或者其附属企业任职的人员及其直系亲属、主要社会关系不得担任该上市公司的独立董事；甲不属于该公司人力资源总监的直系亲属或主要社会关系。(2) 选项B：在直接或间接持有上市公司已发行股份5%以上的股东单位或者在上市公司前5名股东单位任职的人员及其直系亲属不得担任该上市公司的独立董事。(3) 选项C：最近1年内曾经在上市公司或者其附属企业任职的人员及其直系亲属、主要社会关系不得担任该上市公司的独立董事。(4) 选项D：为上市公司或者其附属企业提供财务、法律、咨询等服务的人员不得担任该上市公司的独立董事。

2. 独立董事的要求

提名	(1) 董事会 (2) 监事会 (3) 单独或者合并持有上市公司已发行股份1%以上的股东
任期	(1) 每届任期与其他董事任期相同，连选可以连任，连任时间不得超过6年 (2) 独立董事连续3次未亲自出席董事会会议的，由董事会提请股东大会撤换 【提示】除出现上述情况及《公司法》中规定的不得担任董事的情形外，独立董事在任期届满前不得无故被免职
人数	上市公司董事会成员中应当至少包括1/3独立董事

【鑫考题·单选题】根据公司法律制度的规定，下列主体中，有资格提出上市公司独立董事候选人的是（　　）。(2018年)

A. 持有上市公司已发行股份1%以上的股东

B. 上市公司的董事长

C. 上市公司的职工代表大会

D. 上市公司的监事会主席

【答案】A

【解析】上市公司董事会、监事会、单独或者合并持有上市公司已发行股份1%以上的股东可以提出独立董事候选人，并经股东大会选举决定。

3. 独立董事的特别职权

(1) 重大关联交易应由独立董事认可后，提交董事会讨论。

【解释】重大关联交易指上市公司拟与关联人达成的总额高于300万元或高于上市公司最近经审计净资产值的5%的关联交易。

(2) 向董事会提议聘用或解聘会计师事务所。

(3) 向董事会提请召开临时股东大会。

(4) 提议召开董事会。

(5) 独立聘请外部审计机构和咨询机构。

(6)可以在股东大会召开前公开向股东征集投票权。

【提示】独立董事行使上述职权应当取得全体独立董事的1/2以上同意。

4. 应当发表独立意见的情形

独立董事应当向董事会或股东大会发表独立意见的情形：

(1)提名、任免董事。

(2)聘任或解聘高级管理人员。

(3)公司董事、高级管理人员的薪酬。

(4)上市公司的股东、实际控制人及其关联企业对上市公司现有或新发生的总额高于300万元或高于上市公司最近经审计净资产值的5%的借款或其他资金往来，以及公司是否采取有效措施回收欠款。

(5)独立董事认为可能损害中小股东权益的事项。

(6)公司章程规定的其他事项。

【提示】独立董事应当就上述事项发表以下几类意见之一：①同意；②保留意见及其理由；③反对意见及其理由；④无法发表意见及其障碍。

【鑫考题1·多选题】根据公司法律制度的规定，上市公司的下列事项中，独立董事应当发表独立意见的有（　　）。(2005年)

A. 公司董事的提名
B. 解聘公司经理
C. 公司高级管理人员的薪酬
D. 公司内部管理机构的设置

【答案】ABC

【鑫考题2·多选题】根据公司法律制度的规定，独立董事应当就上市公司的重大人事任免、高管薪酬和重大关联交易等事项向董事会或股东大会发表独立意见。下列属于该独立意见正确表达方式的有（　　）。(2020年)

A. 保留意见及其理由
B. 同意
C. 反对意见及其理由
D. 无法发表意见及其障碍

【答案】ABCD

【鑫考点3】股份发行、转让和回购（★★★）(2008年案例分析题；2009年案例分析题；2011年单选题；2012年单选题、多选题；2013年案例分析题；2014年案例分析题；2016年单选题；2018年单选题、多选题；2019年多选题)

一、记名股票

1. 持有人

(1)公司向发起人、国家授权投资的机构、法人发行的股票，应当为记名股票，并应当记载该发起人、机构或者法人的名称或者姓名，不得另立户名或者以代表人姓名记名。

(2)境外上市的外资股也应采取记名股票的形式。

(3) 公司向社会公众发行的股票可以记名，也可以不记名。

2. 记名股票的转让

记名股票由股东以背书方式或者法律、行政法规规定的其他方式转让；转让后由公司将受让人的姓名或者名称及住所记载于股东名册。

3. 记名股票的遗失、灭失

记名股票被盗、遗失或者灭失，股东可以依照《民事诉讼法》规定的公示催告程序，请求人民法院宣告该股票失效。人民法院宣告该股票失效后，股东可以向公司申请补发股票。

二、股份转让的限制

1. 发起人

发起人持有的本公司股份，自公司成立之日起1年内不得转让。但是，因司法强制执行、继承、遗赠、依法分割财产等导致股份变动的除外。

2. 非公开发行股份

公司公开发行股份前已发行的股份，自公司股票在证券交易所上市交易之日起1年内不得转让。但是，因司法强制执行、继承、遗赠、依法分割财产等导致股份变动的除外。

3. 董事、监事、高级管理人员

(1) 自公司股票上市交易之日起1年内不得转让。但是，因司法强制执行、继承、遗赠、依法分割财产等导致股份变动的除外。

(2) 在任职期间每年转让的股份不得超过其所持有本公司股份总数的25%。但是，因司法强制执行、继承、遗赠、依法分割财产等导致股份变动的除外。所持股份不超过1 000股的，可以一次全部转让，不受上述转让比例的限制。

(3) 离职后半年内，不得转让其所持有的本公司股份。但是，因司法强制执行、继承、遗赠、依法分割财产等导致股份变动的除外。

(4) 在下列期间不得买卖本公司股票：

① 上市公司定期报告公告前30日内；

② 上市公司业绩预告、业绩快报公告前10日内；

③ 自可能对本公司股票交易价格产生重大影响的重大事项发生之日或在决策过程中，至依法披露后2个交易日内；

④ 证券交易所规定的其他期间。

三、股份的回购

1. 不得回购本公司股份情形

(1) 公司不得收购本公司股份。但是，有下列情形之一的除外：

① 减少公司注册资本；

② 与持有本公司股份的其他公司合并；

③ 股东因对股东大会作出的公司合并、分立决议持异议，要求公司收购其股份；

④ 将股份用于员工持股计划或者股权激励；

⑤ 将股份用于转换上市公司发行的可转换为股票的公司债券；

⑥ 上市公司为维护公司价值及股东权益所必需。

（2）回购股份的决议程序。公司因上述（1）中①项、②项规定的情形收购本公司股份的，应当经股东大会决议；公司因上述（1）中④项、⑤项、⑥项规定的情形收购本公司股份的，可以依照公司章程的规定或者股东大会的授权，经2/3以上董事出席的董事会会议决议。

（3）回购股份的注销或转让期限。公司依照上述（1）中规定收购本公司股份后，属于①项情形的，应当自收购之日起10日内注销；属于②项、③项情形的，应当在6个月内转让或者注销；属于④项、⑤项、⑥项情形的，公司合计持有的本公司股份数不得超过本公司已发行股份总额的10%，并应当在3年内转让或者注销。

（4）上市公司收购本公司股份的，应当依照《证券法》的规定履行信息披露义务。上市公司因上述（1）中④项、⑤项、⑥项规定的情形收购本公司股份的，应当通过公开的集中交易方式进行。

2. 股票质押

公司不得接受本公司的股票作为质押权的标的。

【鑫考题1·单选题】 下列关于股份有限公司股票转让限制的表述中，符合公司法律制度规定的是（　　）。（2012年）

A. 股东转让其股份，必须在依法设立的证券交易所进行

B. 发起人持有的本公司股份，自公司成立之日起1年内不得转让

C. 公司公开发行股份前已发行的股份，自公司股票在证券交易所上市交易之日起3年内不得转让

D. 公司董事、监事、高级管理人员离职1年内，不得转让所持有的本公司股份

【答案】B

【解析】选项A：股东转让其股份，应当在依法设立的证券交易所进行或者按照国务院规定的其他方式进行。

【鑫考题2·单选题】 某股份有限公司于2016年3月7日首次公开发行股份并在上海证券交易所上市交易。2016年4月8日，该公司召开股东大会，拟审议的有关董事、高级管理人员（简称"高管"）持股事项的议案中包含下列内容。其中，符合公司法律制度规定的是（　　）。（2016年）

A. 董事、高管离职后半年内，不得转让其所持有的本公司股份

B. 董事、高管持有的本公司股份，自决议通过之日起6个月后可以对外自由转让

C. 董事、高管持有的本公司股份，自决议通过之日起3个月后可以内部自由转让

D. 董事、高管在任职期间每年转让的股份不得超过其所持有的本公司股份总数的50%

【答案】A

【解析】(1) 选项 ABC：上市公司董事、监事和高级管理人员所持本公司股份在下列情形下不得转让：①自公司股票上市交易之日起 1 年内（本题：自 2016 年 3 月 7 日至 2017 年 3 月 7 日。选项 B：6 个月后为 2016 年 10 月 8 日后，尚在禁售期内；选项 C：3 个月后为 2016 年 7 月 8 日后，尚在禁售期内）；②董事、监事和高级管理人员离职后半年内。(2) 选项 D：董事、监事、高级管理人员在任职期间每年转让的股份不得超过其所持有本公司股份总数的 25%（≤25%）。

【鑫考题 3·单选题】根据公司法律制度的规定，股份有限公司发起人持有的本公司股份，自公司成立之日起一定期限内不得转让。该期限是（　　）。(2018 年)

A. 1 年　　　B. 2 年　　　C. 3 年　　　D. 6 个月

【答案】A

【解析】根据《公司法》的规定，发起人持有的本公司股份，自公司成立之日起 1 年内不得转让。

第三节　有限责任公司

【鑫考点 1】组织机构（★★）（2010 年多选题；2014 年单选题；2015 年单选题、多选题；2016 年多选题；2020 年单选题）

一、股东会

【提示】在有限责任公司中，对股东会职权事项，股东以书面形式一致表示同意的，可以不召开股东会会议，直接作出决定，并由全体股东在决定文件上签名、盖章。

1. 股东会会议的召集和主持

(1) 首次股东会会议由出资最多的股东召集和主持。

(2) 以后的股东会会议见下图。

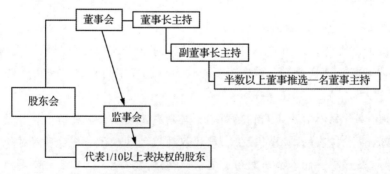

(3) 召开股东会会议，应当于会议召开 15 日前通知全体股东，但公司章程另有规定或者全体股东另有约定的除外。

【鑫考题·多选题】甲、乙、丙三人共同出资500万元设立了一个有限责任公司，其中甲和乙各出资40%，丙出资20%。该公司章程约定的下列条款中，符合公司法律制度规定的有（　　）。(2010年)

A. 股东会表决时，甲、乙、丙按照出资比例行使表决权
B. 召开股东会会议时，应提前20日通知全体股东
C. 公司分配利润时，丙有优先分配权；公司当年利润不足10万元的，仅分配给丙，超过10万元的部分，甲、乙、丙按照出资比例分配
D. 公司解散清算后，如有剩余财产，甲、乙、丙按照出资比例分配

【答案】ABCD

【解析】(1)选项A：有限责任公司股东的表决权，先看公司章程的约定，公司章程没有约定的，才按照出资比例行使表决权；(2)选项B：有限责任公司股东会会议通知时间，先看公司章程或者全体股东是否另有约定，有约定的先看约定，没有约定的才提前15日通知；(3)选项C：有限责任公司股东的分红权，先看公司章程的约定，公司章程没有约定的，才按照出资比例行使分红权；(4)选项D：公司解散清算后，如有剩余财产，有限责任公司按照股东的出资比例分配。

2. 临时股东会

(1) 代表1/10以上表决权的股东提议。
(2) 1/3以上的董事提议。
(3) 监事会或不设监事会的公司的监事提议。

【提示】应当在2个月内召开临时股东会。

【总结】临时会议情形。

	临时股东会（有限）	临时董事会（股份）	临时股东大会（股份）
董事人数不足《公司法》规定人数或公司章程所定人数的2/3时	—	—	√
公司未弥补亏损达实收股本总额的1/3时	—	—	√
单独或合计持有公司10%以上表决权或股份的股东请求时	√	√	√
监事会提议	√	√	√
董事/董事会	≥1/3董事提议	≥1/3董事提议	董事会认为必要时

【鑫考题·多选题】根据公司法律制度的规定，下列人员或机构中，有权要求有限责任公司在2个月内召开临时股东会会议的有（　　）。(2015年)

A. 代表1/10以上表决权的股东　　B. 1/3以上的董事
C. 董事长　　　　　　　　　　　D. 监事会

【答案】ABD

【解析】临时股东会会议的召开条件：（1）代表1/10以上表决权的股东提议召开；（2）1/3以上的董事提议召开；（3）监事会（或者不设监事会的公司的监事）提议召开。

3. 特别决议事项

下列决议必须经代表2/3以上表决权的股东通过：

（1）修改公司章程。

（2）增加或者减少注册资本。

（3）公司合并、分立、解散或变更公司形式。

【提示】有限责任公司股东会的特别决议必须经代表2/3以上表决权的股东通过；股份有限公司股东大会的特别决议由出席会议的股东所持表决权的2/3以上通过。

【鑫考题·多选题】根据公司法律制度的规定，有限责任公司股东会会议的下列决议中，须经代表2/3以上表决权的股东通过的有（　　）。(2016年)

A. 修改公司章程　　　　　　B. 决定利润分配方案

C. 对外提供担保　　　　　　D. 增加注册资本

【答案】AD

【解析】根据《公司法》的规定，下列决议必须经代表2/3以上表决权的股东通过：（1）修改公司章程（选项A）；（2）增加或者减少注册资本（选项D）；（3）公司合并、分立、解散或变更公司形式。

二、董事会

1. 董事会的组成

（1）有限责任公司董事会由3—13人组成。

（2）股东人数较少或者规模较小的有限责任公司，可以设1名执行董事，不设董事会，执行董事可以兼任公司经理。

【提示】两个以上的国有企业或者两个以上的其他国有投资主体投资设立的有限责任公司，其董事会成员中应当有公司职工代表；其他有限责任公司董事会成员中可以有公司职工代表（也可以没有）。董事会中的职工代表由公司职工通过职工代表大会、职工大会或者其他形式民主选举产生。

2. 董事长（副）产生办法

（1）董事会设董事长一人，可以设副董事长。

（2）董事长、副董事长的产生办法由公司章程规定。

【相关链接1】股份有限公司的董事长和副董事长由董事会选举产生。

【相关链接2】国有独资公司的董事长和副董事长由国有资产监督管理机构指定产生。

3. 董事会会议的召集和主持

董事长→副董事长→半数以上董事推举一名董事。

三、监事会

1. 监事会的组成

（1）有限责任公司设立监事会，其成员不得少于3人。

（2）股东人数较少或者规模较小的有限责任公司，可以设1—2名监事，不设监事会。

（3）监事会应当包括股东代表和职工代表，其中职工代表的比例不得低于1/3。

2. 监事会主席产生办法

由全体监事过半数选举产生。

3. 监事会会议制度

（1）监事会主席召集和主持监事会会议；监事会主席不能或不履行职务的，由半数以上监事共同推举一名监事召集和主持监事会会议。

（2）监事会每年度至少召开一次会议。

（3）监事可以提议召开临时监事会会议。

（4）监事会决议应当经过半数以上监事通过。

【鑫考题1·单选题】中国公民甲、乙、丙共同设立一家有限责任公司。根据公司法律制度的规定，该公司必须设立的组织机构是（ ）。（2014年、2015年）

A. 董事会　　　B. 监事会　　　C. 股东会　　　D. 职工代表大会

【答案】C

【解析】（1）选项A：股东人数较少或者规模较小的有限责任公司，可以设1名执行董事，不设董事会，执行董事可以兼任公司经理；（2）选项BD：股东人数较少或者规模较小的有限责任公司，可以设1—2名监事，不设监事会。小公司不设监事会的，可以不考虑职工代表的问题。

【鑫考题2·单选题】根据公司法律制度的规定，有限责任公司董事长和副董事长均不能或者不履行职务时，下列主体中，有权召集和主持董事会会议的是（ ）。（2020年）

A. 总经理

B. 监事会主席

C. 半数以上监事共同推举的一名董事

D. 半数以上董事共同推举的一名董事

【答案】D

【鑫考点2】一人有限责任公司的特别规定（★★）（2008年单选题；2009年单选题；2012年单选题；2016年单选题）

一、"独生子女"制度

一个自然人只能投资设立一个一人有限责任公司，禁止其设立多个一人有限责任公司，而且该一人有限责任公司不能投资设立新的一人有限责任公司。

【提示1】"独生子女"制度只适用于自然人，不适用于法人。

【提示2】一人有限责任公司应当在公司登记中注明自然人独资或法人独资，并在公司营业执照中载明。

二、不设股东会

股东会职权由股东行使，作出的决定应当采用书面形式，并由股东签名后置备于公司。

三、年报强制审计

一人有限责任公司应当在每一会计年度终了时编制财务会计报告，并经会计师事务所审计。

四、法人人格否定

一人有限责任公司的股东不能证明公司财产独立于股东自己的财产的，应当对公司债务承担连带责任。

【鑫考题1·单选题】根据公司法律制度的规定，下列关于一人有限责任公司的表述中，正确的是（　　）。(2012年)

A. 一人有限责任公司应设股东会

B. 一人有限责任公司应在每一会计年度终了时编制财务会计报告，但不必经会计师事务所审计

C. 一人有限责任公司的股东可以是自然人，也可以是法人

D. 公司债权人要求股东对公司债务承担连带责任的，有义务证明该公司的财产不独立于股东自己的财产

【答案】C

【解析】（1）选项A：一人有限责任公司不设股东会；（2）选项B：一人有限责任公司应当在每一会计年度终了时编制财务会计报告，并经会计师事务所审计；（3）选项D：一人有限责任公司的股东（而非债权人）不能证明公司财产独立于股东自己的财产的，股东应当对公司债务承担连带责任。

【鑫考题2·单选题】根据公司法律制度的规定，下列关于一人有限责任公司（简称"一人公司"）的表述中，正确的是（　　）。(2016年)

A. 一个自然人只能投资设立一个一人公司，但该一人公司可以再投资设立新的一人公司

B. 一人公司应当在公司登记中注明自然人独资或者法人独资

C. 一人公司设立时，股东应当一次缴足公司章程规定的出资额

D. 一人公司的股东应当对公司债务承担连带清偿责任

【答案】B

【解析】（1）选项A：一个自然人只能投资设立一个一人公司，该一人公司不能再

投资设立新的一人公司。(2) 选项 C：一人公司设立时，股东无须一次缴足公司章程规定的出资额。(3) 选项 D：一人公司属于法人，一般情况下股东只承担有限责任；但是，当股东不能证明公司财产独立于股东自己的财产的，股东应当对公司债务承担连带责任。

【鑫考点3】国有独资公司的特别规定（★★★）(2005年单选题；2006年单选题；2011年单选题；2015年多选题)

一、公司章程

国有独资公司章程由国有资产监督管理机构制定，或由董事会制定报国有资产监督管理机构批准。

二、股东会

（1）国有独资公司不设股东会。

（2）国有独资公司由国有资产监督管理机构行使股东会职权，国有资产监督管理机构可以授权董事会行使股东会的部分职权，但合并、分立、解散、增减注册资本和发行公司债券、分配利润，必须由国有资产监督管理机构决定。("3钱")

（3）重要的国有独资公司的合并、分立、解散、申请破产、改制，应当由国有资产监督管理机构审核后，报本级人民政府批准。("5命")

三、董事会

（1）董事会成员中应当有职工代表，董事会成员由国有资产监督管理机构委派，但董事会成员中的职工代表由公司职工代表大会选举产生。

（2）设董事长1人，可以设副董事长。

（3）董事长、副董事长由国有资产监督管理机构从董事会成员中指定。

（4）国有独资公司设经理，由董事会聘任或者解聘；经国有资产监督管理机构同意，董事会成员可以兼任经理。

（5）国有独资公司的董事长、副董事长、董事、高级管理人员，未经国有资产监督管理机构同意，不得在其他公司或者其他经济组织兼职。

四、监事会

（1）监事会成员不得少于5人，其中职工代表的比例不得低于1/3。

【提示】一般有限责任公司的监事会成员不得少于3人。

（2）监事会成员由国有资产监督管理机构委派，但监事会成员中的职工代表由公司职工代表大会选举产生。

（3）监事会主席由国有资产监督管理机构从监事会成员中指定。

【提示】一般有限责任公司的监事会主席由全体监事过半数选举产生。

【鑫考题·单选题】下列关于国有独资公司的表述中，符合公司法律制度规定的是（　　）。(2011年)

A. 国有独资公司不设股东会，由国有资产监督管理机构行使股东会职权
B. 国有独资公司的董事会获得国有资产监督管理机构授权，可以决定公司合并事项
C. 国有独资公司监事会成员中的职工代表由国有资产监督管理机构委派
D. 国有独资公司的董事会成员全部由国有资产监督管理机构委派

【答案】A

【解析】（1）选项B：国有独资公司的合并、分立、解散、增减注册资本和发行公司债券、分配利润，必须由国有资产监督管理机构决定；（2）选项C：国有独资公司监事会成员中的职工代表由公司职工代表大会选举产生；（3）选项D：国有独资公司董事会成员由国有资产监督管理机构委派，但董事会成员中的职工代表由公司职工代表大会选举产生。

【鑫考点4】有限责任公司的股权转让（★★★）（2001年单选题；2006年单选题；2008年案例分析题；2010年案例分析题；2013年多选题、案例分析题；2014年单选题；2018年单选题；2019年单选题）

一、自愿转让

1. 股东之间转让股权

有限责任公司的股东之间可以相互转让其全部或部分股权。《公司法》对此没有作出任何限制。

2. 股东向股东以外的人转让股权

（1）股东向股东以外的人转让股权，应当经其他股东过半数同意。

（2）股东应就其股权转让事项书面通知其他股东征求同意，其他股东自接到书面通知之日起满30日未答复的，视为同意转让。

（3）其他股东半数以上不同意转让的，不同意的股东应当购买该转让的股权；不购买的，视为同意转让。

（4）经股东同意转让的股权，在同等条件下，其他股东有优先购买权。两个以上股东主张行使优先购买权的，协商确定各自的购买比例；协商不成的，按照转让时各自的出资比例行使优先购买权。

【提示】公司章程对股权转让另有规定的，从其规定，即公司章程可以对股权转让作出与《公司法》不同的规定。

【相关链接】两个以上按份共有人主张优先购买且协商不成时，请求按照转让时各自份额比例行使优先购买权的，应予支持。

3. "优先购买权"司法解释

（1）例外情形。

有限责任公司的自然人股东因继承发生变化时，其他股东主张依据《公司法》规定行使优先购买权的，人民法院不予支持，但公司章程另有规定或者全体股东另有约定的除外。

（2）通知方式。

① 有限责任公司的股东向股东以外的人转让股权，应就其股权转让事项以书面或者其他能够确认收悉的合理方式通知其他股东征求同意；

② 经股东同意转让的股权，其他股东主张转让股东应当向其以书面或者其他能够确认收悉的合理方式通知转让股权的同等条件的，人民法院应当予以支持。

（3）行使期限。

① 有限责任公司的股东主张优先购买转让股权的，应当在收到通知后，在公司章程规定的行使期间内提出购买请求；

② 公司章程没有规定行使期间或者规定不明确的，以通知确定的期间为准；

③ 通知确定的期间短于30日或者未明确行使期间的，行使期间为30日。

【相关链接】优先购买权行使的期限：按份共有人之间有约定的，按照约定处理；没有约定或者约定不明的，按照下列情形确定：①转让人向其他按份共有人发出的包含同等条件内容的通知中载明行使期间的，以该期间为准；②通知中未载明行使期间，或者载明的期间短于通知送达之日起15日的，转让人须确保优先购买权的行使期间不得低于15日；③转让人未通知的，为其他按份共有人知道或者应当知道最终确定的同等条件之日起15日；④转让人未通知，且无法确定其他按份共有人知道或者应当知道最终确定的同等条件的，为共有份额权属转移之日起6个月。

（4）转让股东未征求意见转让股权。

有限责任公司的股东向股东以外的人转让股权，未就其股权转让事项征求其他股东意见，或者以欺诈、恶意串通等手段，损害其他股东优先购买权，其他股东主张按照同等条件购买该转让股权的，人民法院应当予以支持；但其他股东自知道或者应当知道行使优先购买权的同等条件之日起30内没有主张，或者自股权变更登记之日起超过1年的除外。

【提示】其他股东仅提出确认股权转让合同及股权变动效力等请求，未同时主张按照同等条件购买转让股权的，人民法院不予支持，但其他股东非因自身原因导致无法行使优先购买权，请求损害赔偿的除外。

【相关链接】优先购买权受到侵害，只能向侵害人请求债权性质的损害赔偿救济，不得要求撤销共有人与第三人的份额转让合同或主张该合同无效。

（5）转让股东有权撤回转让。

有限责任公司的转让股东，在其他股东主张优先购买后又不同意转让股权的，对其他股东优先购买的主张，人民法院不予支持，但公司章程另有规定或者全体股东另有约定的除外。其他股东主张转让股东赔偿其损失合理的，人民法院对具有合理理由的请求应当予以支持。

【鑫考题·单选题】甲有限责任公司章程规定，股东优先购买权的行使期间是收到书面转让通知之日起60日。股东赵某拟对外转让股权并书面通知其他股东。通知中载明，欲行使优先购买权者，请自收到通知之日起 20 日内提出。根据公司法律制度的规定，其他股东优先购买权的行使期间是（　　）。(2019 年)

A. 自收到赵某书面通知之日起 20 日内
B. 自收到赵某书面通知之日起 80 日内
C. 自收到赵某书面通知之日起 30 日内
D. 自收到赵某书面通知之日起 60 日内

【答案】D

【解析】有限责任公司的股东主张优先购买转让股权的，应当在收到通知后，在公司章程规定的行使期间内提出购买请求。公司章程没有规定行使期间或者规定不明确的，以通知确定的期间为准，通知确定的期间短于 30 日或者未明确行使期间的，行使期间为 30 日。

二、强制转让股权

1. 通知

人民法院依照法律规定的强制执行程序转让股东的股权时，应当通知公司及全体股东，其他股东在同等条件下有优先购买权。

2. 优先购买权

其他股东自人民法院通知之日起满 20 日不行使优先购买权的，视为放弃优先购买权。

【鑫考题·单选题】某有限责任公司共有甲、乙、丙三名股东，因甲无法偿还个人到期债务，人民法院拟依强制执行程序变卖其股权偿债。根据公司法律制度的规定，下列表述中，正确的是（　　）。(2014 年)

A. 人民法院应当征得乙、丙同意，乙、丙在同等条件下有优先购买权
B. 人民法院应当通知公司及全体股东，乙、丙在同等条件下有优先购买权
C. 人民法院应当征得公司及乙、丙同意，乙、丙在同等条件下有优先购买权
D. 人民法院应当通知乙、丙，乙、丙在同等条件下有优先购买权

【答案】B

【解析】人民法院依照法律规定的强制执行程序转让股东的股权时，应当通知公司及全体股东，其他股东在同等条件下有优先购买权。

三、继承股权

自然人股东死亡后，其合法继承人可以继承股东资格；但是，公司章程另有规定的除外。

【相关链接】有限责任公司的自然人股东因继承发生变化时，其他股东主张依据《公司法》规定行使优先购买权的，人民法院不予支持，但公司章程另有规定或者全体股东另有约定的除外。

【考题1·多选题】 某有限责任公司关于股东资格解除与认定的下列做法中，符合公司法律制度规定的有（   ）。(2013年)

A. 股东乙病故后，其妻作为合法继承人要求继承股东资格，公司依章程中关于股东资格不得继承的规定予以拒绝

B. 股东丙抽逃部分出资，股东会通过决议解除其股东资格

C. 股东甲未依照章程规定缴纳出资，董事会通过决议解除其股东资格

D. 实际出资人丁请求公司解除名义股东戊的股东资格，并将自己登记为股东，因未获公司其他股东半数以上同意，公司予以拒绝

【答案】AD

【解析】(1) 选项A：在公司章程没有另外规定的情况下，自然人股东死亡后，其合法继承人可以直接继承股东资格；(2) 选项B：股东抽逃全部出资（丙只是抽逃部分出资），经公司催告返还，其在合理期间内仍未返还出资，公司可以以股东会决议解除该股东的股东资格；(3) 选项C：有限责任公司的股东未履行出资义务（不包括未全面履行），经公司催告缴纳，其在合理期间内仍未缴纳，公司可以以股东会决议（而非董事会决议）解除该股东的股东资格；(4) 选项D：如果实际出资人未经公司其他股东半数以上同意，请求公司变更股东、签发出资证明书、记载于股东名册、记载于公司章程并在公司登记机关办理登记的，人民法院不予支持。

【考题2·单选题】 某有限责任公司的自然人股东甲死亡。公司章程对于股权继承无特别规定。根据公司法律制度的规定，甲的合法继承人享有的权利是（   ）。(2018年)

A. 继承甲的股东资格，并享有全部股东权利

B. 继承甲的股东资格，但表决权受一定限制

C. 继承甲所持股权的财产利益，但不得继承股东资格

D. 继承甲所持股权的财产利益，但继承股东资格须经其他股东过半数通过

【答案】A

【解析】在公司章程没有另外规定的情况下，自然人股东死亡后，其合法继承人可以直接继承股东资格。

四、"一股二卖"的处理规则

1. 股权归属

股权转让后尚未向公司登记机关办理变更登记，原股东仍将登记于其名下的股权转让、质押或者以其他方式处分，受让股东可以主张处分股权行为无效；但如果第三方构成善意取得，第三方可以取得股权。

2. 责任承担

原股东处分股权造成受让股东损失，受让股东请求原股东承担赔偿责任，请求对未及时办理变更登记有过错的董事、高级管理人员或者实际控制人承担相应责任的，人民

法院应予支持。受让股东有过失的，可以减轻上述人员的责任。

第四节　其他的公司法律制度

【鑫考点1】财务会计制度（★★★）（2009年单选题；2012年单选题；2013年单选题；2015年单选题、多选题；2016年单选题；2017年单选题；2018年多选题、案例分析题；2019年单选题、案例分析题；2020年单选题）

一、财务会计报告

（1）有限责任公司应当按照公司章程规定的期限将财务会计报告送交各股东。

（2）股份有限公司的财务会计报告应当在召开股东大会年会的20日前置备于本公司，供股东查阅；公开发行股票的股份有限公司必须公告其财务会计报告。

【鑫考题·单选题】股份有限公司召开股东大会年会时，应当提前将财务会计报告置备于公司。根据公司法律制度的规定，该提前置备财务会计报告的时限是（　　）。（2015年）

A. 10日　　　　B. 20日　　　　C. 30日　　　　D. 60日

【答案】B

【解析】股份有限公司的财务会计报告应当在召开股东大会年会的20日前置备于本公司，供股东查阅。

二、利润分配规则

（1）有限责任公司按照股东实缴的出资比例分配，但全体股东约定不按照出资比例分配的除外。

（2）股份有限公司按照股东持有的股份比例分配，但股份有限公司章程规定不按持股比例分配的除外。

（3）公司持有的本公司股份不得分配利润。

（4）公司利润分配顺序：①弥补以前年度的亏损，但不得超过税法规定的弥补期限；②缴纳所得税；③弥补在税前利润弥补亏损之后仍存在的亏损；④提取法定公积金；⑤提取任意公积金；⑥向股东分配利润。

（5）股东承担违规分配利润的返还责任。

公司如果违反《公司法》财务规则分配利润，即在弥补亏损和提列法定公积金之前分配利润，首先要承担民事责任的是接受分红的股东——他们负有向公司返还违规分配之利润的责任。

【提示】股东如果借利润分配之名抽回出资，则构成抽逃出资。抽逃出资的股东，除了必须退还抽回的资金外，还可能在抽逃出资范围内承担公司债务。

三、公积金规则（2019年案例分析题）

类型		来源	用途
资本公积金		股票发行的溢价款	可用于扩大经营、转增资本，但不得用于弥补亏损
盈余公积金	法定公积金	（1）按照公司税后利润的10%提取 （2）当法定公积金累计额为公司注册资本的50%以上时，可以不再提取 （3）提取之前，应当先补亏	（1）弥补公司的亏损 （2）扩大公司生产经营 （3）转增公司资本 【提示】法定公积金转增资本后留存的该项公积金不得少于转增前注册资本的25%
	任意公积金	按股东（大）会决议提取	—

【鑫考题1·单选题】某公司注册资本为100万元。2008年，该公司提取的法定公积金累计额为60万元，提取的任意公积金累计额为40万元。当年，该公司拟用公积金转增公司资本50万元。下列有关公司拟用公积金转增资本的方案中，不符合公司法律制度规定的是（　　）。（2009年）

A. 用法定公积金10万元、任意公积金40万元转增资本

B. 用法定公积金20万元、任意公积金30万元转增资本

C. 用法定公积金30万元、任意公积金20万元转增资本

D. 用法定公积金40万元、任意公积金10万元转增资本

【答案】D

【解析】（1）用法定公积金转增资本时，转增后所留存的法定公积金不得少于转增前注册资本的25%，在本题中，法定公积金最多可以转增35（60－100×25%）万元；（2）任意公积金不受25%的限制。

【鑫考题2·多选题】根据公司法律制度的规定，下列各项中，应当在提取法定公积金之前实施的有（　　）。（2015年）

A. 向股东分配利润　　　　　　B. 缴纳企业所得税

C. 提取任意公积金　　　　　　D. 弥补以前年度亏损

【答案】BD

【解析】根据《公司法》及有关规定，公司应当按照如下顺序进行利润分配：（1）弥补以前年度的亏损，但不得超过税法规定的弥补期限；（2）缴纳所得税；（3）弥补在税前利润弥补亏损之后仍存在的亏损；（4）提取法定公积金；（5）提取任意公积金；（6）向股东分配利润。

【鑫考题3·单选题】甲公司注册资本为700万元，公司当年税后利润为300万元，法定公积金累计额为310万元。公司无亏损。根据公司法律制度的规定，甲公司当年度提取的法定公积金金额是（　　）。（2016年）

A. 30万元 B. 40万元 C. 50万元 D. 60万元

【答案】A

【解析】法定公积金按照税后利润的10%提取：300×10%=30（万元）。

【鑫考题4·单选题】根据公司法律制度的规定，股份有限公司以超过股票票面金额的价格发行股份所得的溢价款，应当列为（　　）。(2017年)

A. 盈余公积金　　B. 未分配利润　　C. 法定公积金　　D. 资本公积金

【答案】D

【解析】资本公积金是直接由资本原因形成的公积金，股份有限公司以超过股票票面金额的发行价格发行股份所得的溢价款及国务院财政部门规定列入资本公积金的其他收入，应当列为公司的"资本公积金"。

【鑫考题5·单选题】根据公司法律制度的规定，下列事项中，属于禁止使用公司资本公积金的情形是（　　）。(2020年)

A. 转增公司资本　　　　　　　B. 扩大生产经营
C. 弥补公司亏损　　　　　　　D. 长期股权投资

【答案】C

【鑫考点2】公司的重大变更（★★）(2010年单选题、多选题；2018年多选题、案例分析题；2019年单选题)

一、公司合并

1. 公司合并的决议

（1）有限责任公司作出合并决议，必须经代表2/3以上表决权的股东通过。

（2）股份有限公司作出合并决议，必须经出席会议的股东所持表决权的2/3以上通过。

（3）异议股东股份收购请求权。公司在收购其股份后，应当在6个月内转让或注销。

2. 通知债权人

（1）公司应当自作出合并决议之日起10日内通知债权人，并于30日内在报纸上公告。

（2）债权人自接到通知书之日起30日内，未接到通知书的自公告之日起45日内，可以要求公司清偿债务或者提供相应的担保。(2018年案例分析题)

3. 债权、债务的承担

（1）公司合并时，合并各方的债权、债务，应当由合并后存续的公司或者新设的公司承继。

（2）企业吸收合并后，债权人就被合并企业原资产管理人（出资人）隐瞒或者遗漏的企业债务起诉合并方的，如债权人在公告期内申报过该笔债权，合并方在承担民事责任后，可再行向被合并企业原资产管理人（出资人）追偿。

（3）如债权人在公告期内未申报过该笔债权，则合并方不承担民事责任。人民法院可告知债权人另行起诉被合并企业原资产管理人（出资人）。

二、公司分立

1. 分立的程序

公司分立程序中虽然也设置了债权人通知程序（公司应当自作出分立决议之日起10日内通知债权人，并于30日内在报纸上公告），但并没有赋予债权人请求公司清偿债务或者提供相应担保的权利。

2. 债权、债务的承担

（1）债权人向分立后的企业主张债权，企业分立时对原企业的债务承担有约定，并经债权人认可的，按照当事人的约定处理。

（2）企业分立时对原企业债务承担没有约定或者约定不明，或者虽然有约定但债权人不予认可的，分立后的企业应当承担连带责任。

（3）分立的企业在承担连带责任后，各分立的企业间对原企业债务承担有约定的，按照约定处理；没有约定或者约定不明的，根据企业分立时的资产比例分担。

【鑫考题·单选题】甲公司分立成乙、丙两公司。根据分立协议，乙公司承继甲公司20%的净资产，丙公司承继甲公司80%的净资产及所有负债。甲公司的到期债权人丁公司接到分立通知后，要求上述相关公司立即清偿债务。下列关于丁公司债务清偿请求的表述中，符合公司法律制度规定的是（　　）。（2019年）
A. 丁公司仅能请求乙公司对该债务承担20%的责任
B. 丁公司仅能请求丙公司对该债务承担责任，不能请求乙公司对该债务承担责任
C. 丁公司可请求乙、丙公司对该债务承担连带责任
D. 丁公司仅能请求丙公司对该债务承担80%的责任

【答案】C

【解析】公司分立前的债务由分立后的公司承担连带责任。但是，公司在分立前与债权人就债务清偿达成的书面协议另有约定的除外。

三、公司减资

1. 减资方式

公司可采取以下方式实施减资：

（1）返还出资或股款，即将股东已缴付的出资财产或股款部分或全部返还股东。

（2）减免出资或购股义务，即部分或全部免除股东已认缴或认购但未实缴的出资金额。

（3）缩减股权或股份。如公司按照一定比例将已发行股份合并（如二股合为一股），达到缩减股份的目的。

2. 减资程序（包括但不限于）

（1）公司董事会制订减资方案，提交股东会或股东大会表决。

（2）公司必须编制资产负债表及财产清单。

（3）通知债权人和对外公告。公司减少注册资本时，应当自作出减少注册资本决议之日起10日内通知债权人，并于30日内在报纸上公告。债权人自接到通知书之日起30日内，未接到通知书的自公告之日起45日内，有权要求公司清偿债务或者提供相应的担保。

【鑫考题·多选题】根据公司法律制度的规定，下列选项中，属于公司减少注册资本可以采取的方式有（　　）。(2018年)

A. 向股东返还出资或股款　　B. 减免股东的出资或购股义务
C. 股东对外转让股权　　　　D. 缩减股权或股份

【答案】ABD

【解析】公司可采取以下方式实施减资：(1) 返还出资或股款；(2) 减免出资或购股义务；(3) 缩减股权或股份。

【鑫考点3】公司强制解散（★★）(2009年单选题；2011年单选题；2016年单选题)

一、强制解散的条件

（1）单独或者合计持有公司全部股东表决权10%以上的股东，提起解散公司诉讼，人民法院应予受理的情形：

① 公司持续2年以上无法召开股东会或者股东大会，公司经营管理发生严重困难的；

② 股东表决时无法达到法定或者公司章程规定的比例，持续2年以上不能作出有效的股东会或者股东大会决议，公司经营管理发生严重困难的；

③ 公司董事长期冲突，且无法通过股东会或者股东大会解决，公司经营管理发生严重困难的；

④ 经营管理发生其他严重困难，公司继续存续会使股东利益受到重大损失的情形。

（2）人民法院不予受理的情形：

① 股东以知情权、利润分配请求权等权益受到损害，或者公司亏损、财产不足以偿还全部债务，以及公司被吊销企业法人营业执照未进行清算等为由，提起解散公司诉讼的，人民法院不予受理；

② 股东提起解散公司诉讼，同时又申请人民法院对公司进行清算的，人民法院对其提出的清算申请不予受理。

【解释】要先解散才能清算，故解散申请可以受理，清算申请不予受理。

【鑫考题·单选题】根据公司法律制度的规定，下列情形中，构成股东要求司法解散公司的正当理由的是（　　）。(2016年)

A. 公司最近3年未开股东会，无法形成股东会决议，经营管理严重困难，继续存续

会使股东利益严重受损，且无其他途径解决

B. 公司连续3年亏损，累计亏损达到实收股本总额的1/2

C. 公司连续5年盈利，并符合法律规定的利润分配条件，但不分红

D. 公司无故拒绝股东查询公司会计账簿

【答案】A

【解析】（1）选项A：公司持续2年以上无法召开股东会或者股东大会，公司经营管理发生严重困难的，单独或者合计持有公司全部股东表决权10%以上的股东，可向人民法院提起解散公司诉讼；（2）选项B：公司出现连续亏损情形，不是解散公司的正当理由；（3）选项C：公司连续5年不向股东分配利润，而公司该5年连续盈利，并且符合法律规定的分配利润条件的，对股东会决议投反对票的股东可以请求公司按照合理的价格收购其股权（而非解散公司）；（4）选项D：侵犯股东知情权，股东可以以知情权受到损害，直接向人民法院提起股东直接诉讼。

二、强制解散之诉

（1）股东提起解散公司诉讼，应当列公司为被告。

（2）人民法院审理解散公司诉讼案件，应当注重调解。

（3）当事人协商一致以下列方式解决分歧，且不违反法律、行政法规强制性规定的，人民法院应予支持：①公司收购部分股东股份；②其他股东受让部分股东股份；③他人受让部分股东股份；④公司减资；⑤公司分立；⑥其他能够解决分歧，恢复公司正常经营，避免公司解散的方式。

【解释】无论股权在股东之间转让、公司收购股份、股份转让给公司外第三人还是公司减资、分立等，都有各自的条件和程序性要求。例如，公司收购股东股份的，应当自调解书生效之日起6个月内转让或注销该股份；公司分立的，应当公告债权人清偿债务等。故本条强调不得违反法律、行政法规的强制性规定。

【鑫考点4】公司清算（★★）(2017年多选题；2020年多选题)

一、清算义务人

【解释】清算义务人是指有义务组织公司清算的人，包括有限责任公司的股东、股份有限公司的董事和控股股东。

（1）清算义务人未在法定期限内成立清算组开始清算，导致公司财产贬值、流失、毁损或者灭失的，应当在造成损失范围内对公司债务承担赔偿责任。

（2）清算义务人怠于履行义务，导致公司主要财产、账册、重要文件等灭失，无法进行清算，债权人主张其对公司债务承担连带清偿责任的，人民法院应依法予以支持。上述情形系实际控制人原因造成，则实际控制人应对公司债务承担相应民事责任。

二、清算组

自行清算	解散事由出现之日起15日内	(1) 有限责任公司：股东组成 (2) 股份有限公司：董事或股东大会确定的人员组成
强制清算	有下列情形之一，债权人申请人民法院指定清算组进行清算的，人民法院应予受理： (1) 公司解散逾期（解散事由出现之日起15日内）不成立清算组进行清算的； (2) 虽然成立清算组但故意拖延清算的； (3) 违法清算可能严重损害债权人或股东利益的。 【提示】对第(2)款中情形债权人未提，股东也可以申请强制清算	(1) 股东、董事、监事、高级管理人员 (2) 社会中介机构 (3) 社会中介机构中具备相关专业知识并取得执业资格的人员

三、清算组职权

清算组在清算期间行使下列职权：

（1）清理公司财产，分别编制资产负债表和财产清单。
（2）通知、公告债权人。
（3）处理与清算有关的公司未了结的业务。
（4）清缴所欠税款及清算过程中产生的税款。
（5）清理债权、债务。
（6）处理公司清偿债务后的剩余财产。
（7）代表公司参与民事诉讼活动。

【鑫考题·多选题】根据公司法律制度的规定，清算组在清算期间可以行使的职权有（　　）。(2017年)

A. 清理公司财产，分别编制资产负债表和财产清单
B. 处理公司清偿债务后的剩余财产
C. 通知、公告债权人
D. 代表公司参与民事诉讼

【答案】ABCD

四、清算程序

（1）清算组应当自成立之日起10日内通知债权人，并于60日内在报纸上公告。债权人应当自接到通知书之日起30日内，未接到通知书的自公告之日起45日内，向清算组申报其债权。

（2）清算时间：人民法院组织清算的，清算组应当自成立之日起6个月内清算完毕。因特殊情况无法在6个月内完成清算的，清算组应当向人民法院申请延长。

【鑫考题·多选题】根据公司法律制度的规定，下列主体中，有义务组织股份有限公司清算的有（   ）。(2020年)

A. 监事　　　　B. 董事　　　　C. 职工代表　　　　D. 控股股东

【答案】BD

第七章

证券法律制度

本章考点

在最近3年的考试中，本章的平均分值为20分，属于重点章节，各种题型均有考核，考生需要重点关注《公司法》与《证券法》相结合的案例分析题。本章考点较多，复习难度较大，考生需要过数字关，重点掌握股票与债券的发行、上市公司收购与重组、券欺诈的法律责任等有关规定。

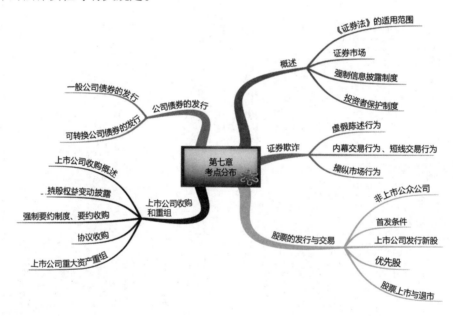

本章考情

其中1套试卷

题型	2018年	2019年	2020年
单选题	2题2分	2题2分	3题3分
多选题	1题1.5分	1题1.5分	2题3分
案例分析题	1题18分	1题6问16分	1题18分
合计	4题21.5分	4题19.5分	6题24分

第一节 证券法律制度概述

【鑫考点1】《证券法》的适用范围（★）（2020年多选题）

一、适用《证券法》的证券

（1）《证券法》中的"证券"，目前主要可以分为股票、债券、混合型可转债及存托凭证。

（2）政府债券（适用《国库券条例》《地方政府债券发行管理办法》）、证券投资基金份额（适用《证券投资基金法》）只有在证券交易所上市交易时，才适用《证券法》。

二、存托凭证

1. 基本概念

存托凭证是指由存托人签发、以境外证券为基础在中国境内发行、代表境外基础证券权益的证券。

2. 法律关系的主体

存托凭证发行法律关系中的主体包括基础证券发行人、存托人和存托凭证持有人。

【提示1】存托人应按照存托协议约定，根据存托凭证持有人意愿行使境外基础证券相应权利，办理存托凭证分红、派息等业务。

【提示2】存托凭证持有人依法享有存托凭证代表的境外基础证券权益，并按照存托协议约定，通过存托人行使其权利。

【提示3】存托人可在境外委托金融机构担任托管人。托管人负责托管存托凭证基础财产，并负责办理与托管相关的其他业务。

【提示4】存托人和托管人应为存托凭证基础财产单独立户，将存托凭证基础财产与其自有财产有效隔离、分别管理、分别记账，不得将存托凭证基础财产归入其自有财产，不得违背受托义务侵占存托凭证基础财产。

3. 纠纷管辖法院

基础证券发行人、存托人和存托凭证持有人通过存托协议明确存托凭证所代表权益及各方权利义务。存托协议应约定因存托凭证发生的纠纷适用中国法律法规规定，由境内法院管辖。

【鑫考题·多选题】根据证券法律制度的规定，在我国境内发行下列证券时，应当适用《中华人民共和国证券法》的有（　　）。（2020年）

A. 股票　　　　B. 公司债券　　　　C. 政府债券　　　　D. 存托凭证

【答案】ABD

【鑫考点2】证券市场（★）(2020年单选题)

一、交易场所

(1) 公开发行的证券，应当在依法设立的证券交易所上市交易或者在国务院批准的其他全国性证券交易场所交易。

(2) 非公开发行的证券，可以在证券交易所、国务院批准的其他全国性证券交易场所、按照国务院规定设立的区域性股权市场转让。

【提示1】以上市或挂牌的条件或门槛为标准，证券交易市场可以分为主板、二板、三板市场或其他市场（如区域性股权市场）。

【提示2】有下列情形之一的，为公开发行：

① 向不特定对象发行证券；

② 向特定对象发行证券累计超过200人，但依法实施员工持股计划的员工人数不计算在内。

【提示3】非公开发行证券，不得采用广告、公开劝诱和变相公开方式。

二、全国中小企业股份转让系统（新三板）

全国中小企业股份转让系统的主要特征表现为（包括但不限于）：

(1) 服务对象主要是中小微企业（在准入条件上，不设财务门槛，申请挂牌的公司可以尚未盈利，但必须履行信息披露义务）。

(2) 投资者有资质要求。

(3) 采取多元化交易机制（股票转让可以采取协议方式、做市方式、竞价方式或其他中国证监会批准的转让方式）。

三、区域性股权市场（私募股权市场）

区域性股权市场交易要求：

(1) 不得将任何权益拆分为均等份额公开发行。

(2) 不得采取集中交易方式进行交易、不得以集中交易方式进行标准化合约交易。

(3) 不得将权益按照标准化交易单位持续挂牌交易。

(4) 权益持有人累计不超过200人。

(5) 未经国务院相关金融管理部门批准，不得设立从事保险、信贷、黄金等金融产品交易的交易场所。

【提示】凡使用"交易所"字样的交易场所，除经国务院或国务院金融管理部门批准外，必须报省级人民政府批准。

【鑫考题·单选题】根据证券法律制度的规定，下列关于区域性股权市场相关规则的表述中，正确的是（　　）。(2020年)

A. 可采用协议转让的方式进行交易

B. 可将权益拆分为均等份额公开发行

C. 权益持有人累计可超过200人

D. 可将权益按照标准化交易单位持续挂牌交易

【答案】A

【鑫考点3】强制信息披露制度（★）（2010年单选题、多选题；2012年单选题；2017年单选题、案例分析题；2019年案例分析题；2020年单选题、案例分析题）

【解释1】首次信息披露主要有招股说明书、债券募集说明书和上市公告书。

【解释2】持续信息披露主要有定期报告和临时报告。

一、招股说明书

（1）招股说明书中引用的财务报表在其最近一期截止日后6个月内有效，特殊情况下发行人可申请适当延长，但至多不超过3个月。财务报表应当以年度末、半年度末或者季度末为截止日。

（2）招股说明书的有效期为6个月，自公开发行前招股说明书最后一次签署之日起算。

二、定期报告

（1）年度报告：在每一会计年度结束之日起4个月内，报送并公告年度报告，其中年度财务会计报告应当经会计师事务所审计。

（2）中期报告：在每一会计年度的上半年结束之日起2个月内编制完成并披露。

（3）季度报告：在每一会计年度第3个月、第9个月结束后的1个月内编制完成并披露。

【鑫考题1·单选题】下列关于招股说明书中引用的财务报表的有效期的表述中，符合证券法律制度规定的是（　　）。(2012年)

A. 招股说明书中引用的财务报表在其最近一期截止日后3个月内有效。特别情况下发行人可申请适当延长，但至多不超过1个月

B. 招股说明书中引用的财务报表在其最近一期截止日后3个月内有效。特别情况下发行人可申请适当延长，但至多不超过6个月

C. 招股说明书中引用的财务报表在其最近一期截止日后6个月内有效。特别情况下发行人可申请适当延长，但至多不超过1个月

D. 招股说明书中引用的财务报表在其最近一期截止日后6个月内有效。特别情况下发行人可申请适当延长，但至多不超过3个月

【答案】D

【解析】招股说明书中引用的财务报表在其最近一期截止日后6个月内有效。特别情况下发行人可申请适当延长，但至多不超过3个月。

【鑫考题2·单选题】根据证券法律制度的规定，招股说明书的有效期为6个月。该

有效期的起算日是（　　）。(2017年)

A. 发行人全体董事在招股说明书上签名、盖章之日
B. 招股说明书在中国证监会指定网站第一次全文刊登之日
C. 公开发行前招股说明书最后一次签署之日
D. 保荐人及保荐代表人在核查意见上签字、盖章之日

【答案】C

【鑫考题3·单选题】根据证券法律制度的规定，上市公司应当在每个会计年度结束之日起一定期限内编制年度报告并披露。该期限是（　　）。(2020年)

A. 3个月　　　　B. 1个月　　　　C. 4个月　　　　D. 6个月

【答案】C

三、临时报告

1. 涉及股票发行公司的重大事件

【解释】发生可能对上市公司、股票在国务院批准的其他全国性证券交易场所交易的公司的股票交易价格产生较大影响的重大事件，投资者尚未得知时，公司应当立即将有关该重大事件的情况向国务院证券监督管理机构和证券交易场所报送临时报告，并予公告，说明事件的起因、目前的状态和可能产生的法律后果。

（1）公司的经营方针和经营范围的重大变化。

（2）公司的重大投资行为，公司在1年内购买、出售重大资产超过公司资产总额30%，或者公司营业用主要资产的抵押、质押、出售或者报废一次超过该资产的30%。（★★★）

（3）公司订立重要合同、提供重大担保或者从事关联交易，可能对公司的资产、负债、权益和经营成果产生重要影响。（★★★）

（4）公司发生重大债务和未能清偿到期重大债务的违约情况。

（5）公司发生重大亏损或者重大损失。

（6）公司生产经营的外部条件发生的重大变化。

（7）公司的董事、1/3以上监事或者经理发生变动，董事长或者经理无法履行职责。（★★★）

（8）持有公司5%以上股份的股东或者实际控制人，其持有股份或者控制公司的情况发生较大变化，公司的实际控制人及其控制的其他企业从事与公司相同或者相似业务的情况发生较大变化。（2020年案例分析题）

（9）公司分配股利、增资的计划，公司股权结构的重要变化，公司减资、合并、分立、解散及申请破产的决定，或者依法进入破产程序、被责令关闭。（2019年案例分析题）（★★★）

（10）涉及公司的重大诉讼、仲裁，股东大会、董事会决议被依法撤销或者宣告无效。（★★★）

（11）公司涉嫌犯罪被依法立案调查，公司的控股股东、实际控制人、董事、监事、高级管理人员涉嫌犯罪被依法采取强制措施。（★★★）

（12）国务院证券监督管理机构规定的其他事项。

【提示1】上市公司控股子公司发生重大事件，可能对上市公司证券及其衍生品种交易价格产生较大影响的，上市公司应当履行信息披露义务。（2017年案例分析题）

【提示2】上市公司参股公司发生可能对上市公司证券及其衍生品种交易价格产生较大影响的事件的，上市公司应当履行信息披露义务。

2. 涉及债券上市交易公司的重大事件

【解释】发生可能对上市交易公司债券的交易价格产生较大影响的重大事件，投资者尚未得知时，公司应当立即将有关该重大事件的情况向国务院证券监督管理机构和证券交易场所报送临时报告，并予公告，说明事件的起因、目前的状态和可能产生的法律后果。

（1）公司股权结构或者生产经营状况发生重大变化。

【相关链接】股票的重大事件：公司股权结构的重要变化，公司生产经营的外部条件发生的重大变化。

（2）公司债券信用评级发生变化。

（3）公司重大资产抵押、质押、出售、转让、报废。

【相关链接】股票的重大事件：公司营业用主要资产的抵押、质押、出售或者报废一次超过该资产的30%。

（4）公司发生未能清偿到期债务的情况。

【相关链接】股票的重大事件：公司发生重大债务和未能清偿到期重大债务的违约情况。

（5）公司新增借款或者对外提供担保超过上年年末净资产的20%。

【相关链接】股票的重大事件：公司提供重大担保，可能对公司的资产、负债、权益和经营成果产生重要影响。

（6）公司放弃债权或者财产超过上年年末净资产的10%。

（7）公司发生超过上年年末净资产10%的重大损失。

【相关链接】股票的重大事件：公司发生重大亏损或者重大损失。

（8）公司分配股利（没有"增资"），作出减资、合并、分立、解散、申请破产决定，或者依法进入破产程序、被责令关闭。

【相关链接】股票的重大事件：公司分配股利、增资的计划，公司减资、合并、分立、解散及申请破产的决定，或者依法进入破产程序、被责令关闭。

（9）涉及公司的重大诉讼、仲裁。

【相关链接】股票的重大事件：涉及公司的重大诉讼、仲裁，股东大会、董事会决议被依法撤销或者宣告无效。

（10）公司涉嫌犯罪被依法立案调查，公司的控股股东、实际控制人、董事、监事、高级管理人员涉嫌犯罪被依法采取强制措施。

（11）国务院证券监督管理机构规定的其他事项。

3. 重大事件的披露时点

上市公司应当在最先发生的以下任一时点，及时（自起算日起或触及披露时点的2个交易日内）履行重大事件的信息披露义务：

（1）董事会或监事会就该重大事件形成决议时。（2019年案例分析题）

（2）有关各方就该重大事件签署意向书或协议时。

（3）董事、监事或高级管理人员知悉该重大事件发生并报告时。

【提示】在上述规定的时点之前出现下列情形之一的，上市公司应当及时披露相关事项的现状、可能影响事件进展的风险因素：

① 该重大事件难以保密；

② 该重大事件已经泄露或者市场出现传闻；

③ 公司证券及其衍生品种出现异常交易情况。（2012年案例分析题；2016年案例分析题）

【鑫考题1·多选题】甲上市公司正在与乙公司商谈合并事项。下列关于甲公司信息披露的表述中，正确的有（　　）。（2010年）

A. 一旦甲公司与乙公司开始谈判，甲公司就应当公告披露合并事项

B. 当市场出现甲公司与乙公司合并的传闻，并导致甲公司股价出现异常波动时，甲公司应当公告披露合并事项

C. 当甲公司与乙公司签订合并协议时，甲公司应当公告披露合并事项

D. 当甲公司派人对乙公司进行尽职调查以确定合并价格时，甲公司应当公告披露合并事项

【答案】BC

【解析】（1）选项ACD：有关各方就该重大事件签署"意向书或者协议"时，上市公司应及时履行重大事件的信息披露义务；（2）选项B：该重大事件已经泄露或者市场出现传闻，公司证券及其衍生品种出现异常交易情况时，上市公司应当及时披露相关事项的现状、可能影响事件进展的风险因素。

【鑫考题2·单选题】甲上市公司上一期经审计的净资产额为50亿元人民币。甲公司拟为乙公司提供保证担保，担保金额为6亿元，并经董事会会议决议通过。甲公司章程规定，单笔对外担保额超过公司最近一期经审计净资产10%的担保须经公司股东大会批准。根据证券法律制度的规定，甲公司披露该笔担保的最早时点应当是（　　）。（2017年）

A. 甲公司股东大会就该笔担保形成决议时

B. 甲公司董事会就该笔担保形成决议时

C. 甲公司与乙公司的债权人签订保证合同时

D. 证券交易所核准同意甲公司进行担保时

【答案】B

【解析】上市公司对外提供重大担保，构成重大事件。上市公司应当在最先发生的以下任一时点，及时履行重大事件的信息披露义务：（1）董事会或者监事会就该重大事件形成决议时；（2）有关各方就该重大事件签署意向书或者协议时；（3）董事、监事或者高级管理人员知悉该重大事件发生并报告时。

四、信息披露的事务管理

1. 上市公司及其他信息披露义务人在信息披露工作中的职责

（1）信息披露义务人应当及时依法履行信息披露义务，披露的信息应当真实、准确、完整，简明清晰、通俗易懂，不得有虚假记载、误导性陈述或者重大遗漏。

（2）证券及其衍生品种同时在境内境外公开发行、交易的，其信息披露义务人在境外市场披露的信息，应当同时在境内市场披露。

（3）信息披露义务人披露的信息应当同时向所有投资者披露，不得提前向任何单位和个人泄露。但是，法律、行政法规另有规定的除外。

（4）除依法需要披露的信息之外，信息披露义务人可以自愿披露与投资者作出价值判断和投资决策有关的信息，但不得与依法披露的信息相冲突，不得误导投资者。

（5）上市公司及其控股股东、实际控制人、董事、监事、高级管理人员等作出公开承诺的，应当披露。

（6）信息披露义务人不得以新闻发布或者答记者问等任何形式代替应当履行的报告、公告义务，不得以定期报告形式代替应当履行的临时报告义务。

2. 上市公司董事、监事、高级管理人员在信息披露工作中的职责

（1）发行人的董事、高级管理人员应当对证券发行文件和定期报告签署书面确认意见。

（2）发行人的监事会应当对董事会编制的证券发行文件和定期报告进行审核并提出书面审核意见。监事应当签署书面确认意见。

（3）董事、监事和高级管理人员无法保证证券发行文件和定期报告内容的真实性、准确性、完整性或者有异议的，应当在书面确认意见中发表意见并陈述理由，发行人应当披露。发行人不予披露的，董事、监事和高级管理人员可以直接申请披露。

3. 上市公司股东、实际控制人在信息披露工作中的职责

（1）上市公司的股东、实际控制人发生以下事件时，应当主动告知上市公司董事会，并配合上市公司履行信息披露义务：① 持有公司5%以上股份的股东或者实际控制人持有股份或者控制公司的情况发生较大变化，公司的实际控制人及其控制的其他企业从事与公司相同或者相似业务的情况发生较大变化；② 法院裁决禁止控股股东转让其所持股份，任一股东所持公司5%以上股份被质押、冻结、司法拍卖、托管、设定信托或者被依法限制表决权等，或者出现被强制过户风险；③ 拟对上市公司进行重大资产或者业务

重组；④中国证监会规定的其他情形。

（2）应当披露的信息依法披露前，相关信息已在媒体上传播或者公司证券及其衍生品种出现交易异常情况的，股东或者实际控制人应当及时、准确地向上市公司作出书面报告，并配合上市公司及时、准确地公告。（2020年案例分析题）

（3）上市公司的股东、实际控制人不得滥用其股东权利、支配地位，不得要求上市公司向其提供内幕信息。

（4）上市公司向特定对象发行股票时，其控股股东、实际控制人和发行对象应当及时向上市公司提供相关信息，配合上市公司履行信息披露义务。

（5）上市公司应当履行关联交易的审议程序，并严格执行关联交易回避表决制度。上市公司董事、监事、高级管理人员、持股5%以上的股东及其一致行动人、实际控制人应当及时向上市公司董事会报送上市公司关联人名单及关联关系的说明。

【鑫考点4】投资者保护制度（★★★）

一、普通投资者的特殊保护

【解释】根据财产状况、金融资产状况、投资知识和经验、专业能力等因素，投资者可以分为普通投资者和专业投资者。

（1）普通投资者与证券公司发生纠纷的，证券公司应当证明其行为符合法律、行政法规及国务院证券监督管理机构的规定，不存在误导、欺诈等情形。证券公司不能证明的，应当承担相应的赔偿责任。

（2）投资者与发行人、证券公司等发生纠纷的，双方可以向投资者保护机构申请调解。普通投资者与证券公司发生证券业务纠纷，普通投资者提出调解请求的，证券公司不得拒绝。

二、投资者保护机构

【解释】我国的投资者保护机构主要在表决权征集、证券纠纷调解、证券支持诉讼、股东派生诉讼、代表人诉讼等方面履行相应投资者保护的职能。

1. 表决权征集

除了上市公司董事会、独立董事、持有1%以上有表决权股份的股东之外，依照法律、行政法规或者国务院证券监督管理机构的规定设立的投资者保护机构，也可以作为征集人，自行或者委托证券公司、证券服务机构，公开请求上市公司股东委托其代为出席股东大会，并代为行使提案权、表决权等股东权利。禁止以有偿或者变相有偿的方式公开征集股东权利。

2. 证券支持诉讼

投资者保护机构对损害投资者利益的行为，可以依法支持投资者向人民法院提起诉讼。

3. 股东派生诉讼

发行人的董事、监事、高级管理人员执行公司职务时违反法律、行政法规或者公司章程的规定给公司造成损失，发行人的控股股东、实际控制人等侵犯公司合法权益给公司造成损失，投资者保护机构持有该公司股份的，可以为公司的利益以自己的名义向人民法院提起诉讼，持股比例和持股期限不受《公司法》规定的限制。

4. 代表人诉讼

投资者提起虚假陈述等证券民事赔偿诉讼时，诉讼标的是同一种类，且当事人一方人数众多的，可以依法推选代表人进行诉讼。投资者保护机构受50名以上投资者委托，可以作为代表人参加诉讼，并为经证券登记结算机构确认的权利人依照前款规定向人民法院登记，但投资者明确表示不愿意参加该诉讼的除外。

三、先行赔付

发行人因欺诈发行、虚假陈述或者其他重大违法行为给投资者造成损失的，发行人的控股股东、实际控制人、相关的证券公司可以委托投资者保护机构，就赔偿事宜与受到损失的投资者达成协议，予以先行赔付。先行赔付后，可以依法向发行人及其他连带责任人追偿。

第二节　证券欺诈的法律责任

【鑫考点1】虚假陈述行为（★★★）（2012年多选题；2013年案例分析题；2014年单选题；2016年单选题、案例分析题；2017年案例分析题）

一、虚假陈述行为的行政责任

1. 证券服务机构

证券服务机构违反《证券法》的规定，未勤勉尽责，所制作、出具的文件有虚假记载、误导性陈述或者重大遗漏的，责令改正，没收业务收入，并处以业务收入1倍以上10倍以下的罚款，没有业务收入或者业务收入不足50万元的，处以50万元以上500万元以下的罚款；情节严重的，并处暂停或者禁止从事证券服务业务。对直接负责的主管人员和其他直接责任人员给予警告，并处以20万元以上200万元以下的罚款。

2. 信息披露义务人

（1）信息披露义务人报送的报告或者披露的信息有虚假记载、误导性陈述或者重大遗漏的，责令改正，给予警告，并处以100万元以上1 000万元以下的罚款；对直接负责的主管人员和其他直接责任人员给予警告，并处以50万元以上500万元以下的罚款。

（2）发行人的控股股东、实际控制人组织、指使从事上述违法行为，或者隐瞒相关事项导致发生上述情形的，处以100万元以上1 000万元以下的罚款；对直接负责的主管人员和其他直接责任人员，处以50万元以上500万元以下的罚款。

3. 虚假陈述中个人责任的认定

（1）信息披露义务人的董事、监事和高级管理人员，负有保证信息披露真实、准确、完整、及时和公平义务，应当视情形认定其为直接负责的主管人员或者其他直接责任人员承担行政责任，但其能够证明已尽忠实、勤勉义务，没有过错的除外。

（2）信息披露义务人的控股股东、实际控制人，如有证据证明因信息披露义务人受控股股东、实际控制人指使，未按照规定披露信息，或者所披露的信息有虚假记载、误导性陈述或者重大遗漏的，在认定信息披露义务人责任的同时，应当认定信息披露义务人的控股股东、实际控制人的信息披露违法责任。信息披露义务人的控股股东、实际控制人是法人的，其负责人应当认定为直接负责的主管人员。

4. 不予行政处罚的考虑情形

有证据反对	当事人对认定的信息披露违法事项提出具体异议记载于董事会、监事会、公司办公会会议记录等，并在上述会议中投反对票的
客观未参与	当事人在信息披露违法事实所涉及期间，由于不可抗力、失去人身自由等无法正常履行职责的
非主要责任人且事后及时报告	对公司信息披露违法行为不负有主要责任的人员在公司信息披露违法行为发生后及时向公司和证券交易所、中国证监会报告的

【提示】不得单独作为不予处罚情形的认定。（2013 年案例分析题；2016 年案例分析题；2017 年案例分析题）

① 不直接从事经营管理；
② 能力不足、无相关职业背景；
③ 任职时间短、不了解情况；
④ 相信专业机构或者专业人员出具的意见和报告；
⑤ 受到控股股东、实际控制人控制或者其他外部干预。

二、虚假陈述行为的民事责任

1. 因果推定（2013 年案例分析题；2016 年案例分析题；2017 年案例分析题）

（1）投资人买入的时间：虚假陈述实施日及以后，至揭露日或更正日之前。

（2）投资人卖出的时间：在虚假陈述揭露日或更正日及以后卖出该证券产生了亏损或者持续持有该证券产生了亏损。只要投资者的损失（包括投资差额损失及其佣金和印花税）产生在这个时间段，即推定投资者的损失与虚假陈述行为之间存在因果关系。

【解释1】实施日。

在指定信息披露媒体发布虚假陈述文件的日期，即可以确定为虚假陈述实施日。

对于隐瞒和不履行信息披露义务的，则应以法定期限的最后一个期日为虚假陈述实施日。

【解释2】揭露日。

监管机关有关立案稽查的消息，可以作为揭露日的标志。

媒体揭露行为是否可以作为虚假陈述揭露日，可与相关股票是否停牌挂钩，其引起价格急剧波动导致其停牌的，则可以认定其揭露行为的时日为虚假陈述揭露日。

【解释3】最高人民法院 2019 年 11 月发布的《关于印发＜全国法院民商事审判工作

会议纪要>的通知》中指出，原则上，只要交易市场对监管部门立案调查、权威媒体刊载的揭露文章等信息存在着明显的反应，对一方主张市场已经知悉虚假陈述的抗辩，人民法院依法予以支持。

2. 民事赔偿责任

（1）无过错原则。

信息披露义务人未按照规定披露信息，或者公告的证券发行文件、定期报告、临时报告及其他信息披露资料存在虚假记载、误导性陈述或者重大遗漏，致使投资者在证券交易中遭受损失的，信息披露义务人应当承担赔偿责任。

（2）过错推定原则。

① 发行人的控股股东、实际控制人、董事、监事、高级管理人员和其他直接责任人员及保荐人、承销的证券公司及其直接责任人员，应当与发行人承担连带赔偿责任，但是能够证明自己没有过错的除外。

② 证券服务机构为证券的发行、上市、交易等证券业务活动制作、出具审计报告及其他鉴证报告、资产评估报告、财务顾问报告、资信评级报告或者法律意见书等文件，应当勤勉尽责，对所依据的文件资料内容的真实性、准确性、完整性进行核查和验证。其制作、出具的文件有虚假记载、误导性陈述或者重大遗漏，给他人造成损失的，应当与委托人承担连带赔偿责任，但是能够证明自己没有过错的除外。

责任类型	责任主体	备注
无过错原则	信息披露义务人	无论是否有过错，均应承担赔偿责任
过错推定原则	发行人的控股股东、实际控制人	除非上述主体能够证明自己没有过错（自己举证），否则应当承担连带赔偿责任
	发行人的董、监、高和其他直接责任人员	
	保荐人、承销的证券公司及其直接责任人员	
	证券服务机构	

【鑫考题1·多选题】根据证券法律制度的规定，下列关于证券发行中虚假陈述行为相关主体的民事责任承担的表述中，正确的有（　　）。（2012年）

A. 发行人在发行文件中作出虚假陈述而导致投资者受到损害的，应承担赔偿责任，发行人是否有过错在所不问

B. 发行人在发行文件中作出虚假陈述而导致投资者受到损害的，保荐人应与发行人承担连带责任，保荐人是否有过错在所不问

C. 发行人在发行文件中作出虚假陈述而导致投资者受到损害的，发行人的实际控制人应与发行人承担连带责任，但是能证明自己没有过错的除外

D. 会计师事务所为证券发行出具的审计报告中存在虚假陈述而导致投资者受到损害的，应与发行人承担连带责任，但是能证明自己没有过错的除外

【答案】ACD

【解析】(1) 选项A：发行人、上市公司在信息披露中有虚假记载、误导性陈述或者重大遗漏，致使投资者在证券交易中遭受损失的，发行人、上市公司应当承担赔偿责任；(2) 选项BCD：发行人的控股股东、实际控制人、董事、监事、高级管理人员和其他直接责任人员及保荐人、承销的证券公司及其直接责任人员，应当与发行人承担连带赔偿责任，但是能够证明自己没有过错的除外。

【鑫考题2·单选题】根据证券法律制度的规定，下列主体中，对招股说明书中的虚假记载承担无过错责任的是（　　）。(2014年)

A．发行人　　　　B．承销人　　　　C．实际控制人　　　　D．保荐人

【答案】A

【鑫考题3·单选题】证券监管部门调查发现，1年前在证券交易所挂牌上市的甲公司在首次公开发行过程中存在虚假陈述行为，并对投资者造成经济损失。乙系甲公司董事长。根据证券法律制度的规定，下列关于乙就甲公司虚假陈述行为所致投资者损失承担赔偿责任的表述中，正确的是（　　）。(2016年)

A．无论乙有无过错，均须承担连带赔偿责任

B．只有当投资者证明乙有过错时，乙才承担连带赔偿责任

C．乙须承担连带赔偿责任，除非能证明自己没有过错

D．无论乙有无过错，均不承担赔偿责任

【答案】C

【解析】发行人的控股股东、实际控制人、董事、监事、高级管理人员和其他直接责任人员及保荐人、承销的证券公司及其直接责任人员，应当与发行人承担连带赔偿责任，但是能够证明自己没有过错的除外。

【鑫考点2】内幕交易行为（★★★）(2003年多选题；2010年多选题；2012年多选题；2014年单选题、案例分析题；2015年案例分析题；2016年案例分析题；2018年单选题、案例分析题；2019年案例分析题)

一、基本概念

内幕交易是指证券交易内幕信息的知情人和非法获取内幕信息的人利用内幕信息买卖其所持有的该公司的证券，或建议他人买卖该证券，或者泄露该信息给他人，接受内幕信息者依此买卖证券的行为。(2018年案例分析题；2019年案例分析题)

二、内幕人员

1. 内幕信息的知情人员

(1) 发行人及其董事、监事、高级管理人员。

(2) 持有公司5%以上股份的股东及其董事、监事、高级管理人员，公司的实际控制人及其董事、监事、高级管理人员。

(3) 发行人控股或者实际控制的公司及其董事、监事、高级管理人员。

(4) 由于所任公司职务或者因与公司业务往来可以获取公司有关内幕信息的人员。

(5) 上市公司收购人或者重大资产交易方及其控股股东、实际控制人、董事、监事和高级管理人员。

(6) 因职务、工作可以获取内幕信息的证券交易所、证券公司、证券登记结算机构、证券服务机构的有关人员。

(7) 因职责、工作可以获取内幕信息的证券监督管理机构工作人员。

(8) 因法定职责对证券的发行、交易或者对上市公司及其收购、重大资产交易进行管理可以获取内幕信息的有关主管部门、监管机构的工作人员。

(9) 国务院证券监督管理机构规定的可以获取内幕信息的其他人员。

2. 非法获取内幕信息的人员

(1) 利用窃取、骗取、套取、窃听、利诱、刺探或私下交易等手段获取内幕信息的。

(2) 内幕信息知情人员的近亲属或关系密切人员，在内幕信息敏感期内，自己交易或者明示、暗示他人交易，或者泄露信息给他人交易，相关交易行为明显异常，且无正当理由或正当信息来源的。(2016年案例分析题)

(3) 在内幕信息敏感期内，与内幕信息知情人员联络、接触，自己交易或明示、暗示他人交易，或泄露信息给他人交易，相关交易行为明显异常，且无正当理由或正当信息来源的。

三、内幕信息

1. 内幕信息范围

证券交易活动中，涉及发行人的经营、财务或者对该发行人证券的市场价格有重大影响的尚未公开的信息，为内幕信息。重大事件属于内幕信息。

2. 内幕信息的敏感期（2018年案例分析题；2019年案例分析题）

(1) 内幕信息另外一个重要的因素是尚未公开。内幕交易只能发生在内幕信息产生至公开之间的这段时间内，这段时间被称为内幕信息的敏感期。

(2) 重大事件、计划、方案等的形成时间，应当认定为内幕信息形成之时。影响内幕信息形成的动议、筹划、决策或者执行人员，其动议、筹划、决策或者执行初始时间，应当认定为内幕信息形成之时。

【提示】内幕信息的公开是指内幕信息在国务院证券、期货监督管理机构指定的报刊、网站等媒体披露。

四、责任推定

只要监管机构提供的证据能够证明以下情形之一，就可以确认内幕交易行为成立：

(1) 证券交易内幕信息知情人员进行了与该内幕信息有关的证券交易活动。

(2) 内幕信息知情人员的配偶、父母、子女及其他有密切关系的人，其证券交易活动与该内幕信息基本吻合。

(3) 因履行工作职责知悉上述内幕信息并进行了与该信息有关的证券交易活动。

(4) 非法获取内幕信息并进行了与该内幕信息有关的证券交易活动。

(5) 内幕信息公开前与内幕信息知情人员或知晓该内幕信息的人员联络、接触，其证券交易活动与内幕信息高度吻合。

五、不属于内幕交易罪的情形

根据《最高人民法院、最高人民检察院关于办理内幕交易、泄露内幕信息刑事案件具体应用法律若干问题的解释》的规定，具有下列情形之一的，不属于刑法上的内幕交易行为：

(1) 持有或者通过协议、其他安排与他人共同持有上市公司5%以上股份的自然人、法人或者其他组织收购该上市公司股份的。

(2) 按照事先订立的书面合同、指令、计划从事相关证券、期货交易的。

(3) 依据已被他人披露的信息而交易的。

(4) 交易具有其他正当理由或者正当信息来源的。

六、利用未公开信息进行的交易（2020年案例分析题）

禁止证券交易场所、证券公司、证券登记结算机构、证券服务机构和其他金融机构的从业人员、有关监管部门或者行业协会的工作人员，利用因职务便利获取的内幕信息以外的其他未公开的信息，违反规定，从事与该信息相关的证券交易活动，或者明示、暗示他人从事相关交易活动。（俗称"老鼠仓"行为）

【解释】"老鼠仓"行为与内幕交易行为的主要区别：

(1) 主体范围不同："老鼠仓"行为的主体特定，主要是证券交易场所、证券公司、证券登记结算机构、证券服务机构和其他金融机构的从业人员、有关监管部门或者行业协会的工作人员；而内幕交易的主体不仅包括证券交易内幕信息的知情人员，还包括非法获取内幕信息的人员。

(2) 所利用的信息不同："老鼠仓"行为利用的是内幕信息以外的其他未公开的信息；而内幕交易利用的是内幕信息。

【鑫考题1·多选题】甲公司是一家上市公司。下列股票交易行为中，属于证券法律制度所禁止的有（　　）。(2010年)

A. 持有甲公司3%股权的股东李某已将其所持全部股权转让给他人，甲公司董事张某在获悉该消息后，告知其朋友王某，王某在该消息为公众所知悉前将其持有的甲公司股票全部卖出

B. 乙公司经研究认为甲公司去年盈利状况超出市场预期，在甲公司公布年报前购入甲公司4%的股权

C. 甲公司董事张某在董事会审议年度报告时，知悉了甲公司去年盈利超出市场预期的消息，在年报公布前买入了本公司股票10万股

D. 甲公司的收发室工作人员刘某看到了中国证监会寄来的公司因涉嫌证券违法行为被立案调查的通知，在该消息公告前卖出了其持有的本公司股票

【答案】CD

【解析】（1）选项A：持有上市公司5%以上股份的股东或者实际控制人，其持有股份或者控制公司的情况发生较大变化时，才属于重大事件，构成内幕信息，本题所述情形不属于内幕信息，王某的行为不构成内幕交易；（2）选项B：乙公司系经研究得出的结论，并非利用内幕信息进行交易。

【鑫考题2·多选题】根据证券法律制度的规定，下列各项中，属于证券交易内幕信息知情人的有（　　）。(2012年)

A. 负责发行人重大资产重组方案文印工作的秘书甲
B. 中国证监会负责审核发行人重大资产重组方案的官员乙
C. 为发行人重大资产重组进行审计的注册会计师丙
D. 通过公开发行报刊知悉发行人重大资产重组方案的律师丁

【答案】ABC

【解析】（1）选项A：由于所任公司职务可以获取公司有关内幕信息的人员，属于内幕信息知情人员；（2）选项B：中国证监会工作人员及由于法定职责对证券的发行、交易进行管理的其他人员，属于内幕信息知情人员；（3）选项C：保荐人、承销的证券公司、证券交易所、证券登记结算机构、证券服务机构的有关人员，属于内幕信息知情人员；（4）选项D：律师丁通过公开发行报刊知悉的信息已不属于内幕信息。

【鑫考点3】短线交易行为（★★★）(2014年单选题；2018年单选题、案例分析题)

人员范围	(1) 上市公司、股票在国务院批准的其他全国性证券交易场所交易的公司的董事、监事、高级管理人员、持有或者通过协议、其他安排与他人共同持有该公司股份5%以上的股东 (2) 证券公司因包销购入剩余股票而持有5%以上股份除外
短线认定	将其持有的该公司的股票或者其他具有股权性质的证券在买入后6个月内卖出，或者在卖出后6个月内又买入，由此所得收益归该公司所有
收益处理	(1) 公司董事会应当收回其所得收益 (2) 公司董事会不按照规定执行的，股东有权要求董事会在30日内执行，公司董事会未在上述期限内执行的，股东有权以自己的名义直接向人民法院提起诉讼 (3) 公司董事会不按照规定执行的，负有责任的董事依法承担连带责任

【提示1】前款所称董事、监事、高级管理人员、自然人股东持有的股票或者其他具有股权性质的证券，包括其配偶、父母、子女持有的及利用他人账户持有的股票或者其他具有股权性质的证券。

【提示2】买入后6个月内卖出是指最后一笔买入时点起算6个月内卖出的；卖出后6个月内又买入是指最后一笔卖出时点起算6个月内又买入的。

【鑫考题1·单选题】甲为乙上市公司的董事，并持有乙公司股票10万股，2013年3月1日和3月8日，甲以每股25元的价格先后卖出其持有的乙公司股票2万股和3万股。2013年9月3日，甲以每股15元的价格买入乙公司股票5万股。根据证券法律制度

的规定，甲通过上述交易所获收益中，应当收归公司所有的金额是（　　）。(2014年)

A. 20万元　　　　B. 30万元　　　　C. 50万元　　　　D. 75万元

【答案】B

【解析】以3月8日最后一次卖出时间作为起算时点，按照3万股来计算短线交易的利润，应当收归公司所有的金额=3万股×(25元-15元)=30(万元)。

【鑫考题2·单选题】甲为某上市公司董事。2018年1月8日和22日，甲通过其配偶的证券账户，以20元/股和21元/股的价格，先后买入本公司股票2万股和4万股。同年7月9日，甲以22元/股的价格将6万股全部卖出。根据证券法律制度的规定，甲通过上述交易所得收益中，应当归入公司的金额是（　　）。(2018年)

A. 2万元　　　　B. 4万元　　　　C. 6万元　　　　D. 0元

【答案】B

【解析】上市公司董事、监事、高级管理人员、持有上市公司股份5%以上的股东，将其持有的股票在买入后6个月内卖出，或者在卖出后6个月内又买入，由此所得收益归公司所有，公司董事会应当收回其所得收益。在本题中，甲2018年1月8日买入，7月9日卖出的2万股，不在6个月内，不构成短线交易；甲1月22日买入，7月9日卖出的4万股，属于在6个月内买入又卖出的短线交易行为，所得收益=4万股×(22元-21元)=4(万元)，应归公司所有。

【鑫考点4】操纵市场行为（★★）(2015年单选题；2020年单选题、案例分析题)

一、基本概念

操纵市场是指单位或者个人以获取利益或者减少损失为目的，利用其资金、信息等优势或者滥用职权影响证券市场价格，制造证券市场假象，诱导或者导致投资者在不了解事实真相的情况下作出买卖证券的决定，扰乱证券市场秩序的行为。

二、操纵证券市场行为的认定

禁止任何人以下列手段操纵证券市场，影响或者意图影响证券交易价格或者证券交易量：

(1) 单独或者通过合谋，集中资金优势、持股优势或者利用信息优势联合或者连续买卖。

(2) 与他人串通，以事先约定的时间、价格和方式相互进行证券交易。

(3) 在自己实际控制的账户之间进行证券交易。

(4) 不以成交为目的，频繁或者大量申报并撤销申报。

(5) 利用虚假或者不确定的重大信息，诱导投资者进行证券交易。

(6) 对证券、发行人公开作出评价、预测或者投资建议，并进行反向证券交易。

(7) 利用在其他相关市场的活动操纵证券市场。

(8) 操纵证券市场的其他手段。

【提示】第（1）项主要是指有信息优势的"内部人"利用该优势，影响或者意图影响证券交易价格或者证券交易量的行为（该操纵意图也使得利用信息优势操纵与内幕交易相区分），其所利用的信息通常是真实的或确定的、重大的、但尚未公布的内幕信息。第（5）项即是通常所称的"蛊惑交易"，其利用的通常是虚假的或不确定的重大信息。

【鑫考题 1·单选题】汪某为某知名证券投资咨询公司的负责人，该公司经常在重要媒体和互联网平台免费公开发布咨询报告，并向公众推荐股票，汪某多次将其本人已经买入的股票在公司咨询报告中予以推荐，并于咨询报告发布后将股票卖出。根据证券法律制度的规定，汪某的行为涉嫌（　　）。（2015 年）

A. 虚假陈述　　　B. 内幕交易　　　C. 操纵市场　　　D. 欺诈客户

【答案】C

【鑫考题 2·单选题】根据证券法律制度的规定，对证券、发行人公开作出评价、预测或者投资建议，并进行反向证券交易，影响或者意图影响证券交易价格的行为是（　　）。（2020 年）

A. 内幕交易行为　　　　　　　　B. 虚假陈述行为
C. 操纵市场行为　　　　　　　　D. 编造、传播虚假信息的行为

【答案】C

第三节　股票的发行与交易

【鑫考点 1】非上市公众公司（★★）（2014 年单选题、多选题；2015 年多选题；2017 年单选题；2018 年单选题；2019 年多选题）

一、非上市公众公司的概念

根据《非上市公众公司监督管理办法》的规定，非上市公众公司是指有下列情形之一且其股票未在证券交易所上市交易的股份有限公司：

（1）股票向特定对象发行或者转让导致股东累计超过 200 人。

【提示】股票向特定对象发行或者转让导致股东累计超过 200 人的股份有限公司，应当自上述行为发生之日起 3 个月内，持申请文件向中国证监会申请核准。但是，股份有限公司在 3 个月内股东人数降至 200 人以内的，可以不提出申请。

（2）股票以公开方式向社会公众公开转让。

【提示】股东人数超过 200 人的公司申请其股票公开转让的，应当持申请文件向中国证监会申请核准。股东人数未超过 200 人的公司申请其股票公开转让，中国证监会豁免核准，由全国中小企业股份转让系统进行审查。

【鑫考题·单选题】甲公司为发起设立的股份有限公司,现有股东199人,尚未公开发行或者转让过任何股票。根据证券法律制度的规定,下列情形中,需要向中国证监会申请核准的是(   )。(2014年)

A. 股东乙向一位朋友转让部分股票
B. 股东丙将其持有的部分股票分别转让给丁和戊,约定2个月后全部买回
C. 甲公司向全国中小企业股份转让系统申请其股票公开转让
D. 甲公司向两家投资公司定向发行股票各500万股

【答案】D

【解析】(1)选项AB:股票向特定对象转让导致股东累计超过200人的,应经中国证监会核准后成为非上市公众公司;如果股份有限公司在3个月内将股东人数降至200人以内的,可以不提出申请。在选项A中,转让成功后股东人数正好200人,无须申请核准;在选项B中,在2个月后股东人数减为199人,无须申请核准。(2)选项C:股东人数未超过200人的公司申请其股票公开转让,中国证监会豁免核准,由全国中小企业股份转让系统进行审查。(3)选项D:股票向特定对象发行导致股东累计超过200人的,须经过中国证监会的核准成为非上市公众公司。

二、非上市公众公司定向发行股票

1. 中国证监会核准

非上市公众公司定向发行包括股份有限公司向特定对象发行股票导致股东累计超过200人,以及公众公司向特定对象发行股票两种情形。这两种情形都必须经过中国证监会的核准,而且发行对象必须只能是中国证监会规定的特定对象。

【提示】股票公开转让的非上市公众公司向特定对象发行股票后股东累计不超过200人的,中国证监会豁免核准,由全国中小企业股份转让系统自律管理。

2. 特定对象的范围

(1)公司股东。
(2)公司的董事、监事、高级管理人员、核心员工。
(3)符合投资者适当性管理规定的自然人投资者、法人投资者及其他经济组织。

【提示1】核心员工的认定,应由公司董事会提名,并向全体员工公示和征求意见,由监事会发表明确意见后,经股东大会审议批准。

【提示2】股票未公开转让的公司确定发行对象时,符合第(3)项规定的投资者合计不得超过35名。

3. 公司决议

(1)公司董事会应当依法就本次股票发行的具体方案作出决议,并提请股东大会批准,股东大会决议必须经出席会议的股东所持表决权的2/3以上通过。

(2)董事会、股东大会决议确定具体发行对象的,董事、股东参与认购或者与认购对象存在关联关系的,应当回避表决。出席董事会的无关联关系董事人数不足三人的,

应将该事项提交公司股东大会审议。

4. 发行期限

（1）公司申请定向发行股票，可申请一次核准，分期发行。

（2）自中国证监会予以核准之日起，公司应当在3个月内首期发行，首期发行数量应当不少于总发行数量的50%，剩余数量应当在12个月内发行完毕。每期发行后5个工作日内将发行情况报中国证监会备案。

【提示】超过核准文件限定的有效期未发行的，须重新经中国证监会核准后方可发行。

三、非上市公众公司向不特定合格投资者的公开发行

1. 发行条件

股票在全国中小企业股份转让系统进行公开转让的公众公司可以向不特定合格投资者公开发行股票。公众公司申请公开发行，应当符合以下条件：

（1）具备健全且运行良好的组织机构。

（2）具有持续盈利能力，财务状况良好，最近3年财务会计文件无虚假记载。

（3）依法规范经营，最近3年内，公司及其控股股东、实际控制人不存在贪污、贿赂、侵占财产、挪用财产或者破坏社会主义市场经济秩序的刑事犯罪，不存在欺诈发行、重大信息披露违法或者其他涉及国家安全、公共安全、生态安全、生产安全、公众健康安全等领域的重大违法行为，最近12个月内未受到中国证监会行政处罚。

2. 公司决议

（1）股东大会就公开发行股票事项作出决议，必须经出席会议的股东所持表决权的2/3以上通过。

（2）公司股东人数超过200人的，应当对出席会议的持股比例在10%以下的股东表决情况单独计票并予以披露。

（3）公司就公开发行股票事项召开股东大会，应当提供网络投票的方式，公司还可以通过其他方式为股东参加股东大会提供便利。

3. 中国证监会核准

公司应当持申请文件向中国证监会申请核准，中国证监会受理申请文件后，依法对公开发行条件、信息披露等进行审核，在20个工作日内作出核准、中止审核、终止审核、不予核准的决定。

4. 证券承销与保荐人

（1）公众公司公开发行股票，应当聘请具有证券承销业务资格的证券公司承销，按照《证券法》有关规定签订承销协议，确定采取代销或包销方式。

（2）公众公司公开发行股票，应当聘请具有保荐资格的机构担任保荐人，保荐人持续督导期间为公开发行完成后当年剩余时间及其后2个完整会计年度。

5. 发行价格与发行对象

公众公司公开发行股票，可以与主承销商自主协商直接定价，也可以通过合格投资

者网上竞价，或者网下询价等方式确定股票发行价格和发行对象。

【提示】公司通过网下询价方式确定股票发行价格和发行对象的，询价对象应当是经中国证券业协会注册的网下投资者。

四、对非上市公众公司的监管

股票在全国股转系统挂牌公开转让的非上市公众公司（简称"挂牌公司"）的定期报告包括年度报告、中期报告和季度报告。

（1）精选层挂牌公司应当披露年度报告、中期报告和季度报告。

（2）创新层、基础层挂牌公司应当披露年度报告和中期报告。

（3）凡是对投资者作出投资决策有重大影响的信息，均应当在定期报告中披露。

【提示】年度报告中的财务会计报告应当经符合《证券法》规定的会计师事务所审计。

【考题1·多选题】根据证券法律制度的规定，股份有限公司的下列股份发行或转让活动中，可以豁免向中国证监会申请核准的有（　　）。（2015年）

A. 因向公司核心员工转让股份导致股东累计达到220人，但在1个月内降至195人

B. 在全国中小企业股份转让系统挂牌的公司拟向特定对象定向发行股份，发行后股东预计达到195人

C. 股东累计已达195人的公司拟公开转让股份

D. 公司获得定向发行核准后第13个月，拟使用未完成的核准额度继续发行

【答案】ABC

【解析】选项D：公司申请定向发行股票，可申请一次核准，分期发行。自中国证监会予以核准之日起，公司应当在3个月内完成首期发行，剩余数量应当在12个月内发行完毕。超过核准文件限定的有效期未发行的，须重新经中国证监会核准后方可发行。在本题中，定向核准后第13个月继续发行，已经超过了有效期，应当重新经中国证监会核准后方可发行。

【考题2·单选题】根据证券法律制度的规定，下列关于非上市公众公司的表述中，正确的是（　　）。（2017年）

A. 非上市公众公司不包括虽然在全国中小企业股份转让系统进行公开转让，但股东人数未超过200人的股份有限公司

B. 非上市公众公司向特定对象发行股票，无须中国证监会核准

C. 非上市公众公司包括股票向特定对象转让导致股东累计超过200人，但其股票未在证券交易所上市交易的股份有限公司

D. 非上市公众公司经中国证监会核准，可以在全国中小企业股份转让系统向社会公众公开发行股票

【答案】C

【解析】（1）选项A：只要股份有限公司申请其股票在全国中小企业股份转让系统

公开转让，不论申请之前其股东人数是否超过 200 人，该公司均成为非上市公众公司。(2) 选项 B：已经成为非上市公众公司的，向特定对象发行股票时，必须经过中国证监会的核准。但在全国中小企业股份转让系统挂牌公开转让股票的非上市公众公司，向特定对象发行股票后股东累计不超过 200 人的，中国证监会豁免核准，由全国中小企业股份转让系统自律管理。(3) 选项 D：非上市公众公司经中国证监会核准，可以向特定对象发行股票，也可以向不特定合格投资者公开发行股票，但不能向社会公众公开发行股票。

【鑫考题 3·单选题】甲股份有限公司为非上市公众公司，拟向 5 名战略投资者发行股票，募集资金。根据证券法律制度的规定，甲公司应当向中国证监会履行的手续是（　　）。(2018 年)

A. 申请备案　　　B. 申请核准　　　C. 事后知会　　　D. 申请注册

【答案】B

【解析】已经成为非上市公众公司的，向特定对象发行股票时，须经过中国证监会的核准。

【鑫考题 4·多选题】根据证券法律制度的规定，下列股票发行行为中，应报中国证监会核准的有（　　）。(2019 年)

A. 非公众公司向特定对象发行股票，发行后股东人数为 201 人
B. 上市公司发行新股
C. 非公众公司申请股票以公开方式向社会公众公开转让
D. 股份有限公司在科创板公开发行股票并上市

【答案】AB

【解析】(1) 选项 A：非公众公司向特定对象发行股票，导致发行后股东人数超过 200 人，必须经过中国证监会的核准；(2) 选项 B：上市公司无论是公开发行新股还是非公开发行新股，目前都必须经过中国证监会的核准；(3) 选项 C：对于股东人数未超过 200 人的公司申请其股票公开转让，中国证监会豁免核准，由全国中小企业股份转让系统进行审查；(4) 选项 D：在科创板公开发行股票并上市，实行注册制，无须中国证监会核准。

【鑫考点 2】首发条件（★★★）(2006 年案例分析题；2007 年多选题；2010 年案例分析题；2015 年多选题；2019 年单选题)

一、首次公开发行新股的基本条件

公司首次公开发行新股，应当符合下列条件：

(1) 具备健全且运行良好的组织机构。
(2) 具有持续经营能力。
(3) 最近 3 年财务会计报告被出具无保留意见审计报告。

(4) 发行人及其控股股东、实际控制人最近3年不存在贪污、贿赂、侵占财产、挪用财产或者破坏社会主义市场经济秩序的刑事犯罪。

(5) 经国务院批准的国务院证券监督管理机构规定的其他条件。

二、在主板上市的公司首发条件

1. 存续时间"满3年"

(1) 股份有限公司应自成立后，持续经营时间在3年以上。

(2) 有限责任公司按原账面净资产值折股整体变更为股份有限公司的，持续经营时间可以从有限责任公司成立之日起计算，并达3年以上。（2010年案例分析题）

(3) 经国务院批准，可以不受上述时间的限制。

2. 最近3年稳定

发行人最近3年内主营业务和董事、高级管理人员（没有"监事"）没有发生重大变化，实际控制人没有发生变更。

【提示】如果发行人最近3年内持有、实际支配公司表决权比例最高的人发生变化，且变化前后的股东不属于同一实际控制人，视为公司控制权发生变更。

3. 持续盈利能力

发行人应当具有持续盈利能力，不得有下列影响持续盈利能力的情形（包括但不限于）：

(1) 发行人最近1个会计年度的营业收入或净利润对关联方或者存在重大不确定性的客户存在重大依赖。

(2) 发行人最近1个会计年度的净利润主要来自合并财务报表范围以外的投资收益。

4. 财务指标良好

审计报告	无保留意见（财务报告、内部控制鉴证报告）
净利润	最近3个会计年度净利润均为正数且累计超过人民币3 000万元
现金流或营收	最近3个会计年度经营活动产生的现金流量净额累计超过人民币5 000万元；或者最近3个会计年度营业收入累计超过人民币3亿元
股本	发行前股本总额不少于人民币3 000万元
净资产	最近一期期末无形资产（扣除土地使用权、水面养殖权和采矿权等后）占净资产的比例不高于20%
亏损	最近一期期末不存在未弥补亏损

5. 法定障碍

发行人存在下列情形之一的，构成首次发行股票并上市的法定障碍（包括但不限于）：

(1) 最近36个月内违反工商、税收、土地、环保、海关及其他法律、行政法规，受到行政处罚，且情节严重。

(2) 涉嫌犯罪被司法机关立案侦查，尚未有明确结论意见。

三、科创板首次公开发行股票的发行条件

1. 存续时间"满3年"

（1）发行人是依法设立且持续经营3年以上的股份有限公司，具备健全且运行良好的组织机构，相关机构和人员能够依法履行职责。

（2）有限责任公司按原账面净资产值折股整体变更为股份有限公司的，持续经营时间可以从有限责任公司成立之日起计算，并达3年以上。

2. 审计报告（内控鉴证报告）

发行人财务报告由注册会计师出具标准无保留意见的审计报告。发行人内部控制制度由注册会计师出具无保留结论的内部控制鉴证报告。

3. 发行人业务完整，具有直接面向市场独立持续经营的能力

（1）资产完整，业务及人员、财务、机构独立，与控股股东、实际控制人及其控制的其他企业间不存在对发行人构成重大不利影响的同业竞争，不存在严重影响独立性或者显失公平的关联交易。

（2）最近2年内主营业务和董事、高级管理人员及核心技术人员均没有发生重大不利变化；最近2年实际控制人没有发生变更，不存在导致控制权可能变更的重大权属纠纷。

（3）发行人不存在主要资产、核心技术、商标等的重大权属纠纷，重大偿债风险，重大担保、诉讼、仲裁等或有事项，经营环境已经或者将要发生重大变化等对持续经营有重大不利影响的事项。

4. 发行人生产经营符合法律、行政法规的规定，符合国家产业政策

（1）最近3年内，发行人及其控股股东、实际控制人不存在贪污、贿赂、侵占财产、挪用财产或者破坏社会主义市场经济秩序的刑事犯罪，不存在欺诈发行、重大信息披露违法或者其他涉及国家安全、公共安全、生态安全、生产安全、公众健康安全等领域的重大违法行为。

（2）董事、监事和高级管理人员不存在最近3年内受到中国证监会行政处罚，或者因涉嫌犯罪被司法机关立案侦查或者涉嫌违法违规被中国证监会立案调查，尚未有明确结论意见等情形。

四、首发股票（科创板）的注册程序和承销

1. 注册程序

（1）公司内部决议。

发行人董事会应当依法就本次股票发行的具体方案、本次募集资金使用的可行性及其他必须明确的事项作出决议，并提请股东大会批准。

（2）向交易所申报。

发行人申请首次公开发行股票并在科创板上市，由保荐人保荐并向交易所申报。

（3）交易所审核。

交易所应当自受理注册申请文件之日起3个月内形成审核意见。交易所同意发行人

股票公开发行上市的,将审核意见、发行人注册申请文件及相关审核资料报送中国证监会履行发行注册程序。交易所不同意发行人股票公开发行并上市的,作出终止发行上市审核决定。

(4) 中国证监会履行注册程序。

中国证监会收到交易所报送的审核意见、发行人注册申请文件及相关审核资料后,履行发行注册程序。中国证监会在20个工作日内对发行人的注册申请作出同意注册或者不予注册的决定。

【提示】国务院证券监督管理机构或者国务院授权的部门对已作出的证券发行注册的决定,发现不符合法定条件或者法定程序(欺诈发行):

① 尚未发行证券的,应当予以撤销,停止发行。

② 已经发行尚未上市的,撤销发行注册决定,发行人应当按照发行价并加算银行同期存款利息返还证券持有人;发行人的控股股东、实际控制人及保荐人,应当与发行人承担连带责任,但是能够证明自己没有过错的除外。

③ 股票的发行人在招股说明书等证券发行文件中隐瞒重要事实或者编造重大虚假内容,已经发行并上市的,国务院证券监督管理机构可以责令发行人回购证券,或者责令负有责任的控股股东、实际控制人买回证券。

(5) 发行股票。

中国证监会同意注册的决定自作出之日起1年内有效,发行人应当在注册决定有效期内发行股票,发行时点由发行人自主选择。

(6) 再次申请。

交易所因不同意发行人股票公开发行并上市,作出终止发行上市审核决定,或者中国证监会作出不予注册决定的,自决定作出之日起6个月后,发行人可以再次提出公开发行股票并上市申请。

2. 股票承销(2006年案例分析题;2015年多选题)

(1) 证券公司在代销、包销期内,对所代销、包销的证券应当保证先行出售给认购人,证券公司不得为本公司预留所代销的证券和预先购入并留存所包销的证券。

(2) 向不特定对象发行证券聘请承销团承销的,承销团应当由主承销和参与承销的证券公司组成。

(3) 证券的代销、包销期限最长不得超过90日。

(4) 股票发行采用代销方式,代销期限届满,向投资者出售的股票数量未达到拟公开发行股票数量70%的,为发行失败;发行人应当按照发行价并加算银行同期存款利息返还股票认购人。

(5) 公开发行股票,代销、包销期限届满,发行人应当在规定的期限内将股票发行情况报国务院证券监督管理机构备案。

【鑫考题1·多选题】甲公司委托乙证券公司以代销方式公开发行股票6 000万股。

代销期限届满，投资者认购甲公司股票的数量为4 000万股。下列表述中，正确的有（　　）。(2015年)

A. 甲公司应当以自有资金购入剩余的2 000万股
B. 股票发行失败
C. 甲公司可以更换承销商，继续销售剩余的2 000万股
D. 甲公司应当返还已收取的4 000万股发行价款，并加算银行同期存款利息

【答案】BD
【解析】股票发行采用代销方式，代销期限届满，向投资者出售的股票数量未达到拟公开发行股票数量70%的，为发行失败；发行人应当按照发行价并加算银行同期存款利息返还股票认购人。在本题中，发行数量小于4 200万股，故发行失败。甲公司应当返还已收取的4 000万股发行价款，并加算银行同期存款利息。

【鑫考题2·单选题】根据证券法律制度的规定，在科创板申请公开发行股票并上市的公司，作出同意或者不同意股票公开发行并上市的审核意见的是（　　）。(2019年)

A. 保荐人　　　B. 证券业协会　　　C. 证券交易所　　　D. 中国证监会

【答案】C

【鑫考点3】上市公司发行新股（★★★）(2007年案例分析题；2008年多选题；2011年单选题、多选题；2012年多选题、案例分析题；2014年案例分析题；2018年案例分析题；2019年案例分析题)

一、主板上市公司发行新股的一般条件

1. 组织机构健全、运行良好
（1）现任董事、监事、高级管理人员最近36个月内未受到过中国证监会的行政处罚、最近12个月内未受到过证券交易所的公开谴责（简称"3罚1责"）。
（2）最近12个月内不存在违规对外提供担保的行为。

2. 盈利能力具有可持续性
（1）最近3个会计年度连续盈利。
【主板和中小板首发】最近3个会计年度净利润均为正数且累计超过3 000万元。
（2）高级管理人员和核心技术人员稳定，最近12个月内未发生重大不利变化。
【主板】发行人最近3年内主营业务和董事、高级管理人员（没有"监事"）没有发生重大变化，实际控制人没有发生变更。
【科创板】最近2年内主营业务和董事、高级管理人员及核心技术人员均没有发生重大不利变化；最近2年实际控制人没有发生变更，不存在导致控制权可能变更的重大权属纠纷。

3. 财务状况良好
（1）最近3年及最近1期财务报表未被注册会计师出具保留意见、否定意见或无法表示意见的审计报告；被注册会计师出具带强调事项段的无保留意见审计报告的，所涉

及的事项对发行人无重大不利影响或者在发行前重大不利影响已经消除。

（2）最近3年以现金方式累计分配的利润不少于最近3年实现的年均可分配利润的30%。（2012年案例分析题）

4. 不存在重大违法行为

上市公司不存在违反证券法律、行政法规或规章，受到中国证监会的行政处罚，或者受到刑事处罚的行为；不存在违反工商、税收、土地、环保、海关法律、行政法规或规章，受到行政处罚且情节严重，或者受到刑事处罚的行为；不存在违反国家其他法律、行政法规且情节严重的行为。

5. 募集资金的数量和使用符合规定

（1）上市公司募集资金数额不超过项目需要量。

（2）除金融类企业外，本次募集资金使用项目不得为持有交易性金融资产和可供出售金融资产、借予他人款项、委托理财等财务性投资，不得直接或间接投资于以买卖有价证券为主要业务的公司。

6. 不存在下列行为（法定障碍）

（1）本次发行申请文件有虚假记载、误导性陈述或重大遗漏。

（2）擅自改变前次公开发行证券募集资金的用途而未作纠正。

（3）上市公司最近12个月内受到过证券交易所的公开谴责。

（4）上市公司及其控股股东或实际控制人最近12个月内存在未履行向投资者作出的公开承诺的行为。

（5）上市公司或其现任董事、高级管理人员因涉嫌犯罪被司法机关立案侦查或涉嫌违法违规被中国证监会立案调查。

（6）严重损害投资者的合法权益和社会公共利益的其他情形。

【鑫考题·多选题】上市公司发生下列情形时，属于证券法律制度禁止其增发股票的有（　　）。（2011年）

A. 公司在3年前曾经公开发行过可转换公司债券
B. 公司现任监事在最近36个月内曾经受到过中国证监会的行政处罚
C. 公司在前年曾经严重亏损
D. 公司现任董事因涉嫌违法已被中国证监会立案调查

【答案】BCD

【解析】（1）选项B：上市公司现任董事、监事和高级管理人员在最近36个月内未受到过中国证监会的行政处罚；（2）选项C：上市公司最近3个会计年度连续盈利；（3）选项D：上市公司或其现任董事、高级管理人员不得因涉嫌犯罪被司法机关立案侦查或涉嫌违法违规被中国证监会立案调查。

二、主板上市公司配股的条件（向原股东）（6+3）

（1）拟配售股份数量不超过本次配售股份前股本总额的30%。

（2）控股股东应当在股东大会召开前公开承诺认配股份的数量。

（3）采用代销方式发行。

【提示】控股股东不履行认配股份的承诺，或代销期限届满，原股东认购股票的数量未达到拟配售数量70%的，发行人应当按照发行价并加算银行同期存款利息返还已经认购的股东。

三、主板上市公司增发的条件（向不特定对象）（6+3）（2007年案例分析题）

（1）最近3个会计年度加权平均净资产收益率平均不低于6%。

（2）除金融类企业外，最近1期期末不存在持有金额较大的交易性金融资产和可供出售金融资产、借予他人款项、委托理财等财务性投资的情形。

（3）发行价格应不低于公告招股意向书前20个交易日公司股票均价或前1个交易日的均价。

四、主板上市公司非公开发行股票的条件（2014年案例分析题；2018年案例分析题；2019年案例分析题）

1. 发行对象（新规定）

非公开发行股票的发行对象不超过35名。

【解释】发行对象不超过35名，是指认购并获得本次非公开发行股票的法人、自然人或者其他合法投资组织不超过35名。

【提示1】证券投资基金管理公司、证券公司、合格境外机构投资者、人民币合格境外机构投资者以其管理的2只以上产品认购的，视为一个发行对象。

【提示2】信托公司作为发行对象，只能以自有资金认购。

【提示3】发行对象为境外战略投资者的，应当遵守国家的相关规定。

2. 锁定期（新规定）

	上市公司董事会决议提前确定全部发行对象，且属于下列情形之一的，定价基准日可以为关于本次非公开发行股票的董事会决议公告日、股东大会决议公告日或者发行期首日，认购的股份自发行结束之日起18个月内不得转让
18个月	（1）上市公司的控股股东、实际控制人及其控制的企业
	（2）通过认购本次发行的股份取得上市公司实际控制权的投资者
	（3）董事会拟引入的境内外战略投资者
6个月	发行对象属于上述以外的情形的，上市公司应当在取得发行核准批文后，按照规定以竞价方式确定发行价格和发行对象。发行对象认购的股份自发行结束之日起6个月内不得转让

3. 发行价格（新规定）

发行价格不低于定价基准日前20个交易日公司股票均价的80%。（2018年案例分析题）

【提示】定价基准日是指计算发行底价的基准日。定价基准日一般为本次非公开发行股票发行期的首日。

4. 不得非公开发行股票的情形（新旧一致）

（1）本次发行申请文件有虚假记载、误导性陈述或重大遗漏。

（2）上市公司的权益被控股股东或实际控制人严重损害且尚未消除。

（3）上市公司及其附属公司违规对外提供担保且尚未解除。

（4）现任董事、高级管理人员最近36个月内受到过中国证监会的行政处罚，或者最近12个月内受到过证券交易所的公开谴责。

（5）上市公司或其现任董事、高级管理人员因涉嫌犯罪正被司法机关立案侦查或涉嫌违法违规正被中国证监会立案调查。

（6）最近1年及最近1期财务报表被注册会计师出具保留意见、否定意见或无法表示意见的审计报告，保留意见、否定意见或无法表示意见所涉及事项的重大影响已经消除或者本次发行涉及重大重组的除外。

（7）严重损害投资者合法权益和社会公共利益的其他情形。

【相关链接1】上市公司公开发行新股：最近3年及最近1期财务报表未被注册会计师出具保留意见、否定意见或无法表示意见的审计报告；被注册会计师出具带强调事项段的无保留意见审计报告的，所涉及的事项对发行人无重大不利影响或者在发行前重大不利影响已经消除。

【相关链接2】首发要求必须为无保留意见的审计报告。

5. 股东大会决议（2019年案例分析题）

（1）上市公司非公开发行股票，必须经出席股东大会的股东所持表决权的2/3以上通过。

（2）股东大会就非公开发行股票作出决定，涉及关联股东的，应当回避表决。

【解释】关联股东是指董事会决议已确定为本次发行对象的股东及其关联人。

五、科创板上市公司发行股票

1. 上市公司向不特定对象发行股票，应当符合下列规定

（1）具备健全且运行良好的组织机构。

（2）现任董事、监事和高级管理人员具备法律、行政法规规定的任职要求。

（3）具有完整的业务体系和直接面向市场独立经营的能力，不存在对持续经营有重大不利影响的情形。

（4）会计基础工作规范，内部控制制度健全且有效执行，财务报表的编制和披露符合企业会计准则和相关信息披露规则的规定，在所有重大方面公允反映了上市公司的财务状况、经营成果和现金流量，最近3年财务会计报告被出具无保留意见审计报告。

（5）除金融类企业外，最近一期期末不存在金额较大的财务性投资。

2. 上市公司存在下列情形之一的，不得向不特定对象发行股票

（1）擅自改变前次募集资金用途未作纠正，或者未经股东大会认可。

（2）上市公司及其现任董事、监事和高级管理人员最近3年受到中国证监会行政处罚，或者最近1年受到证券交易所公开谴责，或者因涉嫌犯罪正被司法机关立案侦查或

者涉嫌违法违规正在被中国证监会立案调查。

（3）上市公司及其控股股东、实际控制人最近1年存在未履行向投资者作出的公开承诺的情形。

（4）上市公司及其控股股东、实际控制人最近3年存在贪污、贿赂、侵占财产、挪用财产或者破坏社会主义市场经济秩序的刑事犯罪，或者存在严重损害上市公司利益、投资者合法权益、社会公共利益的重大违法行为。

3. 上市公司存在下列情形之一的，不得向特定对象发行股票

（1）擅自改变前次募集资金用途未作纠正，或者未经股东大会认可。

（2）最近1年财务报表的编制和披露在重大方面不符合企业会计准则或者相关信息披露规则的规定；最近1年财务会计报告被出具否定意见或者无法表示意见的审计报告；最近1年财务会计报告被出具保留意见的审计报告，且保留意见所涉及事项对上市公司的重大不利影响尚未消除。本次发行涉及重大资产重组的除外。

（3）现任董事、监事和高级管理人员最近3年受到中国证监会行政处罚，或者最近1年受到证券交易所公开谴责。

（4）上市公司及其现任董事、监事和高级管理人员因涉嫌犯罪正在被司法机关立案侦查或者涉嫌违法违规正被中国证监会立案调查。

（5）控股股东、实际控制人最近3年存在严重损害上市公司利益或者投资者合法权益的重大违法行为。

（6）最近3年存在严重损害投资者合法权益或者社会公共利益的重大违法行为。

4. 发行注册程序

（1）股东大会就发行证券事项作出决议，必须经出席会议的股东所持表决权的2/3以上通过，中小投资者表决情况应当单独计票。向本公司特定的股东及其关联人发行证券的，股东大会就发行方案进行表决时，关联股东应当回避。股东大会对引入战略投资者议案作出决议的，应当就每名战略投资者单独表决。

（2）上市公司就发行证券事项召开股东大会，应当提供网络投票方式，公司还可以通过其他方式为股东参加股东大会提供便利。

（3）上市公司年度股东大会可以根据公司章程的规定，授权董事会决定向特定对象发行融资总额不超过人民币3亿元且不超过最近1年年末净资产20%的股票，该项授权在下一年度股东大会召开日失效。

（4）保荐人保荐和证券交易所依照有关程序受理并审核。

（5）中国证监会依法履行发行注册程序。

（6）发行人应当在注册决定有效期内发行股票。中国证监会的予以注册决定，自作出之日起1年内有效，上市公司应当在注册决定有效期内发行证券，发行时点由上市公司自主选择。

【鑫考点4】优先股（★★★）（2014年案例分析题；2018年多选题；2019年多选题）

一、发行优先股的一般条件

（1）只有上市公司和非上市公众公司可以发行优先股。其中，上市公司可以公开发行优先股，也可以非公开发行优先股；而非上市公众公司只能非公开发行优先股。

（2）上市公司已发行的优先股不得超过公司普通股股份总数的50%，且筹资金额不得超过发行前净资产的50%。（2014年案例分析题）

（3）上市公司发行优先股，最近3个会计年度实现的年均可分配利润应当不少于优先股1年的股息。

（4）上市公司报告期不存在重大会计违规事项。

① 公开发行优先股，最近3年财务报表被注册会计师出具的审计报告应当为标准审计报告或带强调事项段的无保留意见的审计报告；

② 非公开发行优先股，最近1年财务报表被注册会计师出具的审计报告为非标准审计报告的，所涉及事项对公司无重大不利影响或者在发行前重大不利影响已经消除。

（5）上市公司同一次发行的优先股，条款应当相同。每次优先股发行完毕前，不得再次发行优先股。

（6）上市公司存在下列情形之一的，不得发行优先股：①本次发行申请文件有虚假记载、误导性陈述或重大遗漏；②最近12个月内受到过中国证监会的行政处罚；③因涉嫌犯罪正被司法机关立案侦查或涉嫌违法违规正被中国证监会立案调查；④上市公司的权益被控股股东或实际控制人严重损害且尚未消除；⑤上市公司及其附属公司违规对外提供担保且尚未解除；⑥存在可能严重影响公司持续经营的担保、诉讼、仲裁、市场重大质疑或其他重大事项；⑦其董事和高级管理人员不符合法律、行政法规和规章规定的任职资格；⑧严重损害投资者合法权益和社会公共利益的其他情形。

二、优先股公开发行的特殊要求

（1）上市公司公开发行优先股应当在公司章程规定以下事项：

① 采取固定股息率；

② 在有可分配税后利润的情况下必须向优先股股东分配股息；

③ 未向优先股股东足额派发股息的差额部分应当累积到下一会计年度；

④ 优先股股东按照约定的股息率分配股息后，不再同普通股股东一起参加剩余利润分配。

（2）上市公司公开发行优先股，应当符合以下情形之一：

① 其普通股为上证50指数成分股；

② 以公开发行优先股作为支付手段收购或吸收合并其他上市公司；

③ 以减少注册资本为目的回购普通股的，可以公开发行优先股作为支付手段，或者在回购方案实施完毕后，可公开发行不超过回购减资总额的优先股。

(3) 上市公司公开发行优先股的，上市公司最近3个会计年度应当连续盈利。

(4) 上市公司公开发行优先股的，公司及其控股股东或实际控制人最近12个月内应当不存在违反向投资者作出的公开承诺的行为。

(5) 除了以上"不得发行优先股"的情形外，上市公司最近36个月内因违反工商、税收、土地、环保、海关法律、行政法规或规章，受到行政处罚且情节严重的，不得公开发行优先股。

三、优先股股东的表决权

优先股股东在享受优先权的同时，参与公司决策管理的权利受到限制。但对下列情形享有表决权：

(1) 修改公司章程中与优先股相关的内容。

(2) 一次或者累计减少公司注册资本超过10%。

(3) 公司合并、分立、解散或者变更公司形式。

(4) 发行优先股。

(5) 公司章程规定的其他情形。

【提示】上述事项的决议，除须经出席会议的普通股股东（含表决权恢复的优先股股东）所持表决权的2/3以上通过之外，还须经出席会议的优先股股东（不含表决权恢复的优先股股东）所持表决权的2/3以上通过。

【解释】所谓表决权恢复的优先股，是指公司累计3个会计年度或连续2个会计年度未按约定支付优先股股息的，股东大会批准当年不按约定分配利润的方案次日起，优先股股东有权出席股东大会，每股优先股股份享有公司章程规定的一定比例表决权。

【鑫考题1·多选题】根据证券法律制度的规定，公开发行优先股的公司必须在公司章程中规定的事项有（　　）。(2018年)

A. 在有可分配税后利润的情况下必须向优先股股东分配股息

B. 未向优先股股东足额派发股息的差额部分应当累积到下一个会计年度

C. 采取固定股息率

D. 优先股股东按照约定的股息率分配股息后，不再同普通股股东一起参加剩余利润分配

【答案】ABCD

【解析】优先股公开发行时的特殊要求。为了保护公众投资者，《国务院关于开展优先股试点的指导意见》要求公开发行优先股的公司，必须在公司章程中规定以下事项：(1) 采取固定股息率（选项C）；(2) 在有可分配税后利润的情况下必须向优先股股东分配股息（选项A）；(3) 未向优先股股东足额派发股息的差额部分应当累积到下一会计年度（选项B）；(4) 优先股股东按照约定的股息率分配股息后，不再同普通股股东一起参加剩余利润分配（选项D）。

【鑫考题2·多选题】根据公司法律制度的规定，在公司章程没有特别规定时，优

先股股东可以出席股东大会会议并参与表决的事项有（　　）。(2019年)

A. 公司合并　　　　　　　　B. 变更公司形式
C. 累计减少公司注册资本超过10%　　D. 公司解散

【答案】ABCD

【解析】除以下情况外，优先股股东不出席股东大会会议：(1) 修改公司章程中与优先股相关的内容；(2) 一次或者累计减少公司注册资本超过10%；(3) 公司合并、分立、解散或者变更公司形式；(4) 发行优先股。

【鑫考点5】股票上市与退市（★）(2015年单选题；2017年案例分析题；2019年单选题)

一、上交所主板上市条件

发行人首次公开发行股票后申请其股票在主板上市，应当符合下列条件：

(1) 股票经中国证监会核准已公开发行。
(2) 具备健全且运行良好的组织机构。
(3) 具有持续经营能力。
(4) 公司股本总额不少于人民币5 000万元。
(5) 公开发行的股份达到公司股份总数的25%以上；公司股本总额超过人民币4亿元的，公开发行股份的比例为10%以上。
(6) 公司及其控股股东、实际控制人最近3年不存在贪污、贿赂、侵占财产、挪用财产或者破坏社会主义市场经济秩序的刑事犯罪。
(7) 最近3个会计年度财务会计报告均被出具无保留意见审计报告。
(8) 本所要求的其他条件。

二、主动退市

1. 主动终止退市的情形

因全面要约收购上市公司股份、实施以上市公司为对象的公司合并、上市公司全面回购股份及上市公司自愿解散，导致公司股票退出市场交易的，证券交易所应当在上市公司公告回购或者收购结果、完成合并交易、作出解散决议之日后15个交易日内，作出终止其股票上市的决定。

2. 股东大会决议

上市公司拟决定其股票不再在交易所交易，或者转而申请在其他交易场所交易或者转让的，应当召开股东大会作出决议，须经出席会议的股东所持表决权的2/3以上通过，且经出席会议的除以下股东以外的其他股东（中小股东）所持表决权的2/3以上通过：①上市公司的董事、监事、高级管理人员；②单独或者合计持有上市公司5%以上股份的股东。

三、重大违法行为强制退市

【解释】强制退市可分为重大违法强制退市、交易类强制退市、财务类强制退市、规范类强制退市等情形。

重大违法强制退市，包括下列情形：

（1）上市公司存在欺诈发行、重大信息披露违法或者其他严重损害证券市场秩序的重大违法行为，且严重影响上市地位，其股票应当被终止上市的情形。

（2）上市公司存在涉及国家安全、公共安全、生态安全、生产安全和公众健康安全等领域的违法行为，情节恶劣，严重损害国家利益、社会公共利益，或者严重影响上市地位，其股票应当被终止上市的情形。

四、退市后的去向和交易安排

（1）强制退市公司应进入全国中小企业股份转让系统交易。

（2）主动退市公司可以选择在证券交易场所交易或者转让其股票，或者依法作出其他安排。

【提示1】主动退市公司和交易类强制退市公司股票不进入退市整理期交易。

【提示2】相比于强制退市，主动退市的特殊之处在于：①主动退市公司的股票不进入退市整理期交易。交易所在公告公司股票终止上市决定之日后通常就可对主动退市公司予以摘牌，公司股票终止上市。②主动退市公司并不一定要进入全国中小企业股份转让系统交易，而是可以选择在证券交易场所交易或者转让其股票，或者依法作出其他安排。

第四节 公司债券的发行

【鑫考点1】一般公司债券的发行（★★★）（2006年案例分析题；2009年单选题、多选题；2012年多选题；2014年案例分析题；2015年案例分析题；2017年单选题、多选题；2018年多选题）

一、一般规定

（1）发行方式。

① 公司债券可以公开发行，也可以非公开发行；

② 上市公司、股票公开转让的非上市公众公司发行的公司债券，可以附认股权、可转换成相关股票等条款；

③ 发行公司债券应当由具有证券承销业务资格的证券公司承销。

（2）期限、面值和发行价格。（2015年案例分析题）

公司债券的期限为1年以上；公司债券每张面值100元；发行价格由发行人与保荐人通过市场询价确定。

（3）股份有限公司发行一般的公司债券，属于股东大会一般决议事项，应由出席股东大会的股东所持表决权的过半数通过。（2015年案例分析题）

二、公司债券的公开发行

1. 投资者划分

（1）根据财产状况、金融资产状况、投资知识和经验、专业能力等因素，公司债券投资者可以分为普通投资者和专业投资者。

（2）发行人的董事、监事、高级管理人员及持股比例超过5%的股东，可视同专业投资者参与发行人相关公司债券的认购或交易、转让。

2. 公开发行公司债券，应当符合下列条件

（1）具备健全且运行良好的组织机构。

（2）最近3年平均可分配利润足以支付公司债券1年的利息。

（3）具有合理的资产负债结构和正常的现金流量。

（4）国务院规定的其他条件。

【提示】公开发行公司债券，由证券交易所负责受理、审核，并报中国证监会注册。

3. 资信状况符合以下标准的公开发行公司债券，专业投资者和普通投资者可以参与认购

（1）发行人最近3年无债务违约或者延迟支付本息的事实。

（2）发行人最近3年平均可分配利润不少于债券1年利息的1.5倍。

（3）发行人最近1期期末净资产规模不少于250亿元。

（4）发行人最近36个月内累计公开发行债券不少于3期，发行规模不少于100亿元。

【提示1】未达到前款规定标准的公开发行公司债券，仅限于专业投资者参与认购。

【提示2】新的《公司债券发行与交易管理办法》（2021年修订）取消了公开发行公司债券信用评级的强制性规定，发行公司债券信用是否评级由发行人自主决定。

4. 存在下列情形之一的，不得再次公开发行公司债券

（1）对已公开发行的公司债券或者其他债务有违约或者延迟支付本息的事实，仍处于继续状态。

（2）违反《证券法》规定，改变公开发行公司债券所募资金用途。

5. 募集资金用途

（1）公开发行公司债券筹集的资金，必须按照公司债券募集说明书所列资金用途使用；改变资金用途，必须经债券持有人会议作出决议。

（2）公开发行公司债券筹集的资金，不得用于弥补亏损和非生产性支出。

6. 交易场所

公开发行的公司债券，应当在证券交易场所交易。

三、公司债券的非公开发行

1. 发行对象

非公开发行的公司债券应当向专业投资者发行，不得采用广告、公开劝诱和变相公

开方式,每次发行对象不得超过200人。

2. 转让对象

非公开发行的公司债券仅限于专业投资者范围内转让。转让后,持有同次发行债券的投资者合计不得超过200人。

【相关链接】发行人的董事、监事、高级管理人员及持股比例超过5%的股东,可视同专业投资者参与发行人相关公司债券的认购或交易、转让。

3. 发行备案

非公开发行公司债券,承销机构或依法自行销售的发行人应当在每次发行完成后5个工作日内向中国证券业协会报备。

4. 转让场所

非公开发行公司债券,可以申请在证券交易场所、证券公司柜台转让。

四、公司债券持有人的权益保护

1. 公司债券的受托管理

(1) 公开发行公司债券的,发行人应当为债券持有人聘请债券受托管理人,并订立债券受托管理协议。

(2) 债券受托管理人由本次发行的承销机构或者其他经中国证监会认可的机构担任。

(3) 为本次发行提供担保的机构不得担任本次债券发行的受托管理人。

2. 召开债券持有人会议的情形

存在下列情形的,债券受托管理人应当召集债券持有人会议:

(1) 拟变更债券募集说明书的约定。

(2) 拟修改债券持有人会议规则。

(3) 拟变更债券受托管理人或受托管理协议的主要内容。

(4) 发行人不能按期支付本息。

(5) 发行人减资、合并等可能导致偿债能力发生重大不利变化,需要决定或者授权采取相应措施。

(6) 发行人分立、被托管、解散、申请破产或者依法进入破产程序。

(7) 保证人、担保物或者其他偿债保障措施发生重大变化。

(8) 发行人、单独或合计持有本期债券总额10%以上的债券持有人书面提议召开。

(9) 发行人管理层不能正常履行职责,导致发行人债务清偿能力面临严重不确定性。

(10) 发行人提出债务重组方案的。

(11) 发生其他对债券持有人权益有重大影响的事项。

【提示】在债券受托管理人应当召集而未召集债券持有人会议时,单独或合计持有本期债券总额10%以上的债券持有人有权自行召集债券持有人会议。

【鑫考题·多选题】根据证券法律制度的规定,下列各项中,属于债券受托管理人应当召集债券持有人会议的情形有(　　)。(2017年)

A. 发行人不能按期支付本息
B. 拟变更债券募集说明书的约定
C. 发行人拟增加注册资本
D. 担保物发生重大变化

【答案】ABD

【解析】选项C：发行人拟增加注册资本，不影响债券持有人利益，不需要召开债券持有人会议。

3. 公司债券的担保

发行人可采取内外部增信机制、偿债保障措施，提高偿债能力，控制公司债券风险。内外部增信机制、偿债保障措施包括但不限于下列方式：

(1) 第三方担保。
(2) 商业保险。
(3) 资产抵押、质押担保。
(4) 限制发行人债务及对外担保规模。
(5) 限制发行人对外投资规模。
(6) 限制发行人向第三方出售或抵押主要资产。
(7) 设置债券回售条款。

【鑫考点2】可转换公司债券的发行（★★★）(2010年单选题；2012年多选题；2013年多选题)

一、公开发行可转换公司债券的条件

(1) 上市公司发行可转换公司债券，除符合发行新股的一般条件外，还应当符合以下条件：

① 最近3个会计年度加权平均净资产收益率平均不低于6%；
② 本次发行后累计公司债券余额不超过最近1期期末净资产额的40%；
③ 最近3个会计年度实现的年均可分配利润不少于公司债券1年的利息。

(2) 上市公司发行分离交易的可转换公司债券，除符合发行新股的一般条件外，还应当符合以下条件：

① 公司最近1期期末经审计的净资产不低于人民币15亿元；
② 最近3个会计年度实现的年均可分配利润不少于公司债券1年的利息；
③ 最近3个会计年度经营活动产生的现金流量净额平均不少于公司债券1年的利息，但最近3个会计年度加权平均净资产收益率平均不低于6%的除外；
④ 本次发行后累计公司债券余额不超过最近1期期末净资产额的40%，预计所附认股权全部行权后募集的资金总量不超过拟发行公司债券金额。

二、可转换公司债券的期限、面值和利率

(1) 可转换公司债券的期限最短为1年，最长为6年。可转换公司债券每张面值100元。

【提示】分离交易的可转换公司债券的期限最短为1年。

（2）可转换公司债券的利率由发行公司与主承销商协商确定，但必须符合国家的有关规定。

三、可转换公司债券持有人的权利保护

1. 信用评级

公开发行可转换公司债券，应当委托具有资格的资信评级机构进行信用评级和跟踪评级。资信评级机构每年至少公告一次跟踪评级报告。

2. 是否担保

公开发行可转换公司债券，应当提供担保，但最近1期期末经审计的净资产不低于人民币15亿元的公司除外。

3. 担保范围

提供担保的，应当为全额担保，担保范围包括债券的本金及利息、违约金、损害赔偿金和实现债权的费用。

4. 担保方式

以保证方式提供担保的，应当为连带责任担保，且保证人最近1期经审计的净资产额应不低于其累计对外担保的金额。

5. 担保人

证券公司或上市公司不得作为发行可转换公司债券的担保人，但上市商业银行除外。

四、可转换公司债券转为股份

1. 转股时间

可转换公司债券自发行结束之日起6个月后方可转换为公司股票。

【提示】债券持有人对转换股票或不转换股票有选择权，转换股票的于转股的次日成为发行公司的股东。

【相关链接】分离交易的可转换公司债券，认股权证的存续期间不超过公司债券的期限，自发行结束之日起不少于6个月。认股权证自发行结束至少已满6个月方可行权。

2. 转股价格

上市公司向不特定对象发行可转债的转股价格应当不低于募集说明书公告日前20个交易日发行人股票交易均价和前1个交易日均价，且不得向上修正。上市公司向特定对象发行可转债的转股价格应当不低于认购邀请书发出前20个交易日发行人股票交易均价和前1个交易日均价，且不得向下修正。

3. 转股价格的调整

发行可转换公司债券后，因配股、增发、送股、派息、分立及其他原因引起上市公司股份变动的，应当同时调整转股价格。募集说明书约定转股价格向下修正条款的，应当同时约定：

（1）转股价格修正方案须提交公司股东大会表决，且须经出席会议的股东所持表决

权的2/3以上同意。股东大会进行表决时，持有公司可转换债券的股东应当回避。

（2）修正后的转股价格不低于前项规定的股东大会召开日前20个交易日公司股票交易均价和前1个交易日的均价。

第五节 上市公司收购和重组

【鑫考点1】上市公司收购概述（★★）（2007年多选题；2014年案例分析题；2015年多选题；2016年案例分析题）

一、拥有上市公司控制权的认定

（1）投资者为上市公司持股50%以上的控股股东。
（2）投资者可以实际支配上市公司股份表决权超过30%。
（3）投资者通过实际支配上市公司股份表决权能够决定公司董事会半数以上成员选任。
（4）投资者依其可实际支配的上市公司股份表决权足以对公司股东大会的决议产生重大影响。
（5）中国证监会认定的其他情形。

【鑫考题·多选题】根据证券法律制度的规定，下列情形中，构成对上市公司实际控制的有（　　）。（2015年）

A. 投资者为上市公司持股56%的股东
B. 投资者可以实际支配上市公司股份表决权的40%
C. 投资者通过实际支配上市公司股份表决权能够决定公司董事会1/3成员选任
D. 投资者依其可实际支配的上市公司股份表决权足以对公司股东大会的决议产生重大影响

【答案】ABD
【解析】上市公司收购的目的在于获得对上市公司的实际控制权。有下列情形之一的，表明已获得或者拥有上市公司控制权：（1）投资者为上市公司持股50%以上的控股股东；（2）投资者可实际支配上市公司股份表决权超过30%；（3）投资者通过实际支配上市公司股份表决权能够决定公司董事会半数以上（≥1/2）成员选任；（4）投资者依其可实际支配的上市公司股份表决权足以对公司股东大会的决议产生重大影响；（5）中国证监会认定的其他情形。

二、一致行动人(2007年多选题；2014年案例分析题；2016年案例分析题)

【解释】投资者及其一致行动人在一个上市公司中拥有的权益应当合并计算。如果没有相反的证据，投资者有下列情形之一的，为一致行动人：

（1）投资者之间有股权控制关系。

（2）投资者受同一主体控制。

（3）投资者的董事、监事或者高级管理人员中的主要成员，同时在另一个投资者担任董事、监事或者高级管理人员。

（4）投资者参股另一投资者，可以对参股公司的重大决策产生重大影响。

（5）银行以外的其他法人、其他组织和自然人为投资者取得相关股份提供融资安排。

（6）投资者之间存在合伙、合作、联营等其他经济利益关系。

（7）持有投资者30%以上股份的自然人，与投资者持有同一上市公司股份。

（8）在投资者任职的董事、监事及高级管理人员，与投资者持有同一上市公司股份。

（9）持有投资者30%以上股份的自然人和在投资者任职的董事、监事及高级管理人员，其父母、配偶、子女及其配偶、配偶的父母、兄弟姐妹及其配偶、配偶的兄弟姐妹及其配偶等亲属，与投资者持有同一上市公司股份。

（10）在上市公司任职的董事、监事、高级管理人员及其前项所述亲属同时持有本公司股份的，或者与其自己或者其前项所述亲属直接或者间接控制的企业同时持有本公司股份。

（11）上市公司董事、监事、高级管理人员和员工与其所控制或者委托的法人或者其他组织持有本公司股份。

（12）投资者之间具有其他关联关系。

【考题·多选题】甲公司拟收购乙上市公司。根据证券法律制度的规定，下列投资者中，如无相反证据，属于甲公司一致行动人的有（　　）。(2007年)

A. 由甲公司的监事担任董事的丙公司

B. 持有乙公司1%股份且为甲公司董事之弟的张某

C. 持有甲公司20%股份且持有乙公司3%股份的王某

D. 在甲公司中担任董事会秘书且持有乙公司2%股份的李某

【答案】ABD

【解析】(1) 选项A：投资者的董事、监事或者高级管理人员中的主要成员，同时在另一个投资者担任董事、监事或者高级管理人员；(2) 选项B：在投资者任职的董事、监事及高级管理人员，其父母、配偶、子女及其配偶、配偶的父母、兄弟姐妹及其配偶、配偶的兄弟姐妹及其配偶等亲属，与投资者持有同一上市公司股份；(3) 选项C：持有投资者30%以上股份的自然人，与投资者持有同一上市公司股份；(4) 选项D：在投资者任职的董事、监事及高级管理人员，与投资者持有同一上市公司股份。

三、不得成为收购人的情形

有下列情形之一的，不得收购上市公司：

（1）收购人负有数额较大债务，到期未清偿，且处于持续状态。

（2）收购人最近3年有重大违法行为或者涉嫌有重大违法行为。

（3）收购人最近3年有严重的证券市场失信行为。

（4）收购人为自然人的，存在《公司法》第146条规定情形（即不得担任公司的董事、监事、高级管理人员的规定）。

（5）法律、行政法规规定及中国证监会认定的不得收购上市公司的其他情形。

【鑫考点2】持股权益变动披露（★★★）（2002年多选题；2014年单选题；2016年单选题、案例分析题）

一、通过证券交易所交易

（1）通过证券交易所的证券交易，投资者持有或者通过协议、其他安排与他人共同持有一个上市公司已发行的有表决权股份达到5%时，应当在该事实发生之日起3日内，向中国证监会、证券交易所提交书面报告，通知该上市公司，并予公告。在上述期限内，不得再行买卖该上市公司的股票，但中国证监会规定的情形除外。

（2）投资者持有或者通过协议、其他安排与他人共同持有一个上市公司已发行的股份达到5%后，其所持该上市公司已发行的有表决权股份比例每增加或者减少5%，应当依照前述规定进行报告和公告。在该事实发生之日起至公告后3日内，不得再行买卖该上市公司的股票，但中国证监会规定的情形除外。

【提示】违反（1）（2）规定买入上市公司有表决权的股份的，在买入后的36个月内，对该超过规定比例部分的股份不得行使表决权。

（3）投资者持有或者通过协议、其他安排与他人共同持有一个上市公司已发行的有表决权股份达到5%后，其所持该上市公司已发行的有表决权股份比例每增加或者减少1%，应当在该事实发生的次日通知该上市公司，并予公告（无须暂停买卖，但需要通知和公告）。

二、通过协议转让方式

投资者通过协议转让方式，在一个上市公司中拥有权益的股份达到或者超过一个上市公司已发行股份的5%时，投资者应当在协议达成之日起3日内履行权益报告义务。

【提示】如果投资者通过行政划转或者变更、执行法院裁定、继承、赠与等方式拥有权益的股份变动达到上述规定比例的，也应当履行权益披露义务。

【鑫考题1·多选题】根据证券法律制度的规定，投资者通过证券交易所的证券交易持有一个上市公司已发行股份的5%时，应当在该事实发生之日起3日内履行一定的法定义务。下列选项中，属于该法定义务的有（ ）。（2002年）

A. 向国务院证券监督管理机构作出书面报告

B. 向证券交易所作出书面报告

C. 向证券登记结算机构作出书面报告

D. 通知上市公司持股情况并予以公告

【答案】ABD

【解析】通过证券交易所的证券交易，投资者持有或者通过协议、其他安排与他人共同持有一个上市公司已发行的有表决权股份达到5%时，应当在该事实发生之日起3日内，向中国证监会、证券交易所作出书面报告，通知该上市公司，并予公告。

【鑫考题2·单选题】甲以协议转让方式取得乙上市公司7%的股份，之后又通过交易所集中竞价交易陆续增持乙上市公司5%的股份。根据证券法律制度的规定，甲需要进行权益披露的时点分别是（　　）。(2014年)

A. 其持有乙公司股份5%和10%时
B. 其持有乙公司股份7%和10%时
C. 其持有乙公司股份5%和7%时
D. 其持有乙公司股份7%和12%时

【答案】B

【解析】在协议转让股权的情况下，如果协议中拟转让的股权达到或者超过5%，投资者就应当在协议达成之日起3日内履行权益报告义务。此后，该投资者的股份发生增减变化，如果该变化使得持股比例达到或者超过5%的整数倍的，也应当履行权益披露义务。在本题中，披露时点为7%和10%。

【鑫考题3·单选题】甲持有某上市公司已发行股份的8%。2016年7月4日，投资者乙与甲签署股份转让协议，约定以6 000万元的价格受让甲持有的该上市公司全部股份。7月6日，乙将股份转让事项通知该上市公司。7月11日，双方办理了股份过户。7月18日，乙通知该上市公司股份过户已办理完毕。根据证券法律制度的规定，乙应当向中国证监会和证券交易所作出书面报告的日期是（　　）。(2016年)

A. 2016年7月6日
B. 2016年7月8日
C. 2016年7月13日
D. 2016年7月20日

【答案】A

【解析】在协议转让股权的情况下，如果协议中拟转让的股权达到或者超过5%，投资者就应当在协议达成之日起3日内履行权益报告义务。

【鑫考点3】强制要约制度（★★★）(2009年案例分析题；2012年案例分析题；2014年案例分析题；2015年案例分析题；2018年案例分析题；2019年案例分析题)

一、强制要约情形

(1) 通过证券交易所的证券交易，收购人持有或通过协议、其他安排与他人共同持有一个上市公司的股份达到该公司已发行股份的30%时，继续增持股份的，应当采取要约方式进行，发出全面要约或者部分要约。

(2) 收购人拟通过协议方式收购一个上市公司的股份超过30%的，超过30%的部分，应当改以要约方式进行。

① 如果符合免除发出要约情形的，收购人可以免于发出要约，直接履行其收购协议。

② 如果不符合免除发出要约情形的，投资者及其一致行动人应当在 30 日内将其或者其控制的股东所持有的被收购公司股份减持到 30% 或者 30% 以下；否则，应当发出全面要约。

（3）收购人虽不是上市公司的股东，但通过投资关系、协议、其他安排导致其拥有权益的股份达到或者超过一个上市公司已发行股份 30% 的，应当向该公司所有股东发出全面要约（间接收购）。

二、免除发出要约情形

1. 免于以要约方式增持股份的事项

有下列情形之一的，收购人可以免于以要约方式增持股份：

（1）收购人与出让人能够证明本次股份转让是在同一实际控制人控制的不同主体之间进行，未导致上市公司的实际控制人发生变化（同控）。

（2）上市公司面临严重财务困难，收购人提出的挽救公司的重组方案取得该公司股东大会批准，且收购人承诺 3 年内不转让其在该公司中所拥有的权益（重组）。

（3）中国证监会为适应证券市场发展变化和保护投资者合法权益的需要而认定的其他情形。

2. 免于发出要约

有下列情形之一的，投资者可以免于发出要约：

（1）经政府或者国有资产管理部门批准进行国有资产无偿划转、变更、合并，导致投资者在一个上市公司中拥有权益的股份占该公司已发行股份的比例超过 30%。

（2）因上市公司按照股东大会批准的确定价格向特定股东回购股份而减少股本，导致投资者在该公司中拥有权益的股份超过该公司已发行股份的 30%。

（3）经上市公司股东大会非关联股东批准，投资者取得上市公司向其发行的新股，导致其在该公司拥有权益的股份超过该公司已发行股份的 30%，投资者承诺 3 年内不转让本次向其发行的新股，且公司股东大会同意投资者免于发出要约。（2019 年案例分析题）

（4）在一个上市公司中拥有权益的股份达到或者超过该公司已发行股份的 30% 的，自上述事实发生之日起 1 年后，每 12 个月内增持不超过该公司已发行的 2% 的股份。

【提示】增持不超过 2% 的股份锁定期为增持行为完成之日起 6 个月。

（5）在一个上市公司中拥有权益的股份达到或者超过该公司已发行股份的 50% 的，继续增加其在该公司拥有的权益不影响该公司的上市地位。（2015 年案例分析题）

（6）证券公司、银行等金融机构在其经营范围内依法从事承销、贷款等业务导致其持有一个上市公司已发行股份超过 30%，没有实际控制该公司的行为或者意图，并且提出在合理期限内向非关联方转让相关股份的解决方案。

（7）因继承导致在一个上市公司中拥有权益的股份超过该公司已发行股份的 30%。

（8）因履行约定购回式证券交易协议购回上市公司股份导致投资者在一个上市公司

中拥有权益的股份超过该公司已发行股份的30%，并且能够证明标的股份的表决权在协议期间未发生转移。

（9）因所持优先股表决权依法恢复导致投资者在一个上市公司中拥有权益的股份超过该公司已发行股份的30%。

（10）中国证监会为适应证券市场发展变化和保护投资者合法权益的需要而认定的其他情形。

【鑫考点4】要约收购（★★★）(2009年案例分析题；2011年案例分析题；2018年案例分析题)

一、收购数量

无论是自愿收购还是强制收购，只要采用要约方式收购一个上市公司股份的，其预定收购的股份比例不得低于该上市公司已发行股份的5%。（2011年案例分析题）

【提示】收购上市公司部分股份的要约应当约定被收购公司股东承诺出售的股份数额超过预定收购的股份数额的，收购人按同等比例进行收购。

二、提示性公告

以要约方式收购上市公司股份的，收购人应当编制要约收购报告书，聘请财务顾问，通知被收购公司，同时对要约报告书摘要作出提示性公告。

三、要约公告和竞争要约

（1）收购要约约定的收购期限不得少于30日，并不得超过60日；但出现竞争要约的除外。

（2）在收购要约约定的承诺期限内，收购人不得撤销其收购要约。

（3）在收购要约约定的承诺期限内，收购人需要变更收购要约的，必须及时公告，载明具体变更事项，并通知被收购公司，且不得存在下列情形：

① 降低收购价格；
② 减少预定收购股份数额；
③ 缩短收购期限；
④ 中国证监会规定的其他情形。

（4）在收购要约期限届满前15日内，收购人不得变更收购要约；但出现竞争要约的除外。

（5）出现竞争要约时，发出初始要约的收购人变更收购要约距初始要约收购期限届满不足15日的，应当延长收购期限，延长后的要约期应当不少于15日，不得超过最后一个竞争要约的期满日，并按规定比例追加履约保证金。

四、收购价格及支付方式

（1）收购人进行要约收购的，对同一种类股票的要约价格，不得低于要约收购提示性公告日前6个月内收购人取得该种股票所支付的最高价格。

（2）要约价格低于提示性公告日前30个交易日该种股票的每日加权平均价格的算术平均值的，收购人聘请的财务顾问应当就该种股票前6个月的交易情况进行分析，说明是否存在股价被操纵、要约价格是否合理等情况。（2018年案例分析题）

（3）上市公司收购可以采用现金、依法可以转让的证券及法律、行政法规规定的其他支付方式进行。

五、要约收购条件

（1）采取要约收购方式的，收购人在收购期限内，不得卖出被收购公司的股票，也不得采取要约规定以外的形式和超出要约的条件买入被收购公司的股票。

（2）收购要约提出的各项收购条件，应当平等适用于被收购公司的所有股东。上市公司发行不同种类股份的，收购人可以针对持有不同种类股份的股东提出不同的收购条件。

六、被收购公司董事会的义务

（1）在要约收购期间，被收购公司董事不得辞职。（2018年案例分析题）

（2）未经股东大会批准，被收购公司董事会不得通过处置公司资产、对外投资、调整公司主要业务、担保、贷款等方式，对公司的资产、负债、权益或者经营成果造成重大影响。

（3）在收购人公告要约收购报告书后20日内，被收购公司董事会应当将被收购公司董事会报告书与独立财务顾问的专业意见报送中国证监会，抄送证券交易所，并予公告。（2018年案例分析题）

七、预受要约

在要约收购期限届满3个交易日前，预受股东可以委托证券公司办理撤回预受要约的手续；在要约收购期限届满前3个交易日内，预受股东不得撤回其对要约的接受。（2018年案例分析题）

八、收购完成后的义务

（1）收购人持有的被收购上市公司的股票，在收购完成后18个月内不得转让。

【提示】收购人在被收购公司中拥有权益的股份在同一实际控制人控制的不同主体之间进行转让不受前述18个月的限制。

（2）收购完成后，收购人应当在15日内将收购情况报告国务院证券监督管理机构和证券交易所，并予公告。

【鑫考点5】协议收购（★）

一、过渡期安排

过渡期（自签订收购协议起至相关股份完成过户的期间）安排：

（1）在过渡期内，收购人不得通过控股股东提议改选上市公司董事会，确有充分理由改选董事会的，来自收购人的董事不得超过董事会成员的1/3。

（2）被收购公司不得为收购人及其关联方提供担保。

（3）被收购公司不得公开发行股份募集资金，不得进行重大购买、出售资产及重大投资行为或者与收购人及其关联方进行其他关联交易。但收购人为挽救陷入危机或者面临严重财务困难的上市公司的情形除外。

二、管理层收购

（1）收购主体：上市公司董事、监事、高级管理人员、员工或者其所控制或委托的法人或其他组织。

（2）被收购公司。

① 公司董事会成员中独立董事的比例应达到或者超过 1/2；

② 本次收购应当经董事会非关联董事作出决议（无关联董事过半数同意），且取得 2/3 以上的独立董事同意后，提交公司股东大会审议，并经出席股东大会的非关联股东所持表决权过半数通过。

【鑫考点6】上市公司重大资产重组（★★★）(2013年案例分析题；2015年案例分析题；2016年单选题、多选题、案例分析题；2017年多选题；2018年案例分析题)

一、普通重大资产重组行为的界定

【解释】上市公司及其控股或者控制的公司在日常经营活动之外购买、出售资产或者通过其他方式进行资产交易达到规定的比例，导致上市公司的主营业务、资产、收入发生重大变化的资产交易行为。重大资产重组分为普通重大资产重组和特殊重大资产重组（即借壳上市）两种。

1. 普通重大资产重组的认定（2018年案例分析题）

达到下列标准之一，构成重大资产重组：

总资产标准	购买、出售的资产总额占上市公司最近1个会计年度经审计的合并财务会计报告期末资产总额的比例达到50%以上
营业收入标准	购买、出售的资产在最近1个会计年度所产生的营业收入占上市公司同期经审计的合并财务会计报告营业收入的比例达到50%以上
净资产标准	购买、出售的资产净额占上市公司最近1个会计年度经审计的合并财务会计报告期末净资产额的比例达到50%以上，且超过5 000万元人民币

2. 购买资产为股权的指标确定

不取得控股权	资产总额 = max（被投资企业资产总额×股权比例，成交金额）
	营业收入 = 被投资企业营业收入×股权比例
	资产净额 = max（被投资企业净资产额×股权比例，成交金额）
取得控股权	资产总额 = max（被投资企业资产总额，成交金额）
	营业收入 = 被投资企业营业收入
	资产净额 = max（被投资企业净资产额，成交金额）

【实例分析】丙公司购买股权资产。

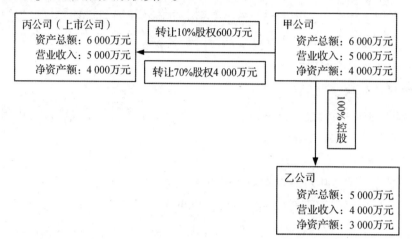

(1) 10%——不取得控制权。

① 总资产标准：max（5 000×10%，600）/6 000 = 10% < 50%（×）

② 营业收入标准：（4 000×10%）/5 000 = 8% < 50%（×）

③ 净资产标准：max（3 000×10%，600）/4 000 = 15% < 50%且 < 5 000万元（×）

【结论】不构成重大资产重组。

(2) 70%——取得控制权。

① 总资产标准：max（5 000，4 000）/6 000 = 83.33% > 50%（√）

② 营业收入标准：4 000/5 000 = 80% > 50%（√）

③ 净资产标准：max（3 000，4 000）/4 000 = 100% > 50%但 < 5 000万元（×）

【结论】构成重大资产重组。

二、重组上市（2013年案例分析题；2015年案例分析题）

1. 特殊重大资产重组（借壳上市）的认定

上市公司自控制权发生变更之日起36个月内，向收购人及其关联人购买资产，导致上市公司发生以下根本变化情形之一的，构成重大资产重组，应当按照有关规定报经中国证监会核准：

(1) 购买的资产总额占上市公司控制权发生变更的前1个会计年度经审计的合并财务会计报告期末资产总额的比例达到100%以上。

(2) 购买的资产在最近1个会计年度所产生的营业收入占上市公司控制权发生变更的前1个会计年度经审计的合并财务会计报告营业收入的比例达到100%以上。

(3) 购买的资产净额占上市公司控制权发生变更的前1个会计年度经审计的合并财务会计报告期末净资产额的比例达到100%以上。

(4) 为购买资产发行的股份占上市公司首次向收购人及其关联人购买资产的董事会决议前1个交易日的股份的比例达到100%以上。

(5) 上市公司向收购人及其关联人购买资产虽未达到本款第（1）至第（2）项标

准，但可能导致上市公司主营业务发生根本变化。

（6）中国证监会认定的可能导致上市公司发生根本变化的其他情形。

2．重组上市特殊要求

（1）上市公司购买的资产对应的经营实体应当是股份有限公司或者有限责任公司，且符合首发条件。

（2）上市公司及其最近3年内的控股股东、实际控制人不存在因涉嫌犯罪正被司法机关立案侦查或涉嫌违法违规正被中国证监会立案调查的情形，但是，涉嫌犯罪或违法违规的行为已经终止满3年，交易方案能够消除该行为可能造成的不良后果，且不影响对相关行为人追究责任的除外。

（3）上市公司及其控股股东、实际控制人最近12个月内未受到证券交易所公开谴责，不存在其他重大失信行为。

（4）本次重大资产重组不存在中国证监会认定的可能损害投资者合法权益，或者违背公开、公平、公正原则的其他情形。

三、发行股份购买资产的规定

1．发行股份购买资产的基本要求

上市公司发行股份购买资产，应当符合下列规定（包括但不限于）：

（1）上市公司最近1年及最近1期财务会计报告被注册会计师出具无保留意见审计报告；被出具保留意见、否定意见或者无法表示意见的审计报告所涉及事项的重大影响已经消除或者将通过本次交易予以消除。

（2）上市公司及其现任董事、高级管理人员不存在因涉嫌犯罪正被司法机关立案侦查或涉嫌违法违规正被中国证监会立案调查的情形。但是，涉嫌犯罪或违法违规的行为已经终止满3年，交易方案有助于消除该行为可能造成的不良后果，且不影响对相关行为人追究责任的除外。

2．发行价格（2016年案例分析题）

上市公司发行股份的价格不得低于市场参考价的90%。

【解释】市场参考价为本次发行股份购买资产的董事会决议公告日前20个交易日、60个交易日或者120个交易日的公司股票交易均价之一。

【总结】各类价格要求。

公开增发	不低于公告招股意向书前20个交易日公司股票均价或前1个交易日的均价
可转换公司债券	不低于募集说明书公告日前20个交易日公司股票均价和前1个交易日的均价
上市公司非公开发行	不低于定价基准日前20个交易日公司股票均价的80%；定价基准日一般为本次非公开发行股票发行期的首日
上市公司发行股份购买资产	不得低于市场参考价的90%；市场参考价为董事会决议公告日前20个交易日、60个交易日或者120个交易日的公司股票交易均价之一

【鑫考题1·多选题】某上市公司董事会作出决议，通过发行股份购买资产。根据证券法律制度的规定，股份发行价格不得低于市场参考价的90%。下列各项中，可以用于确定市场参考价的有（　　）。(2016年)

A．本次董事会决议公告日前20个交易日的公司股票交易均价

B．本次董事会决议公告日前60个交易日的公司股票交易均价

C．本次董事会决议公告日前90个交易日的公司股票交易均价

D．本次董事会决议公告日前120个交易日的公司股票交易均价

【答案】ABD

【解析】发行股份购买资产，股份发行价格不得低于市场参考价的90%。市场参考价为本次发行股份购买资产的董事会决议公告日前20个交易日、60个交易日或者120个交易日的公司股票交易均价之一。

【鑫考题2·多选题】上市公司发行股份购买资产时，发行股份的价格不得低于市场参考价的90%。市场参考价为本次发行股份购买资产的董事会决议公告日前特定时间段的公司股票交易均价。下列各项中，属于该特定时间段的有（　　）。(2017年)

A．20个交易日　　B．120个交易日　　C．60个交易日　　D．90个交易日

【答案】ABC

【解析】上市公司发行股份的价格不得低于市场参考价的90%。市场参考价为本次发行股份购买资产的董事会决议公告日前20个交易日、60个交易日或者120个交易日的公司股票交易均价之一。

3．特定对象转让股份的时间限制

36个月内不得转让	（1）上市公司控股股东、实际控制人或者其控制的关联人 （2）通过认购本次发行的股份取得上市公司的实际控制权 （3）取得本次发行的股份时，对其用于认购股份的资产持续拥有权益的时间不足12个月
12个月内不得转让	除上述特定对象以外的一般股东（2016年案例分析题）

四、公司决议

（1）上市公司股东大会就重大资产重组事项作出决议，必须经出席会议的股东所持表决权的2/3以上通过（特别决议）。上市公司应当在股东大会作出重大资产重组决议后的次一工作日公告该决议。

（2）上市公司重大资产重组事宜与本公司股东或者其关联人存在关联关系的，关联股东应当回避表决。交易对方已经与上市公司控股股东就受让上市公司股权或向上市公司推荐董事达成协议或默契，可能导致上市公司的实际控制权发生变化的，上市公司控股股东及其关联人应当回避表决。

（3）除上市公司的董事、监事、高级管理人员、单独或者合计持有上市公司5%以上股份的股东以外，其他股东的投票情况应当单独统计并予以披露。

（4）上市公司就重大资产重组事宜召开股东大会，应当以现场会议形式召开，并应当提供网络投票和其他合法方式为股东参加股东大会提供便利。

（5）中国证监会在发行审核委员会中设立上市公司并购重组审核委员会，以投票方式对提交其审议的借壳上市申请或者发行股份购买资产申请进行表决，提出审核意见。

【鑫考题·单选题】根据证券法律制度的规定，上市公司进行重大资产重组须由股东大会作出决议。下列关于该股东大会会议召开和表决规则的表述中，正确的是（ ）。（2016 年）

A. 股东大会会议应当以现场会议或通讯方式举行
B. 决议经出席会议股东所持表决权过半数同意即可通过
C. 与重组事项有关联关系的股东应当回避表决
D. 持有上市公司股份不足5%的股东的投票情况无须单独统计或披露

【答案】C

【解析】（1）选项 AD：上市公司就重大资产重组事宜召开股东大会，应当以现场会议形式召开，并应当提供网络投票和其他合法方式为股东参加股东大会提供便利。除上市公司的董事、监事、高级管理人员、单独或者合计持有上市公司5%以上股份的股东以外，其他股东的投票情况应当单独统计并予以披露。（2）选项 B：上市公司股东大会就重大资产重组事项作出决议，必须经出席会议的股东所持表决权的2/3 以上通过。（3）选项 C：上市公司重大资产重组事宜与本公司股东或者其关联人存在关联关系的，股东大会就重大资产重组事项进行表决时，关联股东应当回避表决。

【总结】上市公司股东大会的决议方式。

决议方式	适用情形
出席＋表决权＞1/2	一般决议事项
回避＋出席＋其他表决权＞1/2	（1）公司为股东、实际控制人提供担保
	（2）管理层收购
出席＋表决权≥2/3	（1）修改章程
	（2）增加或减少注册资本金
	（3）合并、分立、解散、变更
	（4）1年内购买、出售重大资产或对外担保超过总资产30%
回避＋出席＋其他表决权≥2/3	（1）非公开发行股票（关联股东回避）
	（2）可转换公司债券调整转股价格（持有可转换公司债券的股东回避）
	（3）重大资产重组（关联股东回避）
≥2/3＋≥2/3	（1）主动申请退市
	（2）优先股表决权行使（4条）

第八章

企业破产法律制度

本章考点

在最近3年的考试中，本章平均分值为11分，属于重点章节，各种题型均有考核，考生需要重点关注涉及本章的案例分析题。本章考点较多，复习难度较大，部分考点可以与物权法律制度、合同法律制度、公司法律制度等章节考点相关联。考生重在理解，重点掌握破产受理、债务人财产、破产债权和破产清算及破产法司法解释（一）（二）（三）的有关规定。

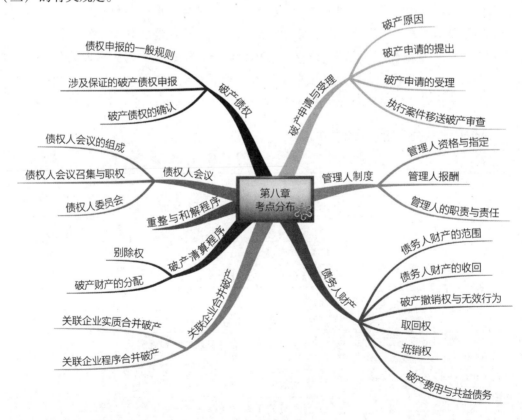

本章考情

其中 1 套试卷

题型	2018 年	2019 年	2020 年
单选题	1 题 1 分	1 题 1 分	—
多选题	—	—	—
案例分析题	1 题 10 分	1 题 10 分	1 题 10 分
合计	2 题 11 分	2 题 11 分	1 题 10 分

第一节 破产申请与受理

【鑫考点 1】破产原因（★★）（2012 年案例分析题；2013 年案例分析题；2014 年案例分析题；2015 年案例分析题；2018 年案例分析题；2019 年案例分析题）

一、《企业破产法》的规定

企业法人的破产原因是不能清偿到期债务，并且资产不足以清偿全部债务或者明显缺乏清偿能力。

破产原因	适用情形
债务人不能清偿到期债务，且资不抵债	债务人提出破产申请且其资不抵债情况通过形式审查即可判断
债务人不能清偿到期债务，且明显缺乏清偿能力	（1）债权人提出破产申请 （2）债务人提出破产申请但其资不抵债情况通过形式审查难以判断

二、《企业破产法司法解释（一）》的规定

1. "不能清偿到期债务"的认定

同时存在下列三种情形，应当认定债务人不能清偿到期债务：

（1）债权债务关系依法成立。

（2）债务履行期限已经届满。

（3）债务人未完全清偿债务。

2. "资不抵债"的认定

债务人的资产负债表，或者审计报告、资产评估报告等显示其全部资产不足以偿付全部负债的，人民法院应当认定债务人资产不足以清偿全部债务，但有相反证据足以证明债务人资产能够偿付全部负债的除外。

3. "明显缺乏清偿能力"的认定（2012年、2013年、2014年、2015年、2019年案例分析题）

债务人账面资产虽大于负债，但存在下列情形之一的，人民法院应当认定其明显缺乏清偿能力：

（1）因资金严重不足或者财产不能变现等原因，无法清偿债务。
（2）法定代表人下落不明且无其他人员负责管理财产，无法清偿债务。
（3）经人民法院强制执行，无法清偿债务。
（4）长期亏损且经营扭亏困难，无法清偿债务。
（5）导致债务人丧失清偿能力的其他情形。

【提示】只要债务人的一个债权人经人民法院强制执行未得到清偿，其每个债权人均有权提出破产申请，并不要求申请人自己已经采取了强制执行措施。

【鑫考点2】破产申请的提出（★★）(2006年多选题；2016年案例分析题；2017年案例分析题；2019年案例分析题)

一、提出破产申请的当事人

1. 债务人

债务人发生破产原因，可以向人民法院提出重整、和解或者破产清算申请。

2. 债权人

债务人不能清偿到期债务，债权人可以向人民法院提出对债务人进行重整或者破产清算的申请。

【提示】对破产人的特定财产享有担保权的债权人（简称"担保债权人"）同样享有破产申请权。

3. 税务机关和社会保险机构

税务机关和社会保险机构只享有对债务人的破产清算申请权，而不享有重整申请权。（2016年案例分析题）

4. 破产企业的职工

破产企业的职工作为债权人可以申请债务人企业破产清算或重整，但职工提出破产申请应经职工代表大会或者全体职工（会议）多数决议通过。（2017年案例分析题）

二、破产案件的管辖

破产案件由债务人住所地人民法院管辖。（2020年案例分析题）

【提示】债务人住所地指债务人的主要办事机构所在地。债务人主要办事机构所在地不明确、存在争议的，由其注册登记地人民法院管辖。

三、破产申请书（2019年案例分析题）

当事人向人民法院提出破产申请，应当提交破产申请书和有关证据。破产申请书应当载明下列事项：

(1) 申请人、被申请人的基本情况。
(2) 申请目的，即申请破产清算还是申请重整或和解。
(3) 申请的事实和理由。
(4) 人民法院认为应当载明的其他事项。

四、破产申请的撤回

(1) 破产申请提交后，在人民法院受理破产申请前，申请人可以请求撤回申请。
(2) 人民法院裁定受理破产申请系对债务人具有破产原因的初步认可，破产申请受理后，申请人请求撤回破产申请的，人民法院不予准许。除非存在债务人不符合破产原因的情形，人民法院不得裁定驳回破产申请。

【鑫考点3】破产申请的受理（★★★）(2009年单选题；2012年单选题；2013年案例分析题；2014年案例分析题；2016年案例分析题；2017年案例分析题；2018年案例分析题；2019年案例分析题)

一、债务人对受理的异议

(1) 相关当事人以对债务人的债务负有连带责任的人未丧失清偿能力为由，主张债务人不具备破产原因的，人民法院应不予支持。(2014年案例分析题；2018年案例分析题)

【解释】对债务人丧失清偿能力、发生破产原因的认定，不以其他对其负债有清偿义务者（如连带责任人、担保人）也丧失清偿能力、不能代为清偿为条件。只要债务人本人不能清偿到期债务即发生破产原因，其他人对其负债的连带责任、担保责任，是对债权人的责任，不能视为债务人的清偿能力或其延伸。

(2) 当债权人申请债务人破产时，债务人以其具有清偿能力或资产超过负债为由提出异议，但又不能立即清偿债务或与债权人达成和解的，其异议不能成立。(2017年案例分析题)

(3) 当债权人申请债务人破产时，债务人对债权人是否享有债权提出异议，如果人民法院能够依据主要证据确定债权存在，且债务人没有相反证据和合理理由予以反驳的，人民法院对其异议应不予支持。

(4) 当债权人申请债务人破产时，债务人对债权人享有债权的数额提出异议时，如果存在双方无争议的部分债权数额，且债务人对该数额已经丧失清偿能力，则此项异议不影响人民法院对破产申请的受理。

(5) 当债权人申请债务人破产时，债务人对债权人的债权是否存在担保等提出异议，因其不影响破产原因的成立，不能成为阻止提出破产申请的理由，也就不影响人民法院对破产申请的受理。

(6) 破产案件的诉讼费用，应计入破产费用，由债务人财产随时清偿，无须预交。相关当事人以申请人未预先交纳诉讼费用为由，对破产申请提出异议的，人民法院不予

支持。(2019年案例分析题)

（7）人民法院受理破产申请后至破产宣告前，经审查发现案件受理时债务人未发生破产原因的，可以裁定驳回申请。但是，由于债务人财产的市场价值发生变化导致其在案件受理后资产超过负债乃至破产原因消灭的，不影响破产案件的受理与继续审理，人民法院不得裁定驳回申请。债务人如不愿意进行破产清算，可以通过和解、重整等方式清偿债务、结束破产清算程序。(2018年案例分析题)

二、债务人提交有关材料

（1）受理破产申请后，人民法院应当责令债务人依法提交其财产状况说明、债务清册、债权清册、财务会计报告等有关材料，债务人拒不提交的，人民法院可以对债务人的直接责任人员采取罚款等强制措施。(2016年案例分析题)

（2）债务人不能提交或拒不提交有关材料的，不影响人民法院对破产申请的受理和审理。

【解释】人民法院判定应否受理破产申请的标准，不是申请人或债务人是否提交了法律规定的全部有关证据材料，而是债务人是否存在破产原因。

三、不予受理或驳回

（1）人民法院裁定受理破产申请前，提出破产申请的债权人的债权因清偿或者其他原因消灭的，因申请人不再具备申请资格，人民法院应当裁定不予受理。但该裁定不影响其他符合条件的主体再次提出破产申请。

（2）人民法院裁定不受理破产申请，申请人对裁定不服的，可以自裁定送达之日起10日内向上一级人民法院提起上诉。

四、有关人员的义务

自人民法院受理破产申请的裁定送达债务人之日起至破产程序终结之日，债务人的有关人员承担下列义务（包括但不限于）：

（1）列席债权人会议并如实回答债权人的询问。

（2）未经人民法院许可，不得离开住所地。

（3）不得新任其他企业的董事、监事、高级管理人员。

【提示1】债务人的有关人员违反法律规定，擅自离开居住地的，人民法院可以予以训诫、拘留，可以依法并处罚款。

【提示2】债务人的有关人员是指企业的法定代表人；经人民法院决定，可以包括企业的财务管理人员和其他经营管理人员。

五、个别清偿

（1）人民法院受理破产申请后，债务人对个别债权人的债务清偿无效。

（2）债务人以其财产向债权人提供物权担保的，其在担保物市场价值内向债权人所作的债务清偿，不受上述规定限制。(2014年案例分析题；2017年案例分析题)

六、向管理人清偿债务或者交付财产

人民法院受理破产申请后,债务人的债务人或者财产持有人应当向管理人清偿债务或者交付财产。

【提示】如当事人故意违反法律规定向债务人清偿债务或交付财产,使债权人受到损失的,不免除其清偿债务或交付财产的义务。(2017年案例分析题)

七、均未履行完毕的合同

1. 管理人的选择权

人民法院受理破产申请后,管理人对破产申请受理前成立而债务人和对方当事人均未履行完毕的合同有权决定解除或者继续履行,并通知对方当事人。

2. 选择权行使次数

只享有一次性的合同选择履行权,不得反向再次或多次行使,尤其是不得在决定或实际接受继续履行合同后又决定解除合同。

3. 视为解除

(1) 管理人自破产申请受理之日起2个月内未通知对方当事人,或者自收到对方当事人催告之日起30日内未答复的,视为解除合同。

(2) 管理人决定继续履行合同的,对方当事人应当履行,但有权要求管理人提供担保。管理人不提供担保的,视为解除合同。

4. 不得解除情形

(1) 对于破产企业为他人提供担保的合同,管理人无权选择解除合同。

(2) 对于破产企业对外出租不动产的合同(如房屋租赁合同),除存在严重影响破产财产的整体变价与价值实现、且无法分别处分等特殊情况外,管理人不得违背合同约定任意解除合同;在变价破产财产时,房屋可以带租约出售,承租人在同等条件下享有优先购买权。(2013年案例分析题)

5. 结果处理

(1) 继续履行:共益债务。

(2) 解除合同:只能就实际损失部分申报普通债权,违约金不能申报。

【图解】

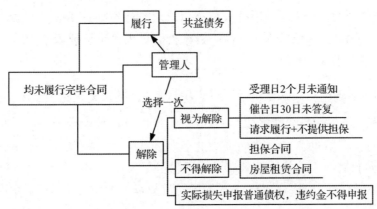

【鑫考题·单选题】2008年7月,甲、乙两公司签订一份买卖合同。按照合同约定,双方已于2008年8月底前各自履行了合同义务的50%,并应于2008年年底将各自剩余的50%的合同义务履行完毕,2008年10月,人民法院受理了债务人甲公司的破产申请。2008年10月31日,甲公司管理人收到了乙公司关于是否继续履行该买卖合同的催告,但直至2008年12月初,管理人尚未对乙公司的催告作出答复。根据企业破产法律制度的规定,下列关于该买卖合同的表述中,正确的是(   )。(2009年)

A. 乙公司应当继续履行合同

B. 乙公司无须继续履行合同

C. 乙公司有权要求管理人就合同履行提供担保

D. 乙公司有权就合同约定的违约金申报债权

【答案】B

【解析】(1)选项AB:人民法院受理破产申请后,对破产申请受理前成立而债务人和对方当事人均未履行完毕的合同,管理人自收到对方当事人催告之日起30日内未答复的,视为解除合同。(2)选项C:如果管理人决定继续履行合同,乙公司才有权要求管理人提供担保。(3)选项D:管理人依法决定解除合同的,对方当事人可以因合同解除产生的损害赔偿请求权申报债权;但是,申报的破产债权以实际损失为限,违约金不得作为破产债权申报。

八、财产保全措施

1. 受理破产前的保全措施(其他单位)

(1)解除。

人民法院受理破产申请后,有关债务人财产的保全措施应当解除,执行程序(指的是无物权担保债权的执行)应当中止。(2017年案例分析题)

(2)恢复。

人民法院受理破产申请后至破产宣告前裁定驳回破产申请,或者依据《企业破产法》第108条的规定裁定终结破产程序的,应当及时通知原已采取保全措施并依法解除保全措施的单位按照原保全顺位恢复相关保全措施。

2. 受理破产后的保全措施(受理的人民法院)

破产申请受理后,对于可能因有关利益相关人的行为或者其他原因,影响破产程序依法进行的,受理破产申请的人民法院可以根据管理人的申请或者依职权,对债务人的全部或者部分财产采取保全措施。

【鑫考题·单选题】甲公司因负债被债权人申请破产,人民法院受理了该破产申请。根据《企业破产法》,破产申请受理后所实施的行为,符合法律规定的是(   )。(2012年)

A. 甲公司提前向乙公司清偿18万元债务

B. 管理人为了维护甲公司的利益,解除了甲公司与丙公司订立但双方均未履行的保

管合同

C. 丁公司向甲公司清偿了 20 万元

D. 乙法院因民事执行需要查封了甲公司一栋已出租的门市房并继续执行,不予中止

【答案】B

【解析】(1)选项 A:人民法院受理破产申请后,债务人对个别债权人的债务清偿无效;(2)选项 C:受理破产申请后,债务人的债务人或财产持有人应向管理人清偿或交付财产;(3)选项 D:人民法院受理破产申请后,有关债务人财产的保全措施应当解除,执行程序应当中止。

九、相关诉讼程序

1.《企业破产法》的规定

(1)人民法院受理破产申请后,已经开始而尚未终结的有关债务人的民事诉讼或者仲裁应当中止;在管理人接管债务人的财产后,该诉讼或者仲裁继续进行。

【解释1】上述裁判作出并生效前,债权人可以同时向管理人申报债权,但其作为债权尚未确定的债权人,原则上不得行使表决权,除非人民法院临时确定其债权额。上述裁判生效后,债权人应当根据裁判认定的债权数额在破产程序中依法统一受偿,其对债务人享有的债权利息自破产申请受理时起停止计息。

【解释2】人民法院受理破产申请后,债权人新提起的要求债务人清偿的民事诉讼,人民法院不予受理,同时告知债权人应当向管理人申报债权。债权人申报债权后,对管理人编制的债权表记载有异议的,可以提起债权确认之诉。

(2)人民法院受理破产申请后,有关债务人的民事诉讼,只能向受理破产申请的人民法院提起。

2.《企业破产法司法解释(二)》的规定

(1)破产申请受理前,债权人就债务人财产提起下列诉讼,破产申请受理时案件尚未审结的,人民法院应当中止审理:

① 主张次债务人代替债务人直接向其偿还债务的;

② 主张债务人的出资人、发起人和负有监督股东履行出资义务的董事、高级管理人员,或者协助抽逃出资的其他股东、董事、高级管理人员、实际控制人等直接向其承担出资不实或者抽逃出资责任的;

③ 以债务人的股东与债务人法人人格严重混同为由,主张债务人的股东直接向其偿还债务人对其所负债务的;

④ 其他就债务人财产提起的个别清偿诉讼。

(2)破产申请受理前,债权人就债务人财产向人民法院提起上述所列诉讼,人民法院已经作出生效民事判决书或者调解书但尚未执行完毕的,破产申请受理后,相关执行行为应当中止,债权人应当依法向管理人申报相关债权。

(3)破产申请受理后,债权人就债务人财产向人民法院提起上述所列诉讼的,人民

法院不予受理。

【图解】

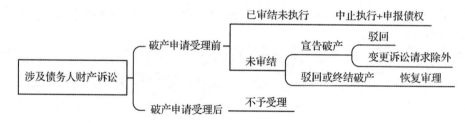

【鑫考点4】执行案件移送破产审查（★★）（2018年案例分析题）

一、"执转破"审查的条件

执行案件移送破产审查，应同时符合下列条件：

（1）被执行人为企业法人。

（2）被执行人或者有关被执行人的任何一个执行案件的申请执行人书面同意将执行案件移送破产审查。

（3）被执行人不能清偿到期债务，并且资产不足以清偿全部债务或者明显缺乏清偿能力。

二、"执转破"审查的管辖

（1）执行案件移送破产审查，由被执行人住所地人民法院管辖。（2018年案例分析题）

（2）在级别管辖上，实行以中级人民法院管辖为原则、基层人民法院管辖为例外的管辖制度。

（3）中级人民法院经高级人民法院批准，也可以将案件交由具备审理条件的基层人民法院审理。

三、"执转破"审查的内部决定程序

（1）承办人认为执行案件符合移送破产审查条件的，应提出审查意见，经合议庭评议同意后，由执行法院院长签署移送决定。

（2）基层人民法院拟将执行案件移送异地中级人民法院进行破产审查的，在作出移送决定前，应先报请其所在地中级人民法院执行部门审核同意。（2018年案例分析题）

四、执行程序中止

（1）执行法院作出移送决定后，应当书面通知所有已知执行法院，执行法院均应中止对被执行人的执行程序。

（2）对被执行人的季节性商品、鲜活、易腐烂变质及其他不宜长期保存的物品，执行法院应当及时变价处置，处置的价款不作分配。

（3）受移送法院裁定受理破产案件的，执行法院应当在收到裁定书之日起7日内，将该价款移交受理破产案件的法院。

五、保全措施

为确保对被执行人财产的查封、扣押、冻结措施的连续性,执行法院决定移送后、受移送法院裁定受理破产案件之前,对被执行人的查封、扣押、冻结措施不解除。

六、裁定受理

1. 裁定受理期限

受移送法院的破产审判部门应当自收到移送的材料之日起 30 日内作出是否受理的裁定。

2. 执行费用处理

受移送法院裁定受理破产案件的,在此前的执行程序中产生的评估费、公告费、保管费等执行费用,可以参照破产费用的规定,从债务人财产中随时清偿。

3. 保全措施解除

(1) 执行法院收到破产受理裁定后,应当解除对债务人财产的查封、扣押、冻结措施;或者根据破产受理法院的要求,出具函件将查封、扣押、冻结财产的处置权交破产受理法院。

(2) 破产受理法院可以持执行法院的移送处置函件进行续行查封、扣押、冻结,解除查封、扣押、冻结,或者予以处置。

(3) 执行法院收到破产受理裁定拒不解除查封、扣押、冻结措施的,破产受理法院可以请求执行法院的上级法院依法予以纠正。

4. 执行财产移交

(1) 执行法院收到受移送法院受理裁定后,应当于 7 日内将已经扣划到账的银行存款、实际扣押的动产、有价证券等被执行人财产移交给受理破产案件的法院或管理人。

(2) 执行法院收到受移送法院受理裁定时,已通过拍卖程序处置且成交裁定已送达买受人的拍卖财产,通过以物抵债偿还债务且抵债裁定已送达债权人的抵债财产,已完成转账、汇款、现金交付的执行款,因财产所有权已经发生变动,不属于被执行人的财产,不再移交。

5. 裁定不予受理或驳回申请

(1) 受移送法院作出不予受理或驳回申请的裁定后,人民法院不得重复启动执行案件移送破产审查程序。

(2) 申请执行人或被执行人以有新证据足以证明被执行人已经具备了破产原因为由,再次要求将执行案件移送破产审查的,人民法院不予支持。但是,申请执行人或被执行人可以直接向具有管辖权的法院提出破产申请。

第二节 管理人制度

【鑫考点1】管理人资格与指定（★★★）（2008年单选题；2009年多选题；2013年单选题；2018年案例分析题；2019年单选题）

一、管理人资格

（1）管理人可以由有关部门、机构的人员组成的清算组或者依法设立的律师事务所、会计师事务所、破产清算事务所等社会中介机构担任。

【提示】对于事实清楚、债权债务关系简单、债务人财产相对集中的企业破产案件，人民法院可以指定管理人名册中的个人为管理人。

（2）有下列情形之一的，不得担任管理人：
① 因故意犯罪受过刑事处罚；
② 曾被吊销相关专业执业证书；
③ 与本案有利害关系；
④ 人民法院认为不宜担任管理人的其他情形。

（3）管理人因利害关系应当回避的情形。（2018年案例分析题）

	何时	何人	何事
社会中介机构、清算组成员	—	债务人、债权人	未了结的债权债务关系
	受理前3年内	债务人	提供相对固定的中介服务
	现在或受理前3年内	债务人、债权人	控股股东或者实际控制人
	现在或受理前3年内	债务人、债权人	财务顾问、法律顾问
从业人员	现在或受理前3年内	债务人、债权人	董事、监事、高级管理人员
	—	债务人、债权人	与董事、监事、高级管理人员或控股股东有夫妻、直系血亲、三代以内旁系血亲或者近姻亲关系

【鑫考题1·多选题】根据企业破产法律制度的规定，下列注册会计师中，不得担任管理人的有（　　）。（2009年）
A. 注册会计师甲曾担任债务人公司的独立董事至人民法院受理破产申请2年前卸任
B. 注册会计师乙的父亲是债务人公司的控股股东
C. 注册会计师丙因个人原因负债数额巨大，但与债务人公司无关
D. 注册会计师丁最近3年来一直为债务人公司作外部审计工作，熟悉该企业情况

【答案】ABD

【解析】（1）选项A：现在担任或者在人民法院受理破产申请前3年内曾经担任债务

人、债权人的董事、监事、高级管理人员，不得担任管理人；（2）选项B：与债权人或者债务人的控股股东、董事、监事、高级管理人员存在夫妻、直系血亲、三代以内旁系血亲或者近姻亲关系，不得担任管理人；（3）选项C：与债务人、债权人有未了结的债权债务关系，不得担任管理人；（4）选项D：在人民法院受理破产申请前3年内，曾为债务人提供相对固定的中介服务，不得担任管理人。

【鑫考题2·单选题】2013年6月1日，人民法院受理了对甲公司提起的破产申请。根据企业破产法律制度的规定，下列人员中，有资格担任管理人的是（　　）。(2013年)

A. 曾于2008年1月1日至2009年12月31日担任甲公司法律顾问的丙律师事务所
B. 甲公司董事丁
C. 3年前被吊销执业证书，但现已重获执业资格的注册会计师乙
D. 甲公司监事会主席的妻子戊

【答案】A

【解析】（1）选项A：现在担任或者在人民法院受理破产申请前3年内曾经担任债务人、债权人的财务顾问、法律顾问，不得担任管理人，丙律师事务所已经超过了3年；（2）选项B：现在担任或者在人民法院受理破产申请前3年内曾经担任债务人、债权人的董事、监事、高级管理人员，不得担任管理人；（3）选项C：曾被吊销相关专业执业证书的，不得担任管理人（与现在是否重新取得无关）；（4）选项D：与债权人或者债务人的控股股东、董事、监事、高级管理人员存在夫妻、直系血亲、三代以内旁系血亲或者近姻亲关系，不得担任管理人。

【鑫考题3·单选题】根据企业破产法律制度的规定，下列主体中，可以担任管理人的是（　　）。(2019年)

A. 因盗窃行为受过刑事处罚的张某
B. 破产申请受理前根据有关规定成立的行政清算组
C. 因违法行为被吊销执业证书的王某
D. 正在担任债务人财务顾问的李某

【答案】B

【解析】不得担任管理人的情形：（1）因故意犯罪受过刑事处罚（选项A）；（2）曾被吊销相关专业执业证书（选项C）；（3）与本案有利害关系（选项D）；（4）人民法院认为不宜担任管理人的其他情形。

二、管理人指定

（1）管理人由人民法院指定。管理人无正当理由，不得拒绝人民法院的指定。

【提示1】指定管理人主要有随机指定（主要方式）、竞争、接受推荐三种方式。

【提示2】上市公司破产案件、在本地有重大影响的破产案件或者债权债务关系复杂，涉及债权人、职工及利害关系人人数较多的破产案件，在指定管理人时，一般应当通过竞争方式依法选定。

（2）管理人不能依法、公正执行职务或者有其他不能胜任职务情形的，债权人会议可以申请人民法院予以更换。

【鑫考点2】管理人报酬（★★）(2009年多选题；2012年多选题；2014年多选题；2018年案例分析题)

一、人民法院确定

管理人的报酬属于破产费用，由人民法院确定。

【提示】债权人会议对管理人报酬有异议且无法与管理人协商一致的，应当向人民法院书面提出具体的请求和理由，异议书应当附有相应的债权人会议决议。

二、管理人报酬确定依据（2018年案例分析题）

人民法院应根据债务人最终清偿的财产价值总额，分段确定管理人报酬。

（1）担保权人优先受偿的担保物价值，不计入债务人最终清偿的财产价值总额。

（2）管理人对担保物的维护、变现、交付等管理工作付出合理劳动的，有权向担保权人收取适当的报酬。

三、纯报酬

（1）管理人获得的报酬是纯报酬，不包括因执行职务、进行破产管理工作需支付的其他费用（公告费用、变价财产费用等）。

（2）管理人经人民法院许可，可以聘用必要的工作人员。

【提示】管理人执行职务的费用、报酬和聘用工作人员的费用为破产费用。

四、聘请专业人员费用

为防止重复计酬，律师事务所、会计师事务所通过聘请本专业的其他社会中介机构或者人员协助履行管理人职责的，所需费用从其报酬中支付。

【提示】管理人经人民法院许可聘用企业经营管理人员，或者管理人确有必要聘请其他社会中介机构或人员处理重大诉讼、仲裁、执行或审计等专业性较强工作，如所需费用需要列入破产费用的，应当经债权人会议同意。

五、政府部门派出人员费用

对清算组中参与工作的有关政府部门派出的工作人员，不支付报酬。

【鑫考题1·多选题】根据企业破产法律制度的规定，下列关于破产管理人报酬的表述中，正确的有（   ）。(2012年)

A. 人民法院采取公开竞争方式指定管理人的，其报酬方案由市场决定，不受有关司法解释关于管理人报酬比例范围的限制

B. 在指定清算组担任管理人时，有关政府部门派出的工作人员参与工作的，不收取报酬

C. 担保权人优先受偿的担保物价值原则上不计入管理人报酬的计酬基数

D. 担任管理人的会计师事务所聘用本专业的其他社会中介机构协助变现担保物的，所需费用可由担保权人承担

【答案】BC

【解析】（1）选项A：人民法院采取公开竞争方式指定管理人的，可以根据社会中介机构提出的报价确定管理人报酬方案，但报酬比例不得超出司法解释的限制范围。（2）选项D：会计师事务所通过聘请本专业的其他社会中介机构或者人员协助履行管理人职责的，所需费用从其报酬中支付（而非由担保权人承担）；但管理人对担保物的维护、变现、交付等管理工作付出合理劳动的，有权向担保权人收取适当的报酬。

【鑫考题2·多选题】甲会计师事务所被人民法院指定为乙企业破产案件中的管理人，甲向债权人会议报告的有关报酬方案的下列内容中，符合企业破产法律制度规定的有（　　）。（2014年）

A. 将乙为他人设定抵押权的财产价值计入计酬基数

B. 对受当地政府有关部门指派参与破产企业清算工作的政府官员不发放报酬

C. 甲聘用外部专家协助履行管理人职责所需费用从其报酬中支付

D. 甲就自己为将乙的抵押财产变现而付出的合理劳动收取适当报酬

【答案】BCD

【解析】（1）选项A：担保权人优先受偿的担保物价值原则上不计入管理人报酬的标的额；（2）选项B：清算组中有关政府部门派出的工作人员参与工作的，不收取报酬；（3）选项C：破产清算事务所通过聘请其他社会中介机构或者人员协助履行管理人职责的，所需费用从其报酬中支付；（4）选项D：管理人对担保物的维护、变现、交付等管理工作付出合理劳动的，有权向担保权人收取适当的报酬。

【鑫考点3】管理人的职责与责任（★★）

一、管理人履行下列职责与责任

（1）管理人履行下列职责：

① 接管债务人的财产、印章和账簿、文书等资料；

② 调查债务人财产状况，制作财产状况报告；

③ 决定债务人的内部管理事务；

④ 决定债务人的日常开支和其他必要开支；

⑤ 在第一次债权人会议召开之前，决定继续或者停止债务人的营业；

⑥ 管理和处分债务人的财产；

⑦ 代表债务人参加诉讼、仲裁或者其他法律程序；

⑧ 提议召开债权人会议；

⑨ 人民法院认为管理人应当履行的其他职责。

（2）管理人依法执行职务，向人民法院报告工作，并接受债权人会议和债权人委员会的监督。管理人应当列席债权人会议，向债权人会议报告职务执行情况，并回答询问。

（3）管理人没有正当理由不得辞去职务。管理人辞去职务应当经人民法院许可。

（4）管理人未依法勤勉尽责、忠实执行职务的，人民法院可以依法处以罚款；给债权人、债务人或第三人造成损失的，依法承担赔偿责任。

二、管理人职责的限制

管理人实施下列行为，应当及时报告债权人委员会（未设立债权人委员会的，管理人应当及时报告人民法院）：

（1）涉及土地、房屋等不动产权益的转让。

（2）探矿权、采矿权、知识产权等财产权的转让。

（3）全部库存或者营业的转让。

（4）借款。

（5）设定财产担保。

（6）债权和有价证券的转让。

（7）履行债务人和对方当事人均未履行完毕的合同。

（8）放弃权利。

（9）担保物的取回。

（10）对债权人利益有重大影响的其他财产处分行为。

【解释1】管理人处分上述债务人重大财产的，应当事先制作财产管理或者变价方案并提交债权人会议进行表决，债权人会议表决未通过的，管理人不得处分。（《企业破产法司法解释（三）》）

【解释2】管理人实施处分前，应提前10日书面报告债权人委员会或者人民法院。债权人委员会可以要求管理人对处分行为作出相应说明或者提供有关文件依据。债权人委员会认为管理人实施的处分行为不符合债权人会议通过的财产管理或变价方案的，有权要求管理人纠正。管理人拒绝纠正的，债权人委员会可以请求人民法院作出决定。（《企业破产法司法解释（三）》）

【解释3】人民法院认为管理人实施的处分行为不符合债权人会议通过的财产管理或变价方案的，应当责令管理人停止处分行为。管理人应当予以纠正，或者提交债权人会议重新表决通过后实施。（《企业破产法司法解释（三）》）

第三节 债务人财产

【鑫考点1】债务人财产的范围（★★）（2008年多选题；2014年案例分析题；2015年案例分析题；2016年案例分析题）

一、《企业破产法》的界定

破产申请受理时属于债务人的全部财产，以及破产申请受理后至破产程序终结前债务人取得的财产。

二、《企业破产法司法解释（二）》的规定

1. 属于债务人财产

（1）除债务人所有的货币、实物外，债务人依法享有的可以用货币估价并可以依法转让的债权、股权、知识产权、用益物权等财产和财产权益，均应认定为债务人财产。

（2）债务人已依法设定担保物权的特定财产，人民法院应当认定为债务人财产。

（3）债务人对按份享有所有权的共有财产的相关份额，或者共同享有所有权的共有财产的相应财产权利，以及依法分割共有财产所得部分，人民法院均应认定为债务人财产。

【提示1】人民法院宣告债务人破产清算，属于共有财产分割的法定事由。

【提示2】因分割共有财产导致其他共有人损害产生的债务，其他共有人请求作为共益债务清偿的，人民法院应予支持。

2. 不属于债务人财产

（1）债务人基于仓储、保管、承揽、代销、借用、寄存、租赁等合同或者其他法律关系占有、使用的他人财产。（2014年案例分析题；2015年案例分析题；2016年案例分析题）

（2）债务人在所有权保留买卖中尚未取得所有权的财产。

（3）所有权专属于国家且不得转让的财产。

（4）其他依照法律、行政法规不属于债务人的财产。

【鑫考点2】债务人财产的收回（★★）（2014年案例分析题；2016年案例分析题；2018年案例分析题）

一、出资收回

（1）人民法院受理破产申请后，债务人的出资人尚未完全履行出资义务的，管理人应当要求该出资人缴纳所认缴的出资，而不受出资期限的限制。（2014年案例分析题；2016年案例分析题）

（2）管理人代表债务人提起诉讼，主张出资人向债务人依法缴付未履行的出资或者返还抽逃的出资本息，出资人以认缴出资尚未届至公司章程规定的缴纳期限或者违反出资义务已经超过诉讼时效为由抗辩的，人民法院不予支持。

（3）管理人依据《公司法》的相关规定代表债务人提起诉讼，主张公司的发起人和负有监督股东履行出资义务的董事、高级管理人员，或者协助抽逃出资的其他股东、董事、高级管理人员、实际控制人等，对股东违反出资义务或者抽逃出资承担相应责任，并将财产归入债务人财产的，人民法院应予支持。

二、非法占用收回（2018年案例分析题）

债务人的董事、监事和高级管理人员利用职权从企业获取的非正常收入和侵占的企业财产，管理人应当追回。

1．非正常收入的界定

（1）绩效奖金。

（2）普遍拖欠职工工资情况下获取的工资性收入。

（3）其他非正常收入。

2．债权申报

（1）返还绩效奖金和其他非正常收入——申报普通破产债权。

（2）返还工资性收入：

① 按照该企业职工平均工资计算的部分，作为拖欠职工工资清偿；

② 高出该企业职工平均工资计算的部分，可以作为普通破产债权清偿。

三、取回质物、留置物

（1）管理人行使上述职权，应当及时报告债权人委员会（未设立的，应当及时报告人民法院）。

（2）人民法院受理破产申请后，管理人可以通过清偿债务或者提供为债权人所接受的担保，取回质物、留置物。管理人所作的债务清偿或者替代担保，以该质物或者留置物当时的市场价值为限。

【鑫考点3】破产撤销权与无效行为（★★★）(2007年案例分析题；2008年单选题；2009年单选题；2012年单选题；2013年单选题、案例分析题；2015年案例分析题；2018年案例分析题)

一、破产无效行为

（1）为逃避债务而隐匿、转移财产的。

（2）虚构债务或者承认不真实的债务的。

【提示】管理人主张被隐匿、转移财产的实际占有人返还债务人财产，或者主张债务人虚构债务或者承认不真实债务的行为无效并返还债务人财产的，人民法院应予支持。

二、撤销权

【解释】只要债务人的特定行为发生在法定期间内，即构成可撤销行为，除法律另有规定外，立法不再对被撤销行为实施时债务人是否存在破产原因作实质判断，债务人与第三人主观上是否为恶意原则上也不影响撤销权的行使。

1. 人民法院受理破产申请前1年内

（1）无偿转让财产的。

【解释】财产既包括实物资产也包括财产性权利，其行为方式也不完全局限于转让，无偿设置用益物权也应包括在内。

（2）以明显不合理的价格进行交易的。

【解释1】不合理的交易条件不仅限于价格，付款条件、付款期限等其他交易条件明显不合理，也可以撤销。

【解释2】因撤销该交易，对于债务人应返还受让人已支付价款所产生的债务，受让人请求作为共益债务清偿的，人民法院应予支持。

（3）对没有财产担保的债务提供财产担保的。

【提示】该条款是指对原来已经成立的无财产担保的债务事后补充设置担保（只要补充设置担保的行为发生在人民法院受理破产申请前1年内，即可撤销）。（2018年案例分析题）

（4）对未到期的债务提前清偿的。

【提示】破产申请受理前1年内债务人提前清偿的未到期债务，在破产申请受理前已经到期，管理人请求撤销该清偿行为的，人民法院不予支持。但是，该清偿行为发生在破产申请受理前6个月内且债务人有破产原因的除外。

【图解】

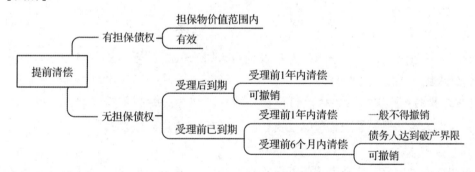

（5）放弃债权的。

【提示1】债务人对外享有债权的诉讼时效，自人民法院受理破产申请之日起中断。

【提示2】债务人无正当理由未对其到期债权及时行使权利（变相放弃），导致其对外债权在破产申请受理前1年内超过诉讼时效期间的，人民法院受理破产申请之日起重新计算上述债权的诉讼时效期间。

2. 人民法院受理破产申请前6个月内

人民法院受理破产申请前6个月内，债务人不能清偿到期债务，并且资产不足以清偿全部债务或者明显缺乏清偿能力，仍对个别债权人进行清偿的，管理人有权请求人民法院予以撤销。

【提示】不得撤销的情形：

（1）有担保的债权。

债务人对以自有财产设定担保物权的债权进行的个别清偿，管理人请求撤销的，人民法院不予支持。但是，债务清偿时担保财产的价值低于债权额的除外。

（2）必要的支出。（2013年单选题、案例分析题）

① 债务人为维系基本生产需要而支付水费、电费等的；

② 债务人支付劳动报酬、人身损害赔偿金的；

③ 使债务人财产受益的其他个别清偿。

（3）履行法律文书。

债务人经诉讼、仲裁、执行程序对债权人进行的个别清偿，管理人依据《企业破产法》第32条的规定请求撤销的，人民法院不予支持。但是，债务人与债权人恶意串通损害其他债权人利益的除外。

【总结】个别清偿。

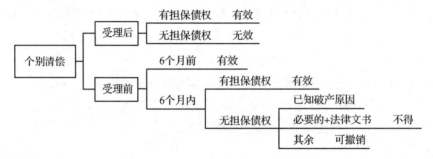

3. 撤销权行使

（1）管理人。

管理人依法提起诉讼，请求撤销涉及债务人财产的相关行为并由相对人返还债务人财产的，人民法院应予支持。

【提示】管理人因过错未依法行使撤销权导致债务人财产不当减损，债权人提起诉讼主张管理人对其损失承担相应赔偿责任的，人民法院应予支持。

（2）债权人。

破产申请受理后，管理人未依据《企业破产法》第31条的规定请求撤销债务人无偿转让财产、以明显不合理价格交易、放弃债权行为的，债权人依据《合同法》第74条等规定提起诉讼，请求撤销债务人上述行为并将因此追回的财产归入债务人财产的，人民法院应予受理。

【提示】相对人以债权人行使撤销权的范围超出债权人的债权抗辩的，人民法院不予支持。

三、清算终结后追回财产的处理

（1）在破产程序终结之日起2年内，债权人可以行使破产撤销权或者针对债务人的无效行为而追回财产。在此期间追回的财产，应当按照破产财产分配方案，对全体债权

人进行追加分配。(2008 年单选题)

(2) 破产程序终结之日起 2 年后，债权人发现因无效行为而应追回的财产，或可行使民法、合同法上的撤销权追回的财产时，仍可行使相应权利追回财产，但追回的财产不再用于对全体债权人清偿，而是用于对追回财产的债权人个别清偿。

【鑫考题 1·单选题】根据企业破产法律制度的规定，破产程序终结后，债权人发现破产人有应当供分配的其他财产，可以请求人民法院按照破产财产分配方案进行追加分配的法定期间是（　　）。(2008 年)

  A. 破产程序终结后半年内　　B. 破产程序终结后 1 年内
  C. 破产程序终结后 2 年内　　D. 破产程序终结后 3 年内

【答案】C

【解析】自破产程序终结之日起 2 年内，债权人发现破产债务人有依照法律规定应当追回的财产或者有应当供分配的其他财产的，可以请求人民法院按照破产财产分配方案进行追加分配。

【鑫考题 2·单选题】根据企业破产法律制度的规定，在人民法院受理破产申请 1 年前，债务人所为的下列行为中，无效或者可以撤销的是（　　）。(2009 年)

  A. 债务人对没有财产担保的债务提供财产担保
  B. 债务人对未到期的债务提前清偿
  C. 债务人承认不真实的债务
  D. 债务人对个别债权人进行清偿

【答案】C

【解析】(1) 选项 AB：只有在人民法院受理破产申请前 1 年内的行为才可以撤销，1 年前的行为不能撤销；(2) 选项 C：属于无效行为，与时间无关；(3) 选项 D：只有在人民法院受理破产申请前 6 个月内的个别清偿原则上才可以撤销，1 年前的个别清偿不能撤销。

【鑫考题 3·单选题】人民法院于 2012 年 5 月 16 日受理了债权人甲公司申请债务人乙公司破产案。管理人在对乙公司的债权债务进行清理时发现，乙公司曾于 2011 年 9 月 11 日为所欠丙公司的一笔原本没有财产担保的债务提供抵押担保。根据企业破产法律制度的规定，下列表述中，正确的是（　　）。(2012 年)

  A. 若管理人能够证明丙公司知悉乙公司在为其债权提供担保时已濒临破产，则有权请求人民法院撤销该抵押担保行为
  B. 管理人无须证明丙公司知悉乙公司在为其债权提供担保时已濒临破产，即可请求人民法院撤销该抵押担保行为
  C. 若甲公司能够证明丙公司知悉乙公司在为其债权提供担保时已濒临破产，则有权请求人民法院撤销该抵押担保行为
  D. 甲公司无须证明丙公司知悉乙公司在为其债权提供担保时已濒临破产，即可请求

人民法院撤销该抵押担保行为

【答案】B

【解析】人民法院受理破产申请前1年内，债务人对没有财产担保的债务提供财产担保的，管理人有权请求人民法院予以撤销。我国《企业破产法》采用程序判断原则，只要债务人的特定行为发生在法定期间内，即构成可撤销行为，立法不再对被撤销行为实施时债务人是否存在破产原因作实质判断。债务人与第三人主观上为恶意或善意，原则上也不影响撤销权的行使，据此可以解决举证责任等问题，更好地维护债权人利益。

【鑫考题4·单选题】根据企业破产法律制度的规定，人民法院受理破产申请前6个月内，涉及债务人财产的下列行为中，管理人有权请求人民法院予以撤销的是（   ）。(2013年)

A. 支付职工劳动报酬

B. 支付人身损害赔偿金

C. 向他人无偿转让企业财产

D. 在设定债务的同时，为该债务提供财产担保

【答案】C

【解析】(1) 选项AB：债务人对债权人进行的以下个别清偿，管理人请求撤销的，人民法院不予支持：①债务人为维系基本生产需要而支付水费、电费等的；②债务人支付劳动报酬、人身损害赔偿金的；③使债务人财产受益的其他个别清偿。(2) 选项D：债务人在可撤销期间内设定债务的同时提供的财产担保，该情形属于对价行为，并未造成债务人财产的不当减少，不能撤销。

【鑫考点4】取回权（★★★）(2009年单选题；2011年案例分析题；2012年案例分析题；2013年案例分析题；2014年案例分析题；2015年案例分析题；2016年案例分析题；2019年案例分析题)

一、一般取回权

1. 情形

（1）人民法院受理破产申请后，债务人占有的不属于债务人的财产，该财产的权利人可以通过管理人取回。

（2）债务人重整期间，权利人要求取回债务人合法占有的权利人的财产，不符合双方事先约定条件的，人民法院不予支持。但是，因管理人或者自行管理的债务人违反约定，可能导致取回物被转让、毁损、灭失或者价值明显减少的除外。

2. 行使时间

权利人应当在破产财产变价方案或者和解协议、重整计划草案提交债权人会议表决前向管理人提出。权利人在上述期限后主张取回相关财产的，应当承担延迟行使取回权增加的相关费用。

3. 给付对价义务

权利人行使取回权时未依法向管理人支付相关的加工费、保管费、托运费、委托费、代销费等费用,管理人拒绝其取回相关财产的,人民法院应予支持。(2016年案例分析题)

4. 原物被违法转让(2011年案例分析题;2013年案例分析题)

(1)买受人善意取得:权利人只能以损失申报债权。

① 破产申请受理前(债务人所为)——普通破产债权;

② 破产申请受理后(管理人导致)——共益债务。

(2)买受人尚未取得所有权,权利人可以要求返还原物,买受人已支付的价款,申报债权:

① 破产申请受理前(债务人所为)——普通破产债权;

② 破产申请受理后(管理人导致)——共益债务。

5. 原物毁损、灭失获得保险金、赔偿金、代偿物

(1)代偿取回权:

① 保险金、赔偿金、代偿物尚未交付给债务人;

② 代偿物虽已交付给债务人但能与债务人财产予以区分的。

(2)申报债权:保险金、赔偿金、代偿物已经交付给债务人且不能与债务人财产相区分。

① 破产申请受理前——普通破产债权;

② 破产申请受理后——共益债务。

二、出卖人取回权

1.《企业破产法》的规定

人民法院受理破产申请时,出卖人已将买卖标的物向作为买受人的债务人发运,债务人尚未收到且未付清全部价款的,出卖人可以取回在运途中的标的物。但是,管理人可以支付全部价款,请求出卖人交付标的物。

2.《企业破产法司法解释(二)》的规定

(1)取回方式。出卖人通过通知承运人或者实际占有人中止运输、返还货物、变更到达地,或者将货物交给其他收货人等方式,对在运途中标的物主张了取回权但未能实现,或者在货物未达管理人前已向管理人主张取回在运途中标的物,在买卖标的物到达管理人后,出卖人向管理人主张取回的,管理人应予准许。(2014年案例分析题)

(2)取回时间。出卖人对在运途中标的物未及时行使取回权,在买卖标的物到达管理人后向管理人行使在运途中标的物取回权的,管理人不应准许。(2012年案例分析题;2019年案例分析题)

【鑫考题·单选题】人民法院受理债务人甲公司破产申请时,乙公司依照其与甲公司之间的买卖合同已向买受人甲公司发运了该合同项下的货物,但甲公司尚未支付价款。乙公司得知甲公司破产申请被受理后,立即通过传真向甲公司的管理人要求取回在运途

中的货物。管理人收到乙公司传真后不久，即收到了乙公司发运的货物。根据企业破产法律制度的规定，下列表述中，正确的是（　　）。（2009年）

A. 乙公司有权取回该批货物
B. 乙公司无权取回该批货物，但可以就买卖合同价款向管理人申报债权
C. 管理人已取得该批货物的所有权，但乙公司有权要求管理人立即支付全部价款
D. 管理人已取得该批货物的所有权，但乙公司有权要求管理人就价款支付提供担保

【答案】A
【解析】出卖人在货物未达管理人前已向管理人主张取回在运途中标的物，在买卖标的物到达管理人后，出卖人向管理人主张取回的，管理人应予准许。

三、所有权保留买卖合同的处理

1. 所有权保留买卖合同

（1）所有权保留买卖合同中，买受人已经支付标的物总价款的75%以上，出卖人主张取回标的物的，人民法院不予支持。

（2）所有权保留买卖合同中，买受人将标的物出卖、出质或者作出其他不当处分，第三人已经善意取得标的物所有权或者其他物权，出卖人主张取回标的物的，人民法院不予支持。

（3）买卖合同双方当事人在合同中约定标的物所有权保留，在标的物所有权未依法转移给买受人前，一方当事人破产的，该买卖合同属于双方均未履行完毕的合同，管理人有权依法决定解除或者继续履行合同。

2. 出卖人破产

（1）继续履行（"要钱"）。

① 出卖人破产，其管理人决定继续履行所有权保留买卖合同的，买受人应当按照原买卖合同的约定支付价款或者履行其他义务。

② 买受人未依约支付价款或者履行完毕其他义务，或者将标的物出卖、出质或者作出其他不当处分，给出卖人造成损害，出卖人管理人有权主张取回标的物，但买受人已经支付标的物总价款的75%以上或者第三人善意取得标的物所有权或者其他物权的除外。出卖人未能取回标的物的，出卖人管理人有权依法主张买受人继续支付价款、履行完毕其他义务，以及承担相应赔偿责任。

（2）解除合同（"要物"）。

① 出卖人破产，其管理人决定解除所有权保留买卖合同，有权依法要求买受人向其交付买卖标的物。买受人不得以其不存在未依约支付价款或者履行完毕其他义务，或者将标的物出卖、出质或者作出其他不当处分情形进行抗辩。

② 买受人将买卖标的物交付出卖人管理人后，在合同履行中依法履行义务者，其已支付价款损失形成的债权作为共益债务清偿；在合同履行中违反约定义务者，其上述债权作为普通破产债权清偿。

【图解】

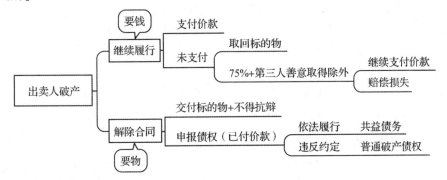

3. 买受人破产

(1) 继续履行("要物")。

① 买受人破产,其管理人决定继续履行所有权保留买卖合同的,原买卖合同中约定的买受人支付价款或者履行其他义务的期限在破产申请受理时视为到期,买受人管理人应当及时向出卖人支付价款或者履行其他义务。(2015年案例分析题;2019年案例分析题)

② 买受人管理人无正当理由未及时支付价款或者履行完毕其他义务,或者将标的物出卖、出质或者作出其他不当处分,给出卖人造成损害,出卖人有权依法主张取回标的物,但买受人已支付标的物总价款75%以上或者第三人善意取得标的物所有权或者其他物权的除外。出卖人因上述情况未能取回标的物,有权主张买受人继续支付价款、履行完毕其他义务,以及承担相应赔偿责任。(2019年案例分析题)

③ 对因买受人未支付价款或者未履行完毕其他义务,以及买受人管理人将标的物出卖、出质或者作出其他不当处分导致出卖人损害产生的债务,作为共益债务清偿。

(2) 解除合同("要钱")。

① 买受人破产,其管理人决定解除所有权保留买卖合同的,出卖人有权主张取回买卖标的物,但应返还已支付的价款。

② 取回的标的物价值明显减少给出卖人造成损失的,出卖人可从买受人已支付价款中优先予以抵扣,将剩余部分返还给买受人;对买受人已支付价款不足以弥补出卖人标的物价值减损损失形成的债权,作为共益债务清偿。

【图解】

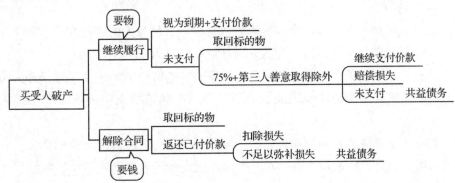

【鑫考点5】抵销权（★★★）(2007年案例分析题；2009年单选题；2012年案例分析题；2013年案例分析题；2015年案例分析题)

一、基本概念

抵销权指债权人在破产申请受理前对债务人负有债务，无论是否已到清偿期限、标的是否相同，均可用该债权抵销其对债务人所负债务的权利。

二、行使主体（债权人）

《企业破产法》上的抵销权只能由债权人向管理人提出主张，管理人（或债务人）不得主动主张债务抵销，但抵销使债务人财产受益的除外。

三、行使时间

必须在破产财产最终分配确定之前行使。

【解释】所谓"破产财产最终分配确定之前"，在破产清算程序中，是指破产财产分配方案提交债权人会议表决之前；在重整、和解程序中，是指和解协议草案、重整计划草案提交债权人会议表决之前。

【相关链接】权利人行使取回权应当在破产财产变价方案或者和解协议、重整计划草案提交债权人会议表决前向管理人提出。

四、异议

(1) 管理人收到债权人提出的主张债务抵销的通知后，经审查无异议的，抵销自管理人收到通知之日起生效。

(2) 管理人对抵销主张有异议的，应当在约定的异议期限内或者自收到主张债务抵销的通知之日起3个月内向人民法院提起诉讼。无正当理由逾期提起的，人民法院不予支持。

(3) 债权人主张抵销，管理人以下列理由提出异议的，人民法院不予支持：
① 破产申请受理时，债务人对债权人负有的债务尚未到期；
② 破产申请受理时，债权人对债务人负有的债务尚未到期；
③ 双方互负债务标的物种类、品质不同。

五、禁止抵销

(1) 债务人的债务人在破产申请受理后取得他人对债务人的债权的。（2007年案例分析题；2012年案例分析题；2013年案例分析题；2015年案例分析题）

(2) 债权人已知债务人有不能清偿到期债务或者破产申请的事实，对债务人负担债务的；但是，债权人因为法律规定或者有破产申请1年前所发生的原因而负担债务的除外。

(3) 债务人的债务人已知债务人有不能清偿到期债务或者破产申请的事实，对债务人取得债权的；但是，债务人的债务人因为法律规定或者有破产申请1年前所发生的原因而取得债权的除外。

(4) 债务人的股东主张以下列债务与债务人对其负有的债务抵销，债务人管理人提出异议的，人民法院应予支持：

① 债务人股东因欠缴债务人的出资或者抽逃出资对债务人所负的债务；

② 债务人股东滥用股东权利或者关联关系损害公司利益对债务人所负的债务。

【鑫考题·单选题】根据企业破产法律制度的规定，下列情形中，债权人可以行使抵销权的是（　　）。(2009年)

A. 甲享有债务人120万元的债权，同时又是债务人股东，在债务人破产时，甲尚有100万元的分期出资额未缴纳

B. 乙享有债务人120万元的债权，但在听说债务人申请破产后，购买了债务人100万元的货物并拒绝支付货款而形成债务

C. 丙应付债务人100万元的货款，在债务人的破产申请被受理后，从另一债权人手中以六折的价格买入了100万元的债权

D. 丁应付债务人100万元的货款，债务人应付丁80万元的货款

【答案】D

【解析】（1）选项A：股东的破产债权，不得与其欠付的注册资本金相抵销；（2）选项B：债权人已知债务人有不能清偿到期债务或者破产申请的事实，对债务人负担债务的，禁止抵销；（3）选项C：债务人的债务人在破产申请受理后取得他人对债务人的债权的，禁止抵销。

六、别除权人可抵销

《企业破产法》第40条所列不得抵销情形的债权人，主张以其对债务人特定财产享有优先受偿权的债权，与债务人对其不享有优先受偿权的债权抵销，债务人管理人以抵销存在《企业破产法》第40条规定的情形提出异议的，人民法院不予支持。但是，用以抵销的债权大于债权人享有优先受偿权财产价值的除外。

七、抵销无效

破产申请受理前6个月内，债务人有《企业破产法》第2条第一款规定的情形，债务人与个别债权人以抵销方式对个别债权人清偿，其抵销的债权债务属于《企业破产法》第40条第（二）（三）项规定的情形之一，管理人在破产申请受理之日起3个月内向人民法院提起诉讼，主张该抵销无效的，人民法院应予支持。

【鑫考点6】破产费用与共益债务（★★★）(2009年多选题；2016年单选题)

一、破产费用

人民法院受理破产申请后发生的下列费用，为破产费用：

(1) 破产案件的诉讼费用。

(2) 管理、变价和分配债务人财产的费用。

（3）管理人执行职务的费用、报酬和聘用工作人员的费用。

【解释】人民法院裁定受理破产申请的，此前债务人尚未支付的公司强制清算费用、未终结的执行程序中产生的评估费、公告费、保管费等执行费用，可以参照《企业破产法》关于破产费用的规定，由债务人财产随时清偿。此前债务人尚未支付的案件受理费、执行申请费，可以作为破产债权清偿。（《企业破产法司法解释（三）》）

二、共益债务

人民法院受理破产申请后发生的下列债务，为共益债务：

（1）因管理人或者债务人请求对方当事人履行双方均未履行完毕的合同所产生的债务。

（2）债务人财产受无因管理所产生的债务。

（3）因债务人不当得利所产生的债务。

（4）为债务人继续营业而应支付的劳动报酬和社会保险费用及由此产生的其他债务。

（5）管理人或者相关人员执行职务致人损害所产生的债务。

（6）债务人财产致人损害所产生的债务。

三、破产受理后为继续营业的借款

（1）破产申请受理后，经债权人会议决议通过，或者第一次债权人会议召开前经人民法院许可，管理人或者自行管理的债务人可以为债务人继续营业而借款。提供借款的债权人主张参照《企业破产法》的规定优先于普通破产债权清偿的，人民法院应予支持，但其主张优先于此前已就债务人特定财产享有担保的债权清偿的，人民法院不予支持。（《企业破产法司法解释（三）》）

（2）管理人或者自行管理的债务人可以为前述借款设定抵押担保，抵押物在破产申请受理前已为其他债权人设定抵押的，债权人主张按照《物权法》第199条规定的顺序清偿，人民法院应予支持。（《企业破产法司法解释（三）》）

【相关链接】《物权法》第199条规定：同一财产向两个以上债权人抵押的，拍卖、变卖抵押财产所得的价款依照下列规定清偿：① 抵押权已登记的，按照登记的先后顺序清偿；顺序相同的，按照债权比例清偿；② 抵押权已登记的先于未登记的受偿；③ 抵押权未登记的，按照债权比例清偿。

四、破产费用和共益债务的清偿

（1）破产费用和共益债务由债务人财产随时清偿。

（2）债务人财产不足以清偿所有破产费用和共益债务的，先行清偿破产费用。

（3）债务人财产不足以清偿所有破产费用或者共益债务的，按照比例清偿。

（4）债务人财产不足以清偿破产费用的，人民法院应当受理破产案件，确认后作出宣告破产，同时作出终结破产程序的裁定。

【鑫考题1·多选题】下列关于破产费用与共益债务清偿的表述中，符合《企业破

产法》规定的有（　　）。(2009年)

A．破产费用和共益债务由债务人财产随时清偿
B．债务人财产不足以清偿所有破产费用和共益债务的，先行清偿共益债务
C．债务人财产不足以清偿所有共益债务的，按照比例清偿
D．债务人财产不足以清偿所有破产费用的，在按照比例清偿后，管理人应当提请人民法院终结破产程序

【答案】ACD

【解析】选项B：债务人财产不足以清偿所有破产费用和共益债务的，先行清偿破产费用。

【鑫考题2·单选题】根据企业破产法律制度的规定，下列关于破产案件诉讼费用承担的表述中，正确的是（　　）。(2016年)

A．由破产申请人预先支付　　　　　B．由全体债权人按比例分担
C．从债务人财产中随时拨付　　　　D．由债权人和债务人分担

【答案】C

【解析】破产案件的诉讼费用，由债务人财产随时清偿，无须预交。

第四节　破产债权

【鑫考点1】债权申报的一般规则（★★）（2008年多选题；2009年案例分析题；2010年单选题；2013年多选题；2017年单选题、案例分析题；2018年案例分析题）

一、债权申报期限

（1）债权申报期限自人民法院发布受理破产申请公告之日起计算，最短不得少于30日，最长不得超过3个月。(2009年案例分析题；2017年案例分析题)

（2）未按期申报。

债权人未按期申报债权的，可以在破产财产最后分配前（指破产财产分配方案、和解协议草案、重整计划草案提交债权人会议表决之前）补充申报；但是，此前已进行的分配，不再对其补充分配。为审查和确认补充申报债权的费用，原则上由补充申报人承担。

二、债权申报的范围

（1）职工债权无须申报。

债务人所欠职工的工资和医疗、伤残补助、抚恤费用，所欠的应当划入职工个人账户的基本养老保险、基本医疗保险费用，以及法律、行政法规规定应当支付给职工的补偿金，不必申报，由管理人调查后列出清单并予以公示。

【提示】职工对清单记载有异议的，可以要求管理人更正；管理人不予更正的，职工可以向人民法院提起债权确认诉讼。（2018年案例分析题）

（2）税收债权、社会保障债权及对债务人特定财产享有担保权的债权均须依法申报。

（3）未到期的债权：破产申请受理时视为到期。

（4）附利息的债权：破产申请受理时起停止计息。

【提示】人民法院受理债务人破产案件后，债权人请求担保人承担担保责任，担保人主张担保债务自人民法院受理破产申请之日起停止计息的，人民法院对担保人的主张应予支持。

（5）滞纳金：破产申请受理后，债务人欠缴款项产生的滞纳金（专指在破产申请受理后新发生的），包括债务人未履行生效法律文书应当加倍支付的迟延利息和劳动保险金的滞纳金，债权人作为破产债权申报的，人民法院不予确认。

（6）附条件、附期限的债权和诉讼、仲裁未决的债权：可以申报。

（7）连带债权：连带债权人可以由其中一人代表全体连带债权人申报债权，也可以共同申报债权。

（8）连带债务：连带债务人数人的破产案件均被受理的，其债权人有权就全部债权分别在各破产案件中申报债权。（2017年案例分析题）

（9）破产时均未履行完毕的合同。

管理人或者债务人依照《企业破产法》规定解除双方均未履行完毕的合同，对方当事人以因合同解除所产生的损害赔偿请求权申报债权；此时可申报的债权以实际损失为限，违约金不得作为破产债权申报。

（10）出票人破产。

债务人是票据的出票人，其破产案件被人民法院受理，该票据的付款人继续付款或者承兑的，付款人以由此产生的请求权申报债权。

【考题1·多选题】根据企业破产法律制度的规定，下列选项中，可以作为破产债权申报的有（　　）。（2008年）

A. 破产受理时尚未到期的债权

B. 破产受理时附停止条件的债权

C. 破产案件受理前成立的有财产担保的债权

D. 管理人决定解除破产企业未履行的合同，除实际损失之外，依合同约定应支付给对方当事人的违约金

【答案】ABC

【解析】管理人或者债务人依照《企业破产法》规定解除合同的，对方当事人以因合同解除所产生的损害赔偿请求权申报债权。对方当事人应当以实际损失申报债权，不包括合同约定的违约金。

【考题2·多选题】根据企业破产法律制度的规定，下列债务中，债权人应在人

民法院确定的期限内进行债权申报的有（　　）。（2013 年）

A. 债务人所欠银行未到清偿期的借款　　B. 债务人所欠职工工资
C. 债务人所欠税款　　D. 债务人所欠职工医疗费

【答案】AC

【解析】（1）选项 A：未到期的债权，在破产申请受理时视为到期，应当申报；（2）选项 BD：职工劳动债权（债务人所欠职工的工资和医疗、伤残补助、抚恤费用，所欠的应当划入职工个人账户的基本养老保险、基本医疗保险费用，以及法律、行政法规规定应当支付给职工的补偿金）不必申报，由管理人调查后列出清单并予以公示；（3）选项 C：税收债权、社会保障债权及对债务人特定财产享有担保权的债权均须依法申报。

【鑫考题3·单选题】根据企业破产法律制度的规定，下列各项中，免于申报的破产债权是（　　）。（2010 年、2017 年）

A. 社会保障债权

B. 税收债权

C. 对债务人特定财产享有担保权的债权

D. 职工劳动债权

【答案】D

【解析】债务人所欠职工的工资和医疗、伤残补助、抚恤费用，所欠的应当划入职工个人账户的基本养老保险、基本医疗保险费用，以及法律、行政法规规定应当支付给职工的补偿金，不必申报，由管理人调查后列出清单并予以公示。

【鑫考点2】涉及保证的破产债权申报（★★★）（2010 年案例分析题；2012 年案例分析题；2016 年案例分析题；2017 年案例分析题）

一、债务人破产

【解释】人民法院已经受理债务人破产案件，一般保证人不得行使先诉抗辩权。

1. 破产债权的申报（2016 年案例分析题；2017 年案例分析题）

（1）保证人已经代替债务人清偿债务的，以其对债务人的求偿权申报债权。保证人尚未代替债务人清偿债务的，以其对债务人的将来求偿权申报债权。但是，债权人已经向管理人申报全部债权，保证人就不能再申报债权。

（2）人民法院受理债务人破产案件，债权人在破产程序中申报债权后又向人民法院提起诉讼，请求担保人承担担保责任的，人民法院依法予以支持。

2. 担保人的权利

（1）担保人清偿债权人的全部债权后，可以代替债权人在破产程序中受偿；在债权人的债权未获全部清偿前，担保人不得代替债权人在破产程序中受偿，但是有权就债权人通过破产分配和实现担保债权等方式获得清偿总额中超出债权的部分，在其承担担保责任的范围内请求债权人返还。

（2）债权人在债务人破产程序中未获全部清偿，请求担保人继续承担担保责任的，人民法院应予支持；担保人承担担保责任后，向和解协议或者重整计划执行完毕后的债务人追偿的，人民法院不予支持。

（3）债权人知道或者应当知道债务人破产，既未申报债权也未通知担保人，致使担保人不能预先行使追偿权的，担保人就该债权在破产程序中可能受偿的范围内免除担保责任，但是担保人因自身过错未行使追偿权的除外。

二、保证人破产

（1）保证人被裁定进入破产程序的，债权人有权申报其对保证人的保证债权。

（2）主债务未到期的，保证债权在保证人破产申请受理时视为到期。一般保证的保证人主张行使先诉抗辩权的，人民法院不予支持，但债权人在一般保证人破产程序中的分配额应予提存，待一般保证人应承担的保证责任确定后再按照破产清偿比例予以分配。

（3）保证人被确定应当承担保证责任的，保证人的管理人可以就保证人实际承担的清偿额向主债务人或其他债务人行使求偿权。

三、债务人+保证人均破产

（1）债务人、保证人均被裁定进入破产程序的，债权人有权向债务人、保证人分别申报债权。

（2）债权人向债务人、保证人均申报全部债权的，从一方破产程序中获得清偿后，其对另一方的债权额不作调整，但债权人的受偿额不得超出其债权总额。所谓"从一方破产程序中获得清偿后，其对另一方的债权额不作调整"，只限于承担连带责任的保证人。

（3）保证人履行保证责任后不再享有求偿权。

【鑫考点3】破产债权的确认（★★）（2016年案例分析题；2017年案例分析题）

一、管理人

1. 登记造册

管理人应当依照《企业破产法》规定对所申报的债权进行登记造册，详尽记载申报人的姓名、单位、代理人、申报债权额、担保情况、证据、联系方式等事项，形成债权申报登记册，不允许以其认为债权超过诉讼时效或不能成立等为由拒绝编入债权申报登记册。（2016年案例分析题；2017年案例分析题）

2. 编制债权表

管理人应当依照《企业破产法》规定对债权的性质、数额、担保财产、是否超过诉讼时效期间、是否超过强制执行期间等情况进行审查、编制债权表并提交债权人会议核查。

【提示】债权表、债权申报登记册及债权申报材料在破产期间由管理人保管，债权人、债务人、债务人职工及其他利害关系人有权查阅。（《企业破产法司法解释（三）》）

3. 审查债权（《企业破产法司法解释（三）》）

（1）已经生效法律文书确定的债权，管理人应当予以确认。

（2）管理人认为债权人据以申报债权的生效法律文书确定的债权错误，或者有证据证明债权人与债务人恶意通过诉讼、仲裁或者公证机关赋予强制执行力公证文书的形式虚构债权债务的，应当依法通过审判监督程序向作出该判决、裁定、调解书的人民法院或者上一级人民法院申请撤销生效法律文书，或者向受理破产申请的人民法院申请撤销或者不予执行仲裁裁决、不予执行公证债权文书后，重新确定债权。

二、债权人会议

管理人依法编制的债权表，应当提交第一次债权人会议核查。经核查后，管理人、债务人、其他债权人等对债权无异议的，列入债权表中。经核查后仍存在异议的债权，由人民法院裁定该异议债权是否列入债权表内。

三、人民法院

债权表由人民法院裁定确认，但允许通过提起债权确认诉讼予以修正，即该项裁定无实体法律效力，不影响债权人等利害关系人提起债权确认诉讼的权利。

【提示1】债务人、债权人对债权表记载的债权有异议的，应当说明理由和法律依据。经管理人解释或调整后，异议人仍然不服的，或者管理人不予解释或调整的，异议人应当在债权人会议核查结束后15日内向人民法院提起债权确认的诉讼。(《企业破产法司法解释（三）》)

【提示2】债务人对债权表记载的债权有异议向人民法院提起诉讼的，应将被异议债权人列为被告。债权人对债权表记载的他人债权有异议的，应将被异议债权人列为被告；债权人对债权表记载的本人债权有异议的，应将债务人列为被告。对同一笔债权存在多个异议人，其他异议人申请参加诉讼的，应当列为共同原告。(《企业破产法司法解释（三）》)

第五节　债权人会议

【鑫考点1】债权人会议的组成（★★）(2007年多选题；2016年案例分析题)

一、表决权

1. 第一次债权人会议

凡是申报债权者均有权参加第一次债权人会议，有权参加对其债权的核查、确认活动，并可依法提出异议。(2016年案例分析题)

2. 以后的债权人会议

只有债权得到确认者才有权参加并行使表决权。

【提示】债权人可以自己出席会议，也可以委托代理人出席债权人会议，行使表决权。代理人出席债权人会议，应当向人民法院或者债权人会议主席提交债权人的授权委托书。

3. 特殊情形

(1) 债权尚未确定的债权人,除人民法院能够为其行使表决权而临时确定债权额的外,不得行使表决权。

(2) 对债务人的特定财产享有担保权的债权人,未放弃优先受偿权利的,对于通过和解协议、通过破产财产的分配方案的事项不享有表决权。

(3) 一般情况下,债务人的职工和工会的代表在债权人会议上没有表决权。

但如存在职工劳动债权不能从破产财产中获得全额、及时优先受偿,或是在重整程序中债权人会议决议通过可能影响其清偿、就业利益的重整计划草案等情况下,职工债权人应享有表决权,职工债权人的表决权可以通过职工代表行使。

二、债权人会议主席

债权人会议设主席一人,由人民法院从有表决权的债权人中指定。债权人会议主席主持债权人会议。(2016年案例分析题)

三、债权人的知情权

(1) 单个债权人有权查阅债务人财产状况报告、债权人会议决议、债权人委员会决议、管理人监督报告等参与破产程序所必需的债务人财务和经营信息资料。(《企业破产法司法解释(三)》)

(2) 管理人无正当理由不予提供的,债权人可以请求人民法院作出决定;人民法院应当在5日内作出决定。(《企业破产法司法解释(三)》)

【鑫考题·多选题】根据企业破产法律制度的规定,债权人会议表决的下列事项中,对债务人的特定财产享有担保权且未放弃优先受偿权利的债权人享有表决权的有(   )。(2007年)

A. 通过重整计划
B. 通过和解协议
C. 通过破产财产的分配方案
D. 通过破产财产的变价方案

【答案】AD

【解析】对债务人的特定财产享有担保权的债权人,未放弃优先受偿权利的,对于通过和解协议和破产财产的分配方案的事项不享有表决权。

【鑫考点2】债权人会议召集与职权(★★) (2008年单选题;2009年多选题;2012年单选题;2016年案例分析题;2018年单选题)

一、债权人会议的召集

(1) 第一次债权人会议由人民法院召集,自债权申报期限届满之日起15日内召开。

(2) 以后的债权人会议由债权人会议主席主持,在人民法院认为必要时,或者管理人、债权人委员会、占债权总额1/4以上的债权人向债权人会议主席提议时召开。债权人会议主席无权拒绝召开会议。

【提示】召开债权人会议，管理人应当提前15日通知已知的债权人。

二、债权人会议的职权

（1）核查债权。

（2）申请人民法院更换管理人，审查管理人的费用和报酬。

（3）监督管理人。

（4）选任和更换债权人委员会成员。

（5）决定继续或者停止债务人的营业。

（6）通过重整计划、和解协议。

（7）通过债务人财产的管理方案、破产财产的变价方案和分配方案等。

三、债权人会议的决议

1. 一般事项的表决

由出席会议的有表决权的债权人过半数通过，并且其所代表的债权额占无财产担保债权总额的1/2以上。（2016年案例分析题）

2. 和解协议的表决

由出席会议的有表决权的债权人过半数同意，并且其所代表的债权额占无财产担保债权总额的2/3以上。

3. 重整计划草案的分组表决

由出席会议的同一表决组的债权人过半数同意，并且其所代表的债权额占该组债权总额的2/3以上。

【提示1】出资人组对重整计划草案中涉及出资人权益调整事项的表决，经参与表决的出资人所持表决权2/3以上通过的，即为该组通过重整计划草案。（同意的人数不是表决是否通过的考虑因素）

【提示2】债权人会议的决议除现场表决外，可以由管理人事先将相关决议事项告知债权人，采取通信、网络投票等非现场方式进行表决。采取非现场方式进行表决的，管理人应当在债权人会议召开后的3日内，以信函、电子邮件、公告等方式将表决结果告知参与表决的债权人。（《企业破产法司法解释（三）》）

4. 决议的撤销（《企业破产法司法解释（三）》）

债权人会议的决议具有以下情形之一，损害债权人利益，债权人申请撤销的，人民法院应予支持：

（1）债权人会议的召开违反法定程序。

（2）债权人会议的表决违反法定程序。

（3）债权人会议的决议内容违法。

（4）债权人会议的决议超出债权人会议的职权范围。

【提示1】人民法院可以裁定撤销全部或者部分事项决议，责令债权人会议依法重新作出决议。

【提示2】 债权人认为债权人会议的决议违反法律规定，损害其利益的，可以自债权人会议作出决议之日起15日内，请求人民法院裁定撤销该决议。债权人申请撤销债权人会议决议的，应当提出书面申请。

【提示3】 债权人会议采取通信、网络投票等非现场方式进行表决的，债权人申请撤销的期限自债权人收到通知之日起算。

四、表决未通过的处理

1. 财产的管理和变价方案

（1）人民法院裁定。通过债务人财产的管理方案和通过破产财产的变价方案事项，经债权人会议表决未通过的（1次表决），由人民法院裁定。

（2）申请复议。债权人（没有限制）对人民法院作出的裁定不服的，可以自裁定宣布之日或者收到通知之日起15日内向该人民法院申请复议（不能提起上诉）。

2. 财产的分配方案

（1）人民法院裁定。通过破产财产的分配方案事项，经债权人会议2次表决仍未通过的，由人民法院裁定。

（2）申请复议。债权额占无财产担保债权总额1/2以上的债权人对人民法院作出的裁定不服的，可以自裁定宣布之日或者收到通知之日起15日内向该人民法院申请复议。

【考题1·单选题】 在破产程序中，债权人会议未能依法通过管理人的财产分配方案时，由人民法院裁定。根据企业破产法律制度的规定，有权对该裁定提出复议的债权人是（ ）。（2008年）

A. 债权额占全部债权总额1/2以上的债权人

B. 债权额占无财产担保债权总额1/2以上的债权人

C. 债权额占全部债权人人数1/2以上的债权人

D. 债权额占全部债权人人数2/3以上的债权人

【答案】B

【解析】债权人会议表决破产财产的分配方案时，经2次表决仍未通过的，由人民法院裁定；债权额占无财产担保债权总额1/2以上的债权人对人民法院作出的裁定不服的，可以自裁定宣布之日或者收到通知之日起15日内向该人民法院申请复议，复议期间不停止裁定的执行。

【考题2·多选题】 根据企业破产法律制度的规定，下列关于债权人会议的表述中，正确的有（ ）。（2009年）

A. 所有债权人都可以参加债权人会议，并享有表决权

B. 第一次债权人会议由人民法院召集

C. 所有申报债权者均有权参加第一次债权人会议

D. 债权人会议的决议，由出席会议的有表决权的债权人过半数通过即可

【答案】BC

【解析】(1) 选项 A：对债务人的特定财产享有担保权的债权人，未放弃优先受偿权利的，对于通过和解协议和破产财产的分配方案的事项不享有表决权；(2) 选项 B：第一次债权人会议由人民法院召集，自债权申报期限届满之日起15日内召开；(3) 选项 C：凡是申报债权者均有权参加第一次债权人会议，以后的债权人会议，只有债权得到确认者才有权参加并行使表决权。

【鑫考题3·单选题】根据企业破产法律制度的规定，下列各项中，属于债权人会议职权的是（　　）。(2012年)

A. 调查债务人的财产状况，制作财产状况报告

B. 决定债务人的日常开支

C. 决定债务人的内部管理事务

D. 通过债务人财产的管理方案

【答案】D

【解析】(1) 选项 ABC：属于管理人的职责；(2) 选项 D：属于债权人会议的职权。

【鑫考题4·单选题】根据企业破产法律制度的规定，管理人依法编制的债权表，应当提交特定主体核查。该特定主体是（　　）。(2018年)

A. 债权人委员会　　　　　　B. 债权人会议主席

C. 人民法院　　　　　　　　D. 第一次债权人会议

【答案】D

【解析】管理人依法编制的债权表，应当提交第一次债权人会议核查。

【鑫考点3】债权人委员会（★）(2007年单选题)

一、债权人委员会组成

(1) 债权人会议可以决定设立债权人委员会。

(2) 债权人委员会由债权人会议选任的债权人代表和一名债务人的职工代表或者工会代表组成。

(3) 债权人委员会成员不得超过9人；债权人委员会成员应当经人民法院书面决定认可。

二、债权人委员会的职权

债权人委员会行使下列职权：

(1) 监督债务人财产的管理和处分。

(2) 监督破产财产分配。

(3) 提议召开债权人会议。

(4) 债权人会议委托的其他职权。

【提示】债权人会议可以依照《企业破产法》规定，委托债权人委员会行使部分债

权人会议职权（限于申请人民法院更换管理人，审查管理人的费用和报酬；监督管理人；决定继续或者停止债务人的营业）。债权人会议不得作出概括性授权，委托其行使债权人会议所有职权。(《企业破产法司法解释（三）》)

三、债权人委员会的决议

（1）债权人委员会决定所议事项应获得全体成员过半数通过，并作成议事记录。(《企业破产法司法解释（三）》)

（2）债权人委员会成员对所议事项的决议有不同意见的，应当在记录中载明。(《企业破产法司法解释（三）》)

【鑫考题·单选题】根据企业破产法律制度的规定，下列关于债权人委员会的表述中，正确的是（　　）。(2007年)

A. 在债权人会议中应当设置债权人委员会
B. 债权人委员会的成员人数最多不得超过7人
C. 债权人委员会中的债权人代表由人民法院指定
D. 债权人委员会中应当有1名债务人企业的职工代表或者工会代表

【答案】D

【解析】（1）选项A：债权人委员会为破产程序中的选设机关；（2）选项B：债权人委员会成员不得超过9人；（3）选项C：债权人委员会中的债权人代表由债权人会议选任、罢免。

第六节　重整与和解程序

【鑫考点1】重整程序（★★★）(2009年案例分析题；2013年案例分析题；2019年单选题、案例分析题)

一、重整申请

（1）债务人或者债权人可以依法直接向人民法院申请对债务人进行重整。

（2）债权人申请对债务人进行破产清算的，在人民法院受理破产申请后、宣告债务人破产前，债务人、其他债权人或者出资额占债务人注册资本1/10以上的出资人，可以向人民法院申请重整。

【提示】税务机关和社保机构只享有对债务人的破产清算申请权，但不享有重整申请权。

二、重整期间

【解释】重整期间是指重整申请受理至重整计划草案得到债权人会议分组表决通过

及人民法院审查批准的期间，不包括重整计划得到批准后的执行期间。

1. 事务执行

在重整期间，债务人的财产管理和营业事务执行，可以由管理人或者债务人负责。

【提示1】经人民法院批准由债务人自行管理财产和营业事务的，管理人应当对债务人的自行管理行为进行监督。（2020年案例分析题）

【提示2】管理人发现债务人存在严重损害债权人利益的行为或者有其他不适宜自行管理情形的，可以申请人民法院作出终止债务人自行管理的决定。人民法院决定终止的，应当通知管理人接管债务人财产和营业事务。债务人有上述行为而管理人未申请人民法院作出终止决定的，债权人等利害关系人可以向人民法院提出申请。（2020年案例分析题）

2. 重整期间的效力

（1）在重整期间，对债务人的特定财产享有的担保权暂停行使。

（2）在重整期间，债务人或者管理人为继续营业而借款的，可以为该借款设定担保。

（3）债务人在重整期间为重整进行而发生的费用与债务，可以参考共益债务优先受偿。

（4）债务人合法占有的他人财产，该财产的权利人在重整期间要求取回的，应当符合事先约定的条件。

（5）在重整期间，债务人的出资人不得请求投资收益分配。

（6）在重整期间，债务人的董事、监事、高级管理人员不得向第三人转让其持有的债务人的股权。但是，经人民法院同意的除外。

三、重整计划的制订与批准

1. 重整计划的制订

（1）制订人。债务人自行管理财产和营业事务的，由债务人制作重整计划草案。管理人负责管理财产和营业事务的，由管理人制作重整计划草案。（2019年案例分析题）

（2）提交时间。债务人或者管理人应当自人民法院裁定债务人重整之日起6个月内，同时向人民法院和债权人会议提交重整计划草案；期限届满，经债务人或者管理人请求，有正当理由的，人民法院可以裁定延期3个月；债务人或者管理人未按期提出重整计划草案的，人民法院应当裁定终止重整程序，并宣告债务人破产。

2. 重整计划草案的表决（2019年案例分析题）

分组	表决方式
（1）对债务人的特定财产享有担保权的债权 （2）职工劳动债权 （3）债务人所欠税款 （4）普通债权	出席会议的同一表决组的债权人过半数同意重整计划草案，并且其所代表的债权额占该组债权总额的2/3以上的，即为该组通过重整计划草案
（5）出资人（涉及出资人权益调整事项的）	经参与表决的出资人所持表决权2/3以上通过的，即为该组通过重整计划草案

【提示1】重整计划不得规定减免债务人欠缴的特定的社会保险费用；该项费用的债权人不参加重整计划草案的表决。

【提示2】人民法院在必要时可以决定在普通债权组中设小额债权组对重整计划草案进行表决。

【提示3】对重整计划草案进行分组表决时，权益因重整计划草案受到调整或者影响的债权人或者股东，有权参加表决；权益未受到调整或者影响的债权人或者股东，不参加重整计划草案的表决。(《企业破产法司法解释（三）》)

3. 重整计划草案的批准

（1）部分表决组未通过重整计划草案的，债务人或者管理人可以同未通过重整计划草案的表决组协商，该表决组可以在协商后再表决1次。

（2）人民法院强制批准。未通过重整计划草案的表决组拒绝再次表决或者再次表决仍未通过重整计划草案，但重整计划草案符合下列条件的，债务人或者管理人可以申请人民法院批准重整计划草案：

① 按照重整计划草案，对债务人的特定财产享有担保权的债权就该特定财产将获得全额清偿，其因延期清偿所受的损失将得到公平补偿，并且其担保权未受到实质性损害，或者该表决组已经通过重整计划草案；

② 按照重整计划草案，职工劳动债权和债务人所欠税款将获得全额清偿，或者相应表决组已经通过重整计划草案；

③ 按照重整计划草案，普通债权所获得的清偿比例，不低于其在重整计划草案被提请批准时依照破产清算程序所能获得的清偿比例，或者该表决组已经通过重整计划草案；

④ 重整计划草案对出资人权益的调整公平、公正，或者出资人组已经通过重整计划草案；

⑤ 重整计划草案公平对待同一表决组的成员，并且所规定的债权清偿顺序不违反《企业破产法》的规定；

⑥ 债务人的经营方案具有可行性。

【解释】强制批准重整计划草案的基本原则是：应当至少有一组已经通过重整计划草案，且各表决组中反对者能够获得的清偿利益不低于依照破产清算程序所能获得的利益。

四、重整计划的执行、监督与效力

1. 重整计划的执行

重整计划由债务人负责执行。人民法院裁定批准重整计划后，已接管财产和营业事务的管理人应当向债务人移交财产和营业事务。

2. 重整计划的监督

自人民法院裁定批准重整计划之日起，在重整计划规定的监督期内，由管理人监督重整计划的执行。在监督期内，债务人应当向管理人报告重整计划执行情况和债务人财务状况。监督期届满时，管理人应当向人民法院提交监督报告。

【鑫考题·单选题】根据企业破产法律制度的规定，下列各项中，负责执行重整计划的是（　　）。(2019年)
A. 债务人
B. 债权人会议的普通债权组
C. 管理人
D. 人民法院

【答案】A

【解析】重整计划经人民法院批准后由债务人执行。

3. 重整计划的效力

（1）经人民法院裁定批准的重整计划，对债务人和全体债权人（包括有担保的债权人）均有约束力。

（2）债权人对债务人的保证人和其他连带债务人所享有的权利，不受重整计划的影响。

（3）债权人未依照规定申报债权的，在重整计划执行期间不得行使权利；在重整计划执行完毕后，可以按照重整计划规定的同类债权的清偿条件行使权利。(2019年案例分析题)

（4）按照重整计划减免的债务，自重整计划执行完毕时起，债务人不再承担清偿责任。

4. 人民法院裁定终止重整计划执行的法律后果

（1）债权人在重整计划中作出的债权调整的承诺失去效力。

（2）为重整计划的执行提供的担保继续有效。

（3）债权人因执行重整计划所受的清偿仍然有效，债权人未受清偿的部分作为破产债权。

（4）在重整计划执行中已经接受清偿的债权人，只有在其他同顺位债权人同自己所受的清偿达到同一比例时，才能继续接受分配。

【鑫考点2】和解程序（★★）(2009年多选题；2011年案例分析题)

一、和解申请和表决

1. 申请人——只能由债务人申请

债务人可以直接向人民法院申请和解；也可以在人民法院受理破产申请后、宣告债务人破产前，向人民法院申请和解。

2. 和解协议的通过

（1）表决。债权人会议通过和解协议的决议，由出席会议的有表决权的债权人过半数同意，并且其所代表的债权额占无财产担保债权总额的2/3以上。

【提示】对债务人的特定财产享有担保权的债权人，对该事项没有表决权。

（2）人民法院认可。债权人会议通过和解协议的，由人民法院裁定认可，并予以公告。

二、和解协议的效力

1. 约束力

（1）对债务人和全体和解债权人（无财产担保债权）均有约束力。

（2）和解债权人未依照规定申报债权的，在和解协议执行期间不得行使权利；在和解协议执行完毕后，可以按照和解协议规定的清偿条件行使权利。

（3）和解债权人对债务人的保证人和其他连带债务人所享有的权利，不受和解协议的影响。（2011年案例分析题）

2. 人民法院裁定终止和解协议执行的效力

（1）和解债权人在和解协议中作出的债权调整的承诺失去效力。

（2）为和解协议的执行提供的担保继续有效。

（3）和解债权人因执行和解协议所受的清偿仍然有效，和解债权未受清偿的部分只有在其他同顺位债权人同自己所受的清偿达到同一比例时，才能继续接受分配。

【总结】重整程序与和解程序。

	重整	和解
申请人	（1）债务人或者债权人 （2）债权人申请破产清算的，在人民法院受理破产申请后、宣告债务人破产前，债务人、其他债权人或者出资额占债务人注册资本1/10以上的出资人	债务人
表决通过	分组表决 + 人民法院批准	不分组表决 + 人民法院认可
	出席会议有表决权的债权人 > 1/2 + 债权额占债权总额 ≥ 2/3	出席会议有表决权的债权人 > 1/2 + 债权额占无财产担保债权总额 ≥ 2/3
	人民法院可强制批准通过	不可强制通过
约束对象	对债务人和全体债权人均有约束力	对债务人和全体和解债权人均有约束力

第七节　破产清算程序

【鑫考点1】别除权（★★★）（2004年多选题；2007年案例分析题；2008年多选题；2011年案例分析题；2013年案例分析题；2015年案例分析题）

一、基本概念

（1）别除权是指对破产人的特定财产享有担保权的权利人，对该特定财产享有优先受偿的权利。此项权利即是破产法理论上的别除权。

（2）在破产清算和破产和解程序中，别除权人可以随时向管理人主张就该特定财产变价处置行使优先受偿权，管理人应及时变价处置，不得以须经债权人会议决议等为由拒绝。但因单独处置担保财产会降低其他破产财产的价值而应整体处置的除外。

【提示】动产抵押合同订立后未办理抵押登记的，抵押人破产，抵押权人主张对抵押财产优先受偿的，人民法院不予支持。

二、别除权的认定

1. 破产人以自己财产为自己提供担保——构成别除权
（1）债权人对该特定财产享有优先受偿的权利。
（2）未能完全受偿的债权作为普通破产债权。
（3）别除权人放弃优先受偿权利的，其债权作为普通破产债权。

2. 破产人以自己财产为他人提供担保——构成别除权
（1）债权人对该特定财产享有优先受偿的权利。
（2）在担保物价款不足以清偿担保债权时，余债不得作为破产债权向破产人要求清偿，只能向原主债务人求偿。(2007年案例分析题；2011年案例分析题；2013年案例分析题；2015年案例分析题)

3. 第三人以自己财产为破产人提供担保——不构成别除权

【鑫考题·多选题】根据企业破产法律制度的规定，对破产人的特定财产享有担保权的权利人，对该特定财产享有优先受偿的权利。下列选项中，构成该项优先受偿权的有（　　）。(2004年、2008年)
A. 破产人为他人债务提供的保证担保
B. 破产人为自己的债务提供的质押担保
C. 破产人为他人债务提供的抵押担保
D. 第三人为破产人的债务提供的抵押担保

【答案】BC
【解析】(1) 选项A：与物无关，不可能涉及别除权；(2) 选项B：破产人同时为质押人，即该项担保与破产人所有的物有关，债权人享有别除权；(3) 选项C：破产人作为担保人为他人债务提供担保，担保物依然是破产人所有的物，因此债权人享有别除权；(4) 选项D：该项虽然与物有关，但所涉担保物并非破产人所有的物，因此债权人不享有别除权。

【鑫考点2】破产财产的分配（★★★）(2012年单选题；2014年单选题)

一、破产财产的清偿顺序

（1）有财产担保的债权。
（2）破产费用和共益债务。
（3）职工劳动债权（破产人所欠职工的工资和医疗、伤残补助、抚恤费用，所欠的应当划入职工个人账户的基本养老保险、基本医疗保险费用，以及法律、行政法规规定应当支付给职工的补偿金）。

（4）纳入社会统筹账户的社会保险费用和破产人所欠税款。

（5）无财产担保的普通破产债权（不足清偿按比例）。

【提示1】《全国法院破产审判工作会议纪要》第28条进一步规定了破产债权的清偿原则和顺序：对于法律没有明确规定清偿顺序的债权，人民法院可以按照人身损害赔偿债权优先于财产性债权、私法债权优先于公法债权、补偿性债权优先于惩罚性债权的原则合理确定清偿顺序。

【提示2】因债务人侵权行为造成的人身损害赔偿，可以参照"职工劳动债权"的顺序清偿，但其中涉及的惩罚性赔偿除外。破产财产依照《企业破产法》规定的顺序清偿后仍有剩余的，可依次用于清偿破产受理前产生的民事惩罚性赔偿金、行政罚款、刑事罚金等惩罚性债权。

二、特殊情形

1. 工资

（1）继续营业——共益债务。

（2）破产企业的董事、监事和高级管理人员的工资按照该企业职工的平均工资计算，高出该企业职工平均工资计算的部分，可以作为普通破产债权清偿。

（3）由第三方垫付的职工劳动债权，原则上按照垫付的职工劳动债权性质进行清偿；由欠薪保障基金垫付的，应按照纳入社会统筹账户的社会保险费用和破产人所欠税款的顺序清偿。债务人欠缴的住房公积金，按照债务人拖欠的职工工资性质清偿。

2. 欠缴税款产生的滞纳金

（1）在破产案件受理前因欠缴税款产生的滞纳金，属于普通破产债权。

（2）在破产案件受理后因欠缴税款产生的滞纳金，不属于破产债权，不予清偿。

3. 商业银行破产清偿顺位

商业银行破产清算时，在支付清算费用、所欠职工工资和劳动保险费用后，应当优先支付个人储蓄存款的本金和利息。

4. 农民专业合作社破产清偿顺位

农民专业合作社破产适用《企业破产法》的有关规定。但破产财产在清偿破产费用和共益债务后，应当优先清偿破产前与农民成员已发生交易但尚未结清的款项。

三、破产财产分配方案的实施

1. 未领受

债权人未受领的破产财产分配额，管理人应当提存。债权人自最后分配公告之日起满2个月仍不领取的，视为放弃受领分配的权利，管理人或者人民法院应当将提存的分配额分配给其他债权人。

2. 附条件

对于附生效条件或者解除条件的债权，管理人应当将其分配额提存。

（1）在最后分配公告日，生效条件未成就或者解除条件成就的，提存的分配额应当分配给其他债权人。

（2）在最后分配公告日，生效条件成就或者解除条件未成就的，提存的分配额应当交付给债权人。

3. 诉讼或仲裁未决

破产财产分配时，对于诉讼或者仲裁未决的债权，管理人应当依争议的标的额将其分配额提存。

自破产程序终结之日起满2年仍不能受领分配的，人民法院应当将提存的分配额分配给其他债权人。

【鑫考题1·单选题】根据企业破产法律制度的规定，下列债务中，在清偿破产费用和共益债务后，应从破产财产中按第一顺位获得清偿的是（　　）。（2012年）

A. 破产人所欠职工的伤残补助　　B. 破产人所欠税款
C. 破产人所欠红十字会的捐款　　D. 破产人所欠环保部门的罚款

【答案】A

【解析】在清偿破产费用和共益债务后，应从破产财产中按第一顺位获得清偿的是职工劳动债权，具体是指破产人所欠职工的工资和医疗、伤残补助、抚恤费用，所欠的应当划入职工个人账户的基本养老保险、基本医疗保险费用，以及法律、行政法规规定应当支付给职工的补偿金。

【鑫考题2·单选题】甲商业银行破产清算时，已支付清算费用、所欠职工工资和劳动保险费用。根据企业破产法律制度的规定，其尚未清偿的下列债务中，应当优先偿还的是（　　）。（2014年）

A. 购买办公设备所欠货款　　B. 欠缴监管机构的罚款
C. 企业账户中的存款本金及利息　　D. 个人储蓄存款的本金及利息

【答案】D

【解析】商业银行破产清算时，在支付清算费用、所欠职工工资和劳动保险费用后，应当优先支付个人储蓄存款的本金和利息。

【鑫考题3·单选题】破产企业甲公司在破产案件受理前因欠缴税款产生滞纳金。下列关于该滞纳金在破产程序中清偿顺位的表述中，符合企业破产法律制度规定的是（　　）。（2014年）

A. 该滞纳金与欠缴税款处于相同受偿顺位
B. 该滞纳金属于普通破产债权，受偿顺位劣后于欠缴税款
C. 该滞纳金劣后于普通破产债权受偿
D. 该滞纳金不属于破产债权，在破产程序中不予清偿

【答案】B

【解析】（1）在破产案件"受理前"因欠缴税款产生的滞纳金，属于普通破产债权，不享有与欠缴税款相同的优先受偿地位；（2）在破产案件"受理后"因欠缴税款产生的

滞纳金，不属于破产债权，在破产程序中不予清偿。

第八节 关联企业合并破产

【鑫考点1】关联企业实质合并破产（★★）

【解释】实质合并破产中的"合并"，不是公司法、企业法上的组织合并，而只是在破产程序进行期间以对各关联企业的资产与负债统一处理为目的的法人人格模拟合并。人民法院实质合并破产的裁定，并不具有对各关联企业实行公司法上组织合并程序的效力。

在实质合并破产时，各合并企业的法人人格仅仅是在破产程序中不再独立。实质合并破产作为一种以对资产与负债统一公平处理为目的的法人人格模拟合并，目标是要解决以资产与负债混同为关键特征的法人人格混同造成的不当法律后果。

一、适用原则

《全国法院破产审判工作会议纪要》指出，对关联企业实质合并破产要审慎适用。人民法院在审理企业破产案件时，应当尊重企业法人人格的独立性，以对关联企业成员的破产原因进行单独判断并适用单个破产程序为基本原则。当关联企业成员之间存在法人人格高度混同、区分各关联企业成员财产的成本过高、严重损害债权人公平清偿利益时，可例外适用关联企业实质合并破产方式进行审理。

二、实质合并审查

1. 审查考虑因素

人民法院收到实质合并申请后，应当及时通知相关利害关系人并组织听证，听证时间不计入审查时间。人民法院在审查实质合并申请过程中，可以综合考虑关联企业之间资产的混同程度及其持续时间、各企业之间的利益关系、债权人整体清偿利益、增加企业重整的可能性等因素，在收到申请之日起30日内作出是否实质合并审理的裁定。

2. 利害关系人申请复议

相关利害关系人对受理法院作出的实质合并审理裁定不服的，可以自裁定书送达之日起15日内向受理法院的上一级人民法院申请复议。

3. 法院管辖

采用实质合并方式审理关联企业破产案件的，应由关联企业中的核心控制企业住所地人民法院管辖。核心控制企业不明确的，由关联企业主要财产所在地人民法院管辖。多个法院之间对管辖权发生争议的，应当报请共同的上级人民法院指定管辖。

4. 统一清偿

人民法院裁定采用实质合并方式审理破产案件的，各关联企业成员之间的债权债务归于消灭，各成员的财产作为合并后统一的破产财产，由各成员的债权人在同一程序中按照法定顺序公平受偿。采用实质合并方式进行重整的，重整计划草案中应当制订统一的债权分类、债权调整和债权受偿方案。

【解释】在重整程序结束，经过实质合并重整的法律处置，消除了各企业法人人格混同的不当后果，也就是修复其独立的法人人格后，各企业自然应当恢复原正常的独立状态。至于此后根据集团经营目标是否需要进行企业合并，已不再属于实质合并破产的范围，而属于依据公司法、企业法正常操作的问题。

【鑫考点2】关联企业程序合并破产（★★）

【解释】程序合并是多个破产案件程序的合并审理，在《全国法院破产审判工作会议纪要》中称为"协调审理"，体现为对不同法院管辖的多个企业破产案件的程序并案审理、整体重整或破产清算，通过统一制订集团各企业相互协调衔接的重整计划、清算方案乃至整个集团企业合一的整体重整计划，达到企业挽救目的，或使破产财产实现更高的价值。但在程序合并中，各关联企业仍保持法人人格的独立，资产与债务清偿比例等分别确定。

一、法院管辖

根据《全国法院破产审判工作会议纪要》规定，多个关联企业成员均存在破产原因但不符合实质合并条件的，人民法院可根据相关主体的申请对多个破产程序进行协调审理，并可根据程序协调的需要，综合考虑破产案件审理的效率、破产申请的先后顺序、成员负债规模大小、核心控制企业住所地等因素，由共同的上级法院确定一家法院集中管辖。

二、各自清偿

协调审理不消灭关联企业成员之间的债权债务关系，不对关联企业成员的财产进行合并，各关联企业成员的债权人仍以该企业成员财产为限依法获得清偿。

【提示】在程序合并中，也要利用其他法律手段解决关联企业成员之间尚不构成法人人格严重混同的不当资源配置关系，如关联企业成员之间不当利用关联控制关系形成的债权，应当劣后于其他普通破产债权顺序清偿，且该劣后债权人不得就其他关联企业成员提供的特定财产优先受偿，即物权担保无效。

第九章

票据与支付结算法律制度

本章考点

在最近 3 年的考试中，本章平均分值为 12.5 分，属于重点章节，各种题型均有考核，考生需要重点关注本章的案例分析题。本章考点较多，复习难度较大，部分考点可以与物权法律制度、合同法律制度等章节考点相关联。考生重在理解，重点掌握票据权利、票据伪造、票据抗辩及汇票的制度（背书、保证、承兑）。

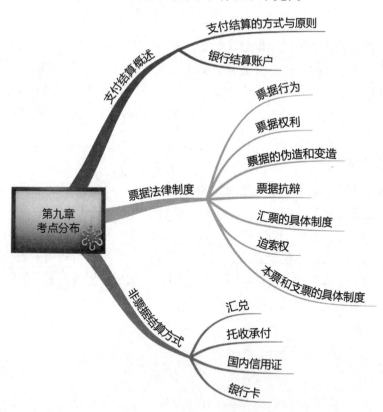

本章考情

其中 1 套试卷

题型	2018 年	2019 年	2020 年
单选题	1 题 1 分	1 题 1 分	1 题 1 分
多选题	1 题 1.5 分	1 题 1.5 分	1 题 1.5 分
案例分析题	1 题 10 分	1 题 10 分	1 题 10 分
合计	3 题 12.5 分	3 题 12.5 分	3 题 12.5 分

第一节 支付结算概述

【鑫考点 1】支付结算的方式与原则（★★）

一、支付结算的方式

从支付结算方式的法律特征考虑，可将其分为票据结算方式和非票据结算方式。汇兑、托收承付、委托收款、信用证、银行卡、预付卡、电子支付等属于非票据结算方式。

二、支付结算的原则

单位、个人和银行在办理支付结算时，应当遵守以下三条基本原则：
（1）恪守信用，履约付款。
（2）谁的钱进谁的账，由谁支配。
（3）银行不得垫款。

【鑫考点 2】银行结算账户（★★）（2009 年单选题；2016 年多选题）

一、银行结算账户分类

（1）按存款人不同可分为：
单位银行结算账户和个人银行结算账户。
【提示】个体工商户凭营业执照以字号或经营者姓名开立的银行结算账户纳入单位银行结算账户管理。
（2）单位银行结算账户按用途不同可分为：
基本存款账户、一般存款账户、专用存款账户、临时存款账户。
【提示 1】银行为企业开立、变更、撤销基本存款账户、临时存款账户，要通过人民币银行结算账户管理系统向人民银行当地分支机构备案。
【提示 2】机关、实行预算管理的事业单位开立基本存款账户、临时存款账户和专用存款账户，应经财政部门批准并经人民银行核准，另有规定的除外。

【鑫考题·多选题】根据支付结算法律制度的规定，下列账户种类中，属于单位银行结算账户的有（ ）。(2016年)
A. 基本存款账户　　　　　　　B. 一般存款账户
C. 专用存款账户　　　　　　　D. 临时存款账户
【答案】ABCD
【解析】单位银行结算账户按用途可分为基本存款账户、一般存款账户、专用存款账户和临时存款账户。

二、基本存款账户

【解释】基本存款账户是指存款人因办理日常转账结算和现金收付需要开立的银行结算账户，是存款人的主办账户。

1. 开立主体

包括但不限于企业法人；非法人企业；机关、事业单位；团级（含）以上军队、武警部队及分散执勤的支（分）队；异地常设机构；个体工商户；居民委员会、村民委员会、社区委员会；单位设立的独立核算的附属机构等。

2. 开户限制

单位银行结算账户的存款人只能在银行开立一个基本存款账户。

【提示】企业申请开立一般存款账户、专用存款账户、临时存款账户的，应当向银行提供基本存款账户编号。

三、一般存款账户

【解释】一般存款账户是指存款人在基本存款账户开户银行以外的银行营业机构开立的用于办理借款转存、借款归还和其他结算的银行结算账户。

1. 开立主体

开立基本存款账户的存款人都可以开立一般存款账户。

2. 账户使用要求

该账户可以办理现金缴存，但不得办理现金支取。

四、专用存款账户（2009年单选题）

【解释】专用存款账户是指存款人按照法律、行政法规和规章，为对其特定用途资金进行专项管理和使用而开立的银行结算账户。

对下列资金的管理与使用，存款人可以申请开立专用存款账户：
(1) 基本建设资金。
(2) 更新改造资金。
(3) 财政预算外资金。
(4) 粮、棉、油收购资金。

（5）证券交易结算资金。

（6）期货交易保证金。

（7）信托基金。

（8）金融机构存放同业资金。

（9）政策性房地产开发资金。

（10）单位银行卡备用金。

（11）住房基金。

（12）社会保障基金。

（13）收入汇缴资金和业务支出资金。

（14）党、团、工会设在单位的组织机构经费。

（15）其他需要专项管理和使用的资金。

【提示】合格境外机构投资者在境内从事证券投资开立的人民币特殊账户和人民币结算资金账户（简称"QFII专用存款账户"）纳入专用存款账户管理。

五、临时存款账户

【解释】临时存款账户是指存款人因临时需要并在规定期限内使用而开立的银行结算账户。

（1）可以申请开立临时存款账户的情况：

① 设立临时机构；

② 异地临时经营活动；

③ 注册验资；

④ 境外（含港澳台地区）机构在境内从事经营活动。

（2）存款人为临时机构的，只能在其驻在地开立一个临时存款账户，不得开立其他银行结算账户；存款人在异地从事临时活动的，只能在其临时活动地开立一个临时存款账户。

（3）临时存款账户的有效期最长不得超过2年。

六、个人银行结算账户

【解释】个人银行结算账户是指自然人因投资、消费、结算等而开立的可办理支付结算业务的存款账户。

（1）开立。

自然人可根据需要申请开立个人银行结算账户，也可以在已开立的储蓄账户中选择并向开户银行申请确认为个人银行结算账户。

（2）个人银行账户分为Ⅰ类银行账户、Ⅱ类银行账户和Ⅲ类银行账户。

① 银行可通过Ⅰ类户为存款人提供存款、购买投资理财产品等金融产品、转账、消费和缴费支付、支取现金等服务；

② 银行可通过Ⅱ类户为存款人提供存款、购买投资理财产品等金融产品、限定金额的消

费和缴费支付和有限额的现金存取（须确认身份）等服务，可以配发银行卡实体卡片；

③ 银行可通过Ⅲ类户为存款人提供限定金额的消费和缴费支付服务。

七、银行结算账户的撤销

（1）银行结算账户的撤销情形：

① 被撤并、解散、宣告破产或关闭的；

② 注销、被吊销营业执照的；

③ 因迁址需要变更开户银行的；

④ 其他原因需要撤销银行结算账户的。

（2）存款人因主体资格终止撤销银行结算账户的，应先撤销一般存款账户、专用存款账户、临时存款账户，将账户资金转入基本存款账户后，方可办理基本存款账户的撤销。

（3）存款人撤销银行结算账户，必须与开户银行核对银行结算账户存款余额，交回各种重要空白票据及结算凭证和开户登记证，银行核对无误后方可办理销户手续。

（4）存款人应撤销而未办理销户手续的单位银行结算账户或银行对1年未发生收付活动且未欠开户银行债务的单位银行结算账户，应通知单位自发出通知之日起30日内办理销户手续，逾期视同自愿销户，未划转款项列入久悬未取专户管理。

第二节　票据法律制度

【鑫考点1】票据行为（★★）（2009年多选题；2013年案例分析题；2014年案例分析题；2015年单选题、案例分析题；2016年单选题；2017年单选题；2018年单选题；2019年单选题）

【解释】票据行为包括：出票、背书、承兑、保证等。其中，"承兑"是商业汇票独有的票据行为。

一、票据行为的成立要件

1. 票据凭证

票据当事人未使用按中国人民银行统一规定印制的票据，票据无效。

2. 特定事项的记载方式

（1）票据金额以中文大写和数码同时记载，二者必须一致，二者不一致的，票据无效。

（2）票据金额、出票日期、收款人名称不得更改，更改的票据无效。

3. 签章

【提示1】单位在票据上的签章：应为该单位的财务专用章或公章加其法定代表人或其授权的代理人的签名或者盖章。个人在票据上的签章：应为该个人的签名、盖章或者签名加盖章。

【提示2】银行汇票、银行本票的出票人及银行承兑汇票的承兑人在票据上未加盖规定的专用章而加盖该银行的公章；支票的出票人在票据上未加盖与该单位在银行预留签章一致的财务专用章而加盖该出票人公章的，签章人应当承担票据责任。

（1）出票人在票据上的签章不符合法律规定的，票据无效。（2016年单选题）

（2）背书人在票据上的签章不符合法律规定的，其签章无效，但是不影响其前手符合规定的签章效力。

（3）承兑人、保证人在票据上的签章不符合法律规定的，其签章无效，但是不影响票据上其他签章的效力。

（4）无民事行为能力人或者限制民事行为能力人在票据上签章的，其签章无效，但是不影响其他签章的效力。

【提示】票据行为必须在票据（票据正面、背面或者粘单）上进行记载，才可能产生《票据法》上的效力。如果在票据之外另外以书面形式记载有关事项，即使其内容和票据有关，也不发生票据上的效力。

【鑫考题1·单选题】甲公司签发的支票上，中文大写记载的金额为"壹万玖仟捌佰元整"，而阿拉伯数字（数码）记载的金额为"19810元"。根据票据法律制度的规定，下列关于该支票效力的表述中，正确的是（　　）。（2015年）

A. 支票无效

B. 经甲公司将金额更改为一致并签章后，支票有效

C. 支票有效，以中文记载为准

D. 支票有效，以阿拉伯数字（数码）记载为准

【答案】A

【解析】票据和结算凭证金额须以中文大写和阿拉伯数字同时记载，二者必须一致，二者不一致的，票据无效，二者不一致的结算凭证，银行不予受理。

【鑫考题2·单选题】根据票据法律制度的规定，下列票据行为人中，其签章不符合《票据法》规定可导致票据无效的是（　　）。（2016年）

A. 出票人　　　B. 保证人　　　C. 背书人　　　D. 承兑人

【答案】A

【解析】出票人在票据上的签章不符合《票据法》和相关法律规定的，票据无效；背书人、承兑人、保证人在票据上的签章不符合《票据法》和相关法律规定的，其签章无效，但是不影响票据上其他签章的效力。

【鑫考题3·单选题】根据票据法律制度的规定，下列票据记载事项中，可以更改的是（　　）。（2018年）

A. 出票日期　　　　　　　　B. 付款人名称

C. 票据金额　　　　　　　　D. 收款人名称

【答案】B
【解析】票据金额、出票日期、收款人名称不得更改，更改的票据无效。

二、票据行为的代理

【解释】票据当事人可以委托其代理人在票据上签章，并应当在票据上表明其代理关系。

1. 票据代理行为的生效要件

（1）须明示本人（被代理人）的名义，并表明代理的意思。

（2）代理人签章。

（3）代理人有代理权。

【相关链接】票据行为的代行是指行为人在进行票据行为时在票据上记载他人之名，或者盖他人之章，而未签署自己的姓名或者盖自己的章。

2. 票据行为的无权代理

没有代理权而以代理人名义在票据上签章的，应区分以下两种情形：

（1）相对人明知代理人没有代理权，或者因过失而不知，该代理行为不生效力。相对人不能取得票据权利，无论本人还是无权代理人均不承担票据责任（除非本人事后表示追认）。

【提示】如果相对人又对他人进行票据行为，假如该人因满足善意取得的要件而取得票据权利，无权代理之下的本人仍然不承担票据责任。理由在于，本人并未在票据上签章，也没有授权他人为票据行为。但是，无权代理人须对票据权利人承担票据责任。

（2）虽然票据行为人客观上欠缺代理权，但是如果相对人有理由相信其有代理权，则其代理而为的票据行为有效，本人应根据该票据行为而承担票据责任，无权代理人不承担票据责任。

【相关链接】行为人没有代理权、超越代理权或者代理权终止后，仍然实施代理行为，相对人有理由相信行为人有代理权的，代理行为有效。

3. 越权代理

代理人超越代理权限的，应当就其超越权限的部分承担票据责任。

三、票据行为的代行

【解释】票据行为的代行是指行为人在进行票据行为时在票据上记载他人之名，或者盖他人之章，而未签署自己的姓名或者盖自己的章。此种情形，并不构成代理。

（1）如果代行人获得了本人的授权，则应类推适用有权代理的规定，本人承担票据行为的法律效果。

（2）如果代行人未获得本人的授权，其行为构成票据签章的伪造，本人和代行人均不承担票据责任；但是，如果相对人有理由相信代行人获得了本人的授权，则类推适用表见代理的规定，由本人承担票据责任。

四、票据基础关系对票据行为效力的影响（2013年案例分析题；2014年案例分析题；2015年案例分析题；2017年单选题；2019年单选题）

【解释1】票据基础关系是指票据关系据以产生的、由民法规定的法律关系。最重要的票据基础关系是票据原因关系和票据资金关系。

【解释2】票据原因关系是指作为票据当事人之间授受票据原因的法律关系（如支付货款、工程款、租金等）。

【解释3】票据资金关系是指出票人与承兑人或者付款人之间关于将来用于向持票人付款的资金安排的法律关系（委托合同关系）。

（1）基于票据行为的无因性，票据基础关系的瑕疵不影响票据行为的效力。

【提示】票据基础关系的瑕疵的情形：① 作为原因关系的合同未成立、无效或被撤销；② 承兑协议无效或被撤销；③ 票据授权的原因是票据权利买卖。

（2）票据贴现。

【解释】票据贴现是指商业汇票的持票人在汇票到期日前，将票据权利背书转让给金融机构，由其扣除一定利息后，将约定金额支付给持票人的一种票据行为。

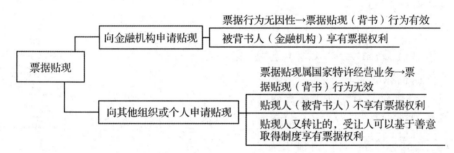

（3）基于票据行为的无因性，票据行为的内容如果与基础关系不一致，票据关系的内容只能依据票据行为来确定。

【例如】买卖合同约定的价款为100万元，买受人因为失误而签发了金额为200万元的汇票，那么，买受人（作为出票人）的票据责任应当根据票面上的记载（200万元）来确定，而不是根据买卖合同来确定。

（4）以赠与或者其他无偿法律关系为原因的出票和背书转让。

赠与等原因可以是票据授受的合法原因，只是持票人所取得的票据权利不得优于其前手的权利。

【鑫考题·单选题】甲公司向乙公司签发一张金额为35万元的银行承兑汇票，用于支付购买设备的价款。乙公司随即将汇票背书转让给丙公司，用于支付工程款。在丙公司提示付款前，甲、乙公司之间的设备买卖合同因乙公司欺诈而被人民法院撤销。甲公司的下列主张中，符合票据法律制度规定的是（　　）。(2019年)

A. 请求乙公司返还汇票

B. 请求承兑银行对丙公司拒绝付款

C. 请求乙公司返还35万元价款

D. 请求丙公司返还汇票

【答案】C

【解析】(1) 选项ABD：基于票据行为的无因性，票据基础关系的瑕疵并不影响票据行为的效力。不具有真实的交易关系和债权债务关系而为的票据行为，当事人可能因此而应承担行政责任甚至刑事责任，但是，票据行为的效力并不因此而受影响。因此，出票人不得请求返还汇票、不得请求承兑银行对丙公司拒付。(2) 选项C：一方以欺诈手段，使对方在违背真实意思的情况下实施的民事法律行为，受欺诈方可以撤销合同，要求返还财产。

【鑫考点2】票据权利（★★★）(2001年多选题；2003年多选题；2006年单选题；2007年多选题；2008年多选题；2009年单选题；2010年单选题；2013年案例分析题；2014年案例分析题；2015年案例分析题；2017年案例分析题；2018年案例分析题；2019年单选题；2020年多选题、案例分析题)

一、票据权利的取得原因

1. 依票据行为而取得票据权利

(1) 依出票行为而取得。

(2) 依（背书）让与而取得（包括善意取得）。

(3) 依票据保证而取得等。

2. 依法律规定而直接取得票据权利

(1) 依《票据法》上的规定而取得。其中最主要的是，被追索人（含票据保证人）向持票人偿还票据金额、利息和费用后，可以取得票据权利。

(2) 依其他法律规定而取得。其中比较主要的是，因为继承、法人合并或者分立、税收等原因而取得票据权利。(2015年案例分析题)

【鑫考题·单选题】甲公司是一张3个月以后到期的银行承兑汇票所记载的收款人。甲公司和乙公司合并为丙公司，丙公司于上述票据到期时向承兑人提示付款。下列表述中，正确的是（ ）(2010年)

A. 丙公司不能取得票据权利

B. 丙公司取得票据权利

C. 甲公司背书后，丙公司才能取得票据权利

D. 甲公司和乙公司共同背书后，丙公司才能取得票据权利

【答案】B

【解析】企业合并获得票据属于依法律规定而直接取得票据权利。

3. 不享有票据权利

以欺诈、偷盗、胁迫等手段取得票据的，或者明知有前列情形，出于恶意取得票据的，以及持票人因重大过失取得不符合法律规定的票据的，不得享有票据权利。(2018

年案例分析题）

二、票据权利的善意取得

【解释】票据权利的善意取得制度是指无处分权人处分他人之票据权利，受让人依照《票据法》所规定的票据转让方式取得票据，并且善意、无重大过失且支付相当对价，则可以取得票据权利的法律制度。（2013年案例分析题；2014年案例分析题；2015年案例分析题；2017年案例分析题；2018年案例分析题）

【提示】票据权利的无权处分与无权代理存在区别。无权处分，是行为人以自己的名义处分他人的票据权利。而无权代理情况下，行为人虽然也在票据上签章，但是仅仅作为代理人签章，必须指明本人（被代理人）是谁。如果发生了无权代理，善意相对人的保护是通过表见代理规则来实现的，而无权处分之下，善意相对人的保护则是通过善意取得规则来实现的。

【票据善意取得的要件】

（1）转让人是形式上的票据权利人。

（2）转让人没有处分权。

其情形有：

① 前手没有完全民事行为能力。

A→B（无民事行为能力）→C（无处分权）→D（善意取得）

② 前手意思表示不真实（欺诈、胁迫）。

A→B（受C欺诈、胁迫）→C（无权处分）→D（善意取得）

③ 其前手的代理人是狭义无权代理。

A→B（无权代理）→C（明知，无权处分）→D（善意取得）

④ 票据伪造。

A→B（遗失或被盗）→C（拾得+伪造B签章，无权处分）→D（善意取得）

A→B（记载完毕遗失）→C（拾得+伪造B签章，无权处分）→D（善意取得）

⑤ 票据贴现（向其他组织或个人）。

A→B（贴出人）→C（其他组织或个人作为贴现人，背书无效，不享有票据权利）→D（善意取得）

（3）受让人依照《票据法》规定的背书转让方式取得票据。

（4）受让人善意且无重大过失。

（5）受让人须付出相当对价。

【提示】因税收、继承、赠与可以依法无偿取得票据的，不受给付对价的限制。但是，所享有的票据权利不得优于其前手的权利。

【鑫考题·多选题】 甲受乙胁迫开出一张以甲为付款人，以乙为收款人的汇票，之后乙通过背书将该汇票赠与丙，丙又将该汇票背书让与丁，以支付货款。丙、丁对乙胁迫甲取得票据一事毫不知情。下列说法中，正确的有（　　）（2008年）

A. 甲有权请求丁返还汇票
B. 乙不享有该汇票的票据权利
C. 丙不享有该汇票的票据权利
D. 丁不享有该汇票的票据权利

【答案】BC

【解析】(1) 选项AD：行为人合法取得票据，即取得了票据权利，甲无权请求丁返还票据。(2) 选项B：因欺诈、偷盗、胁迫、恶意或重大过失而取得票据的，不得享有票据权利。(3) 选项C：因税收、继承、赠与可以依法无偿取得票据的，不受给付对价的限制。但是，所享有的票据权利不得优于其前手的权利。丙的前手乙没有票据权利，丙也不享有票据权利。

三、与票据权利有关的"三个时间"（2001年多选题；2003年多选题；2006年单选题；2009年单选题）

1. 提示承兑期限（远期商业汇票独有）

定日付款	到期日前提示承兑
出票后定期付款	到期日前提示承兑
见票后定期付款	出票日起1个月内提示承兑

【提示】汇票未按照规定期限提示承兑的，持票人丧失对其前手的追索权，但并不丧失对出票人的追索权。

2. 提示付款期限

汇票	远期到期的汇票	到期日起10日内提示付款
	见票即付的汇票	出票日起1个月内提示付款
银行本票		出票日起不得超过2个月
支票		出票日起10日内提示付款

【提示】商业汇票未按照规定期限提示付款，持票人即丧失对出票人、承兑人之外的前手的追索权。

3. 票据时效

【解释】票据时效也就是票据权利的消灭时效。票据时效制度是指票据权利人如果未在法定期间内行使权利，其权利归于消灭的票据法律制度。

(1) 付款请求权的消灭时效。

① 持票人对远期汇票的承兑人的付款请求权，消灭时效期间为2年，自票据到期日起计算；

② 持票人对本票出票人的付款请求权，消灭时效期间为2年，自出票日起计算。

（2）追索权的消灭时效。

票据种类		对象	时效
汇票	见票即付	出票人	出票日起 2 年
	定日付款	出票人、承兑人	到期日起 2 年
	出票后定期付款		
	见票后定期付款		
银行本票		出票人	出票日起 2 年
支票		出票人	出票日起 6 个月
追索权		其他前手	被拒绝承兑或被拒绝付款之日起 6 个月
再追索权		其他前手	清偿日或被提起诉讼之日起 3 个月

【提示】持票人因超过票据权利时效或者因票据记载事项欠缺而丧失票据权利的，仍享有民事权利，可以请求出票人或者承兑人返还其与未支付的票据金额相当的利益。

【总结】

票据种类		提示承兑期限	提示付款期限	票据时效
汇票	见票即付	无须提示承兑	出票日起 1 个月内提示付款	出票日起 2 年
	定日付款	到期日前提示承兑	到期日起 10 日内提示付款	到期日起 2 年
	出票后定期付款			
	见票后定期付款	出票日起 1 个月内提示承兑		
银行本票（见票即付）		无须提示承兑	出票日起不得超过 2 个月	出票日起 2 年
支票（见票即付）		无须提示承兑	出票日起 10 日内提示付款	出票日起 6 个月

【鑫考题 1·单选题】丙公司持有一张以甲公司为出票人、乙银行为承兑人、丙公司为收款人的汇票，汇票到期日为 2007 年 6 月 5 日，但是丙公司一直没有主张票据权利。根据票据法律制度的规定，丙公司对甲公司的票据权利的消灭时间是（　　）。（2009 年）

A. 2007 年 6 月 15 日　　B. 2007 年 12 月 5 日
C. 2008 年 6 月 5 日　　D. 2009 年 6 月 5 日

【答案】D

【解析】根据规定，持票人对票据的出票人和承兑人的权利，自票据到期日起 2 年。在本题中，汇票到期日为 2007 年 6 月 5 日，持票人丙公司对出票人甲公司的票据权利消灭时间自票据到期日起 2 年，即 2009 年 6 月 5 日。

【鑫考题 2·多选题】根据票据法律制度的规定，下列各项中，属于汇票到期日记载方式的有（　　）。（2020 年）

A. 见票即付 B. 定日付款
C. 出票后定期付款 D. 见票后定期付款

【答案】ABCD

四、票据丧失及补救

【解释】票据权利的补救措施包括：挂失止付、公示催告和普通诉讼。

1．挂失止付

可以挂失止付的票据：

（1）已承兑的商业汇票。

（2）支票。

（3）填明"现金"字样和代理付款人的银行汇票。

（4）填明"现金"字样的银行本票。（2007年多选题）

【提示1】挂失止付是一种临时性的措施。申请挂失止付的当事人，必须在申请之前已经向人民法院申请公示催告或者起诉，或者应当在通知挂失止付后的3日内向人民法院申请公示催告或者起诉；否则挂失止付失去效力。如果付款人或者代理付款人自收到挂失止付通知书之日起12日内没有收到人民法院的止付通知书的，自第13日起，挂失止付通知书失效。

【提示2】挂失止付并非公示催告的前置程序。失票人可以不申请挂失止付，而直接向人民法院申请公示催告。

2．公示催告

【解释】公示催告程序是指人民法院根据失票人的申请，以公示的方式催告利害关系人在一定期限内向人民法院申报权利，到期无人申报权利的，人民法院将根据申请人的申请作出除权判决的一种非讼程序。

（1）可以背书转让的票据丧失的，持票人可以申请公示催告。

【提示】填明"现金"字样的银行汇票、银行本票和现金支票不得背书转让，不能申请公示催告。

（2）失票人向票据支付地的基层人民法院提出书面的公示催告申请。

（3）人民法院在受理公示催告申请的同时通知付款人或者代理付款人停止支付。付款人或者代理付款人应当停止支付，直到公示催告程序终结。

（4）人民法院在受理后的3日内发出公告，催促利害关系人申报权利。公示催告的期间，由人民法院根据情况决定，但不得少于60日。且公示催告期间届满日不得早于票据付款日后15日。

（5）利害关系人在人民法院作出除权判决之前申报权利的，如果该票据就是申请人申请公示催告的票据，人民法院应裁定终结公示催告程序，并通知申请人和付款人。

【提示】人民法院并不在该程序之下对申请人与申报权利人之间的争议进行实体审理，而是会裁定终结该程序。申请人如欲主张票据权利，可以向对方提起普通民事诉讼。

（6）公示催告期间届满，没有利害关系人申报权利的，或者即使申报权利但票据并非申请人公示催告的票据的，公示催告申请人可以自申报权利期间届满的次日起1个月内申请人民法院作出除权判决。逾期未申请的，人民法院终结公示催告程序。

【提示】除权判决的效力：第一，确认申请人是票据权利人；第二，宣告票据失去效力。

（7）利害关系人因为正当理由不能在除权判决之前向人民法院及时申报权利的，自知道或者应当知道判决公告之日起1年内，可以向作出除权判决的人民法院起诉，请求撤销除权判决。

【提示】持票人恶意申请公示催告，以阻止合法持票人行使票据权利。如果人民法院已经作出了除权判决，在付款人尚未付款的情况下，最后合法持票人可以根据《民事诉讼法》的规定在法定期限内请求撤销除权判决，待票据恢复效力后再依法行使票据权利；在付款人已经付款的情况下，最后合法持票人可请求公示催告申请人承担侵权损害赔偿责任。

【鑫考点3】票据的伪造和变造（★★★）（2002年案例分析题；2008年单选题；2009年案例分析题；2011年案例分析题；2013年案例分析题；2014年案例分析题；2017年案例分析题；2019年案例分析题；2020年多选题、案例分析题）

一、票据的伪造

【解释】票据伪造是指无权限人假冒他人名义或虚构他人名义签章的行为。

1. 对被伪造人的法律后果

在虚构他人名义的情形下，并不存在一个"被伪造人"，因此不存在相应的法律后果问题。在假冒他人名义的情形下，被伪造人不承担因为该票据行为所产生的票据责任。

2. 对伪造人的法律后果

伪造人并未以自己名义在票据上签章，不承担票据责任，但可能要承担刑事责任、行政法律责任或者民法上的赔偿责任。

3. 对其他票据债务人的法律后果

票据上有伪造签章的，不影响票据上其他真实签章的效力。

【鑫考题·单选题】甲私刻乙公司的财务专用章，假冒乙公司名义签发一张转账支票交给收款人丙，丙将该支票背书转让给丁，丁又背书转让给戊。当戊主张票据权利时，根据票据法律制度的规定，下列表述中，正确的是（　　）。(2008年)

A. 甲不承担票据责任
B. 乙公司承担票据责任
C. 丙不承担票据责任
D. 丁不承担票据责任

【答案】A

【解析】（1）选项A：由于伪造人甲在票据上没有以自己的名义签章，因此不承担票据责任；（2）选项B：在假冒他人名义的情形下，被伪造人不承担票据责任；（3）选项 CD：票据上有伪造签章的，不影响票据上其他真实签章的效力，丙和丁属于在票据上真正签章的当事人，仍应对被伪造的票据的权利人承担票据责任。

二、票据的变造

【解释】票据变造是指无权更改票据内容的人，对票据上除签章以外的记载事项加以变更的行为。例如，变更票据上的到期日、付款日、付款地、金额等。

（1）当事人的签章发生在变造之前，应当按照原记载的内容负责。

（2）当事人的签章发生在变造之后，应当按照变造后的记载内容负责。

（3）如果无法辨别当事人的签章发生在变造之前还是之后，视同在变造之前签章。

【鑫考题·多选题】下列关于票据变造的法律效果的表述中，符合票据法律制度规定的有（　　）。（2020年）

A. 变造前在票据上签章的票据行为人，依照原记载事项负责
B. 变造后在票据上签章的票据行为人，依照变造后的记载事项负责
C. 不能辨别是在票据变造之前还是之后签章的，视同在变造之后签章
D. 若变造人也是票据上的签章人，变造人应被视为在变造之后签章

【答案】ABD

【鑫考点4】票据抗辩（★★★）（2004年多选题；2011年案例分析题；2014年案例分析题；2016年案例分析题；2018年案例分析题；2019年案例分析题）

一、对"物"的抗辩

【解释】票据上的物的抗辩又称绝对的抗辩，是指票据所记载的债务人可以对任何持票人所主张的抗辩。

1. 票据所记载的全部票据权利均不存在

（1）出票行为因为法定形式要件（如票据金额大小写不一致，金、收、日更改，欠缺绝对必要记载事项）的欠缺而无效。

（2）票据权利已经消灭（如已付款）。

2. 票据上记载的特定债务人的债务不存在

（1）签章人是无民事行为能力或者限制民事行为能力人的，票据行为无效，不承担票据责任。

（2）狭义无权代理情形下，本人不承担票据责任，或者仅对不超越代理权限的部分承担票据责任。

（3）票据伪造的被伪造人，不承担票据责任。

（4）票据被变造时，变造前在票据上签章的债务人，可以拒绝依照变造后的记载事项承担票据责任。

（5）对特定债务人的票据时效期间经过，其票据债务消灭等。

二、对"人"的抗辩

【解释】票据上的人的抗辩又称相对的抗辩,是指票据债务人仅可以对特定的持票人主张的抗辩事由。

1. 可以抗辩

票据债务人可以对不履行约定义务的与自己有直接债权债务关系的持票人,进行抗辩。

2. 不得抗辩(抗辩切断制度)

(1)票据债务人不得以自己与出票人之间的抗辩事由(如出票人与票据债务人存在合同纠纷、出票人存入票据债务人的资金不够)对抗(善意)持票人。(2016年案例分析题)

(2)票据债务人不得以自己与持票人的前手之间的抗辩事由(除以下两种情形)对抗持票人。(2018年案例分析题)

① 持票人未给付对价而取得票据。

因税收、继承、赠与可以依法无偿取得票据的,不受给付对价的限制。但是,所享有的票据权利不得优于其前手的权利。

② 持票人明知票据债务人与持票人的前手之间存在抗辩事由而取得票据。

如果持票人明知票据债务人与出票人或者与持票人的前手之间存在抗辩事由,而仍然受让票据权利的,票据债权人可以以该事由对抗持票人。(2016年案例分析题)

(3)凡是善意的、已付对价的正当持票人可以向任何票据债务人请求付款,不受其前手权利瑕疵和前手相互间抗辩的影响。

【鑫考点5】汇票的具体制度(★★★)

一、汇票的出票(2003年单选题;2006年单选题;2007年单选题;2009年多选题;2016年多选题)

1. 绝对必要记载事项

记载事项	汇票(7项)	本票(6项)	支票(6项)
表明"×票"的字样	√	√	√
无条件支付的委托	√	√(承诺)	√
确定的金额	√	√	√(授权补记)
付款人名称	√	×	√
收款人名称	√	√	×(授权补记)
出票日期	√	√	√
出票人签章	√	√	√

2. 相对必要记载事项

票据种类	未记载事项	法律规定
汇票	付款日期	视为见票即付
	付款地	以付款人的营业场所、住所或者经常居住地为付款地
	出票地	以出票人的营业场所、住所或者经常居住地为出票地
本票	付款地	以出票人的营业场所为付款地
	出票地	以出票人的营业场所为出票地
支票	付款地	以付款人的营业场所为付款地
	出票地	以出票人的营业场所、住所或者经常居住地为出票地

【鑫考题·多选题】根据票据法律制度的规定，下列各项中，属于汇票上的绝对必要记载事项的有（　　）。(2016年)

A. 汇票金额　　　B. 收款人名称　　　C. 付款日期　　　D. 出票日期

【答案】ABD

【解析】汇票上必须记载的事项包括：表明"汇票"的字样、无条件支付的委托、确定的金额、付款人名称、收款人名称、出票日期和出票人签章。其中，未记载付款日期的，视为见票即付。

二、汇票的背书（2008年多选题；2012年案例分析题；2013年多选题、案例分析题；2014年单选题、多选题、案例分析题；2015年案例分析题；2017年案例分析题；2018年案例分析题；2019年案例分析题）

【解释】背书是指持票人为将票据权利转让给他人或者将票据权利授予他人行使，在票据背面或者粘单上记载有关事项并签章，然后将票据交付给被背书人的票据行为。背书包括转让背书、委托收款背书和质押背书。

1. 禁止背书

（1）出票人在汇票上记载"不得转让"字样，其直接后手再背书转让的，该转让不发生《票据法》上的效力，出票人和承兑人对受让人不承担票据责任。

（2）背书人在汇票上记载"不得转让"字样，其后手再背书转让的，原背书人对其后手的被背书人不承担保证责任。（2017年案例分析题；2018年案例分析题）

2. 记载事项

绝对必要记载事项	背书人签章；被背书人名称 【提示】持票人在票据被背书人栏内记载自己的名称与背书人记载具有同等法律效力（2017年案例分析题；2018年案例分析题）
相对必要记载事项	背书日期（未记载的，视为在汇票到期日前背书）

3. 背书附条件

背书不得附有条件。背书时附有条件的，所附条件不具有汇票上的效力，即不影响

背书行为本身的效力。（2012年案例分析题；2015年案例分析题；2017年案例分析题；2019年案例分析题）

4. 多头背书、部分背书

将汇票金额的一部分转让的背书或者将汇票金额分别转让给二人以上的背书无效。

5. 回头背书

（1）最终持票人为出票人的，对其前手无追索权。

（2）最终持票人为背书人的，对其后手无追索权。

6. 背书连续

以背书转让的汇票，背书应当连续。持票人以背书的连续，证明其汇票权利；非经背书转让，而以其他合法方式（合并、继承等）取得汇票的，依法举证，证明其汇票权利。（2015年案例分析题）

【鑫考题·多选题】下列关于票据文义记载的法律效果的表述中，符合相关法律规定的有（　　）。(2008年)

A. 汇票上未记载付款日期的，为见票即付

B. 票据金额的中文大写与数码不一致的，票据无效

C. 出票人记载"不得转让"字样的票据，其后手以此票据进行贴现的，通过贴现取得票据的持票人享有票据权利

D. 背书人未记载被背书人名称即将票据交付他人的，持票人在票据被背书人栏内记载自己的名称与背书人记载具有同等法律效力

【答案】ABD

7. 委托收款背书（非转让背书）

【解释】委托收款背书是指以授予他人行使票据权利、收取票据金额的代理权为目的的背书。委托收款背书并不导致票据权利的转移，而是使被背书人取得代理权。

（1）与一般转让背书相同，但是必须加上"委托收款"（或者"托收""代理"）字样作为绝对必要记载事项。假如未作该记载，则形式上构成转让背书。

（2）被背书人取得代理权，包括行使付款请求权、追索权及收取款项的代理权。被背书人也可以再对他人进行委托收款背书（转委托）。

（3）委托收款背书的被背书人不得再以背书转让汇票权利，包括对他人进行转让背书和质押背书。

（4）委托收款背书不发生抗辩切断。

8. 质押背书

（1）以汇票设定质押时，出质人在汇票上只记载了"质押"字样，未在票据上签章的，或出质人未在汇票、粘单上记载"质押"字样而另行签订质押合同、质押条款的，不构成票据质押。

（2）与转让背书基本相同，但是必须记载"质押"（或者"设质""担保"）字样作

为绝对必要记载事项。假如未作该记载,则形式上构成转让背书。

(3) 经质押背书,被背书人即取得票据质权,有权以相当于票据权利人的地位行使票据权利,包括行使付款请求权、追索权。被背书人也可以再进行委托收款背书。

(4) 质押背书的被背书人并不享有对票据权利的处分权。因此,票据质权人再行转让背书或者质押背书的,背书行为无效。

(5) 票据质押具有抗辩切断的效力。

【鑫考题1·单选题】票据权利人为将票据权利出质给他人而进行背书时,如果未记载"质押""设质"或者"担保"字样,只是签章并记载被背书人名称,则该背书行为的效力是( )。(2014年)

A. 票据转让　　　B. 票据质押　　　C. 票据承兑　　　D. 票据贴现

【答案】A

【解析】质押背书,必须记载"质押""设质"或者"担保"字样作为绝对必要记载事项。假如未作该记载,则形式上构成转让背书。

【鑫考题2·多选题】根据票据法律制度的规定,下列关于票据质押背书的表述中,正确的有( )(2014年)

A. 被背书人可以行使付款请求权

B. 被背书人可以行使追索权

C. 被背书人可以再进行转让背书

D. 被背书人可以再进行委托收款背书

【答案】ABD

【解析】(1) 选项AB:经质押背书,被背书人即取得票据质权,有权以相当于票据权利人的地位行使票据权利,包括行使付款请求权、追索权。(2) 选项CD:票据质权人进行转让背书或者质押背书的,背书行为无效;但被背书人可以再进行委托收款背书。

三、汇票的承兑(2011年案例分析题;2012年案例分析题;2016年案例分析题;2018年案例分析题;2019年案例分析题)

(1) 付款人应当自收到提示承兑的汇票之日起3日内承兑或者拒绝承兑。如果付款人在3日内不作承兑与否表示的,视为拒绝承兑。

(2) 承兑的记载事项。

① 绝对必要记载事项:"承兑"字样及承兑人签章。

② 相对必要记载事项:承兑日期;未记载承兑日期的,以收到提示承兑的汇票之日起的第3日为承兑日期。

(3) 付款人承兑汇票,不能附有条件;承兑附有条件的,视为拒绝承兑。

(4) 承兑的效力。

① 汇票一经承兑,承兑人即成为汇票的主债务人,承兑人于汇票到期日必须向持票人无条件地当日足额付款,否则应承担延迟付款的法律责任。

② 承兑人不得以其与出票人之间的资金关系来对抗持票人，拒绝支付汇票金额。（2011年案例分析题；2012年案例分析题；2016年案例分析题；2018年案例分析题；2019年案例分析题）

③ 承兑人的票据责任不因持票人未在法定期限内提示付款而解除，在持票人作出说明后，承兑人仍要对持票人承担票据责任。

四、汇票的保证（2012年案例分析题；2016年案例分析题；2017年案例分析题；2018年案例分析题）

1. 形式要求

保证人未在票据或者粘单上记载"保证"字样而另行签订保证合同或者保证条款的，不属于票据保证，可以具有民法上的保证的效力，但是并不发生票据保证的效力。（2016年案例分析题；2018年案例分析题）

2. 绝对必要记载事项

表明"保证"的字样；保证人名称和住所；保证人签章。

3. 相对必要记载事项

（1）被保证人。未记载被保证人的，已承兑的汇票，承兑人为被保证人；未承兑的汇票，出票人为被保证人。

（2）保证日期。未记载保证日期的，出票日期为保证日期。

【总结】汇票中各种日期的记载。

出票日期	绝对事项：未记载，票据无效
背书日期	相对事项：未记载的，视为在汇票到期日前背书
承兑日期	相对事项：未记载的，以收到提示承兑的汇票之日起的第3日为承兑日期
保证日期	相对事项：未记载的，以出票日期为保证日期
付款日期	相对事项：未记载的，视为见票即付

4. 保证不得附有条件

附有条件的，不影响对汇票的保证责任。

【总结】附条件的法律后果。

出票附条件	出票不得附条件，附有条件的，出票无效
承兑附条件	承兑不得附条件，附有条件的，视为拒绝承兑
背书附条件	背书不得附条件，附有条件的，所附条件无效，背书有效
保证附条件	保证不得附条件，附有条件的，所附条件无效，保证有效

5. 保证的效力

（1）汇票保证人的票据责任从属于被保证人的债务，与被保证人负有同一责任。

（2）汇票保证人的票据责任不随被保证人的债务因实质原因（如欠缺民事行为能力、签章伪造）无效而无效，只有当被保证人的债务因欠缺票据形式要件（如被保证人

的签章不符合法定形式）而无效时，保证人的票据责任才能解除。（2017年案例分析题）

（3）保证人应当与被保证人对持票人承担连带责任。保证人为2人以上的，保证人之间承担连带责任。

（4）保证人履行保证责任后，保证人成为票据权利人，被保证人的后手的票据责任消灭，但是保证人可以对被保证人及其前手行使再追索权。

【提示】保证人对前手行使再追索权时，适用抗辩切断制度。被再追索的票据债务人，不得以其与被保证人或被保证人的前手之间的抗辩事由对抗善意的保证人。

【鑫考点6】追索权（★★★）（2014年多选题）

一、追索权的发生原因

（1）到期追索权的发生原因：汇票到期被拒绝付款。

（2）期前追索权的发生原因：

① 被拒绝承兑（包括承兑附条件）；

② 承兑人或者付款人死亡、逃匿；

③ 承兑人或者付款人被依法宣告破产或者因违法被责令终止业务活动。

【鑫考题·多选题】根据票据法律制度的规定，汇票持票人可以取得期前追索权的情形有（   ）。（2014年）

A. 承兑人被依法宣告破产　　　　B. 付款人被责令终止业务活动

C. 承兑附条件　　　　　　　　　D. 出票人被宣告破产

【答案】ABC

【解析】持票人取得期前追索权的情形主要有：（1）被拒绝承兑（包括承兑附条件）（选项C正确）；（2）承兑人或者付款人死亡、逃匿；（3）承兑人或者付款人（不包括出票人）被依法宣告破产或者因违法被责令终止业务活动（选项AB正确）。

二、确定追索对象

（1）汇票的出票人、背书人、承兑人和保证人对持票人承担连带责任。

（2）持票人可以不按照汇票债务人的先后顺序，对其中任何一人、数人或者全体行使追索权。

（3）持票人对汇票债务人中的一人或者数人已经进行追索的，对其他汇票债务人仍然可以行使追索权。

三、追索权的保全

（1）持票人须按期提示、依法取证，才能保全其追索权。

（2）如果持票人未依法提供相关证明的，将丧失对其前手的追索权，但主债务人（承兑人）仍应负绝对付款责任。

四、通知义务

（1）持票人未按照规定期限（3日）发出追索通知的，持票人仍可以行使追索权。

(2) 因延期通知给其前手或者出票人造成损失的，由其承担该损失的赔偿责任，但所赔偿的金额以汇票金额为限。

五、追索金额

首次	(1) 被拒绝付款的汇票金额 (2) 自到期日或提示付款日起至清偿日止，按照中国人民银行规定的同档次流动资金贷款利率计算的利息 (3) 取得有关拒绝证明和发出通知书的费用
再次	(1) 已清偿的全部金额 (2) 前项金额自清偿日起至再追索清偿日止，按照中国人民银行规定的同档次流动资金贷款利率计算的利息 (3) 发出通知书的费用

【鑫考点7】本票和支票的具体制度（★★）(2006年单选题、多选题；2018年多选题；2019年多选题)

一、银行本票

(1) 银行本票自出票日起，付款期限最长不得超过2个月。

(2) 持票人未按照规定期限提示见票的，丧失对出票人以外的前手（背书人及其保证人）的追索权。

【鑫考题·多选题】下列关于本票的表述中，符合票据法律制度规定的有（   ）。(2018年)

A. 本票为见票即付的票据

B. 本票的收款人名称可以授权补记

C. 我国现行法律规定的本票仅为银行本票

D. 本票上未记载付款地的，出票人的营业场所为付款地

【答案】ACD

【解析】(1) 选项AC：我国现行法之下的本票仅有银行本票，而不存在商业本票。现行法之下的本票均为见票即付，而不存在远期的本票。(2) 选项B：本票上的收款人名称属于本票的绝对必要记载事项，未记载将导致出票无效。(3) 选项D：本票上未记载付款地的，出票人的营业场所为付款地。

二、支票

(1) 支票的金额、收款人名称，可以由出票人授权补记。

【提示1】支票上的金额可以由出票人授权补记，未补记前不得使用。

【提示2】出票人既可以授权收取支票的相对人补记收款人名称，也可以由相对人再授权他人补记。

(2) 支票的付款。

① 支票限于见票即付，不得另行记载付款日期。另行记载付款日期的，该记载无效，而非支票本身无效。

② 支票的持票人应当自出票日起 10 日内提示付款，超过提示付款期限的，付款人可以不予付款，但出票人仍应当对持票人承担票据责任。

【提示】持票人对支票出票人的票据权利自出票之日起 6 个月不行使而消灭。

【鑫考题·多选题】根据票据法律制度的规定，支票的下列记载事项中，可以由出票人授权补记的有（　　）。(2019 年)

A. 出票日期　　　　B. 付款人名称　　　C. 收款人名称　　　D. 票据金额

【答案】CD

【解析】支票的金额、收款人名称，可以由出票人授权补记。

第三节　非票据结算方式

【鑫考点 1】汇兑（★★）(2008 年多选题)

一、基本概念

汇兑是指汇款人委托银行将其款项支付给收款人的结算方式，包括信汇、电汇。

二、汇兑的使用

单位和个人的各种款项的结算，均可使用汇兑结算方式。

三、汇款回单

汇款回单只能作为汇出银行受理汇款的依据，不能作为该笔汇款已转入收款人账户的证明。

四、收账通知

收款通知是银行将款项确已收入收款人账户的凭据。

五、汇兑的撤销和退汇

(1) 汇款人对汇出银行尚未汇出的款项可以申请撤销。

(2) 汇入银行对于收款人拒绝接受的汇款，应立即办理退汇。

(3) 汇入银行对于向收款人发出取款通知，经过 2 个月无法交付的汇款，应主动办理退汇。

【鑫考点 2】 托收承付（★★）(2009年多选题)

一、基本概念

托收承付是根据购销合同由收款人发货后委托银行向异地付款人收取款项，由付款人向银行承认付款的结算方式。

【提示 1】使用托收承付结算方式的收款单位和付款单位，必须是国有企业、供销合作社，以及经营管理较好并经开户银行审查同意的城乡集体所有制工业企业。

【提示 2】办理托收承付结算的款项，必须是商品交易，以及因商品交易而产生的劳务供应的款项。代销、寄销、赊销商品的款项，不得办理托收承付结算。

【提示 3】如果收款人对同一付款人发货托收累计 3 次收不回货款的，收款人开户银行应暂停收款人向付款人办理托收；付款人累计 3 次提出无理拒付的，付款人开户银行应暂停其向外办理托收。

二、承付期

（1）验单付款的承付期为 3 天，从付款人开户银行发出承付通知的次日算起。

（2）验货付款的承付期为 10 天，从运输部门向付款人发出提货通知的次日算起。

【提示】验单付款的，从付款人开户银行发出承付通知的次日算起 3 天，未向银行表示拒绝付款，银行即视作承付。

三、拒绝付款的理由

（1）没有签订购销合同或者购销合同未订明托收承付结算方式的款项。

（2）未经双方事先达成协议，收款人提前交货或因逾期交货，付款人不再需要该项货物的款项。

（3）未按合同规定的到货地址发货的款项。

（4）代销、寄销、赊销商品的款项。

（5）验单付款，发现所列货物的品种、规格、数量、价格与合同规定不符，或者货物已到，经查验货物与合同规定或与发货清单不符的款项。

（6）验货付款，经查验货物与合同规定或与发货清单不符的款项。

（7）货款已经支付或计算有错误的款项。

【鑫考点 3】 国内信用证（★★）(2013年单选题；2015年多选题；2017年多选题)

一、基本概念

（1）国内信用证（简称"信用证"）是指开证银行（包括政策性银行、商业银行、农村合作银行、村镇银行和农村信用合作社）依照申请人的申请开立的、对相符交单予以付款的承诺。

（2）信用证结算适用于银行为国内企事业单位之间货物和服务贸易提供的结算服务。

（3）我国信用证为以人民币计价、不可撤销的跟单信用证。信用证只限于转账结算，不得支取现金。

二、开证

（1）开证行应要求申请人交存一定数额的保证金，并可根据申请人资信情况要求其提供抵押、质押、保证等合法有效的担保。

（2）开立信用证可以采用信开和电开方式。

三、保兑

【解释】保兑是指保兑行根据开证行的授权或要求，在开证行承诺之外作出的对相符交单付款、确认到期付款或议付的确定承诺。

（1）保兑行自对信用证加具保兑之时起即不可撤销地承担对相符交单付款、确认到期付款或议付的责任。

（2）开证行对保兑行的偿付义务不受开证行与受益人关系的约束。

四、修改

（1）开证申请人需要对已开立的信用证内容修改的，应向开证行提出修改申请，明确修改的内容。

（2）增额修改的，开证行可要求申请人追加增额担保；付款期限修改的，不得超过法律规定的最长期限（不超过1年）。

（3）信用证受益人同意或拒绝接受修改的，应提供接受或拒绝修改的通知。如果受益人未能给予通知，当交单与信用证及尚未接受的修改的要求一致时，即视为受益人已作出接受修改的通知，并且该信用证修改自此对受益人形成约束。

（4）对同一修改的内容不允许部分接受，部分接受将被视作拒绝接受修改。

（5）开证行自开出信用证修改书之时起，即不可撤销地受修改内容的约束。

（6）保兑行有权选择是否将其保兑扩展至修改。

五、通知

（1）通知行可由开证申请人指定，如申请人未指定，开证行有权指定。

（2）通知行可自行决定是否通知。同意通知的，应于收到信用证次日起3个营业日内通知受益人；拒绝通知的，应于收到信用证次日起3个营业日内告知开证行。

（3）开证行发出的信用证修改书，应通过原信用证通知行办理通知。

六、转让

（1）转让是指由转让行应第一受益人的要求，将可转让信用证的部分或者全部转为可由第二受益人兑用。

【解释】可转让信用证指特别标注"可转让"字样的信用证。

（2）可转让信用证只能转让一次，即只能由第一受益人转让给第二受益人，已转让信用证不得应第二受益人的要求转让给任何其后的受益人，但第一受益人不视为其后的受益人。

七、议付

（1）议付指可议付信用证项下单证相符或在开证行或保兑行已确认到期付款的情况下，议付行在收到开证行或保兑行付款前购买单据、取得信用证项下索款权利，向受益人预付或同意预付资金的行为。

（2）信用证未明示可议付，任何银行不得办理议付；明示可议付，如开证行仅指定一家议付行，未被指定为议付行的银行不得办理议付，被指定的议付行可自行决定是否办理议付。

（3）议付行议付时，必须与受益人书面约定是否有追索权。若约定有追索权，到期不获付款议付行可向受益人追索。若约定无追索权，到期不获付款议付行不得向受益人追索，议付行与受益人约定的例外情况或受益人存在信用证欺诈的情形除外。

（4）保兑行议付时对受益人不具有追索权，受益人存在信用证欺诈的情形除外。

八、付款

（1）开证行或保兑行在收到交单行寄交的单据及交单面函（寄单通知书）或受益人直接递交的单据的次日起5个营业日内，及时核对是否为相符交单。

（2）若受益人提交了相符单据或开证行已发出付款承诺，即使申请人交存的保证金及其存款账户余额不足支付，开证行仍应在规定的时间内付款。

（3）开证行或保兑行付款后，对受益人不具有追索权，受益人存在信用证欺诈的情形除外。

九、注销

（1）信用证注销是指开证行对信用证未支用的金额解除付款责任的行为。

（2）开证行、保兑行、议付行未在信用证有效期内收到单据的，开证行可在信用证逾有效期1个月后予以注销。

【鑫考题·单选题】根据国内信用证法律制度的规定，开证行收到受益人开户行寄交的委托收款凭证、单据等材料，并与信用证条款核对无误后，若发现开证申请人交存的保证金和存款账户余额不足以支付信用证金额的，开证行应采取的正确做法是（　　）。（2013年）

A. 在规定付款时间内，在保证金及申请人存款账户余额范围内付款

B. 拒绝付款并将有关材料退还受益人开户行

C. 在规定付款时间内全额付款

D. 在征得开证申请人同意后全额付款

【答案】C

【鑫考点4】银行卡（★★）

一、分类

分类标准	种类	
是否具有透支功能	信用卡（可透支）	贷记卡（先消费后还款，无备用金）
		准贷记卡（交存一定金额的备用金）
	借记卡（不可透支）	转账卡：转账、存取现金、消费
		专用卡：专门用途（在百货、餐饮、饭店及娱乐行业以外的用途）+转账、存取现金
		储值卡：直接从卡内扣款的预付钱包
发行对象	单位卡（商务卡）	
	个人卡	

二、单位银行卡

1. 单位人民币卡

（1）凡在中国境内金融机构开立基本存款账户的单位，应当凭中国人民银行核发的开户许可证申领单位卡。

（2）单位人民币卡账户的资金一律从其基本存款账户转账存入，不得存取现金，不得将销货收入存入单位人民币卡账户。

（3）销户时，单位人民币卡账户的资金应当转入其基本存款账户。

2. 单位外币卡

（1）单位外币卡账户的资金应当从其单位的外汇账户转账存入，不得在境内存取外币现钞。

（2）销户时，单位外币卡账户的资金应当转回其相应的外汇账户，不得提取现金。

【鑫考题·多选题】根据支付结算法律制度的规定，下列关于单位卡的表述中，正确的有（　　）。

A. 单位人民币卡账户的资金一律从其基本存款账户转账存入
B. 单位外币卡账户的资金应从其单位的外汇账户转账存入
C. 单位人民币卡账户不得存取现金
D. 单位人民币卡账户可以存入销货收入

【答案】ABC

三、信用卡

（1）信用卡预借现金业务。

① 现金提取。

信用卡持卡人通过ATM等自助机具办理现金提取业务，每卡每日累计不得超过人民币 1 万元。

持卡人通过柜面办理现金提取业务、通过各类渠道办理现金转账业务的每卡每日限额，由发卡机构与持卡人通过协议约定。

② 现金转账。

现金转账是指持卡人将信用卡预借现金额度内的资金划转到本人银行结算账户。

发卡机构不得将持卡人信用卡预借现金额度内的资金划转至其他信用卡，以及非持卡人的银行结算账户或支付账户。

③ 现金充值。

现金充值是指持卡人将信用卡预借现金额度内的资金划转到本人在非银行支付机构开立的支付账户。

（2）贷记卡持卡人非现金交易可享受免息还款期和最低还款额待遇。信用卡持卡人透支消费享受免息还款期和最低还款额待遇的条件和标准等，由发卡机构自主确定。

（3）对信用卡透支利率实行上限和下限管理，透支利率上限为日利率万分之五，透支利率下限为日利率万分之五的 0.7 倍。

（4）信用卡透支的计结息方式，以及对信用卡溢缴款是否计付利息及其利率标准，由发卡机构自主确定。

（5）发卡机构向持卡人提供超过授信额度用卡服务的，不得收取超限费。

（6）发卡机构对向持卡人收取的违约金和年费、取现手续费、货币兑换费等服务费用不得计收利息。

【鑫考题·多选题】根据支付结算法律制度的规定，关于信用卡透支利率及利息管理的下列表述中，正确的有（　　）。

A. 透支的计结息方式由发卡机构自主确定

B. 透支的利率标准由发卡机构与申请人协商确定

C. 透支利率实行下限管理

D. 透支利率实行上限管理

【答案】ACD

【解析】（1）选项 AB：信用卡透支的计结息方式，以及对信用卡溢缴款是否计付利息及其利率标准，由发卡机构自主确定；（2）选项 CD：发卡机构对信用卡透支利率实行上限和下限管理。

第十章

企业国有资产法律制度

本章考点

在最近3年的考试中,本章的平均分值为4分,题型全部为客观题,属于非重点章节。本章复习难度不大,重在记忆。建议考生抓大放小,重点掌握企业国有资产交易管理制度。

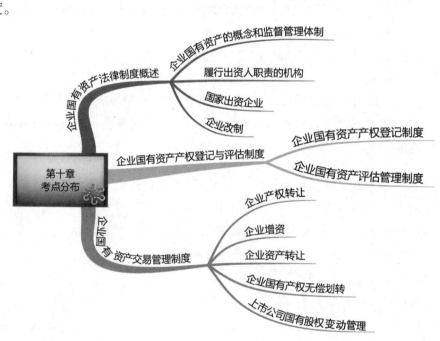

本章考情

其中1套试卷

题型	2018年	2019年	2020年
单选题	2题2分	2题2分	1题1分
多选题	1题1.5分	1题1.5分	1题1.5分
合计	3题3.5分	3题3.5分	2题2.5分

第一节 企业国有资产法律制度概述

【鑫考点1】企业国有资产的概念和监督管理体制（★）（2016年单选题；2017年多选题；2018年单选题；2019年单选题、多选题；2020年多选题）

一、企业国有资产与企业法人财产

（1）企业国有资产是指国家作为出资人对所出资企业所享有的权益，而不是指国家出资企业的各项具体财产。

（2）出资人将出资投入企业，所形成的企业的厂房、机器设备等企业的各项具体财产，属于企业的法人财产权。依照《民法典》等法律规定，企业法人的不动产和动产，由企业依照法律、行政法规和企业章程享有占有、使用、收益和处分的权利。

（3）出资人对企业法人财产不具有直接的所有权，其对企业享有的是出资人权利，通常表现为资产收益、参与重大决策和选择管理者等权利。

二、企业国有资产的监督管理体制（包括但不限于）

（1）企业国有资产属于国家所有，即全民所有。国务院代表国家行使企业国有资产所有权。

（2）国务院和地方人民政府依照法律、行政法规的规定，分别代表国家对国家出资企业履行出资人职责，享有出资人权益。

【提示】 国务院确定的关系国民经济命脉和国家安全的大型国家出资企业、重要基础设施和重要自然资源等领域的国家出资企业，由国务院代表国家履行出资人职责。其他的国家出资企业，由地方人民政府代表国家履行出资人职责。

（3）国务院和地方人民政府应当按照政企分开、社会公共管理职能与企业国有资产出资人职能分开、不干预企业依法自主经营的原则，依法履行出资人职责。

三、国有资本投资、运营公司

1. 国有资产监督管理机构与国有资本投资、运营公司的关系

（1）政府授权国有资产监督管理机构依法对国有资本投资、运营公司履行出资人职责。

（2）国有资产监督管理机构按照"一企一策"原则，明确对国有资本投资、运营公司授权的内容、范围和方式，依法落实国有资本投资、运营公司董事会职权。

（3）国有资本投资、运营公司对授权范围内的国有资本履行出资人职责，作为国有资本市场化运作的专业平台，依法自主开展国有资本运作，对所出资企业行使股东职责，维护股东合法权益，按照责权对应原则切实承担起国有资产保值增值责任。

2. 国有资本投资、运营公司与所出资企业的关系

（1）国有资本投资、运营公司依据《公司法》等相关法律法规，对所出资企业依法

行使股东权利，以出资额为限承担有限责任。

（2）以财务性持股为主，建立财务管控模式，重点关注国有资本流动和增值状况；或以对战略性核心业务控股为主，建立以战略目标和财务效益为主的管控模式，重点关注所出资企业执行公司战略和资本回报状况。

【考题1·单选题】 根据企业国有资产法律制度的规定，代表国家行使企业国有资产所有权的是（　　）。（2016年、2019年）

A．国务院
B．中国人民银行
C．国有资产监督管理委员会
D．财政部

【答案】A

【解析】企业国有资产属于国家所有，国务院代表国家行使企业国有资产所有权。

【考题2·多选题】 根据企业国有资产法律制度的规定，下列各项中，属于国务院和地方人民政府依法履行出资人职责时应遵循的原则有（　　）。（2017年）

A．保护消费者合法权益
B．政企分开
C．社会公共管理职能与企业国有资产出资人职能分开
D．不干预企业依法自主经营

【答案】BCD

【解析】国务院和地方人民政府应当按照政企分开、社会公共管理职能与企业国有资产出资人职能分开、不干预企业依法自主经营的原则，依法履行出资人职责。

【考题3·单选题】 根据企业国有资产法律制度的规定，下列关于企业国有资产的表述中，正确的是（　　）。（2018年）

A．企业国有资产是指国家对企业各种形式的出资所形成的权益
B．国家作为出资人对所出资企业的法人财产享有所有权
C．企业国有资产即国家出资企业的法人财产
D．国家对企业出资所形成的厂房、机器设备等固定资产的所有权属于国家

【答案】A

【解析】选项BCD：企业国有资产与企业法人财产不同。企业国有资产是指国家作为出资人对所出资企业所享有的权益，而不是指国家出资企业的各项具体财产。出资人将出资投入企业，所形成的企业的厂房、机器设备等企业各项具体财产，属于企业的法人财产权。

【考题4·多选题】 根据企业国有资产法律制度的规定，下列关于我国企业国有资产监督管理体制的表述中，正确的有（　　）。（2019年）

A．企业国有资产属于国家所有，国务院代表国家对所有国家出资企业履行出资人职责
B．履行出资人职责应当坚持政企分开、社会公共管理职能与企业国有资产出资人职

能分开、不干预企业依法自主经营原则

C. 地方人民政府无权代表国家对国家出资企业履行出资人职责

D. 国有资本投资、运营公司可对授权范围内的国有资本履行出资人职责

【答案】BD

【解析】（1）选项AC：国务院确定的关系国民经济命脉和国家安全的大型国家出资企业、重要基础设施和重要自然资源等领域的国家出资企业，由国务院代表国家履行出资人职责。其他的国家出资企业，由地方人民政府代表国家履行出资人职责。（2）选项B：国务院和地方人民政府应当按照政企分开、社会公共管理职能与企业国有资产出资人职能分开、不干预企业依法自主经营的原则，依法履行出资人职责。（3）选项D：国有资本投资、运营公司对授权范围内的国有资本履行出资人职责。

【鑫考题5·多选题】根据企业国有资产法律制度的规定，下列各项中，属于国务院国有资产监督管理机构职责的有（　　）。（2020年）

A. 监管中央金融类企业的国有资产

B. 监督所监管企业国有资产保值增值

C. 推动国有经济布局和结构的战略性调整

D. 依法任免所监管企业负责人

【答案】BCD

【鑫考点2】履行出资人职责的机构（★★）

一、履行出资人职责的机构

1. 国有资产监督管理机构

（1）国务院国有资产监督管理机构——国务院国有资产监督管理委员会。根据国务院的授权，其代表国务院对国家出资企业履行出资人职责。

（2）地方人民政府按照国务院的规定设立的国有资产监督管理机构。根据地方人民政府的授权，其代表地方人民政府对国家出资企业履行出资人职责。

2. 财政部

国务院和地方人民政府根据需要授权的其他部门、机构。如根据国务院的有关规定，国务院授权财政部对金融行业的国有资产进行监管，授权财政部对中国文化企业、中国铁路、中国烟草及中国邮政集团等公司履行出资人职责。

二、履行出资人职责的机构的基本职责

（1）代表本级人民政府对国家出资企业依法享有资产收益、参与重大决策和选择管理者等出资人权利。

（2）依照法律、行政法规的规定，制定或者参与制定国家出资企业的章程。

（3）按照法律、行政法规和本级人民政府规定须经本级人民政府批准的履行出资人职责的重大事项，应当报请本级人民政府批准。

（4）委派股东代表参加国有资本控股公司、国有资本参股公司召开的股东会会议、股东大会会议，被委派的股东代表应当按照委派机构的指示提出提案、发表意见、行使表决权，并将其履行职责的情况和结果及时报告委派机构。

（5）按照国家有关规定，定期向本级人民政府报告有关企业国有资产总量、结构、变动、收益等汇总分析的情况。

【解释】履行出资人职责的机构对本级人民政府负责，向本级人民政府报告履行出资人职责的情况，接受本级人民政府的监督和考核，对企业国有资产的保值增值负责。

【考点3】国家出资企业（★★★）(2015年单选题；2016年单选题、多选题；2017年单选题；2018年单选题）

一、国家出资企业类型

（1）国有独资企业。

（2）国有独资公司。

【解释】国有独资企业，即依照《全民所有制工业企业法》设立的，企业全部注册资本均为国有资本的非公司制企业。国有独资公司，即依照《公司法》设立的，企业全部注册资本均为国有资本的公司制企业。

（3）国有资本控股公司。

【解释】"控股"是指其出资额占有限责任公司资本总额50%以上或者其持有的股份占股份有限公司股本总额50%以上；出资额或者持有股份的比例虽然不足50%，但其出资额或者持有的股份享有的表决权已足以对股东会、股东大会的决议产生重大影响。

（4）国有资本参股公司。

二、国家出资企业管理者的选择和考核

1. 任免范围

程序	类型	人员
履行出资人职责的机构（任免或者建议任免）	国有独资企业	任免经理、副经理、财务负责人和其他高级管理人员
	国有独资公司	任免董事长、副董事长、董事、监事会主席和监事
	国有资本控股公司	向股东会、股东大会提出董事、监事人选
	国有资本参股公司	
	【提示】国有独资公司由职工代表出任的董事、监事由职工代表大会选举产生，但须经履行出资人职责的机构任免	

2. 管理者的兼职限制

类型	在外兼职	董事长兼经理	董事、高级管理人员兼任监事
国有独资企业	未经履行出资人职责的机构同意，董事、高级管理人员不得在其他企业兼职	—	×
国有独资公司		×→除非经国资委同意	×
国有资本控股公司	未经股东会、股东大会同意，董事、高级管理人员不得在经营同类业务的其他企业兼职	×→除非经股东（大）会同意	×
国有资本参股公司		—	×

【鑫考题1·单选题】根据企业国有资产法律制度的规定，在选择国有资本控股公司的企业管理者时，履行出资人职责的机构所享有的权限是（　　）。(2017年)

A. 任免企业的董事长、副董事长、董事和监事
B. 任免企业的经理、副经理
C. 任免企业的财务负责人和其他高级管理人员
D. 向企业的股东会或股东大会提出董事、监事人选

【答案】D

【解析】履行出资人职责的机构对管理者的任免范围：（1）国有独资企业：任免经理、副经理、财务负责人和其他高级管理人员；（2）国有独资公司：任免董事长、副董事长、董事、监事会主席和监事；（3）国有资本控股公司、国有资本参股公司：向股东会、股东大会提出董事、监事人选。

【鑫考题2·单选题】根据企业国有资产法律制度的规定，下列国有独资公司的人员中，应当由履行出资人职责的机构任免的是（　　）。(2018年)

A. 副董事长　　　B. 副经理　　　C. 经理　　　D. 财务负责人

【答案】A

【解析】根据《企业国有资产法》的规定，履行出资人职责的机构依照法律、行政法规及企业章程的规定，任免国有独资公司的董事长、副董事长、董事、监事会主席和监事。

【鑫考点4】企业改制（★）(2009年多选题)

一、企业改制的类型

（1）国有独资企业改为国有独资公司。
（2）国有独资企业、国有独资公司改为国有资本控股公司或者非国有资本控股公司。
（3）国有资本控股公司改为非国有资本控股公司。

二、企业改制的审批

（1）一般情况下，由履行出资人职责的机构（国有独资企业、国有独资公司）决定或者由股东会、股东大会（国有资本控股公司、国有资本参股公司）决定。

(2) 重要的国有独资企业、国有独资公司、国有资本控股公司的改制，应当先将改制方案报请本级人民政府批准。

三、企业改制方案的制订

(1) 企业改制涉及重新安置企业职工的，应当制订职工安置方案，并经职工代表大会或职工大会审议通过。

(2) 企业实施改制时，必须向职工公布企业总资产、总负债、净资产、净利润等主要财务指标的财务审计、资产评估结果。

(3) 改制为国有控股企业的，原企业不得向继续留用的职工支付经济补偿金，企业改制时解除劳动合同且不再继续留用的职工，要支付经济补偿金。

(4) 企业改制时，对经确认的拖欠职工的工资、集资款、医疗费和挪用的职工住房公积金及企业欠缴社会保险费，原则上要一次性付清。

【鑫考题·多选题】根据国有资产管理法律制度的规定，国有企业实施改制时应当明确企业与职工的相关责任。下列有关国有企业改制时企业与职工关系问题的表述中，正确的有（　　）。(2009年)

A. 改制企业应当制订职工安置方案，职工安置方案须经职工代表大会或职工大会审议通过

B. 企业实施改制时，必须向职工公布企业主要财务指标的财务审计、资产评估结果

C. 对企业改制时解除劳动合同且不再继续留用的职工，应当支付经济补偿金

D. 企业改制时，对确认的拖欠职工工资、医疗费等，原则上应当一次付清

【答案】ABCD

【解析】选项C：对解除劳动合同且不再继续留用的职工，要支付经济补偿金，对继续留用的职工不得支付经济补偿金。

第二节　企业国有资产产权登记与评估制度

【鑫考点1】企业国有资产产权登记制度（★）(2000年多选题；2011年单选题；2020年多选题)

一、登记范围

(1) 国有企业、国有独资公司、设置国有股权的有限责任公司和股份有限公司、国有企业和国有独资公司投资设立的企业及其他形式占有国有资产的企业，都应当依照规定申请办理国有资产产权登记。

(2) 在中华人民共和国境内或境外设立的金融类企业，其实收资本包括国家资本和国有法人资本的，应当办理国有资产产权登记。

(3) 国家出资企业、国家出资企业拥有实际控制权的境内外各级企业及其投资参股企业，应当纳入产权登记范围。国家出资企业所属事业单位视为其子企业进行产权登记。

【提示】企业为交易目的持有的下列股权不进行产权登记：①为了赚取差价从二级市场购入的上市公司股权；②为了近期内（1年以内）出售而持有的其他股权。

二、企业国有资产产权登记的内容

1. 占有产权登记

根据有关规定，履行出资人职责的机构和履行出资人职责的企业有下列情形之一的，应当办理占有产权登记：

(1) 因投资、分立、合并而新设企业的。
(2) 因收购、投资入股而首次取得企业股权的。
(3) 其他应当办理占有产权登记的情形。

2. 变动产权登记

根据有关规定，企业发生下列情形之一的，应当通过所出资企业向产权登记机关申办变动产权登记：

(1) 企业名称改变的。
(2) 企业组织形式、级次发生变动的。
(3) 企业国有资本额发生增减变动的。
(4) 企业国有资本出资人发生变动的。
(5) 企业国有资产产权发生变动的其他情形。

3. 注销产权登记

根据有关规定，企业发生下列情形之一的，应当申办注销产权登记：

(1) 企业解散、被依法撤销或者被依法宣告破产的。
(2) 企业转让全部国有资产产权或者改制后不再设置国有股权的。
(3) 其他需要注销国有资产产权的情形。

三、企业国有资产产权登记的管理机构

(1) 企业国有资产产权登记机关是各级国有资产监督管理机构。
(2) 金融类企业国有资产产权登记和管理机关是同级财政部门。

【鑫考题·多选题】根据企业国有资产法律制度的规定，下列各项中，属于企业国有资产产权登记内容的有（　　）。(2020年)

A. 出资人名称、住所　　　B. 企业的现金流
C. 企业的实收资本　　　　D. 企业的投资情况

【答案】ACD

【鑫考点2】企业国有资产评估管理制度（★★）(2002年多选题；2016年单选题；2018年多选题；2019年单选题；2020年单选题)

一、评估范围

（1）国家出资企业及其各级子企业有下列行为之一的，必须对相关资产进行资产评估：

① 整体或者部分改建为有限责任公司或者股份有限公司；

② 以非货币资产对外投资；

③ 合并、分立、破产、解散；

④ 非上市公司国有股东股权比例变动；

⑤ 产权转让；

⑥ 资产转让、置换；

⑦ 整体资产或者部分资产租赁给非国有单位；

⑧ 以非货币资产偿还债务；

⑨ 资产涉讼；

⑩ 收购非国有单位的资产；

⑪ 接受非国有单位以非货币资产出资；

⑫ 接受非国有单位以非货币资产抵债；

⑬ 法律、行政法规规定的其他需要进行资产评估的事项。

【解释】凡是有可能导致国有资产流失的交易，在交易之前都需要对相应的资产进行评估。

【提示】金融企业除以上情形外，有资产拍卖、债权转股权、债务重组、接受非货币资产抵押或者质押、处置不良资产等情形的也应委托资产评估机构进行资产评估。

（2）国家出资企业及其各级子企业有下列行为之一的，可以不对相关资产进行评估：

① 经各级人民政府或者其国有资产监督管理机构批准，对企业整体或者部分资产实行无偿划转；

② 国有独资企业与其下属独资企业（父子）之间或者其下属的独资企业（兄弟）之间的合并、资产（产权）置换和无偿划转。

【提示】金融企业在发生多次同类型的经济行为时，同一资产在评估报告使用有效期内，并且资产、市场状况未发生重大变化的，以及上市公司可流通的股权转让时，也可以不进行评估。

【鑫考题1·多选题】根据企业国有资产管理法律制度的规定，国有资产占有单位发生的下列行为中，应当进行资产评估的有（   ）。（2002年）

A．以无形资产对外投资

B．以部分资产改建为有限责任公司

C．将部分资产租赁给非国有单位使用

D．接受非国有单位以实物资产偿还债务

【答案】ABCD

【鑫考题2·单选题】根据企业国有资产管理法律制度的规定，金融企业发生下列情形时，对相关资产应当进行资产评估的是（　　）。（2016年）

A. 整体改制为有限责任公司

B. 县级人民政府批准其所属企业实施无偿划转

C. 国有独资企业与其下属的独资企业之间的合并

D. 上市公司可流通的股权转让

【答案】A

【解析】选项BCD：属于可以不对相关资产进行资产评估的事项。

【鑫考题3·多选题】根据企业国有资产法律制度的规定，国家出资企业及其各级子企业发生特定行为时，应当对相关资产进行评估。下列各项中，属于此种行为的有（　　）。（2018年）

A. 合并、分立、破产、解散　　B. 产权转让

C. 资产转让、置换　　D. 以货币资产对外投资

【答案】ABC

【鑫考题4·多选题】根据企业国有资产法律制度的规定，国家出资企业及其各级子企业发生特定行为时，应当对相关资产进行评估。下列各项中，属于此类特定行为的是（　　）。（2019年）

A. 经各级人民政府或其国有资产监督管理机构批准，对企业整体实施无偿划转

B. 国家出资企业整体或部分改建为有限责任公司或股份有限公司

C. 经各级人民政府或其国有资产监督管理机构批准，对企业部分资产实施无偿划转

D. 国有独资企业与其下属独资企业之间的资产置换

【答案】B

【解析】选项ACD：属于可以不对相关资产进行资产评估的事项。

二、核准制与备案制

1. 核准制

（1）经各级人民政府批准经济行为的事项涉及的资产评估项目，分别由其国有资产监督管理机构负责核准。

（2）金融企业下列经济行为涉及资产评估的，资产评估项目实行核准：

① 经批准进行改组改制、拟在境内或者境外上市、以非货币资产与外商合资经营或者合作经营的经济行为；

② 经县级以上人民政府批准的其他涉及国有资产产权变动的经济行为。

【提示】中央金融企业资产评估项目报财政部核准。地方金融企业资产评估项目报本级财政部门核准。

（3）企业收到资产评估机构出具的评估报告后应当逐级上报初审，经初审同意后，自评估基准日起8个月内向国有资产监督管理机构提出核准申请。

2. 备案制

（1）经国务院国有资产监督管理机构或者国务院授权的部门批准经济行为的事项涉及的资产评估项目，由国务院国有资产监督管理机构或者国务院授权的部门负责备案。

（2）企业收到资产评估机构出具的评估报告后，将备案材料逐级报送给国有资产监督管理机构或其所出资企业，自评估基准日起9个月内提出备案申请。

三、企业国有资产评估程序

（1）企业国有资产评估业务委托人应当依法选择资产评估机构，应当与评估机构订立委托合同，约定双方的权利和义务。

（2）资产评估机构受理企业国有资产评估业务后，应当指定至少2名相应专业类别的评估师承办。

【提示】评估师应当恰当选择评估方法，除依据评估执业准则只能选择1种评估方法的外，应当选择2种以上评估方法，经综合分析，形成评估结论，编制资产评估报告。

（3）资产评估报告应当由至少2名承办该项业务的评估师签名并加盖资产评估机构印章。资产评估机构及其评估师对其出具的资产评估报告依法承担责任。

（4）资产评估档案的保存期限不少于30年。

（5）委托人或者资产评估报告使用人应当按照法律规定和资产评估报告载明的使用范围使用评估报告。委托人或者资产评估报告使用人违反规定使用评估报告的，评估机构和评估师不承担责任。

【鑫考题·单选题】根据企业国有资产法律制度的规定，国有金融企业经批准进行改组改制涉及资产评估的，资产评估项目应经特定部门核准。该特定部门是（　　）。（2020年）

A. 财政部门　　　　　　　　B. 国有资产监督管理部门
C. 证券监督管理部门　　　　D. 市场监督管理部门

【答案】A

第三节　企业国有资产交易管理制度

【鑫考点1】企业产权转让（★★）

一、审核批准

国有资产监督管理机构负责审核国家出资企业的产权转让事项。其中，因产权转让致使国家不再拥有所出资企业控股权的，须由国有资产监督管理机构报本级人民政府批准。

二、审计评估

产权转让事项经批准后，由转让方委托会计师事务所对转让标的企业进行审计。对按照有关法律法规要求必须进行资产评估的产权转让事项，转让方应当委托具有相应资质的评估机构对转让标的进行资产评估，产权转让价格应以经核准或备案的评估结果为基础确定。

三、确定受让方

（1）转让方可以根据企业实际情况和工作进度安排，采取信息预披露和正式披露相结合的方式，通过产权交易机构网站分阶段对外披露产权转让信息，公开征集受让方。其中，正式披露信息时间不得少于 20 个工作日。

（2）产权转让原则上不得针对受让方设置资格条件，确需设置的，不得有明确指向性或违反公平竞争原则，所设资格条件相关内容应当在信息披露前报同级国有资产监督管理机构备案，国有资产监督管理机构在 5 个工作日内未反馈意见的视为同意。

（3）产权转让项目首次正式信息披露的转让底价，不得低于经核准或备案的转让标的评估结果。信息披露期满未征集到意向受让方的，可以延期或在降低转让底价、变更受让条件后重新进行信息披露。降低转让底价或变更受让条件后重新披露信息的，披露时间不得少于 20 个工作日。新的转让底价低于评估结果的 90% 时，应当经转让行为批准单位书面同意。

（4）转让项目自首次正式披露信息之日起超过 12 个月未征集到合格受让方的，应当重新履行审计、资产评估及信息披露等产权转让工作程序。

（5）产权转让信息披露期满、产生符合条件的意向受让方的，按照披露的竞价方式组织竞价。竞价可以采取拍卖、招投标、网络竞价及其他竞价方式，且不得违反国家法律法规的规定。

（6）产权交易机构负责意向受让方的登记工作，对意向受让方是否符合受让条件提出意见并反馈转让方。产权交易机构与转让方意见不一致的，由转让行为批准单位决定意向受让方是否符合受让条件。

（7）受让方确定后，转让方与受让方应当签订产权交易合同，交易双方不得以交易期间企业经营性损益等理由对已达成的交易条件和交易价格进行调整。

四、结算交易价款

（1）交易价款应当以人民币计价，通过产权交易机构以货币进行结算。

（2）交易价款原则上应当自合同生效之日起 5 个工作日内一次付清。

（3）金额较大、一次付清确有困难的，可以采取分期付款方式。采用分期付款方式的，首期付款不得低于总价款的 30%，并在合同生效之日起 5 个工作日内支付；其余款项应当提供转让方认可的合法有效担保，并按同期银行贷款利率支付延期付款期间的利息，付款期限不得超过 1 年。

五、非公开协议转让企业产权

（1）涉及主业处于关系国家安全、国民经济命脉的重要行业和关键领域企业的重组整合，对受让方有特殊要求，企业产权需要在国有及国有控股企业之间转让的，经国有资产监督管理机构批准，可以采取非公开协议转让方式。

（2）同一国家出资企业及其各级控股企业或实际控制企业之间因实施内部重组整合进行产权转让的，经该国家出资企业审议决策，可以采取非公开协议转让方式。

【提示】采取非公开协议转让方式转让企业产权，转让价格不得低于经核准或备案的评估结果。

【鑫考点2】企业增资（★★）（2017年单选题）

一、审核批准

国有资产监督管理机构负责审核国家出资企业的增资行为。其中，因增资致使国家不再拥有所出资企业控股权的，须由国有资产监督管理机构报本级人民政府批准。

【鑫考题·单选题】国有资产监督管理机构负责审核国家出资企业的增资行为。其中，因增资致使国家不再拥有所出资企业控股权的，须由国有资产监督管理机构报特定主体批准。该特定主体是（　　）。（2017年）

A. 上级人民政府

B. 本级人民政府

C. 国家出资企业所在地省级人民政府

D. 上级国有资产监督管理机构

【答案】B

【解析】国有资产监督管理机构负责审核国家出资企业的增资行为。其中，因增资致使国家不再拥有所出资企业控股权的，须由国有资产监督管理机构报本级人民政府批准。

二、确定投资方

（1）企业增资通过产权交易机构网站对外披露信息公开征集投资方，时间不得少于40个工作日。

（2）产权交易机构接受增资企业的委托提供项目推介服务，负责意向投资方的登记工作，协助企业开展投资方资格审查。

（3）通过资格审查的意向投资方数量较多时，可以采用竞价、竞争性谈判、综合评议等方式进行多轮次遴选。

（4）企业董事会或股东会以资产评估结果为基础，结合意向投资方的条件和报价等因素审议选定投资方。

（5）投资方以非货币资产出资的，应当经增资企业董事会或股东会审议同意，并委托具有相应资质的评估机构进行评估，确认投资方的出资金额。

（6）增资协议签订并生效后，产权交易机构应当出具交易凭证，通过交易机构网站对外公告结果，公告内容包括投资方名称、投资金额、持股比例等，公告期不少于5个工作日。

三、非公开协议方式增资

（1）以下情形经同级国有资产监督管理机构批准，可以采取非公开协议方式进行增资：

① 因国有资本布局结构调整需要，由特定的国有及国有控股企业或国有实际控制企业参与增资；

② 因国家出资企业与特定投资方建立战略合作伙伴或利益共同体需要，由该投资方参与国家出资企业或其子企业增资。

（2）以下情形经国家出资企业审议决策，可以采取非公开协议方式进行增资：

① 国家出资企业直接或指定其控股、实际控制的其他子企业参与增资；

② 企业债权转为股权；

③ 企业原股东增资。

【鑫考点3】企业资产转让（★）

一、信息公告期

（1）转让底价高于100万元、低于1 000万元的资产转让项目，信息公告期应不少于10个工作日。

（2）转让底价高于1 000万元的资产转让项目，信息公告期应不少于20个工作日。

二、结算方式

资产转让价款原则上一次性付清。

【鑫考点4】企业国有产权无偿划转（★★）（2006年多选题）

一、批准机构

1. 在同一国有资产监督管理机构所出资企业之间划转

企业国有产权在同一国有资产监督管理机构所出资企业之间无偿划转的，由所出资企业共同报国有资产监督管理机构批准。

2. 在不同同级国有资产监督管理机构所出资企业之间划转

企业国有产权在不同国有资产监督管理机构所出资企业之间无偿划转的，依据划转双方的产权归属关系，由所出资企业分别报同级国有资产监督管理机构批准。

3. 在上下级国有资产监督管理机构所出资企业之间划转

下级政府国有资产监督管理机构所出资企业国有产权无偿划转上级政府国有资产监督管理机构所出资企业或其子企业持有的，由下级政府和上级政府国有资产监督管理机构分别批准。

二、不得实施无偿划转

有下列情况之一的，不得实施无偿划转：

(1) 被划转企业主业不符合划入方主业及发展规划的（主业不符）。

(2) 中介机构对被划转企业划转基准日的财务报告出具否定意见、无法表示意见或保留意见的审计报告的（财报不好）。

(3) 无偿划转涉及的职工分流安置事项未经被划转企业的职工代表大会审议通过的（安置未过）。

(4) 被划转企业或有负债未有妥善解决方案的（负债未妥）。

(5) 划出方债务未有妥善处置方案的（债务未妥）。

【鑫考题·多选题】根据企业国有产权无偿划转的有关规定，下列选项中，企业国有产权不得实施无偿划转的情形有（   ）。(2006年)

A. 被划转企业的或有负债未有妥善解决方案

B. 被划转企业职工代表大会未通过无偿划转涉及的职工分流安置事项

C. 被划转企业主业不符合划入方主业及发展规划

D. 中介机构对被划转企业划转基准日的财务报告出具了保留意见的审计报告

【答案】ABCD

【解析】有下列情况之一的，不得实施无偿划转：(1) 被划转企业主业不符合划入方主业及发展规划的（选项C）；(2) 中介机构对被划转企业划转基准日的财务报告出具否定意见、无法表示意见或保留意见的审计报告的（选项D）；(3) 无偿划转涉及的职工分流安置事项未经被划转企业的职工代表大会审议通过的（选项B）；(4) 被划转企业或有负债未有妥善解决方案的（选项A）；(5) 划出方债务未有妥善处置方案的。

【鑫考点5】上市公司国有股权变动管理（★★）(2019年单选题)

【解释】上市公司国有股权变动行为，是指上市公司国有股权持股主体、数量或比例等发生变化的行为，具体包括：① 国有股东所持上市公司股份通过证券交易系统转让、公开征集转让、非公开协议转让、无偿划转、间接转让、国有股东发行可交换公司债券；② 国有股东通过证券交易系统增持、协议受让、间接受让、要约收购上市公司股份和认购上市公司发行股票；③ 国有股东所控股上市公司吸收合并、发行证券；④ 国有股东与上市公司进行资产重组等行为。

一、国有股东所持上市公司股份通过证券交易系统转让

国有股东通过证券交易系统转让上市公司股份，按照国家出资企业内部决策程序决定，有以下情形之一的，应报国有资产监督管理机构审核批准：

(1) 国有控股股东转让上市公司股份可能导致持股比例低于合理持股比例的。

(2) 总股本不超过10亿股的上市公司，国有控股股东拟于一个会计年度内累计净转

让（累计转让股份扣除累计增持股份后的余额）达到总股本5%及以上的；总股本超过10亿股的上市公司，国有控股股东拟于一个会计年度内累计净转让数量达到5 000万股及以上的。

（3）国有参股股东拟于一个会计年度内累计净转让达到上市公司总股本5%及以上的。

【鑫考题·单选题】根据企业国有资产法律制度的规定，国有参股股东拟于一个会计年度内通过证券交易系统累计净转让的上市公司股份达到该上市公司总股本特定比例及以上的，应报国有资产监督管理机构审核批准。该特定比例是（　　）。（2019年）

A．5%　　　　B．15%　　　　C．8%　　　　D．10%

【答案】A

二、国有股东所持上市公司股份公开征集转让

【解释】公开征集转让是指国有股东依法公开披露信息，征集受让方转让上市公司股份的行为。

1．公开征集转让股份信息披露

（1）国有股东拟公开征集转让上市公司股份的，在履行内部决策程序后，应书面告知上市公司，由上市公司依法披露，进行提示性公告。国有控股股东公开征集转让上市公司股份可能导致上市公司控股权转移的，应当一并通知上市公司申请停牌。

（2）上市公司发布提示性公告后，国有股东应及时将转让方案、可行性研究报告、内部决策文件、拟发布的公开征集信息等内容通过管理信息系统报送国有资产监督管理机构。国有股东在获得国有资产监督管理机构同意意见后书面通知上市公司发布公开征集信息。

（3）公开征集信息对受让方的资格条件不得设定指向性或违反公平竞争要求的条款，公开征集期限不得少于10个交易日。

2．财务顾问

（1）公开征集转让可能导致上市公司控股权转移的，国有股东应当聘请符合条件的财务顾问机构担任财务顾问。

（2）财务顾问应当具有良好的信誉，近3年内无重大违法违规记录，且与受让方不存在利益关联。

（3）财务顾问应当对上市公司股份的转让方式、转让价格、股份转让对国有股东和上市公司的影响等方面出具专业意见；并对拟受让方进行尽职调查，出具尽职调查报告。

3．审批

国有股东与受让方签订协议后，按照审批权限由国家出资企业审核批准或由国有资产监督管理机构审核批准。

4．确定转让股份价格

国有股东公开征集转让上市公司股份的价格不得低于下列两者之中的较高者：

(1) 提示性公告日前 30 个交易日的每日加权平均价格的算术平均值;

(2) 最近一个会计年度上市公司经审计的每股净资产值。

5. 收取转让股份价款

(1) 国有股东应在股份转让协议签订后 5 个工作日内收取不低于转让价款 30% 的保证金,其余价款应在股份过户前全部结清。

(2) 在全部转让价款支付完毕或交由转让双方共同认可的第三方妥善保管前,不得办理股份过户登记手续。

(3) 上市公司股份过户前,原则上受让方人员不能提前进入上市公司董事会和经理层,不得干预上市公司正常生产经营。

【总结】非上市国有产权公开转让与国有股东所持上市公司股份公开征集转让。

	非上市国有产权公开转让	国有股东所持上市公司股份公开征集转让
审核批准	国有资产监督管理机构负责审核国家出资企业的产权转让事项。其中,因产权转让致使国家不再拥有所出资企业控股权的,须由国有资产监督管理机构报本级人民政府批准	国有股东与受让方签订协议后,按照审批权限由国家出资企业审核批准或由国有资产监督管理机构审核批准
信息披露时间	正式披露信息时间不得少于 20 个工作日	公开征集期限不得少于 10 个交易日
转让价格	产权转让项目首次正式信息披露的转让底价,不得低于经核准或备案的转让标的评估结果。产权转让信息披露期满、产生符合条件的意向受让方的,按照披露的竞价方式组织竞价	国有股东公开征集转让上市公司股份的价格不得低于下列两者之中的较高者: (1) 提示性公告日前 30 个交易日的每日加权平均价格的算术平均值 (2) 最近一个会计年度上市公司经审计的每股净资产值
结算交易价款	交易价款原则上应当自合同生效之日起 5 个工作日内一次付清。采取分期付款方式的,受让方首期付款不得低于总价款的 30%,并在合同生效之日起 5 个工作日内支付;其余款项应当提供转让方认可的合法有效担保,并按同期银行贷款利率向转让方支付延期付款期间的利息,付款期限不得超过 1 年	国有股东应在股份转让协议签订后 5 个工作日内收取不低于转让价款 30% 的保证金,其余价款应在股份过户前全部结清

三、国有股东所持上市公司股份非公开协议转让

1. 非公开协议转让股份情形

符合以下情形之一的,国有股东可以非公开协议转让上市公司股份:

(1) 上市公司连续 2 年亏损并存在退市风险或严重财务危机,受让方提出重大资产重组计划及具体时间表的。

(2) 企业主业处于关系国家安全、国民经济命脉的重要行业和关键领域,主要承担重大专项任务,对受让方有特殊要求的。

(3) 为实施国有资源整合或资产重组,在国有股东、潜在国有股东(经本次国有资

源整合或资产重组后成为上市公司国有股东的）之间转让的。

（4）上市公司回购股份涉及国有股东所持股份的。

（5）国有股东因接受要约收购方式转让其所持上市公司股份的。

（6）国有股东因解散、破产、减资、被依法责令关闭等原因转让其所持上市公司股份的。

（7）国有股东以所持上市公司股份出资的。

2. 签订股份转让协议

国有股东在履行内部决策程序后，应当及时与受让方签订股份转让协议。涉及上市公司控股权转移的，在转让协议签订前，应按规定聘请财务顾问，对拟受让方进行尽职调查，出具尽职调查报告。

3. 审批

国有股东与受让方签订协议后，按照审批权限由国家出资企业审核批准或由国有资产监督管理机构审核批准。

4. 确定股份转让价格

国有股东非公开协议转让上市公司股份的价格不得低于下列两者之中的较高者（存在特殊情形的除外）：

（1）提示性公告日前30个交易日的每日加权平均价格的算术平均值。

（2）最近一个会计年度上市公司经审计的每股净资产值。

5. 收取股份转让价款

以现金支付股份转让价款的，国有股东应在股份转让协议签订后5个工作日内收取不低于转让价款30%的保证金，其余价款应在股份过户前全部结清；以非货币资产支付股份转让价款的，应当符合国家相关规定。

四、国有股东所持上市公司股份间接转让

【解释】国有股东所持上市公司股份间接转让是指因国有产权转让或增资扩股等原因导致国有股东不再符合规定情形的行为。

1. 间接转让股份信息披露

国有股东拟间接转让上市公司股份的，履行内部决策程序后，应书面通知上市公司进行信息披露，涉及国有控股股东的，应当一并通知上市公司申请停牌。

2. 确定上市公司股份价值

国有股东所持上市公司股份间接转让，应当按照不得低于下列两者之中的较高者确定其所持上市公司股份价值：

（1）提示性公告日前30个交易日的每日加权平均价格的算术平均值。

（2）最近一个会计年度上市公司经审计的每股净资产值。

3. 聘请财务顾问

国有控股股东所持上市公司股份间接转让，应当按规定聘请财务顾问，对国有产权拟受让方或投资人进行尽职调查，并出具尽职调查报告。

4. 审批

国有股东所持上市公司股份间接转让的,国有股东应在产权转让或增资扩股协议签订后,产权交易机构出具交易凭证前报国有资产监督管理机构审核批准。

五、国有股东发行可交换公司债券

【解释】国有股东发行可交换公司债券是指上市公司国有股东依法发行、在一定期限内依据约定条件可以交换成该股东所持特定上市公司股份的公司债券的行为。

1. 确定可交换公司债券的价格和利率

(1) 国有股东发行的可交换公司债券交换为上市公司每股股份的价格,应不低于债券募集说明书公告日前1个交易日、前20个交易日、前30个交易日该上市公司股票均价中的最高者。

(2) 国有股东发行的可交换公司债券,其利率应当在参照同期银行贷款利率、银行票据利率、同行业其他企业发行的债券利率,以及标的公司股票每股交换价格、上市公司未来发展前景等因素的前提下,通过市场询价合理确定。

2. 审批

国有股东发行可交换公司债券,按照审批权限由国家出资企业审核批准或由国有资产监督管理机构审核批准。

第十一章

反垄断法律制度

本章考点

在最近 3 年的考试中，本章的平均分值为 4 分，题型全部为客观题，属于一般性章节。本章复习难度不大，考生需要重点掌握垄断行为的界定及其责任承担。

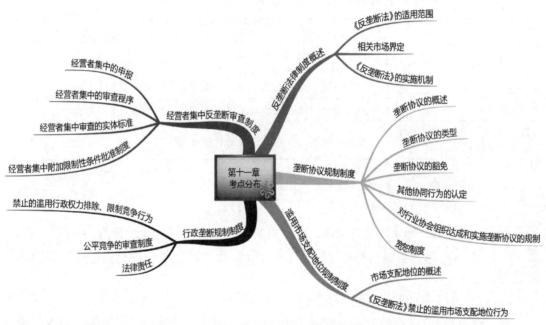

本章考情

其中 1 套试卷

题型	2018 年	2019 年	2020 年
单选题	1 题 1 分	1 题 1 分	2 题 2 分
多选题	2 题 3 分	2 题 3 分	2 题 3 分
合计	3 题 4 分	3 题 4 分	4 题 5 分

第一节 反垄断法律制度概述

【鑫考点1】《反垄断法》的适用范围（★★）（2016年多选题；2017年多选题；2020年单选题、多选题）

一、《反垄断法》适用的地域范围

（1）中华人民共和国境内经济活动中的垄断行为，适用本法。（属地原则）

（2）中华人民共和国境外的垄断行为，对境内市场竞争产生排除、限制影响的，适用本法。（效果原则）

二、《反垄断法》适用的主体和行为类型

主体	行为类型
经营者（自然人、法人和其他组织）	（1）经营者达成垄断协议 （2）经营者滥用市场支配地位 （3）具有或者可能具有排除、限制竞争效果的经营者集中
行业协会	行业协会有时也会参与组织实施诸如价格联盟之类的垄断行为
行政机关或具有管理公共事务职能的组织	滥用行政权力排除、限制竞争行为

三、《反垄断法》的适用除外

1. 知识产权的正当行使

经营者依照有关知识产权的法律、行政法规规定行使知识产权的行为，不适用《反垄断法》。但是，经营者滥用知识产权，排除、限制竞争的行为，不可排除《反垄断法》的适用。

2. 农业生产中的联合或者协同行为

《反垄断法》对农业生产者及农村经济组织在农产品生产、加工、销售、运输、储存等经营活动中实施的联合或者协同行为排除适用。

3. 国有企业垄断性经营权

对于铁路、石油、电信、电网、烟草等重点行业，国家通过立法赋予国有企业以垄断性经营权，但是，如果这些国有垄断企业从事垄断协议、滥用市场支配地位行为，或者从事可能排除、限制竞争的经营者集中行为，同样应受《反垄断法》的规制。

【鑫考题1·多选题】下列行为中，违反我国《反垄断法》的有（　　）。（2016年）

A. 国有经济占控制地位的关系国民经济命脉行业的国有企业之间达成垄断协议的行为

B. 具有竞争关系的境内企业就固定商品出口价格达成的垄断协议

C. 外国企业在中国境外实施的对中国境内市场竞争产生排除或限制效果的垄断行为

D. 农业生产者在农产品生产、加工、销售、运输、储存等经营活动中实施的联合行为

【答案】AC

【解析】(1) 选项B：属于出口卡特尔，予以豁免；(2) 选项D：《反垄断法》对农业生产者及农村经济组织在农产品生产、加工、销售、运输、储存等经营活动中实施的联合或者协同行为排除适用。

【鑫考题2·多选题】下列关于《反垄断法》适用范围的表述中，正确的有（　　）。(2017年)

A. 只要垄断行为发生在境内，无论该行为是否对境内市场竞争产生排除、限制影响，均应适用《反垄断法》
B. 只要行为人是我国公民或境内企业，无论该行为是否发生在境内，均应适用《反垄断法》
C. 只要行为人是我国公民或境内企业，无论该行为是否对境内市场竞争产生排除、限制影响，均应适用《反垄断法》
D. 只要垄断行为对境内市场竞争产生排除、限制影响，无论该行为是否发生在境内，均应适用《反垄断法》

【答案】AD

【解析】中华人民共和国境内经济活动中的垄断行为，适用《反垄断法》；中华人民共和国境外的垄断行为，对境内市场竞争产生排除、限制影响的，适用《反垄断法》。

【鑫考题3·单选题】下列关于《反垄断法》适用范围的表述中，正确的是（　　）。(2020年)

A. 行使知识产权的行为，不适用《反垄断法》
B. 农业生产中的协同行为，不适用《反垄断法》
C. 电信、石油等特殊行业的国有企业的行为，不适用《反垄断法》
D. 国家机关的行为，不适用《反垄断法》

【答案】B

【鑫考题4·多选题】下列主体中，属于《反垄断法》规制对象的有（　　）。(2020年)

A. 经营者
B. 行业协会
C. 行政机关
D. 具有管理公共事务职能的组织

【答案】ABCD

【鑫考点2】相关市场界定（★★）(2014年单选题；2018年单选题；2019年单选题)

【解释】竞争和垄断均为特定市场范围内的相对概念。在一定范围的市场内的垄断，如果放在更大范围的市场内进行考察，就不一定是垄断。因此，认定垄断之前必须先界

定相关市场的范围。相关市场界定是反垄断分析的重要步骤。在垄断协议及滥用市场支配地位的禁止，以及经营者集中的反垄断审查案件中，均可能涉及相关市场的界定问题。

一、相关市场的概念与维度

（1）相关市场是指经营者在一定时期内就特定商品或者服务（以下简称"商品"）进行竞争的商品范围和地域范围。从上述相关市场的法律定义可以看出，界定相关市场涉及时间、商品和地域三个维度。

（2）并非任何市场界定都涉及全部的三个维度。大部分反垄断分析中，相关市场只需从商品和地域两个维度进行界定；只有在时间因素可以影响商品之间的竞争关系的特定情形下，才会用到时间维度。

【鑫考题·单选题】在"唐山人人诉百度滥用市场支配地位案"中，人民法院将该案的相关市场界定为"中国搜索引擎服务市场"。根据反垄断法律制度的规定，"搜索引擎服务"属于（　　）。（2014年）

A．相关商品市场　　　　　　B．相关技术市场
C．相关创新市场　　　　　　D．相关时间市场

【答案】A

【解析】在"唐山人人诉百度滥用市场支配地位案"中，人民法院将相关市场界定为"中国搜索引擎服务市场"，其中商品维度是"搜索引擎服务"，地域维度是"中国"。

二、界定相关市场的基本标准与分析视角

【解释】界定相关市场的意义：明确在特定的时间段内，哪些地域范围内的哪些商品之间存在着竞争关系。判断商品之间是否具有竞争关系、是否在同一相关市场的基本标准是商品之间的"较为紧密的相互替代性"。

（1）市场中存在着卖方和买方两个主体，因此，界定商品市场可以从需求替代和供给替代两个视角进行分析。

（2）需求替代是根据需求者对商品功能用途的需求、质量的认可、价格的接受及获取的难易程度等因素，对商品之间的相互替代程度进行分析。需求替代是界定相关市场的主要分析视角。

（3）供给替代是指当一种商品的需求增加时，其他经营者转产该种商品以进入市场、增加供给的可能性。一般来说，其他经营者的转产成本越低，提供紧密替代商品越迅速，则供给替代程度就越高，其就越可能划入同一相关市场。

【鑫考题1·单选题】根据反垄断法律制度的规定，下列各项中，属于界定相关商品市场的基本标准的是（　　）。（2018年）

A．商品的外形、特性、质量和技术特点等总体特征和用途
B．商品的运输成本和运输特征
C．商品间较为紧密的相互替代性

D. 商品的使用期限和季节性

【答案】C

【解析】判断商品之间是否具有竞争关系、是否在同一相关市场的基本标准是商品之间的"较为紧密的相互替代性"。

【鑫考题2·单选题】下列关于相关市场界定的表述中，符合反垄断法律制度规定的是（　　）。(2019年)

A. 只有滥用市场支配地位案件，才需要界定相关市场

B. 界定相关市场的基本标准是商品间"较为紧密的相互替代性"

C. 任何反垄断案件的分析中，相关市场均应从商品、地域和时间三个维度界定

D. 供给替代是界定相关市场的主要分析视角

【答案】B

【解析】(1)选项A：在垄断协议及滥用市场支配地位的禁止，以及经营者集中的反垄断审查案件中，均可能涉及相关市场的界定问题；(2)选项C：界定相关市场涉及时间、商品和地域三个维度，但并非任何市场界定都涉及全部的三个维度；(3)选项D：需求替代是界定相关市场的主要分析视角。

三、相关商品市场及界定

【解释】相关商品市场是指具有较为紧密替代关系的商品范围。所有具有较为紧密的相互替代关系的商品构成同一个市场。这里的"商品"是个广义概念，不仅包括传统意义上的货物，而且还包括服务。

(1) 从需求角度界定相关商品市场，一般考虑下列因素：

① 需求者因商品价格或其他竞争因素变化，转向或考虑转向购买其他商品的证据；

② 商品的外形、特性、质量和技术特点等总体特征和用途；

③ 商品之间的价格差异；

④ 商品的销售渠道；

⑤ 其他重要因素，如需求者偏好或需求者对商品的依赖程度，可能阻碍大量需求者转向某些紧密替代商品的障碍、风险和成本，是否存在区别定价等。

(2) 从供给角度界定相关商品市场，一般考虑下列因素：

① 经营者的生产流程和工艺；

② 转产的难易程度；

③ 转产需要的时间；

④ 转产的额外费用和风险；

⑤ 转产后所提供商品的市场竞争力；

⑥ 营销渠道等。

四、相关地域市场界定

【解释】相关地域市场是指相同或具有替代关系的商品相互竞争的地理区域。不同

的地理区域之间因空间距离导致的运输成本及关税等贸易壁垒形成的隔阻，会影响商品的自由流动，进而导致相同或近似的商品之间不具有竞争关系。

（1）从需求角度界定相关地域市场，一般考虑下列因素：

① 需求者因商品价格或其他竞争因素变化，转向或考虑转向其他地域购买商品的证据；

② 商品的运输成本、运输特征；

③ 多数需求者选择商品的实际区域和主要经营者商品的销售分布；

④ 地区间的贸易壁垒，包括关税、环保因素、技术因素等；

⑤ 其他重要因素。如特定区域的需求者偏好，商品进出该区域的数量。

（2）从供给角度界定相关地域市场，需要考虑其他地域供应或销售相关商品的即时性和可行性，如将订单转向其他地域经营者的转换成本等。

【鑫考题·单选题】根据反垄断法律制度的规定，下列各项中，属于从供给角度界定相关商品市场时所应考虑的因素的是（　　）。（2014年）
A．商品的功能及用途　　　　　　B．商品间的价格差异
C．消费者的消费偏好　　　　　　D．其他经营者的转产成本
【答案】D
【解析】（1）选项ABC：属于从需求角度界定相关商品市场考虑的因素。（2）选项D：从供给角度界定相关商品市场时，一般应考虑的因素包括：经营者的生产流程和工艺；转产的难易程度；转产需要的时间；转产的额外费用和风险；转产后所提供商品的市场竞争力；营销渠道等。

【鑫考点3】《反垄断法》的实施机制（★★）（2012年多选题；2013年单选题；2014年多选题；2015年单选题、多选题；2016年单选题、多选题；2017年单选题；2018年单选题；2019年单选题、多选题；2020年多选题）

一、《反垄断法》的法律责任

1. 行政责任

（1）行政责任主要包括：责令停止违法行为、没收违法所得、罚款、限期恢复原状等形式。

（2）当事人不服反垄断执法机构有关处罚决定的，可以申请行政复议，也可以直接向人民法院提起行政诉讼。

2. 民事责任

有关《反垄断法》的民事责任主要包括：停止侵害、赔偿损失等。损害赔偿责任是最主要的民事责任。

3. 刑事责任

《反垄断法》对于经营者的垄断行为没有规定刑事责任。但是，我国《招标投标法》

及《刑法》均对情节严重的串通招投标行为规定了刑事责任。由于串通招投标行为可能同时构成《反垄断法》上的垄断协议或滥用市场支配地位行为，因此，这两种垄断行为的行为人是有可能依法承担刑事责任的。

【提示】《反垄断法》对阻碍、拒绝反垄断执法机构审查、调查行为及反垄断执法机构工作人员滥用职权、玩忽职守、徇私舞弊或者泄露执法过程中知悉的商业秘密两种情形，规定了刑事责任。

【鑫考题1·多选题】根据反垄断法律制度的规定，经营者因实施垄断行为可能承担的法律责任类型有（　　）。（2012年）

A. 行政责任　　　B. 民事责任　　　C. 刑事责任　　　D. 宪法责任

【答案】AB

【解析】选项C：《反垄断法》未对经营者的垄断行为规定刑事责任。

【鑫考题2·单选题】下列垄断行为中，行为人可能承担刑事责任的是（　　）。（2015年）

A. 经营者滥用市场支配地位，搭售商品

B. 经营者与交易相对人达成固定转售价格协议

C. 经营者未经执法机构批准，擅自实施集中

D. 经营者之间串通投标

【答案】D

【解析】我国《反垄断法》未对经营者的垄断行为规定刑事责任。但是，就具体的垄断行为来说，我国《招标投标法》及《刑法》均对情节严重的串通招投标行为规定了刑事责任。

二、反垄断行政执法

1. 反垄断执法机构及执法权

【提示】我国的反垄断机构采取双层制模式：国务院反垄断执法机构负责《反垄断法》的行政执法；另外，在其之上还设反垄断委员会，负责组织、协调、指导反垄断工作。

（1）市场监管总局负责反垄断统一执法，直接管辖或者授权有关省级市场监管部门管辖下列案件：

① 跨省、自治区、直辖市的垄断协议、滥用市场支配地位和滥用行政权力排除限制竞争案件，以及省级人民政府实施的滥用行政权力排除限制竞争行为；

② 案情较为复杂或者在全国有重大影响的垄断协议、滥用市场支配地位和滥用行政权力排除限制竞争案件；

③ 总局认为有必要直接管辖的垄断协议、滥用市场支配地位和滥用行政权力排除限制竞争案件。

（2）省级市场监管部门负责本行政区域内垄断协议、滥用市场支配地位、滥用行政权力排除限制竞争案件反垄断执法工作，以本机关名义依法作出处理。

（3）省级市场监管部门发现案件属于总局管辖范围的，要及时将案件移交总局。省级市场监管部门对属于本机关管辖范围的案件，认为有必要由总局管辖的，可以报请总局决定。

（4）总局在案件审查和调查过程中，可以委托省级市场监管部门开展相应的调查。省级市场监管部门也可以委托其他省级市场监管部门或者下级市场监管部门开展调查。

（5）受委托的市场监管部门在委托范围内，以委托机关的名义实施调查，不得再委托其他行政机关、组织或者个人实施调查。

（6）根据2020年10月20日通过的《经营者集中审查暂行规定》，国家市场监督管理总局（以下简称"市场监管总局"）根据工作需要，可以委托省、自治区、直辖市市场监管部门实施经营者集中审查。

2. 反垄断调查措施

（1）进入被调查的经营者的营业场所或者其他有关场所进行检查。

（2）询问被调查的经营者、利害关系人或者其他有关单位或者个人，要求其说明有关情况。

（3）查阅、复制被调查的经营者、利害关系人或者其他有关单位或者个人的有关单证、协议、会计账簿、业务函电、电子数据等文件、资料。

（4）查封、扣押相关证据。

（5）查询经营者的银行账户。

【鑫考题1·多选题】根据反垄断法律制度的规定，反垄断执法机构调查涉嫌垄断行为时可以采取必要的调查措施。下列各项中，属于此类措施的有（　　）。（2014年）

A. 进入被调查经营者的营业场所进行检查

B. 查阅、复制被调查经营者的有关单证、协议、会计账簿等文件和资料

C. 查封、扣押相关证据

D. 冻结被调查经营者的银行账户

【答案】ABC

【解析】反垄断执法机构调查涉嫌垄断行为，可以采取下列措施：（1）进入被调查的经营者的营业场所或者其他有关场所进行检查（选项A正确）；（2）询问被调查的经营者、利害关系人或者其他有关单位或者个人，要求其说明有关情况；（3）查阅、复制被调查的经营者、利害关系人或者其他有关单位或者个人的有关单证、协议、会计账簿、业务函电、电子数据等文件、资料（选项B正确）；（4）查封、扣押相关证据（选项C正确）；（5）查询（不包括冻结）经营者的银行账户（选项D错误）。

【鑫考题2·多选题】根据反垄断法律制度的规定，下列各项中，属于反垄断执法机构在调查涉嫌垄断行为时可以采取的措施的有（　　）。（2019年）

A. 进入被调查经营者的营业场所进行检查

B. 查询、冻结经营者账户

C. 复制被调查经营者的有关电子数据

D. 查封、扣押相关证据

【答案】ACD

【解析】反垄断执法机构调查涉嫌垄断行为，可以采取下列措施：（1）进入被调查的经营者的营业场所或者其他有关场所进行检查（选项A正确）；（2）询问被调查的经营者、利害关系人或者其他有关单位或者个人，要求其说明有关情况；（3）查阅、复制被调查的经营者、利害关系人或者其他有关单位或者个人的有关单证、协议、会计账簿、业务函电、电子数据等文件和资料（选项C正确）；（4）查封、扣押相关证据（选项D正确）；（5）查询（不包括冻结）经营者的银行账户（选项B错误）。

【鑫考题3·多选题】根据反垄断法律制度的规定，下列各项中，属于反垄断执法机构调查涉嫌垄断行为时可采取的措施的有（　　）。（2020年）

A. 进入被调查的经营者的营业场所或者其他有关场所进行检查

B. 复制被调查的有关单位的会计账簿和电子数据

C. 要求被调查的经营者的利害关系人说明有关情况

D. 查封、扣押相关证据

【答案】ABCD

3. 经营者承诺

【解释】经营者承诺是反垄断行政执法中的一种和解制度。根据该规定，对反垄断执法机构调查的涉嫌垄断行为，被调查的经营者承诺在反垄断执法机构认可的期限内采取具体措施消除该行为后果的，反垄断执法机构可以决定中止调查。这一制度主要适用于垄断协议和滥用市场支配地位案件。

（1）反垄断执法机构不接受中止调查申请的情形。

涉嫌垄断行为的经营者在被调查期间，可以提出中止调查申请，承诺在反垄断执法机构认可的期限内采取具体措施消除行为影响。但是，在两种情形下，反垄断执法机构不接受中止调查的申请：

① 反垄断执法机构对涉嫌垄断行为调查核实后，认为构成违法垄断行为的，应当依法作出处理决定，不再接受经营者提出的中止调查申请；

② 涉嫌固定或者变更商品价格、限制商品的生产数量或者销售数量、分割销售市场或者原材料采购市场等三类严重限制竞争的横向垄断协议的，反垄断执法机构不得接受中止调查申请。

（2）反垄断执法机构根据被调查经营者的中止调查申请，在考虑行为的性质、持续时间、后果、社会影响、经营者承诺的措施及其预期效果等具体情况后，决定是否中止调查。

（3）决定中止调查的，反垄断执法机构应当对经营者履行承诺的情况进行监督。经营者应当在规定的时限内向反垄断执法机构书面报告承诺履行情况。

（4）反垄断执法机构确定经营者已经履行承诺的，可以决定终止调查。有下列情形之一的，反垄断执法机构应当恢复调查：

① 经营者未履行或者未完全履行承诺的；

② 作出中止调查决定所依据的事实发生重大变化的；

③ 中止调查的决定是基于经营者提供的不完整或者不真实的信息作出的。

三、反垄断民事诉讼

1. 原告资格

因垄断行为受到损失及因合同内容、行业协会的章程等违反《反垄断法》而发生争议的自然人、法人或者其他组织。

【解释】我国法律并未对反垄断民事诉讼的原告资格作特别限制。作为间接购买人的消费者，只要因垄断行为受损，也可以作为垄断民事案件的原告。

2. 民事诉讼与行政执法的关系

原告直接向人民法院提起民事诉讼，或者在反垄断执法机构认定构成垄断行为的处理决定发生法律效力后向人民法院提起民事诉讼，并符合法律规定的其他受理条件的，人民法院应当受理。

【解释】人民法院受理垄断民事纠纷案件，是不以执法机构已对相关垄断行为进行了查处为条件的。

3. 专家在诉讼中的作用

（1）专家出庭就专门问题进行说明。在反垄断民事诉讼中，当事人可以向人民法院申请一至二名具有相应专门知识的人员出庭，就案件的专门性问题进行说明。专家在法庭上提供的意见并不属于《民事诉讼法》上的证据形式，而是作为法官判案的参考依据。

（2）专家出具市场调查或者经济分析报告。当事人可以向人民法院申请委托专业机构或者专业人员就案件的专门性问题作出市场调查或者经济分析报告。专家报告视为鉴定意见，为证据类型之一。

【提示】专家的产生办法：经人民法院同意，双方当事人可以协商确定专业机构或者专业人员；协商不成的，由人民法院指定。

4. 诉讼时效

（1）诉讼时效起算。因垄断行为产生的损害赔偿请求权诉讼时效期间，从原告知道或者应当知道权益受侵害之日起计算。

（2）诉讼时效中断。原告向反垄断执法机构举报被诉垄断行为的，诉讼时效从其举报之日起中断。反垄断执法机构决定不立案、撤销案件或者决定终止调查的，诉讼时效期间从原告知道或者应当知道不立案、撤销案件或者终止调查之日起重新计算。反垄断执法机构调查后认定构成垄断行为的，诉讼时效期间从原告知道或者应当知道反垄断执法机构认定构成垄断行为的处理决定发生法律效力之日起重新计算。

（3）持续性垄断行为的诉讼时效抗辩。原告起诉时被诉垄断行为已经持续超过2年，被告提出诉讼时效抗辩的，损害赔偿应当自原告向人民法院起诉之日起向前推算2年计算。

【鑫考题1·多选题】下列关于我国反垄断民事诉讼制度的表述中,正确的有( )。(2016年)

A. 因垄断行为受损的消费者,可以作为垄断民事案件的原告
B. 人民法院受理垄断民事纠纷案件,以执法机构已对相关垄断行为进行查处为前提
C. 在反垄断民事诉讼中,当事人聘请具有相应专门知识的人员出庭,就案件的专门性问题发表的专业意见,不属于《民事诉讼法》上的证据
D. 在反垄断民事诉讼中,经人民法院同意或指定的专业人员就案件的专门性问题作出的市场调查或者经济分析报告,视为鉴定意见

【答案】ACD
【解析】选项B:人民法院受理垄断民事纠纷案件,是不以执法机构已对相关垄断行为进行了查处为前提条件的。

【鑫考题2·单选题】根据反垄断法律制度的规定,反垄断民事诉讼的当事人可以向人民法院申请具有相应专门知识的人员出庭,就案件的专门性问题进行说明,此类说明的是( )。(2018年)

A. 鉴定意见　　　　　　　　B. 当事人陈述
C. 法官判案的参考依据　　　D. 证人证言

【答案】C
【解析】根据反垄断法律制度的规定,在反垄断民事诉讼中,当事人(原被告)可以向人民法院申请一至二名具有相应专门知识的人员出庭,就案件的专门性问题进行说明。专家在法庭上提供的意见并不属于《民事诉讼法》上的证据形式,而是作为法官判案的参考依据。

【鑫考题3·单选题】下列关于反垄断民事诉讼制度的表述中,符合反垄断法律制度规定的是( )。(2019年)

A. 作为间接购买人的消费者,不能作为垄断民事案件的原告
B. 原告起诉时,被诉垄断行为已经持续超过2年,被告提出诉讼时效抗辩的,损害赔偿应当自原告向人民法院起诉之日起向前推算2年计算
C. 原告提起反垄断民事诉讼,须以反垄断执法机构认定相关垄断行为违法为前提
D. 在反垄断民事诉讼中,具有相应专门知识的人员出庭就案件专门性问题所作说明,属于《民事诉讼法》上的证人证言

【答案】B
【解析】(1)选项A:消费者只要因垄断行为受损,也可以作为垄断民事案件的原告。(2)选项C:人民法院受理垄断民事纠纷案件,是不以执法机构已对相关垄断行为进行了查处为前提条件的。(3)选项D:在反垄断民事诉讼中,当事人可以向人民法院申请一至二名具有相应专门知识的人员出庭,就案件的专门性问题进行说明。专家在法庭上提供的意见并不属于《民事诉讼法》上的证据形式,而是作为法官判案的参考依据。

第二节 垄断协议规制制度

【鑫考点1】垄断协议的概述（★★）（2020年单选题）

一、基本概念和特征

(1) 垄断协议也称限制竞争协议、联合限制竞争行为，是指两个或两个以上经营者排除、限制竞争的协议、决定或者其他协同行为。

(2) 垄断协议的表现形式多样化。

垄断协议为广义概念，泛指当事人之间通过意思联络并取得一致后而形成的协议、决定和其他协同行为。

【解释1】"协议"与《合同法》意义上的协议相同，既包括书面协议，也包括口头协议。

【解释2】"决定"则是指企业集团、其他形式的企业联合组织及行业协会等要求其成员企业共同实施排除、限制竞争的决议。

【解释3】"其他协同行为"则指经营者虽然没有达成协议，也没有可供遵循的决定，但相互间通过意思联络，共同实施的排除、限制竞争的协调、合作行为（"心照不宣"）。

二、分类

(1) 横向垄断协议是具有竞争关系的经营者达成的联合限制竞争行为，如生产相同产品的经营者达成的固定产品价格的协议。

(2) 纵向垄断协议是指同一产业中处于不同市场环节而具有买卖关系的企业通过共谋达成的联合限制竞争协议，如产品生产商与销售商之间关于限制转售价格的协议。

【提示】在垄断民事纠纷案件中，被诉垄断行为属于《反垄断法》禁止的横向垄断协议的，被告应对该协议不具有排除、限制竞争效果承担举证责任，即横向垄断协议的排除、限制竞争效果的举证责任倒置。但是，纵向垄断协议的排除、限制竞争效果的证明仍应按"谁主张，谁举证"的基本原则，由原告承担举证责任。

【鑫考题·单选题】 根据反垄断法律制度的规定，下列关于我国反垄断民事诉讼举证责任的表述中，正确的是（　　）。(2020年)

A. 对于横向垄断协议的排除、限制竞争效果，由人民法院直接认定，原、被告均不承担举证责任

B. 对于横向垄断协议的排除、限制竞争效果，适用"谁主张，谁举证"原则

C. 对于纵向垄断协议的排除、限制竞争效果的证明，适用举证责任倒置

D. 对于纵向垄断协议的排除、限制竞争效果，适用"谁主张，谁举证"原则

【答案】D

【鑫考点2】垄断协议的类型（★★★）（2013年多选题；2018年多选题）

一、横向垄断协议

1. 固定或者变更商品价格的协议（价格卡特尔）

根据《禁止垄断协议暂行规定》，上述限制主要包括：

（1）固定或者变更价格水平、价格变动幅度、利润水平或者折扣、手续费等其他费用。

（2）约定采用据以计算价格的标准公式。

（3）限制参与协议的经营者的自主定价权等。

2. 限制商品的生产数量或者销售数量的协议

根据《禁止垄断协议暂行规定》，竞争者达成的数量限制协议可具体表现为：

（1）以限制产量、固定产量、停止生产等方式限制商品的生产数量，或者限制特定品种、型号商品的生产数量。

（2）以限制商品投放量等方式限制商品的销售数量，或者限制特定品种、型号商品的销售数量等。

3. 分割销售市场或者原材料采购市场的协议

根据《禁止垄断协议暂行规定》，划分市场协议可具体表现为：

（1）划分商品销售地域、市场份额、销售对象、销售收入、销售利润或者销售商品的种类、数量、时间。

（2）划分原料、半成品、零部件、相关设备等原材料的采购区域、种类、数量、时间或者供应商等。

【提示】原材料还包括经营者生产经营所必需的技术和服务。

4. 限制购买新技术、新设备或限制开发新技术、新产品的协议

根据《禁止垄断协议暂行规定》，限制购买新技术、新设备或限制开发新技术、新产品的协议的表现形式有：

（1）限制购买、使用新技术、新工艺。

（2）限制购买、租赁、使用新设备、新产品。

（3）限制投资、研发新技术、新工艺、新产品。

（4）拒绝使用新技术、新工艺、新设备、新产品等。

5. 联合抵制交易协议

根据《禁止垄断协议暂行规定》，联合抵制交易协议的具体表现包括：

（1）联合拒绝向特定经营者供货或者销售商品。

（2）联合拒绝采购或者销售特定经营者的商品。

（3）联合限定特定经营者不得与其具有竞争关系的经营者进行交易等。

【鑫考题·多选题】根据反垄断法律制度的规定，下列具有竞争关系的经营者之间

的约定中，属于横向垄断协议的有（   ）。(2018年)

A. 联合拒绝销售特定经营者的商品

B. 划分销售商品的种类

C. 采用据以计算价格的标准公式

D. 拒绝采用新的技术标准

【答案】ABCD

【解析】(1) 选项A：联合拒绝向特定经营者供货或者销售商品，属于联合抵制交易协议；(2) 选项B：划分商品销售地域、销售对象或者销售商品的种类、数量，属于分割销售市场或者原材料采购市场的协议；(3) 选项C：约定采用据以计算价格的标准公式，属于固定或者变更商品价格的协议；(4) 选项D：拒绝采用新的技术标准，属于限制购买新技术、新设备或者限制开发新技术、新产品的协议。

二、纵向垄断协议

【解释】纵向垄断协议发生在处于不同的生产经营阶段或者环节的经营者之间，即上下游经营者之间。《反垄断法》将其表述为"经营者与交易相对人"达成的垄断协议。

(1) 固定向第三人转售商品的价格。

(2) 限定向第三人转售商品的最低价格。

【鑫考题·多选题】经营者与其交易相对人达成的下列协议中，被我国反垄断法律制度明确禁止的有（   ）。(2013年)

A. 限定向第三人转售商品的最低价格

B. 限定向第三人转售商品的最高价格

C. 固定向第三人转售商品的价格

D. 限定向第三人转售商品的地域范围

【答案】AC

【解析】(1) 选项AB：限定向第三人转售商品的最低价格，属于《反垄断法》明确禁止的纵向垄断协议，而限定向第三人转售商品的最高价格，并不违法；(2) 选项D：具有竞争关系的经营者之间就分割销售市场或者原材料采购市场达成的垄断协议，属于《反垄断法》明确禁止的横向垄断协议，而经营者与其交易相对人（如生产商和销售商）达成的限定向第三人转售商品的地域范围的协议，并不违法。

【鑫考点3】垄断协议的豁免（★★★）(2009年多选题；2014年多选题)

【解释】豁免与适用除外是完全不同的两个制度。《反垄断法》上的适用除外是指将特定领域排除在《反垄断法》的适用范围，根本不予适用；而豁免则是在适用《反垄断法》过程中，发现某些违反《反垄断法》的行为符合法定条件而不予禁止。

一、可被《反垄断法》豁免的情形

提高技术	为改进技术、研究开发新产品	要求经营者提供证明：协议不会严重限制相关市场的竞争，并且能够使消费者分享由此产生的利益
提高质量和效率	为提高产品质量、降低成本、增进效率，统一产品规格、标准或者实行专业化分工	
提高中小企业竞争力	为提高中小经营者经营效率，增强中小经营者竞争力	
公共利益	为实现节约能源、保护环境、救灾救助等社会公共利益	
缓解不景气	因经济不景气，为缓解销售量严重下降或生产明显过剩	
保障外贸	为保障对外贸易和对外经济合作中的正当利益	无须证明

【提示】反垄断执法机构认定被调查的垄断协议属于豁免情形的，应当终止调查并制作终止调查决定书。反垄断执法机构作出终止调查决定后，因情况发生重大变化，导致被调查的协议不再符合豁免情形的，反垄断执法机构应重新启动调查。

二、反垄断执法机构认定豁免情形应考虑的因素

反垄断执法机构认定被调查的垄断协议是否属于上述情形时，应当考虑以下因素：

(1) 协议实现该情形的具体形式和效果。
(2) 协议与实现该情形之间的因果关系。
(3) 协议是否是实现该情形的必要条件。
(4) 其他可以证明协议属于相关情形的因素。

【鑫考题1·多选题】根据反垄断法律制度的规定，对于特定种类的可豁免垄断协议，经营者应当证明所达成的协议不会严重限制相关市场的竞争，并且能够使消费者分享由此产生的利益。下列各项中，属于上述特定种类的可豁免垄断协议的有（　　）。(2009 年)

A. 为改进技术、研究开发新产品的垄断协议
B. 为实现节约能源、保护环境、救灾救助等社会公共利益的垄断协议
C. 为提高中小经营者经营效率、增强中小经营者竞争力的垄断协议
D. 为保障对外贸易和对外经济合作中的正当利益的垄断协议

【答案】ABC

【鑫考题2·多选题】下列垄断协议中，须由经营者证明不会严重限制相关市场的竞争且能使消费者分享由此产生的利益，才能获得《反垄断法》豁免的有（　　）。(2014 年)

A. 为改进技术、研究开发新产品达成的垄断协议
B. 为实现节约能源、保护环境、救灾救助等社会公共利益达成的垄断协议
C. 为保障对外贸易和对外经济合作中的正当利益达成的垄断协议
D. 为提高中小经营者经营效率、增强中小经营者竞争力达成的垄断协议

【答案】ABD

【鑫考点4】其他协同行为的认定（★★★）（2016年多选题）

《禁止垄断协议暂行规定》将"其他协同行为"界定为经营者之间虽未明确订立协议或者决定，但实质上存在协调一致的行为。认定其他协同行为，应当考虑下列因素：

（1）经营者的市场行为是否具有一致性。

（2）经营者之间是否进行过意思联络或者信息交流。

（3）经营者能否对行为的一致性作出合理解释。

（4）相关市场的结构情况、竞争状况、市场变化等情况。

【鑫考题·多选题】根据反垄断法律制度的规定，执法机构认定"其他协同行为"时，应当考虑的因素包括（　　）。(2016年)

A. 经营者的市场行为是否具有一致性

B. 相关市场的结构情况、竞争状况、市场变化情况

C. 经营者能否对一致行为作出合理解释

D. 经营者之间是否进行过意思联络或者信息交流

【答案】ABCD

【鑫考点5】对行业协会组织达成和实施垄断协议的规制（★★）（2011年单选题；2014年单选题、多选题）

【解释】行业协会是指由同行业经济组织和个人组成，行使行业服务和自律管理职能的各种协会、学会、商会、联合会、促进会等社会团体法人。

根据《禁止垄断协议暂行规定》，禁止行业协会从事下列行为：

（1）制定、发布含有排除、限制竞争内容的行业协会章程、规则、决定、通知、标准等。

（2）召集、组织或者推动本行业的经营者达成含有排除、限制竞争内容的协议、决议、纪要、备忘录等。

【鑫考题1·多选题】某行业协会组织本行业7家主要企业的领导人召开"行业峰会"，并就共同提高本行业产品价格及提价幅度形成决议，与会企业领导人均于决议上签字。会后，决议以行业协会名义下发全行业企业。与会7家企业的市场份额合计达85%。根据反垄断法律制度的规定，下列表述中，正确的有（　　）。(2014年)

A. 行业协会实施了组织本行业经营者达成垄断协议的行为

B. 行业协会实施了行政性限制竞争行为

C. 7家企业实施了滥用市场支配地位行为

D. 7家企业实施了达成垄断协议的行为

【答案】AD

【解析】（1）选项AB：行业协会召集、组织或者推动本行业的经营者达成含有排

除、限制竞争内容的协议、决议、纪要、备忘录等，属于组织本行业经营者从事垄断协议的行为；该行业协会不属于行政机关和法律、法规授权的具有管理公共事务职能的组织，谈不上行政垄断。（2）选项 CD：7 家企业实施了达成垄断协议的行为；尽管 7 家企业的市场份额合计达 85%，但按照题目交代的案情，不足以推定该 7 家企业具有市场支配地位，案情亦未明确提及滥用市场支配地位的行为（如销售价格是否构成"不公平的高价"）。

【鑫考题 2·单选题】 下列行为中，涉嫌违反我国《反垄断法》的是（　　）。（2014 年）

A. 中国移动、中国联通等少数几家国有电信企业共同占据我国电信基础运营业务市场的全部份额

B. 经国家有关部门批准，中石油、中石化等石油企业联合上调成品油价格

C. 某行业协会召集本行业经营者，共同制定本行业产品的定价公式

D. 某生产企业通过协议，限制分销商转售商品的最高价格

【答案】 C

【解析】（1）选项 AB：对于铁路、石油、电信、电网、烟草等重点行业，国家通过立法赋予其垄断性经营权，但是，如果这些国有垄断企业从事垄断协议、滥用市场支配地位行为，或者从事可能排除、限制竞争的经营者集中行为，同样应受《反垄断法》的限制；（2）选项 C：属于禁止的横向垄断协议；（3）选项 D：限定的是转售商品的最高价格，有利于抑制销售商加价、提升消费者福利，该纵向垄断协议并不为《反垄断法》所禁止。

【鑫考点 6】 宽恕制度（★★★）（2015 年单选题）

【解释】 所谓宽恕制度，是指参与垄断协议的经营者主动向反垄断执法机构报告达成垄断协议的有关情况并提供重要证据的，反垄断执法机构可以对其宽大处理，酌情减轻或者免除其处罚。

一、"重要证据"界定

根据《禁止垄断协议暂行规定》，所谓"重要证据"，是指能够对反垄断执法机构启动调查或者对认定垄断协议起到关键性作用的证据，包括参与垄断协议的经营者、涉及的商品范围、达成协议的内容和方式、协议的具体实施等情况。

二、区分情况减免处罚的具体规则

参与垄断协议的经营者主动报告达成垄断协议有关情况并提供重要证据的，可以申请依法减轻或者免除处罚。

（1）对于第一个申请者，反垄断执法机构可以免除处罚或者按照不低于 80% 的幅度减轻罚款。

（2）对于第二个申请者，可以按照 30%~50% 的幅度减轻罚款。

（3）对于第三个申请者，可以按照20%~30%的幅度减轻罚款。

【鑫考题·单选题】在反垄断执法机构查处某横向价格垄断协议案件的过程中，作为垄断协议当事人之一的甲企业第一个因主动向执法机构报告达成垄断协议的有关情况并提供重要证据，被免除处罚。根据反垄断法律制度的规定，甲企业被免除处罚的依据是（　　）。(2015年)

A. 豁免制 B. 宽恕制度
C. 适用除外制度 D. 经营者承诺制度

【答案】B

【解析】所谓宽恕制度，是指参与垄断协议的经营者主动向反垄断执法机构报告达成垄断协议的有关情况并提供重要证据的，反垄断执法机构可以对其宽大处理，酌情减轻或者免除其处罚。

第三节　滥用市场支配地位规制制度

【鑫考点1】市场支配地位的概述（★★★）(2018年多选题；2019年多选题)

一、市场支配地位的法律界定

市场支配地位是指经营者在相关市场内具有能够控制商品价格、数量或者其他交易条件，或者能够阻碍、影响其他经营者进入相关市场能力的市场地位。

【解释1】其他交易条件是指除商品价格、数量之外能够对市场交易产生实质影响的其他因素，包括商品品种、商品品质、付款条件、交付方式、售后服务、交易选择、技术约束等。

【解释2】能够阻碍、影响其他经营者进入相关市场是指排除其他经营者进入相关市场，或者延缓其他经营者在合理时间内进入相关市场，或者导致其他经营者虽能够进入该相关市场，但进入成本大幅提高，无法与现有经营者开展有效竞争等情形。

（1）具有市场支配地位的经营者未必是"独占"者。市场的非独占者有足够强大的影响市场竞争的能力时，也会成为具有市场支配地位的经营者。

（2）具有市场支配地位的经营者可以是一个，也可以是多个经营者共同具有市场支配地位。

（3）市场支配地位是一种市场结构状态。

【解释】《反垄断法》对经营者合法取得的市场支配地位（包括垄断地位）并不视为非法，而对于具有市场支配地位的经营者滥用其市场支配地位的行为则严加规制。即法律主要关注垄断行为，对市场支配地位这种结构状态并无否定性评价。

二、经营者具有市场支配地位认定需要考虑的因素

认定经营者具有市场支配地位，应当依据下列因素：

（1）该经营者在相关市场的市场份额，以及相关市场的竞争状况。

【提示1】 确定经营者在相关市场的市场份额，可以考虑一定时期内经营者的特定商品销售金额、销售数量或者其他指标在相关市场所占的比重。

【提示2】 分析相关市场竞争状况，可以考虑相关市场的发展状况、现有竞争者的数量和市场份额、商品差异程度、创新和技术变化、销售和采购模式、潜在竞争者情况等因素。

（2）该经营者控制销售市场或者原材料采购市场的能力。

【提示】 确定经营者控制销售市场或者原材料采购市场的能力，可以考虑该经营者控制产业链上下游市场的能力，控制销售渠道或者采购渠道的能力，影响或者决定价格、数量、合同期限或者其他交易条件的能力，以及优先获得企业生产经营所必需的原料、半成品、零部件、相关设备及需要投入的其他资源的能力等因素。

（3）该经营者的财力和技术条件。

【提示1】 经营者拥有知识产权可以构成认定其市场支配地位的因素之一，但不能仅根据经营者拥有知识产权推定其在相关市场上具有市场支配地位。

【提示2】 认定知识产权领域经营者具有市场支配地位，可以考虑知识产权的替代性、下游市场对利用知识产权所提供商品的依赖程度、交易相对人对经营者的制衡能力等因素。

（4）其他经营者对该经营者在交易上的依赖程度。

【提示】 确定其他经营者对该经营者在交易上的依赖程度，可以考虑其他经营者与该经营者之间的交易关系、交易量、交易持续时间、在合理时间内转向其他交易相对人的难易程度等因素。

（5）其他经营者进入相关市场的难易程度。

【提示】 确定其他经营者进入相关市场的难易程度，可以考虑市场准入、获取必要资源的难度、采购和销售渠道的控制情况、资金投入规模、技术壁垒、品牌依赖、用户转换成本、消费习惯等因素。

（6）认定互联网等新经济业态经营者具有市场支配地位考虑的特殊因素。

根据《禁止滥用市场支配地位行为暂行规定》，认定互联网等新经济业态经营者具有市场支配地位，可以考虑相关行业竞争特点、经营模式、用户数量、网络效应、锁定效应、技术特性、市场创新、掌握和处理相关数据的能力及经营者在关联市场的市场力量等因素。

（7）认定共同市场支配地位考虑的特殊因素。

根据《禁止滥用市场支配地位行为暂行规定》，认定两个以上的经营者具有市场支配地位，还应当考虑市场结构、相关市场透明度、相关商品同质化程度、经营者行为一致性等因素。

三、经营者市场支配地位的推定标准

有下列情形之一的，可以推定经营者具有市场支配地位：

（1）一个经营者在相关市场的市场份额达到1/2的。

（2）两个经营者在相关市场的市场份额合计达到2/3的。

（3）三个经营者在相关市场的市场份额合计达到3/4的。

【提示】①有前款第（2）（3）项规定的情形，其中有的经营者市场份额不足10%的，不应当推定该经营者具有市场支配地位；②被推定具有市场支配地位的经营者，有证据证明不具有市场支配地位的，不应当认定其具有市场支配地位。

【鑫考题1·多选题】根据反垄断法律制度的规定，市场支配地位是指经营者在相关市场内具有能够控制商品价格、数量或者其他交易条件，或者能够阻碍、影响其他经营者进入相关市场能力的市场地位。下列各项中，属于"其他交易条件"的有（　　）。（2018年）

A. 付款条件　　　B. 交付方式　　　C. 商品品质　　　D. 售后服务

【答案】ABCD

【解析】其他交易条件是指除商品价格、数量之外能够对市场交易产生实质影响的其他因素，包括商品品质、付款条件、交付方式、售后服务等。

【鑫考题2·多选题】根据反垄断法律制度的规定，下列关于经营者市场支配地位的理解中，正确的有（　　）。（2019年）

A. 具有市场支配地位的经营者能够阻碍、影响其他经营者进入相关市场

B. 经营者具有市场支配地位这一状态本身并不违法

C. 具有市场支配地位的经营者未必是"独占"者

D. 市场支配地位可能由多个经营者共同具有

【答案】ABCD

【解析】（1）选项A：市场支配地位是指经营者在相关市场内具有能够控制商品价格、数量或者其他交易条件，或者能够阻碍、影响其他经营者进入相关市场能力的市场地位；（2）选项B：《反垄断法》对经营者合法取得的市场支配地位并不视为非法；（3）选项C：具有市场支配地位的经营者未必是"独占"者；（4）选项D：具有市场支配地位的经营者可以是一个，也可以是多个经营者共同具有市场支配地位。

【鑫考点2】《反垄断法》禁止的滥用市场支配地位行为（★★★）（2009年单选题；2013年多选题；2018年多选题）

【解释】滥用市场支配地位行为可分为两个基本类型，即排他性滥用和剥削性滥用。排他性滥用是指寻求损害竞争者的竞争地位，或者从根本上将它们排除出市场的行为，主要表现形式包括掠夺定价、搭售、价格歧视和拒绝交易等。剥削性滥用是指具有市场支配地位的经营者凭借其市场支配地位对交易对方进行剥削的行为，实践中主要表现为

不公平定价行为。

一、不公平定价

以不公平的高价销售商品或者以不公平的低价购买商品。

认定"不公平的高价"或者"不公平的低价",可以考虑下列因素:

(1) 销售价格或者购买价格是否明显高于或者明显低于其他经营者在相同或者相似市场条件下销售或者购买同种商品或者可比较商品的价格。

(2) 销售价格或者购买价格是否明显高于或者明显低于同一经营者在其他相同或者相似市场条件区域销售或者购买商品的价格。

(3) 在成本基本稳定的情况下,是否超过正常幅度提高销售价格或者降低购买价格。

(4) 销售商品的提价幅度是否明显高于成本增长幅度,或者购买商品的降价幅度是否明显高于交易相对人成本降低幅度。

(5) 需要考虑的其他相关因素。

【提示】认定市场条件相同或者相似,应当考虑销售渠道、销售模式、供求状况、监管环境、交易环节、成本结构、交易情况等因素。

【鑫考题·多选题】根据反垄断法律制度的规定,认定具有市场支配地位的经营者以不公平的高价销售商品,应当主要考虑的因素有( )。(2018年)

A. 销售价格是否明显高于其他经营者在相同或者相似市场条件下销售同种商品或者可比较商品的价格

B. 在成本基本稳定的情况下,是否超过正常幅度提高商品的销售价格

C. 商品销售价格的提价幅度是否明显高于成本增长幅度

D. 销售价格是否明显高于同一经营者在其他相同或者相似市场条件区域销售商品的价格

【答案】ABCD

二、掠夺性定价

没有正当理由,以低于成本的价格销售商品。

根据《禁止滥用市场支配地位行为暂行规定》,下列情形构成低于成本价格销售行为的正当理由:

(1) 降价处理鲜活商品、季节性商品、有效期限即将到期的商品和积压商品的。

(2) 因清偿债务、转产、歇业降价销售商品的。

(3) 在合理期限内为推广新产品进行促销的。

【鑫考题·多选题】我国反垄断法律制度禁止具有市场支配地位的经营者,无正当理由以低于成本的价格销售商品。下列各项中,属于法定正当理由的有( )。(2013年)

A. 清偿债务
B. 为推广新产品进行促销
C. 处理鲜活商品
D. 处理积压商品

【答案】ABCD

【解析】因下列情形而进行的低于成本价格销售均为正当：(1) 降价处理鲜活商品、季节性商品、有效期限即将到期的商品和积压商品的（选项 CD）；(2) 因清偿债务、转产、歇业降价销售商品的（选项 A）；(3) 在合理期限内为推广新产品进行促销的（选项 B）。

三、拒绝交易

没有正当理由，拒绝与交易相对人进行交易。

根据《禁止滥用市场支配地位行为暂行规定》，下列没有正当理由、以间接方式拒绝交易的行为同样受到禁止：

(1) 实质性削减与交易相对人的现有交易数量。
(2) 拖延、中断与交易相对人的现有交易。
(3) 拒绝与交易相对人进行新的交易。
(4) 设置限制性条件，使交易相对人难以与其进行交易。
(5) 拒绝交易相对人在生产经营活动中以合理条件使用其必需设施。

【提示】根据《禁止滥用市场支配地位行为暂行规定》，能构成否认拒绝交易行为违法性的正当理由包括：

① 因不可抗力等客观原因无法进行交易；
② 交易相对人有不良信用记录或者出现经营状况持续恶化等情况，影响交易安全；
③ 与交易相对人进行交易将使经营者利益发生不当减损；
④ 能够证明行为具有正当性的其他理由。

四、限定交易

没有正当理由，限定交易相对人只能与其进行交易或者只能与其指定的经营者进行交易。

根据《禁止滥用市场支配地位行为暂行规定》，限定交易行为的具体表现包括：

(1) 限定交易相对人只能与其进行交易。
(2) 限定交易相对人只能与其指定的经营者进行交易。
(3) 限定交易相对人不得与特定经营者进行交易。

【提示】根据《禁止滥用市场支配地位行为暂行规定》，限定交易的正当理由包括：

① 为满足产品安全要求所必须；
② 为保护知识产权所必须；
③ 为保护针对交易进行的特定投资所必须；
④ 能够证明行为具有正当性的其他理由。

五、搭售或附加不合理条件

没有正当理由搭售商品，或者在交易时附加其他不合理的交易条件。

根据《禁止滥用市场支配地位行为暂行规定》，此类行为的具体表现包括：

（1）违背交易惯例、消费习惯或者无视商品的功能，将不同商品捆绑销售或者组合销售。

（2）对合同期限、支付方式、商品的运输及交付方式或者服务的提供方式等附加不合理的限制。

（3）对商品的销售地域、销售对象、售后服务等附加不合理的限制。

（4）交易时在价格之外附加不合理费用。

（5）附加与交易标的无关的交易条件。

【提示】根据《禁止滥用市场支配地位行为暂行规定》，此类行为的正当理由包括：

① 符合正当的行业惯例和交易习惯；

② 为满足产品安全要求所必须；

③ 为实现特定技术所必须；

④ 能够证明行为具有正当性的其他理由。

六、差别待遇（歧视待遇）

没有正当理由，对条件相同的交易相对人在交易价格等交易条件上实行差别待遇。

根据《禁止滥用市场支配地位行为暂行规定》，此类行为的具体表现包括：

（1）实行不同的交易价格、数量、品种、品质等级。

（2）实行不同的数量折扣等优惠条件。

（3）实行不同的付款条件、交付方式。

（4）实行不同的保修内容和期限、维修内容和时间、零配件供应、技术指导等售后服务条件。

【提示】根据《禁止滥用市场支配地位行为暂行规定》，差别待遇的正当理由包括：

① 根据交易相对人实际需求且符合正当的交易习惯和行业惯例，实行不同交易条件；

② 针对新用户的首次交易在合理期限内开展的优惠活动；

③ 能够证明行为具有正当性的其他理由。

【鑫考题·单选题】根据《反垄断法》的规定，对于经营者从事的下列滥用市场支配地位的行为，反垄断执法机构进行违法性认定时，无须考虑其行为是否有正当理由的是（　　）。（2009年）

A. 以不公平的高价销售商品

B. 拒绝与交易相对人进行交易

C. 限定交易相对人只能与其进行交易

D. 搭售商品

【答案】A

【解析】除以不公平的高价销售商品或者以不公平的低价购买商品外，其他情形的前提均为没有正当理由。

第四节 经营者集中反垄断审查制度

【解释1】与垄断协议和滥用市场支配地位行为禁止制度不同,经营者集中审查制度旨在通过对经营者集中后可能出现的排除、限制竞争效果进行预测,实现对反竞争行为的"事前规制"。

【解释2】经营者集中,是指下列情形:

(1) 经营者合并。

(2) 经营者通过取得股权或者资产的方式取得对其他经营者的控制权。

(3) 经营者通过合同等方式取得对其他经营者的控制权或者能够对其他经营者施加决定性影响。

【提示】判断经营者是否通过交易取得对其他经营者的控制权或者能够对其他经营者施加决定性影响,应当考虑下列因素:

① 交易的目的和未来的计划;

② 交易前后其他经营者的股权结构及其变化;

③ 其他经营者股东大会的表决事项及其表决机制,以及其历史出席率和表决情况;

④ 其他经营者董事会或者监事会的组成及其表决机制;

⑤ 其他经营者高级管理人员的任免等;

⑥ 其他经营者股东、董事之间的关系,是否存在委托行使投票权、一致行动人等;

⑦ 该经营者与其他经营者是否存在重大商业关系、合作协议等;

⑧ 其他应当考虑的因素。

【鑫考点1】经营者集中的申报（★★）(2019年多选题)

一、经营者集中的申报情形

(1) 参与集中的所有经营者上一会计年度在全球范围内的营业额合计超过100亿元人民币,并且其中至少两个经营者上一会计年度在中国境内的营业额均超过4亿元人民币。

(2) 参与集中的所有经营者上一会计年度在中国境内的营业额合计超过20亿元人民币,并且其中至少两个经营者上一会计年度在中国境内的营业额均超过4亿元人民币。

二、申报豁免

(1) 参与集中的一个经营者拥有其他每个经营者50%以上有表决权的股份或者资产的。

(2) 参与集中的每个经营者50%以上有表决权的股份或者资产被同一个未参与集中的经营者拥有的。

【鑫考题·多选题】 下列关于我国经营者集中申报制度的表述中，符合反垄断法律制度规定的有（　　）。(2019 年)

A. 我国对经营者集中实行强制的事前申报制

B. 参与集中的每个经营者 30% 以上有表决权的股份或者资产被同一未参与集中的经营者拥有的，可以免于申报

C. 参与集中的所有经营者上一会计年度在全球范围内的营业额合计达到 100 亿元，并且其中至少两个经营者上一会计年度在中国境内的营业额均达到 4 亿元的经营者集中，应当申报

D. 经营者在国务院反垄断执法机构规定的期限内未补交应当补交的申报材料的，视为未申报

【答案】AD

【解析】(1) 选项 A：我国采取的是强制的事前申报模式，即当事人在实施集中前必须事先向商务部申报，经商务部审查批准后才可以实施集中。(2) 选项 B：参与集中的每个经营者 50% 以上有表决权的股份或者资产被同一个未参与集中的经营者拥有的，可以免于向商务部申报。(3) 选项 C：参与集中的所有经营者上一会计年度在全球范围内的营业额合计超过 100 亿元人民币，并且其中至少两个经营者上一会计年度在中国境内的营业额均超过 4 亿元人民币的经营者集中，应当事先向商务部申报，未申报的不得实施集中。(4) 选项 D：经营者提交的文件、资料不完备的，应当在国务院反垄断执法机构规定的期限内补交文件、资料。经营者逾期未补交文件、资料的，视为未申报。

【鑫考点 2】经营者集中的审查程序（★★）(2013 年单选题)

一、两阶段审查

1. 第一步审查

国务院反垄断执法机构应当自收到经营者提交的符合相关规定的文件、资料之日起 30 内，对申报的经营者集中进行初步审查，作出是否实施进一步审查的决定，并书面通知经营者。

2. 第二步审查

国务院反垄断执法机构决定实施进一步审查的，应当自决定之日起 90 内审查完毕，作出是否禁止经营者集中的决定，并书面通知经营者。

3. 延长审查

有特殊情形的，国务院反垄断执法机构经书面通知经营者，可以延长前款规定的审查期限，但最长不得超过 60 日（审查最长时间为 30 + 90 + 60 = 180 日）。

【鑫考题·单选题】 根据反垄断法律制度的规定，我国经营者集中反垄断审查程序的最长审查时限为（　　）。(2013 年)

A. 60 日　　　　　B. 90 日　　　　　C. 180 日　　　　　D. 210 日

【答案】C

二、简易程序

(1) 符合下列情形的经营者集中案件，为简易案件：

① 在同一相关市场，所有参与集中的经营者所占的市场份额之和小于15%；

② 存在上下游关系的参与集中的经营者，在上下游市场所占的份额均小于25%；

③ 不在同一相关市场、也不存在上下游关系的参与集中经营者，在与交易有关的每个市场所占的份额均小于25%；

④ 参与集中的经营者在中国境外设立合营企业，合营企业不在中国境内从事经济活动；

⑤ 参与集中的经营者收购境外企业股权或资产的，该境外企业不在中国境内从事经济活动；

⑥ 由两个以上经营者共同控制的合营企业，通过集中被其中一个或一个以上经营者控制。

(2) 虽符合上述条件，但存在下列情形的经营者集中案件，不视为简易案件：

① 由两个以上经营者共同控制的合营企业，通过集中被其中的一个经营者控制，该经营者与合营企业属于同一相关市场的竞争者，且市场份额之和大于15%的；

② 经营者集中涉及的相关市场难以界定的；

③ 经营者集中对市场进入、技术进步可能产生不利影响的；

④ 经营者集中对消费者和其他有关经营者可能产生不利影响的；

⑤ 经营者集中对国民经济发展可能产生不利影响的；

⑥ 市场监管总局认为可能对市场竞争产生不利影响的其他情形。

【鑫考题·单选题】下列经营者集中案件，通常可以作为简易案件审查的是（　　）。

A. 在同一相关市场的甲公司和乙公司合并，两公司所占市场份额均为10%

B. 纺织公司甲和制衣公司乙合并，甲公司在布料市场占有的份额为20%，乙公司在成衣市场占有的份额为24%

C. 制衣公司甲和建筑公司乙合并，两公司在各自主营业务相关市场中所占的份额均为25%

D. 由甲公司与乙公司共同控制的合营企业，通过集中被其中的乙公司控制，该乙公司与合营企业属于同一相关市场的竞争者

【答案】B

【解析】(1) 选项A：在同一相关市场，所有参与集中的经营者所占的市场份额之和小于15%；(2) 选项B：存在上下游关系的参与集中的经营者，在上下游市场所占的份额均小于25%；(3) 选项C：不在同一相关市场、也不存在上下游关系的参与集中的经营者，在与交易有关的每个市场所占的份额均小于25%；(4) 选项D：由两个以上经

营者共同控制的合营企业，通过集中被其中的一个经营者控制，该经营者与合营企业属于同一相关市场的竞争者，不视为简易案件。

【鑫考点3】经营者集中审查的实体标准（★★）(2011年多选题；2019年多选题)

【提示】经营者集中反垄断审查的实体标准包括一般标准和竞争影响评估的具体规则两个层面的内容。

一、一般标准

我国《反垄断法》第28条规定：经营者集中具有或者可能具有排除、限制竞争效果的，国务院反垄断执法机构应当作出禁止经营者集中的决定。可见，我国《反垄断法》是将"具有或者可能具有排除、限制竞争效果"作为经营者集中审查的一般标准。

二、对经营者集中竞争影响的评估

审查经营者集中，根据个案具体情况和特点，综合考虑下列因素：

（1）参与集中的经营者在相关市场的市场份额及其对市场的控制力。

（2）相关市场的市场集中度。

【解释】市场集中度通常可用赫芬达尔-赫希曼指数（HHI指数）和行业前N家企业联合市场份额（CR_n指数）来衡量。

（3）经营者集中对市场进入、技术进步的影响。

（4）经营者集中对消费者和其他有关经营者的影响。

（5）经营者集中对国民经济发展的影响。

（6）其他因素，如集中对公共利益的影响、集中对经济效率的影响、参与集中的经营者是否为濒临破产的企业、是否存在抵销性买方力量等。

【鑫考题1·多选题】在对经营者集中进行反垄断审查并作出是否禁止该集中的决定过程中，反垄断执法机构应主要考虑一些经济因素。下列各项中，属于该类经济因素的有（ ）。(2011年)

A. 参与集中的经营者在相关市场的市场份额及其对市场的控制力

B. 相关市场的集中度

C. 经营者集中对市场进入、技术进步的影响

D. 经营者集中对消费者的影响

【答案】ABCD

【鑫考点4】经营者集中附加限制性条件批准制度（★★★）(2015年多选题；2017年多选题；2020年多选题)

一、限制性条件的分类

限制性条件可以包括如下种类：

（1）剥离有形资产、知识产权等无形资产或者相关权益（以下简称"剥离业务"）等结构性条件。

（2）开放其网络或者平台等基础设施、许可关键技术（包括专利、专有技术或者其他知识产权）、终止排他性协议等行为性条件。

（3）结构性条件和行为性条件相结合的综合性条件。

二、限制性条件的确定

（1）为减少集中具有或者可能具有的排除、限制竞争的效果，参与集中的经营者可以向市场监管总局提出附加限制性条件承诺方案。市场监管总局应当对承诺方案的有效性、可行性和及时性进行评估，并及时将评估结果通知申报人。

（2）市场监管总局认为承诺方案不足以减少集中对竞争的不利影响的，可以与参与集中的经营者就限制性条件进行磋商，要求其在合理期限内提出其他承诺方案。承诺方案存在不能实施的风险的，参与集中的经营者可以提出备选方案。备选方案应当在首选方案无法实施后生效，并且比首选方案的条件更为严格。

三、限制性条件的履行监督、解除与变更

（1）对于附加限制性条件批准的经营者集中，义务人应当严格履行审查决定规定的义务，并按规定向市场监管总局报告限制性条件履行情况。市场监管总局可以自行或者通过受托人对义务人履行限制性条件的行为进行监督检查。通过受托人监督检查的，市场监管总局应当在审查决定中予以明确。

（2）审查决定应当规定附加限制性条件的期限。根据审查决定，限制性条件到期自动解除的，经市场监管总局核查，义务人未违反审查决定的，限制性条件自动解除。义务人存在违反审查决定情形的，市场监管总局可以适当延长附加限制性条件的期限，并及时向社会公布。根据审查决定，限制性条件到期后义务人需要申请解除的，义务人应当提交书面申请并说明理由。市场监管总局评估后决定解除限制性条件的，应当及时向社会公布。限制性条件为业务剥离的，经市场监管总局核查，义务人履行完成所有义务的，限制性条件自动解除。

（3）审查决定生效期间，市场监管总局可以主动或者应义务人申请对限制性条件进行重新审查，变更或者解除限制性条件。市场监管总局决定变更或者解除限制性条件的，应当及时向社会公布。市场监管总局变更或者解除限制性条件时，应当考虑下列因素：

① 集中交易方是否发生重大变化；
② 相关市场竞争状况是否发生实质性变化；
③ 实施限制性条件是否无必要或者不可能；
④ 应当考虑的其他因素。

【鑫考题·多选题】 下列经营者集中附加的限制性条件中，属于行为性条件的有（　　）。（2020年）

A. 剥离知识产权　　　　　　　　B. 许可关键技术

C. 终止排他性协议　　　　　　　　D. 开放平台等基础设施

【答案】BCD

第五节　行政垄断规制制度

【鑫考点1】禁止的滥用行政权力排除、限制竞争行为（★★）（2010年多选题；2012年单选题）

一、行政强制交易

根据《制止滥用行政权力排除、限制竞争行为暂行规定》，行政强制交易的具体表现包括：

（1）以明确要求、暗示、拒绝或者拖延行政审批、重复检查、不予接入平台或者网络等方式，限定或者变相限定经营、购买、使用特定经营者提供的商品。

（2）通过限制投标人所在地、所有制形式、组织形式等方式，限定或者变相限定经营、购买、使用特定投标人提供的商品。

（3）没有法律、法规依据，通过设置项目库、名录库等方式，限定或者变相限定经营、购买、使用特定经营者提供的商品。

（4）限定或者变相限定单位或者个人经营、购买、使用其指定的经营者提供的商品的其他行为。

二、地区封锁

根据《制止滥用行政权力排除、限制竞争行为暂行规定》，地区封锁行为的具体表现包括：

（1）对外地商品设定歧视性收费项目、实行歧视性收费标准，或者规定歧视性价格、实行歧视性补贴政策。

（2）对外地商品规定与本地同类商品不同的技术要求、检验标准，或者对外地商品采取重复检验、重复认证等措施，阻碍、限制外地商品进入本地市场。

（3）没有法律、法规依据，采取专门针对外地商品的行政许可、备案，或者对外地商品实施行政许可、备案时，设定不同的许可或者备案条件、程序、期限等，阻碍、限制外地商品进入本地市场。

（4）没有法律、法规依据，设置关卡、通过软件或者互联网设置屏蔽等手段，阻碍、限制外地商品进入本地市场或者本地商品运往外地市场。

（5）妨碍商品在地区之间自由流通的其他行为。

三、排斥或限制外地经营者参加本地招标投标活动

根据《制止滥用行政权力排除、限制竞争行为暂行规定》，此类行为的具体表现

包括：

（1）不依法发布信息。

（2）明确外地经营者不能参与本地特定的招标投标活动。

（3）对外地经营者设定歧视性的资质要求或者评审标准。

（4）通过设定与招标项目的具体特点和实际需要不相适应或者与合同履行无关的资格、技术和商务条件，变相限制外地经营者参加本地招标投标活动。

（5）排斥或者限制外地经营者参加本地招标投标活动的其他行为。

四、排斥或限制外地经营者在本地投资或者设立分支机构

根据《制止滥用行政权力排除、限制竞争行为暂行规定》，此类行为的具体表现包括：

（1）拒绝外地经营者在本地投资或者设立分支机构。

（2）没有法律、法规依据，对外地经营者在本地投资的规模、方式及设立分支机构的地址、商业模式等进行限制。

（3）对外地经营者在本地的投资或者设立的分支机构在投资、经营规模、经营方式、税费缴纳等方面规定与本地经营者不同的要求，在安全生产、节能环保、质量标准等方面实行歧视性待遇。

（4）排斥或者限制外地经营者在本地投资或者设立分支机构的其他行为。

五、强制经营者从事垄断行为

行政机关和法律、法规授权的具有管理公共事务职能的组织滥用行政权力，强制经营者达成、实施排除、限制竞争的垄断协议，或者强制具有市场支配地位的经营者从事滥用市场支配地位的行为，或者强制经营者实施违法经营者集中等。

六、抽象行政性垄断行为

【解释】抽象行政性垄断行为是指行政机关滥用行政权力，制定含有排除、限制竞争内容的规定的行为，其具体形式包括决定、公告、办法、通知、意见、会议纪要等。

行政机关不得滥用行政权力，制定、发布含有排除、限制竞争内容的规定。

【鑫考题·多选题】下列行为中，属于《反垄断法》所禁止的垄断行为的有（　　）。（2010年）

A. 某药品生产企业因拥有一项治疗心血管疾病的药品专利，占据了相关市场95%的份额

B. 年销售额在1亿元以上的药品零售企业之间达成联盟协议，共同要求药品生产企业按统一的优惠价格向联盟内的企业供应药品，联盟内的企业按统一的零售价向消费者销售药品

C. 某市政府在与某国有医药企业签订的战略合作协议中承诺，该国有医药企业在本市医疗机构药品招标中享有优先中标机会

D. 某省政府招标办公室发布文件称：凡不在本省纳税的企业，一律不得参与本省的招投标活动

【答案】BCD

【解析】（1）选项A：《反垄断法》对经营者合法取得的市场支配地位（包括垄断地位）并不视为非法，法律所禁止的是当事人滥用其垄断地位排除或者限制竞争的行为；（2）选项B：属于法律禁止的垄断协议；（3）选项CD：属于法律禁止的行政性垄断行为。

【鑫考点2】公平竞争的审查制度（★）

【解释】公平竞争审查制度的目标是规范政府行为，防止出台排除、限制竞争的政策措施，逐步清理废除妨碍全国统一市场和公平竞争的规定和做法。

一、公平竞争审查的对象和方式

1. 对象

（1）行政机关和法律法规授权的具有管理公共事务职能的组织（以下简称"政策制定机关"）制定市场准入、产业发展、招商引资、招标投标、政府采购、经营行为规范、资质标准等涉及市场主体经济活动的规章、规范性文件和其他政策措施。

（2）行政法规和国务院制定的其他政策措施。

（3）地方立法机关制定的地方性法规。

2. 审查方式

（1）公平竞争审查采取事前自我审查的方式。

（2）国务院制定的行政法规和其他政策措施、政府部门负责起草的地方性法规，由起草部门在起草过程中进行公平竞争审查。未经公平竞争审查不得提交审议。

（3）国家发展改革委、国务院原法制办、财政部、商务部、市场监督管理总局会同有关部门，建立公平竞争审查工作部际联席会议制度，统筹协调推进公平竞争审查相关工作，对实施公平竞争审查制度进行宏观指导。

（4）地方各级人民政府建立的公平竞争审查联席会议或者相应的工作协调机制（以下简称"联席会议"），负责统筹协调本地区公平竞争审查工作。各级公平竞争审查联席会议应当每年向上级公平竞争审查联席会议报告本地区公平竞争审查制度实施情况。

（5）政策制定机关开展公平竞争审查时，对存在较大争议或者部门意见难以协调一致的问题，可以提请同级公平竞争审查联席会议协调。联席会议认为确有必要的，可以根据相关工作规则召开会议进行协调。仍无法协调一致的，由政策制定机关提交上级机关决定。

二、公平竞争审查标准

1. 市场准入和退出标准

（1）不得设置不合理和歧视性的准入和退出条件。

（2）未经公平竞争，不得授予经营者特许经营权。
（3）不得限定经营、购买、使用特定经营者提供的商品和服务。
（4）不得设置没有法律法规依据的审批或者具有行政审批性质的事前备案程序。
（5）不得对市场准入负面清单以外的行业、领域、业务等设置审批程序。

2. 商品和要素自由流动标准
（1）不得对外地和进口商品、服务实行歧视性价格和歧视性补贴政策。
（2）不得限制外地和进口商品、服务进入本地市场或者阻碍本地商品运出、服务输出。
（3）不得排斥或者限制外地经营者参加本地招标投标活动。
（4）不得排斥、限制或者强制外地经营者在本地投资或者设立分支机构。
（5）不得对外地经营者在本地的投资或者设立的分支机构实行歧视性待遇。

3. 影响生产经营成本标准
（1）不得违法给予特定经营者优惠政策。
（2）安排财政支出一般不得与企业缴纳的税收或非税收入挂钩。
（3）不得违法违规减免或者缓征特定经营者应当缴纳的社会保险费用。
（4）不得在法律规定之外要求经营者提供或者扣留经营者各类保证金。

4. 影响生产经营行为标准
（1）不得强制经营者从事《反垄断法》规定的垄断行为。
（2）不得违法披露或者违法要求经营者披露生产经营敏感信息，为经营者实施垄断行为提供便利条件。
（3）不得超越定价权限进行政府定价。
（4）不得违法干预实行市场调节价的商品和服务的价格水平。

三、例外规定

政策制定机关对政策措施进行公平竞争审查时，认为虽然具有一定限制竞争的效果，但属于为维护国家经济安全、文化安全、涉及国防建设，为实现扶贫开发、救灾救助等社会保障目的，为实现节约能源资源、保护生态环境等社会公共利益及法律、行政法规规定的例外情形，在同时符合以下条件的情况下可以实施：① 对实现政策目的不可或缺，即为实现相关目标必须实施此项政策措施；② 不会严重排除和限制市场竞争；③ 明确实施期限。

【鑫考点3】法律责任（★★）（2010年单选题；2016年多选题）

（1）行政机关和法律法规授权的具有管理公共事务职能的组织滥用行政权力，实施排除、限制竞争行为的，由上级机关责令改正。
（2）对直接负责的主管人员和其他直接责任人员依法给予处分。
（3）反垄断执法机构可以向有关上级机关提出依法处理的建议。

【相关链接1】经营者违反《反垄断法》规定，达成并实施垄断协议的，由反垄断执法机构责令停止违法行为，没收违法所得，并处上一年度销售额1%以上10%以下的罚款；尚未实施所达成的垄断协议的，可以处50万元以下的罚款。

行业协会违反《反垄断法》规定，组织本行业的经营者达成垄断协议的，反垄断执法机构可以处50万元以下的罚款；情节严重的，社会团体登记管理机关可以依法撤销登记。

【相关链接2】经营者违反《反垄断法》规定，滥用市场支配地位的，由反垄断执法机构责令停止违法行为，没收违法所得，并处上一年度销售额1%以上10%以下的罚款。

【相关链接3】经营者违反《反垄断法》规定实施集中的，由国务院反垄断执法机构责令停止实施集中、限期处分股份或者资产、限期转让营业及采取其他必要措施恢复到集中前的状态，可以处50万元以下的罚款。

【鑫考题1·单选题】根据反垄断法律制度的规定，行政机关滥用行政权力，实施限制竞争行为的，除法律、行政法规另有规定的，反垄断执法机构可以采取的处理措施是（　　）。(2010年)

A. 责令行为人改正违法行为
B. 对直接负责的主管人员和其他直接责任人员给予处分
C. 对行为人处以罚款
D. 向有关上级机关提出依法处理的建议

【答案】D

【鑫考题2·多选题】根据反垄断法律制度的规定，下列情形中，可处以50万元以下罚款的有（　　）。(2016年)

A. 经营者达成垄断协议，但未实施
B. 行业协会组织本行业经营者从事垄断协议行为
C. 经营者未依法申报达到申报标准的经营者集中
D. 行政机关滥用行政权力排除竞争

【答案】ABC

第十二章

涉外经济法律制度

本章考点

在最近3年的考试中,本章的平均分值为6分,题型全部为客观题,在客观题中占有重要地位。本章复习难度不大,但考点较多,重在记忆。考生需要重点关注外商直接投资、《对外贸易法》和资本项目外汇管理制度。

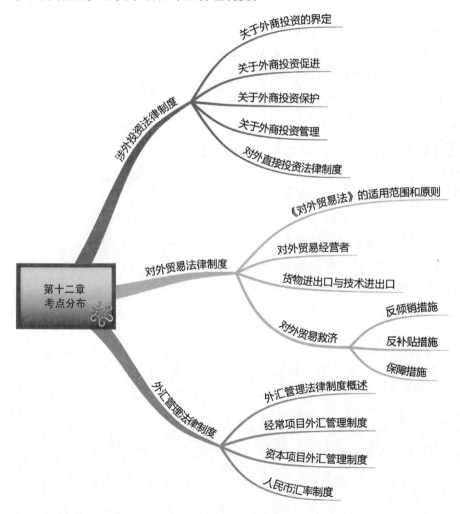

第十二章 涉外经济法律制度

本章考情

其中 1 套试卷

题型	2018 年	2019 年	2020 年
单选题	3 题 3 分	3 题 3 分	3 题 3 分
多选题	2 题 3 分	2 题 3 分	2 题 3 分
合计	5 题 6 分	5 题 6 分	5 题 6 分

第一节 涉外投资法律制度

【考点 1】关于外商投资的界定（★）

《外商投资法》对外商投资进行了界定，即外国的自然人、企业或者其他组织直接或者间接在中国境内进行的投资活动，包括以下四类具体情形：

（1）外国投资者单独或者与其他投资者共同在中国境内设立外商投资企业。

（2）外国投资者取得中国境内企业的股份、股权、财产份额或者其他类似权益。

（3）外国投资者单独或者与其他投资者共同在中国境内投资新建项目。

（4）法律、行政法规或者国务院规定的其他方式的投资。

【解释 1】"在中国境内投资新建项目"是指外国投资者在中国境内对特定项目建设进行投资，但不设立外商投资企业，不取得中国境内企业的股份、股权、财产份额或者其他类似权益。例如，外国投资者以服务费、特许经营费或其他约定方式获取投资收益。

【解释 2】"其他投资者"包括中国的自然人在内。这意味着中国自然人也可以同外国自然人、企业或其他组织在中国境内设立外商投资企业或者投资新建项目。

【提示】对于外国投资者在中国境内投资银行、证券、保险等金融行业，或者在证券市场、外汇市场等金融市场进行投资，国家另有规定的，依照其规定。

【考点 2】关于外商投资促进（★★）

一、提高外商投资政策的透明度

1. 政策依法公开

政府及其有关部门制定的支持企业发展的政策应当依法公开；对政策实施中需要由企业申请办理的事项，政府及其有关部门应当公开申请办理的条件、流程、时限等，并在审核中依法平等对待外商投资企业和内资企业。

2. 听取意见和建议

制定与外商投资有关的行政法规、规章、规范性文件，或者政府及其有关部门起草与外商投资有关的法律、地方性法规,应当根据实际情况,采取书面征求意见及召开座谈会、论证会、听证会等多种形式,听取外商投资企业和有关商会、协会等方面的意见和建议;对反映集中或者涉及外商投资企业重大权利义务问题的意见和建议,应当通过适当方式反馈采纳的情况。

3. 未公布不得作为行政管理依据

与外商投资有关的规范性文件应当依法及时公布,未经公布的不得作为行政管理依据。与外商投资企业生产经营活动密切相关的规范性文件,应当结合实际,合理确定公布到施行之间的时间。

二、保障外商投资企业平等参与市场竞争

1. 平等参与标准制定

(1) 外商投资企业依法和内资企业平等参与国家标准、行业标准、地方标准和团体标准的制定、修订工作。

(2) 外商投资企业可以根据需要自行制定或者与其他企业联合制定企业标准。

(3) 外商投资企业可以向标准化行政主管部门和有关行政主管部门提出标准的立项建议,在标准立项、起草、技术审查及标准实施信息反馈、评估等过程中提出意见和建议,并按照规定承担标准起草、技术审查的相关工作及标准的外文翻译工作。

(4) 国家制定的强制性标准对外商投资企业和内资企业平等适用,不得专门针对外商投资企业适用高于强制性标准的技术要求。

2. 平等参与政府采购

(1) 国家保障外商投资企业依法通过公平竞争参与政府采购活动,政府采购依法对外商投资企业在中国境内生产的产品和提供的服务平等对待。

(2) 政府及其有关部门不得阻挠和限制外商投资企业自由进入本地区和本行业的政府采购市场。政府采购的采购人、采购代理机构不得在政府采购信息发布、供应商条件确定和资格审查、评标标准等方面,对外商投资企业实行差别待遇或者歧视待遇,不得以所有制形式、组织形式、股权结构、投资者国别、产品或者服务品牌及其他不合理的条件对供应商予以限定,不得对外商投资企业在中国境内生产的产品、提供的服务和内资企业区别对待。

(3) 外商投资企业可以依照《政府采购法》及其实施条例的规定,就政府采购活动事项向采购人、采购代理机构提出询问、质疑,向政府采购监督管理部门投诉。采购人、采购代理机构、政府采购监督管理部门应当在规定的时限内作出答复或者处理决定。

3. 可以融资

外商投资企业可以依法在中国境内或者境外通过公开发行股票、公司债券等证券,以及公开或者非公开发行其他融资工具、借用外债等方式进行融资。

三、加强外商投资服务

(1) 国家建立健全外商投资服务体系,为外国投资者和外商投资企业提供法律法规、

政策措施、投资项目信息等方面的咨询和服务。

（2）各级人民政府应当按照政府主导、多方参与的原则，建立健全外商投资服务体系，不断提升外商投资服务能力和水平。

（3）政府及其有关部门应当通过政府网站、全国一体化在线政务服务平台集中列明有关外商投资的法律、法规、规章、规范性文件、政策措施和投资项目信息，并通过多种途径和方式加强宣传、解读，为外国投资者和外商投资企业提供咨询、指导等服务。

四、依法依规鼓励和引导外商投资

1. 制定鼓励外商投资产业目录

国家根据国民经济和社会发展需要，制定鼓励外商投资产业目录，列明鼓励和引导外国投资者投资的特定行业、领域、地区。鼓励外商投资产业目录由国务院投资主管部门会同国务院商务主管部门等有关部门拟订，报国务院批准后由国务院投资主管部门、商务主管部门发布。

2. 依法享受相应的优惠待遇

外国投资者、外商投资企业可以依照法律、行政法规或者国务院的规定，享受财政、税收、金融、用地等方面的优惠待遇。外国投资者以其在中国境内的投资收益在中国境内扩大投资的，依法享受相应的优惠待遇。

3. 地方政府提供便利化政策措施

县级以上地方人民政府可以根据法律、行政法规、地方性法规的规定，在法定权限内制定费用减免、用地指标保障、公共服务提供等方面的外商投资促进和便利化政策措施。

4. 设立特殊经济区域

国家根据需要，设立特殊经济区域，或者在部分地区实行外商投资试验性政策措施，促进外商投资，扩大对外开放。

【鑫考点3】关于外商投资保护（★★★）（2020年多选题）

一、加强对外商投资企业的产权保护

1. 关于"征收"

国家对外国投资者的投资原则上不实行征收；在特殊情况下，国家为了公共利益的需要，可以依照法律规定对外国投资者的投资实行征收或者征用，但应当依照法定程序、以非歧视性的方式进行，并按照被征收投资的市场价值及时给予补偿。外国投资者对征收决定不服的，可以依法申请行政复议或者提起行政诉讼。

2. 关于"所得汇兑"

（1）外国投资者在中国境内的出资、利润、资本收益、资产处置所得、取得的知识产权许可使用费、依法获得的补偿或者赔偿、清算所得等，可以依法以人民币或者外汇自由汇入、汇出，任何单位和个人不得违法对币种、数额及汇入、汇出的频次等进行

限制。

（2）外商投资企业的外籍职工和香港、澳门、台湾职工的工资收入和其他合法收入，可以依法自由汇出。

3．关于"知识产权"

（1）国家保护外国投资者和外商投资企业的知识产权，保护知识产权权利人和相关权利人的合法权益，鼓励在外商投资过程中基于自愿原则和商业规则开展技术合作，技术合作条件由投资各方遵循公平原则平等协商确定。

（2）行政机关及其工作人员不得利用实施行政许可、行政检查、行政处罚、行政强制及其他行政手段，强制或者变相强制外国投资者、外商投资企业转让技术。

4．关于"商业秘密"

（1）行政机关依法履行职责，确需外国投资者、外商投资企业提供涉及商业秘密的材料、信息的，应当限定在履行职责所必需的范围内，并严格控制知悉范围，与履行职责无关的人员不得接触有关材料、信息。

（2）行政机关应当建立健全内部管理制度，采取有效措施保护履行职责过程中知悉的外国投资者、外商投资企业的商业秘密；依法需要与其他行政机关共享信息的，应当对信息中含有的商业秘密进行保密处理，防止泄露。

二、强化对制定涉及外商投资的规范性文件的约束

1．依法制定规范性法律文件

各级人民政府及其有关部门制定涉及外商投资的规范性文件，应当符合法律法规的规定；没有法律、行政法规依据的，不得减损外商投资企业的合法权益或者增加其义务，不得设置市场准入和退出条件，不得干预外商投资企业的正常生产经营活动。

2．申请行政复议或者提起行政诉讼

外国投资者、外商投资企业认为行政行为所依据的国务院部门和地方人民政府及其部门制定的规范性文件不合法，在依法对行政行为申请行政复议或者提起行政诉讼时，可以一并请求对该规范性文件进行审查。

三、促使地方政府守约践诺

1．履行政策承诺

地方各级人民政府及其有关部门应当履行向外国投资者、外商投资企业依法作出的政策承诺及依法订立的各类合同，不得以行政区划调整、政府换届、机构或者职能调整及相关责任人更替等为由违约毁约。

2．改变政策承诺予以公平、合理补偿

因国家利益、社会公共利益需要改变政策承诺、合同约定的，应当依照法定权限和程序进行，并依法对外国投资者、外商投资企业因此受到的损失及时予以公平、合理的补偿。

四、建立健全外商投资企业投诉工作机制

（1）县级以上人民政府及其有关部门应当按照公开透明、高效便利的原则，建立健

全外商投资企业投诉工作机制，及时处理外商投资企业或者其投资者反映的问题，协调完善相关政策措施。县级以上地方人民政府应当指定部门或者机构负责受理本地区外商投资企业或者其投资者的投诉。

（2）国务院商务主管部门会同国务院有关部门建立外商投资企业投诉工作部际联席会议制度，协调、推动中央层面的外商投资企业投诉工作，对地方的外商投资企业投诉工作进行指导和监督。

（3）外商投资企业或者其投资者认为行政机关及其工作人员的行政行为侵犯其合法权益，通过外商投资企业投诉工作机制申请协调解决的，有关方面进行协调时可以向被申请的行政机关及其工作人员了解情况，被申请的行政机关及其工作人员应当予以配合。协调结果应当以书面形式及时告知申请人。

（4）外商投资企业或者其投资者依照前款规定申请协调解决有关问题的，不影响其依法申请行政复议、提起行政诉讼。

（5）对外商投资企业或者其投资者通过外商投资企业投诉工作机制反映或者申请协调解决问题，任何单位和个人不得压制或者打击报复。除外商投资企业投诉工作机制外，外商投资企业或者其投资者还可以通过其他合法途径向政府及其有关部门反映问题。

五、自主决定参加或者退出商会、协会

（1）外商投资企业可以依法成立商会、协会。除法律、法规另有规定外，外商投资企业有权自主决定参加或者退出商会、协会，任何单位和个人不得干预。

（2）商会、协会应当依照法律法规和章程的规定，加强行业自律，及时反映行业诉求，为会员提供信息咨询、宣传培训、市场拓展、经贸交流、权益保护、纠纷处理等方面的服务。

（3）国家支持商会、协会依照法律法规和章程的规定开展相关活动。

【鑫考题·多选题】根据涉外投资法律制度的规定，下列关于外商投资保护的表述中，正确的有（   ）。（2020年）

A. 国家对于外国投资者的投资，原则上可以实行征收

B. 外国投资者在中国境内的利润，可以依法以人民币或者外汇自由汇出

C. 外国投资者、外商投资企业认为行政行为所依据的国务院部门和地方人民政府及其部门制定的规范性文件不合法，在依法对行政行为申请行政复议或者提起行政诉讼时，可以一并请求对该规范性文件进行审查

D. 行政机关及其工作人员不得利用行政手段强制或者变相强制外国投资者、外商投资企业转让技术

【答案】BCD

【鑫考点4】关于外商投资管理（★★★）（2015年多选题；2019年单选题、多选题；2020年单选题）

一、准入前国民待遇加负面清单管理制度

（1）国家对外商投资实行准入前国民待遇加负面清单管理制度。

（2）准入前国民待遇。

所谓准入前国民待遇，是指在投资准入阶段给予外国投资者及其投资不低于本国投资者及其投资的待遇。

【解释】需要强调的是，所谓准入前国民待遇，并不是说准入后就不享受国民待遇。这里所说的准入前国民待遇，实际上是包含准入阶段和准入后的运营阶段在内的整个投资阶段的国民待遇。

（3）负面清单。

所谓负面清单，是指国家规定在特定领域对外商投资实施的准入特别管理措施。国家对负面清单之外的外商投资，给予国民待遇。

【提示1】负面清单由国务院投资主管部门会同国务院商务主管部门等有关部门提出，报国务院发布或者报国务院批准后由国务院投资主管部门、商务主管部门发布。

【提示2】中华人民共和国缔结或者参加的国际条约、协定对外国投资者准入待遇有更优惠规定的，可以按照相关规定执行。

① 负面清单规定禁止投资的领域，外国投资者不得投资。

② 负面清单规定限制投资的领域，外国投资者进行投资应当符合负面清单规定的股权要求、高级管理人员要求等限制性准入特别管理措施。

③ 有关主管部门在依法履行职责过程中，对外国投资者拟投资负面清单内领域，但不符合负面清单规定的，不予办理许可、企业登记注册等相关事项；涉及固定资产投资项目核准的，不予办理相关核准事项。

【鑫考题·单选题】根据涉外投资法律制度的规定，下列关于准入前国民待遇加负面清单管理模式的表述中，正确的是（　　）。（2019年）

A. 准入前国民待遇是指在企业设立阶段给予外资国民待遇，不包括企业设立后的经营阶段

B. 负面清单由商务部发布或批准发布

C. 准入前国民待遇加负面清单管理模式目前在我国仅适用于自由贸易试验区

D. 负面清单是指国家规定的准入特别管理措施

【答案】D

【解析】（1）选项A：所谓准入前国民待遇，并不是说准入后就不享受国民待遇。这里所说的准入前国民待遇，实际上是包含准入阶段和准入后的运营阶段在内的整个投资阶段的国民待遇。（2）选项B：负面清单由国务院发布或者批准发布。（3）选项C：

"准入前国民待遇+负面清单"模式已经推广到全国范围。

二、外商投资企业登记制度

（1）外商投资企业的登记注册，由国务院市场监督管理部门或者其授权的地方人民政府市场监督管理部门依法办理。

（2）外商投资企业的注册资本可以用人民币或可自由兑换货币表示。

（3）外商投资企业的组织形式、组织机构适用《公司法》《合伙企业法》等法律的规定。

【提示】《外商投资法》施行前依照"外资三法"设立的外商投资企业，在《外商投资法》施行后5年内，可以依照《公司法》《合伙企业法》等法律的规定调整其组织形式、组织机构等，并依法办理变更登记，也可以继续保留原企业组织形式、组织机构等。

（4）外国投资者或者外商投资企业应当通过企业登记系统及企业信用信息公示系统向商务主管部门报送投资信息，所报送的投资信息应当真实、准确、完整。

【鑫考题·单选题】为保持制度稳定性和连续性、保护投资者合理预期，根据《中华人民共和国外商投资法》规定，依照"外资三法"已经设立的外商投资企业，在该法施行后一定年限内可以继续保留原企业组织形式。该年限是（　　）。（2020年）

A. 1年　　　　B. 3年　　　　C. 5年　　　　D. 10年

【答案】C

三、外商投资安全审查制度

1. 外商投资安全审查工作机制办公室

《外商投资安全审查办法》规定，对影响或者可能影响国家安全的外商投资进行安全审查。国家建立外商投资安全审查工作机制（以下简称"工作机制"），负责组织、协调、指导外商投资安全审查工作。工作机制办公室设在国家发展改革委，由国家发展改革委、商务部牵头，承担外商投资安全审查的日常工作。

2. 审查范围

下列范围内的外商投资，外国投资者或者境内相关当事人（以下统称"当事人"）应当在实施投资前主动向工作机制办公室申报：

（1）投资军工、军工配套等关系国防安全的领域，以及在军事设施和军工设施周边地域投资。

（2）投资关系国家安全的重要农产品、重要能源和资源、重大装备制造、重要基础设施、重要运输服务、重要文化产品与服务、重要信息技术和互联网产品与服务、重要金融服务、关键技术及其他重要领域，并取得所投资企业的实际控制权。

【解释】此处所称"实际控制权"包括：①外国投资者持有所投资企业50%以上股权；②外国投资者持有所投资企业股权不足50%，但其所享有的表决权能够对董事会、股东会或者股东大会的决议产生重大影响；③其他导致外国投资者能够对所投资企业的经营决策、人事、财务、技术等产生重大影响的情形。

【提示】对于上述申报范围内的外商投资,工作机制办公室有权要求当事人申报。有关机关、企业、社会团体、社会公众等认为外商投资影响或者可能影响国家安全的,可以向工作机制办公室提出进行安全审查的建议。

3. 安全审查机制

(1) 外商投资安全审查分为一般审查和特别审查。工作机制办公室决定对申报的外商投资进行安全审查的,应当自决定之日起30个工作日内完成一般审查。审查期间,当事人不得实施投资。经一般审查,认为申报的外商投资不影响国家安全的,工作机制办公室应当作出通过安全审查的决定;认为影响或者可能影响国家安全的,工作机制办公室应当作出启动特别审查的决定。工作机制办公室作出的决定应当书面通知当事人。

(2) 工作机制办公室决定对申报的外商投资启动特别审查的,审查后应当按照下列规定作出决定,并书面通知当事人:

① 申报的外商投资不影响国家安全的,作出通过安全审查的决定。

② 申报的外商投资影响国家安全的,作出禁止投资的决定;通过附加条件能够消除对国家安全的影响,且当事人书面承诺接受附加条件的,可以作出附条件通过安全审查的决定,并在决定中列明附加条件。

【提示】特别审查应当自启动之日起60个工作日内完成;特殊情况下,可以延长审查期限,但应当书面通知当事人。审查期间,当事人不得实施投资。

(3) 工作机制办公室作出通过安全审查决定的,当事人可以实施投资。作出禁止投资决定的,当事人不得实施投资;已经实施的,应当限期处分股权或者资产及采取其他必要措施,恢复到投资实施前的状态,消除对国家安全的影响。作出附条件通过安全审查决定的,当事人应当按照附加条件实施投资;工作机制办公室可以采取要求提供有关证明材料、现场检查等方式,对附加条件的实施情况进行核实。

(4) 工作机制办公室对申报的外商投资作出不需要进行安全审查或者通过安全审查的决定后,当事人变更投资方案,影响或者可能影响国家安全的,应当依照《外商投资安全审查办法》的规定重新向工作机制办公室申报。对申报范围内的外商投资,当事人未依照《外商投资安全审查办法》的规定申报即实施投资的,由工作机制办公室责令限期申报;拒不申报的,责令限期处分股权或者资产及采取其他必要措施,恢复到投资实施前的状态,消除对国家安全的影响。

四、外商投资合同效力的认定

【解释】投资合同是指外国投资者即外国的自然人、企业或者其他组织因直接或者间接在中国境内进行投资而形成的相关协议,包括设立外商投资企业合同、股份转让合同、股权转让合同、财产份额或者其他类似权益转让合同、新建项目合同等协议。外国投资者因赠与、财产分割、企业合并、企业分立等方式取得相应权益所产生的合同纠纷,也适用上述规定。

1. 外商投资准入负面清单之外的领域形成的投资合同

对外商投资准入负面清单之外的领域形成的投资合同，当事人以合同未经有关行政主管部门批准、登记为由主张合同无效或者未生效的，人民法院不予支持。

2. 外商投资准入负面清单规定禁止投资的领域形成的投资合同

外国投资者投资外商投资准入负面清单规定禁止投资的领域，当事人主张投资合同无效的，人民法院应予支持。

3. 外商投资准入负面清单规定限制投资的领域形成的投资合同

（1）外国投资者投资外商投资准入负面清单规定限制投资的领域，当事人以违反限制性准入特别管理措施为由，主张投资合同无效的，人民法院应予支持。

（2）在人民法院作出生效裁判前，当事人采取必要措施满足准入特别管理措施的要求，并据此主张所涉投资合同有效的，人民法院应予支持。

（3）在生效裁判作出前，因外商投资准入负面清单调整，外国投资者投资不再属于禁止或者限制投资的领域，当事人主张投资合同有效的，人民法院应予支持。

【鑫考点5】对外直接投资法律制度（★★）（2015年多选题；2016年单选题；2019年多选题）

一、对外直接投资的法律适用

中国境内投资者对外直接投资，需要遵守投资所在国即东道国的法律和政策，以及中国与有关东道国签订的双边投资保护协定和双方共同缔结或参加的多边条约中的相关规定。与此同时，作为投资者的母国，中国国内法中的相关规定当然也要予以适用。

二、商务部门的核准和备案

（1）企业境外投资涉及敏感国家和地区、敏感行业的，实行核准管理；企业其他情形的境外投资，实行备案管理。

（2）对属于备案情形的境外投资，中央企业报商务部备案，地方企业报所在地省级商务主管部门备案；对属于核准情形的境外投资，中央企业向商务部提出申请，地方企业通过所在地省级商务主管部门向商务部提出申请。

三、发展改革部门的核准和备案

（1）投资主体直接或通过其控制的境外企业开展的敏感类项目（指涉及敏感国家和地区的项目，以及涉及敏感行业的项目），核准机关是国家发展改革委。

（2）投资主体直接开展的非敏感类项目，亦即不涉及敏感国家和地区且不涉及敏感行业的项目实行备案管理。

① 实行备案管理的项目中，投资主体是中央管理企业（含中央管理金融企业、国务院或国务院所属机构直接管理的企业）的，备案机关是国家发展改革委；

② 投资主体是地方企业且中方投资额3亿美元及以上的，备案机关是国家发展改革委；

③ 投资主体是地方企业且中方投资额3亿美元以下的，备案机关是投资主体注册地的省级政府发展改革部门。

【鑫考题1·多选题】根据涉外经济法律制度的规定，投资者对外直接投资实行（　　）制度。（2015年）

A. 核准制　　　B. 备案制　　　C. 注册制　　　D. 特许制

【答案】AB

【解析】对外直接投资实行核准备案制度，即无论是商务部还是国家发展改革委，都是核准或备案制度。

【鑫考题2·单选题】某省属企业拟实施一项境外投资项目，中方投资额2.5亿美元，项目所在国家系敏感国家。下列表述中，符合涉外经济法律制度规定的是（　　）。（2016年）

A. 该项目应报国家发展改革委备案
B. 该项目应报该省投资主管部门核准
C. 该项目应报该省投资主管部门备案
D. 该项目应报国家发展改革委核准

【答案】D

【鑫考题3·多选题】根据涉外投资法律制度的规定，中国境内投资者对外直接投资时需要遵守的法律规则包括（　　）。（2019年）

A. 中国法律
B. 中国与投资所在国共同缔结或参加的多边条约
C. 投资所在国法律
D. 中国与投资所在国签订的双边投资保护协定

【答案】ABCD

第二节　对外贸易法律制度

【鑫考点1】《对外贸易法》的适用范围和原则（★★）（2014年单选题；2018年单选题；2019年单选题）

一、适用范围

1. 从对象上看

我国《对外贸易法》适用于货物进出口、技术进出口、国际服务贸易及与此相关的知识产权保护。

2. 从地域范围看

我国《对外贸易法》仅适用于中国内地（大陆），不适用于香港特别行政区、澳门特别行政区和台湾地区。

【解释】中国香港特别行政区、澳门特别行政区和台湾地区已经分别以"中国香港""中国澳门"和"台湾、澎湖、金门、马祖单独关税区"（简称"中国台北"）名义加入世贸组织，成为我国的"单独关税区"。单独关税区同主权国家一样，是世界贸易组织的独立成员。因此，我国《对外贸易法》不适用于港澳台地区同其他国家或地区之间的贸易活动。

二、《对外贸易法》的原则（包括但不限于）

1. 非歧视原则

我国在对外贸易方面根据所缔结或者参加的国际条约、协定，给予其他缔约方、参加方最惠国待遇、国民待遇等待遇，或者根据互惠、对等原则给予对方最惠国待遇、国民待遇等待遇。

【解释1】最惠国待遇是指一国（给惠国）给予另一国（受惠国）的个人、企业、商品等的待遇不低于给惠国给予任何第三国（最惠国）的相应待遇。

【解释2】国民待遇是指一国给予他国国民（包括个人和企业）与本国国民相同的待遇。

2. 互惠、对等原则

互惠、对等是指我国给予另一国某种待遇或者对其采取某种措施，以该国给予我国相应待遇或者对我国采取相应措施为前提。

（1）对于没有相关国际条约、协定或者相关国际条约、协定没有规定的情形，我国可以根据互惠、对等原则给予他国最惠国待遇和国民待遇。

（2）任何国家或地区在贸易方面对我国采取歧视性的禁止、限制或其他类似措施的，我国可以根据实际情况对该国家或地区采取相应措施。

【鑫考题1·单选题】下列各项中，属于世界贸易组织所称的"单独关税区"的是（　　）。（2014年）

A. 中国（上海）自由贸易区　　　B. 中国香港特别行政区
C. 京津冀一体化都市圈　　　　　D. 海南经济特区

【答案】B

【鑫考题2·单选题】《中华人民共和国政府和加拿大政府关于促进和相互保护投资的协定》规定："任一缔约方给予另一缔约方投资者在设立、购买、扩大、管理、经营、运营和销售或者其他处置其领土内投资方面的待遇，不得低于在类似情形下给予非缔约方投资者的待遇。"该规定体现的待遇是（　　）。（2018年）

A. 最惠国待遇　　　　　　　　　B. 国民待遇
C. 公平公正待遇　　　　　　　　D. 最低限度待遇

【答案】A

【鑫考题3·单选题】《中华人民共和国对外贸易法》第7条规定:"任何国家或地区在贸易方面对中华人民共和国采取歧视性的禁止、限制或者其他类似措施的,中华人民共和国可以根据实际情况对该国或者该地区采取相应的措施。"该条款体现的原则是(　　)。(2019年)

A. 统一管理原则　　　　　　　　B. 平等互利原则
C. 公平自由原则　　　　　　　　D. 互惠对等原则

【答案】D

【鑫考点2】对外贸易经营者(★★) (2013年单选题;2018年单选题;2019年单选题;2020年单选题)

一、一般规定

1. 对外贸易经营者包括法人、其他组织和个人

对外贸易经营者既可以是法人,也可以是非法人组织(如合伙),还可以是个人亦即自然人。

2. 对外贸易经营无须专门许可

依法办理了工商登记或其他执业手续的单位和个人均可从事外贸经营。

二、对外贸易经营者的管理

1. 备案管理体制

(1) 从事货物进出口或者技术进出口的对外贸易经营者,应当向商务部或者其委托的机构办理备案登记;但是,法律、行政法规和商务部规定不需要备案登记的除外。

(2) 对外贸易经营者未按照规定办理备案登记的,海关不予办理进出口货物的报关验放手续。

2. 国营贸易的特别规定

【解释】国营贸易是指国家设立的国有企业及国家给予排他性特权的私营企业进行的贸易,亦即国家通过授予对外贸易经营者在特定贸易领域内的专营权或特许权的方式,对特定产品的进出口实施的管理。

【提示1】判断一个企业是不是国营贸易企业,关键是看该企业是否在国际贸易中享有专营权或特许权,与该企业的所有制形式并无必然联系。

【提示2】国营贸易是世界贸易组织明文允许的贸易制度。

(1) 国家只对部分而非全部货物实行国营贸易管理。

我国实行进口国营贸易管理的货物涉及粮食、植物油、糖、烟草、原油、成品油、化肥和棉花等类别,而实行出口国营贸易管理的货物主要是烟草专卖品。

(2) 国营贸易一般由经授权的企业经营。国家可以根据具体情况,允许部分数量的国营贸易管理货物的进出口业务由非授权企业经营。

【鑫考题1·单选题】下列关于对外贸易经营者及其管理的表述中，符合对外贸易法律制度规定的是（　　）。(2013年)

A. 对外贸易经营实行特许制，经营者须经审批并获得外贸经营资格

B. 国家可以允许部分数量的国营贸易管理货物的进出口业务由非授权企业经营

C. 对外贸易经营者包括法人和其他组织，但不包括个人

D. 从事货物进出口或者技术进出口的对外贸易经营者，都应当向国家工商总局（现为国家市场监督管理总局）或其委托的机构办理备案登记

【答案】B

【解析】（1）选项AC：依法办理工商登记或者其他执业手续的法人、其他组织或者个人均可依法从事对外贸易。（2）选项B：实行国营贸易管理货物的进出口业务只能由经授权的企业经营；但是，国家允许部分数量的国营贸易管理货物的进出口业务由非授权企业经营的除外。（3）选项D：从事货物进出口或者技术进出口的对外贸易经营者，应当向商务部或者其委托的机构办理备案登记；但是，法律、行政法规和商务部规定不需要备案登记的除外。

【鑫考题2·单选题】根据对外贸易法律制度的规定，下列关于国营贸易和国营贸易企业的表述中，正确的是（　　）。(2018年)

A. 实行国营贸易管理的货物的目录，由海关总署会同其他有关部门确定

B. 实行国营贸易管理的货物的进出口业务一概由授权企业经营

C. 国营贸易是世界贸易组织明文允许的贸易制度

D. 判断一个企业是不是国营贸易企业，关键是看该企业的所有制形式

【答案】C

【解析】（1）选项A：实行国营贸易管理的货物和经授权经营企业的目录，由商务部会同国务院其他有关部门确定、调整并公布；（2）选项B：实行国营贸易管理货物的进出口业务只能由经授权的企业经营，但国家允许部分数量的国营贸易管理货物的进出口业务由非授权企业经营的除外；（3）选项D：判断一个企业是不是国营贸易企业，关键是看该企业是否在国际贸易中享有专营权或特许权，与该企业的所有制形式并无必然联系。

【鑫考题3·单选题】下列关于我国国营贸易制度的表述中，符合对外贸易法律制度规定的是（　　）。(2019年)

A. 实行国营贸易管理的货物进出口业务只能由经授权的企业专属经营，一律不得由其他企业经营

B. 实行国营贸易管理的货物和经授权经营企业的目录，由商务部会同国务院其他有关部门确定、调整并公布

C. 国家可以对全部货物的进出口实行国营贸易管理

D. 判断一个企业是不是国营贸易企业，关键是看该企业的所有制形式

【答案】B

【解析】(1)选项A：实行国营贸易管理货物的进出口业务只能由经授权的企业经营，但国家允许部分数量的国营贸易管理货物的进出口业务由非授权企业经营的除外；(2)选项C：国营贸易是世界贸易组织明文允许的贸易制度，国家可以对部分货物的进出口实行国营贸易管理；(3)选项D：判断一个企业是不是国营贸易企业，关键是看该企业是否在国际贸易中享有专营权或特许权，与该企业的所有制形式并无必然联系。

【鑫考题4·单选题】根据对外贸易法律制度的规定，下列关于国营贸易的表述中，正确的是（　　）。(2020年)

A. 国家可以对全部货物的进出口实行国营贸易管理
B. 实行国营贸易管理的货物和经授权经营企业的目录，由海关总署会同国务院其他有关部门确定、调整并公布
C. 国营贸易企业就是我国过去所称的国营企业
D. 国家可以根据具体情况，允许部分数量的国营贸易管理货物的进出口业务由非授权企业经营

【答案】D

【鑫考点3】货物进出口与技术进出口（★★★）(2013年单选题；2016年单选题)

一、货物进出口

1. 自由进出口的货物——自动许可制度

商务部基于监测进出口情况的需要，可以对部分自由进出口的货物实行进出口自动许可并公布其目录。

【解释】实行自动许可（备案意义）的进出口货物，收货人、发货人在办理海关报关手续前提出自动许可申请的，商务部或其委托的机构应当予以许可；未办理自动许可手续的，海关不予放行。

2. 限制进出口的货物——配额+许可证

国家规定有数量限制的限制进出口货物，实行配额管理；其他限制进出口货物，实行许可证管理。

二、技术进出口

1. 自由进出口的技术——备案登记制度

对自由进出口的技术，应当向商务部或其委托的机构办理合同备案登记。

【解释】我国对自由进出口技术的进出口实行合同登记制度。但需要指出的是，此种合同登记仅具有备案意义，合同自依法成立时生效，不以登记作为合同生效的条件。

2. 限制进出口的技术——许可证

我国对属于限制进出口的技术实行许可证管理，未经许可不得进出口。

对限制进出口的技术，实行许可证管理，技术进出口合同自许可证颁发之日起生效。

【鑫考题1·单选题】 根据对外贸易法律制度的规定，我国对限制进出口的技术实行的是（　　）。(2013 年)

A. 许可证管理
B. 关税配额及许可证管理
C. 配额管理
D. 非关税配额及许可证管理

【答案】A

【解析】(1) 货物：国家对限制进口或者出口的货物，实行配额、许可证等方式管理；(2) 技术：国家对限制进口或者出口的技术，实行许可证管理。

【鑫考题2·单选题】 根据涉外经济法律制度的规定，对于国家规定有数量限制的进出口货物，我国实行的管理方式是（　　）。(2016 年)

A. 配额管理
B. 自由进出口管理
C. 备案登记管理
D. 许可证管理

【答案】A

【解析】国家规定有数量限制的限制进出口货物，实行配额管理；其他限制进出口货物，实行许可证管理。

【鑫考点4】对外贸易救济（★★★）(2015 年单选题；2016 年单选题；2017 年单选题；2019 年单选题)

【解释1】贸易救济措施是指对外贸易中其他国家或地区的不公平贸易行为或者特定条件下的公平贸易行为对我国相关产业造成实质损害或者产生实质损害威胁，或者对建立国内产业造成实质阻碍时，我国根据国际条约、协定和国内法律、行政法规所采取的，旨在消除或者减轻这种损害、损害威胁或者阻碍的措施。对外贸易救济措施包括反倾销措施、反补贴措施和保障措施。

【解释2】从性质上来说，保障措施与反倾销和反补贴措施有所不同，反倾销和反补贴措施针对的是倾销和补贴这样的不公平贸易行为，而保障措施针对的是公平贸易条件下的特殊情形。

【鑫考题·单选题】 根据对外贸易法律制度的规定，针对公平贸易条件下的特殊情形，可以采取特定的贸易救济措施。该措施是（　　）。(2015 年)

A. 反补贴税　　B. 反倾销税　　C. 价格承诺　　D. 保障措施

【答案】D

【解析】反倾销与反补贴措施针对的是倾销和补贴这样的不公平贸易行为，而保障措施针对的是公平贸易条件下的特殊情形。

一、反倾销措施

1. 反倾销调查的启动

(1) 申请人书面申请。国内产业或者代表国内产业的自然人、法人或者有关组织

（以下简称"申请人"），可以依照《反倾销条例》的规定向商务部提出反倾销调查的书面申请。

（2）商务部自行调查。商务部虽未收到反倾销调查的书面申请，但有充分证据认为存在倾销和损害及二者之间有因果关系的，可以自行决定立案调查。

2. 反倾销调查的期限

反倾销调查应当自立案调查决定公告之日起12个月内结束；特殊情况下可以延长，但延长期不得超过6个月。

3. 反倾销调查终止的情形

有下列情形之一的，反倾销调查应当终止，并由商务部予以公告：

（1）申请人撤销申请的。

（2）没有足够证据证明存在倾销、损害或者二者之间有因果关系的。

（3）倾销幅度低于2%的。

（4）倾销进口产品实际或者潜在的进口量或者损害属于可忽略不计的。

（5）商务部认为不适宜继续进行反倾销调查的。

4. 临时反倾销措施

初裁决定确定倾销成立，并由此对国内产业造成损害的，可以采取下列临时反倾销措施：

（1）征收临时反倾销税。

（2）要求提供保证金、保函或者其他形式的担保。

【提示1】征收临时反倾销税，由商务部提出建议，国务院关税税则委员会根据商务部的建议作出决定，由商务部予以公告；要求提供保证金、保函或者其他形式的担保，由商务部作出决定并予以公告。海关自公告规定实施之日起执行。

【提示2】临时反倾销措施实施的期限，自临时反倾销措施决定公告规定实施之日起，不超过4个月；在特殊情形下，可以延长至9个月。

【提示3】自反倾销立案调查决定公告之日起60天内，不得采取临时反倾销措施。

5. 价格承诺

（1）倾销进口产品的出口经营者在反倾销调查期间，可以向商务部作出改变价格或者停止以倾销价格出口的价格承诺。

（2）商务部可以向出口经营者提出价格承诺的建议，但不得强迫出口经营者作出价格承诺。

（3）出口经营者不作出价格承诺或者不接受价格承诺的建议的，不妨碍对反倾销案件的调查和确定。

（4）商务部对倾销及由倾销造成的损害作出肯定的初裁决定前，不得寻求或者接受价格承诺。

6. 反倾销税

【提示1】终裁决定确定倾销成立，并由此对国内产业造成损害的，可以征收反倾销税。

【提示2】征收反倾销税，由商务部提出建议，国务院关税税则委员会根据商务部的建议作出决定，由商务部予以公告。海关自公告规定实施之日起执行。

(1) 反倾销税原则上仅适用于终裁决定公告之日以后进口的产品。

(2) 反倾销税的纳税人为倾销进口产品的进口经营者。

(3) 在任何情形下，反倾销税税额不超过终裁决定确定的倾销幅度。

(4) 反倾销税的征收期限不超过5年，但经商务部复审确定终止征收反倾销税有可能导致倾销和损害的继续或者再度发生的，反倾销税的征收期限可以适当延长。

【鑫考题1·单选题】根据涉外经济法律制度的规定，有权作出征收反倾销税决定的机构是（ ）。(2016年、2017年)

A. 商务部　　　　　　　　　　B. 海关总署

C. 国家税务总局　　　　　　　D. 国务院关税税则委员会

【答案】D

【解析】征收反倾销税，由商务部提出建议，国务院关税税则委员会根据商务部的建议作出决定，由商务部予以公告。

【鑫考题2·单选题】根据对外贸易法律制度的规定，反倾销调查应当自立案调查决定公告之日起一定期限内结束。该期限最长可以是（ ）。(2019年)

A. 6个月　　　B. 24个月　　　C. 12个月　　　D. 18个月

【答案】D

【解析】反倾销调查应当自立案调查决定公告之日起12个月内结束；特殊情况下可以延长，但延长期不得超过6个月。

二、反补贴措施

1. 反补贴调查

反补贴调查在申请、启动、实施、终止等方面的条件和程序与反倾销调查基本相同。略有差异的是，《反补贴条例》规定的终止情形之一是"补贴金额为微量补贴"，而不是"幅度低于2%"。

2. 反补贴措施

反补贴措施其具体内容和实施程序与反倾销措施基本相同。略有差异的是，临时反补贴措施实施的期限，自临时反补贴措施决定公告规定实施之日起，不超过4个月，且不得延长。

【相关链接】临时反倾销措施实施的期限，自临时反倾销措施决定公告规定实施之日起，不超过4个月；在特殊情形下，可以延长至9个月。

三、保障措施

【解释】因进口产品数量增加，对生产同类产品或者与其直接竞争产品的国内产业造成严重损害或者严重损害威胁的,国家可以采取必要的保障措施,消除或者减轻这种损害或者损害威胁,并可以对该产业提供必要的支持。

1. 保障措施的启动

(1) 申请人书面申请。与国内产业有关的自然人、法人或者其他组织,可以依照《保障措施条例》的规定,向商务部提出采取保障措施的书面申请。

(2) 商务部自行调查。商务部虽未收到采取保障措施的书面申请,但有充分证据认为国内产业因进口产品数量增加而受到损害的,也可以自行决定立案调查。

2. 临时保障措施

商务部根据调查结果,可以作出初裁决定,也可以直接作出终裁决定,并予以公告。有明确证据表明进口产品数量增加,在不采取临时保障措施将对国内产业造成难以补救的损害的紧急情况下,商务部可以作出初裁决定,并采取临时保障措施。

(1) 临时保障措施采取提高关税的形式,海关自公告规定实施之日起执行。

(2) 临时保障措施的实施期限,自临时保障措施决定公告规定实施之日起,不超过200天。

【相关链接1】临时反倾销措施实施的期限,自临时反倾销措施决定公告规定实施之日起,不超过4个月;在特殊情形下,可以延长至9个月。

【相关链接2】临时反补贴措施实施的期限,自临时反补贴措施决定公告规定实施之日起,不超过4个月,且不得延长。

3. 保障措施

终裁决定确定进口产品数量增加,并由此对国内产业造成损害的,可以采取保障措施。

(1) 保障措施可以采取提高关税、数量限制等形式。

(2) 保障措施的实施期限不超过4年。符合相关条件的,保障措施的实施期限可以适当延长,但在任何情况下,一项保障措施的实施期限及其延长期限,最长不超过10年。

【总结】反倾销、反补贴与保障措施。

	反倾销	反补贴	保障措施
措施	(1) 临时反倾销措施 (2) 价格承诺 (3) 反倾销税	(1) 临时反补贴措施 (2) 价格承诺 (3) 反补贴税	(1) 临时保障措施(提高关税) (2) 保障措施(提高关税或者数量限制)
期限	(1) 临时反倾销措施:公告起4个月+5个月 (2) 反倾销税:不超过5年,可延长	(1) 临时反补贴措施:不超过4个月,不得延长 (2) 反补贴税:不超过5年,可延长	(1) 临时保障措施:公告后不超过200天 (2) 保障措施:不超过4年,最长不超过10年
程序	先初裁后终裁	先初裁后终裁	可初裁或直接终裁

第三节 外汇管理法律制度

【鑫考点1】外汇管理法律制度概述（★★）（2011年单选题；2012年多选题；2013年单选题；2015年多选题；2016年多选题；2017年多选题；2018年多选题；2019年单选题）

一、外汇范围

外汇包括外币现钞、外币支付凭证或者支付工具、外币有价证券、特别提款权及其他外汇资产。

二、特别提款权

（1）特别提款权本身不是货币，但可用于成员国与基金组织之间的官方结算，并可基于基金组织指定机制或者成员国之间的协议，用于换取（"提取"）等量的可自由使用货币。

【解释】所谓可自由使用货币，是指基金组织认定同时符合下列两个条件的成员国货币：① 在国际交易支付中被广泛使用；② 在主要外汇市场上被广泛交易。

【提示1】可自由使用货币的判定涉及相关货币在国际上的实际使用和交易，与货币是否自由兑换、汇率是否自由浮动是不同的概念。

【提示2】5种可自由使用货币：人民币、美元、欧元、日元、英镑。

【提示3】"货币篮"组成货币的权重由基金组织执行董事会每5年审议一次。

（2）特别提款权本身有价值，其币值由"货币篮"组成货币的币值按各自权重计算并加总而成。

【鑫考题1·多选题】下列各项中，属于我国《外汇管理条例》所规定的外汇的有（　　）。（2012年）

A. 中国银行开出的欧元本票

B. 境内机构持有的纳斯达克上市公司股票

C. 中国政府持有的特别提款权

D. 中国公民持有的日元现钞

【答案】ABCD

【解析】外汇包括外币现钞、外币支付凭证或者支付工具、外币有价证券、特别提款权及其他外汇资产。

【鑫考题2·多选题】根据涉外经济法律制度的规定，下列关于特别提款权的表述中，正确的有（　　）。（2016年）

A. 特别提款权是一种货币

B. 加入特别提款权"货币篮"标志着人民币完全实现了可自由兑换

C. 特别提款权的"货币篮"由5种货币组成

D. 特别提款权本身具有价值

【答案】CD

【解析】(1) 选项A：特别提款权本身不是货币；(2) 选项B：目前人民币尚未完全实现可自由兑换，资本项目下还存在限制。

【考题3·多选题】根据外汇管理法律制度的规定，下列货币中，属于特别提款权"货币篮"组成货币的有（　　）。(2017年、2018年)

A. 美元　　　　B. 日元　　　　C. 人民币　　　　D. 加拿大元

【答案】ABC

【解析】特别提款权"货币篮"包括：人民币、美元、欧元、日元和英镑。

三、《外汇管理条例》的适用范围和基本原则

(1) 境内机构和境内个人的外汇收支或者外汇经营活动，不论其发生在境内或者境外，均适用该条例。(属人原则)

(2) 境外机构和境外个人，仅对其发生在中国境内的外汇收支和外汇经营活动适用该条例。(属地原则)

【解释1】境内机构是指中华人民共和国境内的国家机关、企业、事业单位、社会团体、部队等，外国驻华外交领事机构和国际组织驻华代表机构除外。

【解释2】境内个人是指中国公民和在中华人民共和国境内连续居住满1年的外国人，外国驻华外交人员和国际组织驻华代表除外。

(3) 我国目前外汇管理的基本原则是经常项目与资本项目区别管理原则，即经常项目开放（可自由兑换），资本项目部分管制。

【考题1·单选题】根据外汇管理法律制度的规定，下列外汇收支活动中，应当适用《外汇管理条例》的是（　　）。(2011年)

A. 美国驻华大使洪某在华任职期间的薪酬

B. 最近2年一直居住在上海的美国公民汤姆，出租其在美国的住房获得的租金

C. 美国花旗银行伦敦分行在香港的营业所得

D. 正在中国短期旅行的美国人彼得，得知其在美国购买的彩票中了300万美元的大奖

【答案】B

【解析】(1) 境内机构和境内个人的外汇收支或者外汇经营活动，不论其发生在境内或者境外，均适用该条例；(2) 境内机构是指境内的国家机关、企业、事业单位、社会团体、部队等，外国驻华外交领事机构和国际组织驻华代表机构除外；(3) 境内个人是指中国公民和在中国境内连续居住满1年的外国人，外国驻华外交人员和国际组织驻华代表除外；(4) 对于境外机构和境外个人而言，仅对其发生在中国境内的外汇收支和外汇经营活动适用该条例。

【鑫考题2·单选题】根据外汇管理法律制度的规定，外国人在我国境内连续居住满一定期限后，即成为"境内个人"，其发生在境内外的外汇收支或者外汇经营活动，均适用《外汇管理条例》。该连续居住的期限是（　　）。(2013年)

A．6个月　　　B．1年　　　C．2年　　　D．3年

【答案】B

【解析】境内个人是指中国公民和在中华人民共和国境内连续居住满1年的外国人。

【鑫考题3·单选题】我国《外汇管理条例》在适用范围上采取属人主义与属地主义相结合的原则，对于特定主体，仅对其发生在中国境内的外汇收支和外汇经营活动适用该条例。下列各项中，属于此类主体的（　　）。(2019年)

A．到广州旅游1个月的美国公民甲

B．持中华人民共和国居民身份证的中国公民丁

C．在北京设立的中德合资经营企业乙

D．已在上海连续居住3年的法国公民丙

【答案】A

【解析】(1)对于境外机构和境外个人而言，仅对其发生在中国境内的外汇收支和外汇经营活动适用该条例。(2)境内机构和境内个人的外汇收支或者外汇经营活动，不论其发生在境内或者境外，均适用该条例。境内机构是指境内的国家机关、企业、事业单位、社会团体、部队等，外国驻华外交领事机构和国际组织驻华代表机构除外（选项C）；境内个人是指中国公民和在中国境内连续居住满1年的外国人，外国驻华外交人员和国际组织驻华代表除外（选项BD）。

【鑫考点2】经常项目外汇管理制度（★★）(2012年单选题；2014年单选题；2015年多选题)

一、经常项目界定

经常项目包括（货物）贸易收支、服务收支、收益和经常转移（单方面转移）。

【解释1】经常转移也称单方面转移，是资金或货物在国家间的单向转移，无须归还或偿还的外汇收支。经常转移具体包括个人转移和政府转移，前者是指个人之间的无偿赠与或赔偿等，后者是指政府间的军事及经济援助、赔款、赠与等。

【解释2】收益包括职工报酬和投资收益两部分，其中，职工报酬主要为工资、薪金和其他福利，投资收益主要是利息、红利等。

【提示】投资收益属于经常项目，投资本身属于资本项目。

【鑫考题·多选题】根据外汇法律制度的规定，下列各项中，属于外汇经常项目的有（　　）。(2015年)

A．贸易收支　　　B．对外借款　　　C．投资收益　　　D．单方面转移

【答案】ACD

【解析】（1）经常项目包括贸易收支、服务收支、收益（包括职工报酬和股息、红利等投资收益）和经常转移（单方面转移）；（2）对外借款属于资本项目。

二、经常项目外汇收支管理的一般规定

（1）经常项目外汇收入实行意愿结汇制。

经常项目外汇收入可以按照国家有关规定保留或卖给经营结汇、售汇业务的金融机构。

（2）经常项目外汇支出凭有效单证，无须审批。

（3）经常项目外汇收支应当具有真实、合法的交易基础。

人民币经常项目可兑换后，对企业和个人经常项目下用汇的管理，主要体现为对外汇收支及汇兑环节的真实性审核。

三、个人外汇管理制度

（1）对个人结汇和境内个人购汇实行年度总额管理，年度总额为每人每年等值5万美元，国家外汇管理局可根据国际收支状况对年度总额进行调整。

（2）个人经常项目项下外汇收支分为经营性外汇收支和非经营性外汇收支，对于个人开展对外贸易产生的经营性外汇收支，视同机构按照货物贸易的有关原则进行管理。

（3）境内个人在境外买房、投资等方面的需求增加，境外个人在境内买房、购买股权等行为时有发生，这些资本项下的外汇交易行为按照资本项目的管理原则和相关政策办理。

【鑫考题1·单选题】根据外汇管理法律制度的规定，我国对企业和个人经常项目下用汇的管理，主要体现为（　　）。(2012年)

A．对用汇额度的审核

B．对外汇用途的审核

C．对外汇收支及汇兑环节真实性的审核

D．强制结售汇的管理

【答案】C

【鑫考题2·单选题】下列关于经常项目外汇收支管理的表述中，符合外汇管理法律制度规定的是（　　）。(2014年)

A．我国对经常项目外汇收支实行有限度的自由兑换

B．经营外汇业务的金融机构应当对经常项目外汇收支的真实性进行审核

C．境内个人购汇额度为每人每年等值5万美元，应凭相关贸易单证办理

D．经常项目外汇收入实行强制结汇制

【答案】B

【解析】（1）选项A：国家对经常性国际收支和转移不予限制。（2）选项B：经常项目外汇收支应当具有真实、合法的交易基础，经营结汇、售汇业务的金融机构应当对

交易单证的真实性及其与外汇收支的一致性进行合理审查。(3) 选项C：个人经常项目项下外汇收支分为经营性外汇收支和非经营性外汇收支，对于个人开展对外贸易产生的经营性外汇收支，视同机构按照货物贸易的有关原则进行管理（凭贸易单证在金融机构办理）；对于个人的非经营性外汇收支，无须提供贸易单证。(4) 选项D：经常项目外汇收入实行意愿结汇制（而非强制结汇制）。

【鑫考点3】资本项目外汇管理制度（★★★）（2011年多选题；2014年多选题；2016年单选题；2017年多选题；2020年多选题）

一、资本项目外汇管理制度概述

1. 资本项目的范围

资本项目包括资本转移、直接投资、证券投资、衍生产品投资、贷款及非生产、非金融资产的收买或者放弃等。

【相关链接】经常项目包括贸易收支、服务收支、收益（包括职工报酬和投资收益）和经常转移（单方面转移）。

【鑫考题·多选题】根据外汇管理法律制度的规定，下列各项中，属于资本项目下外汇收支的有（　　）。(2011年)

A. 境内居民吴某投资B股所得股息

B. 中国投资有限责任公司收购美国摩根士丹利公司股权的价款

C. 日本政府向我国地震灾区提供的经济援助

D. 世界银行向中国政府提供的农业项目贷款

【答案】BD

【解析】(1) 选项A：股息属于投资收益，属于经常项目；(2) 选项C：属于单方面转移，属于经常项目。

2. 资本项目外汇收支管理的一般规定

(1) 资本项目外汇收入。

资本项目外汇收入保留或者卖给经营结汇、售汇业务的金融机构，应当经外汇管理机关批准，但国家规定无须批准的除外。（事先批准为原则）

(2) 资本项目外汇支出。

资本项目外汇支出，凭有效单证以自有外汇支付或者向经营结汇、售汇业务的金融机构购汇支付；国家规定应当经外汇管理机关批准的，应当在外汇支付前办理批准手续。（事先批准为例外）

二、直接投资项下的外汇管理

1. 外商直接投资

外商境内直接投资的外汇实行登记管理制度。无论是直接投资的汇入还是汇出，外国投资者应先在外汇局办理登记。

2. 境外直接投资

（1）对于境内机构境外直接投资，已经取消了境外投资外汇资金来源审核，改为实行登记备案制度。

（2）境内机构可以使用自有外汇资金、符合规定的国内外汇贷款、人民币购汇或实物、无形资产及经外汇局核准的其他外汇资产来源等进行境外直接投资。

（3）境内机构境外直接投资所得利润也可留存境外用于其境外直接投资。境内机构将其所得的境外直接投资利润汇回境内的，可以保存在其经常项目外汇账户或办理结汇。

【鑫考题·多选题】根据外汇管理法律制度的规定，下列外汇资金中，境内机构可以用于境外直接投资的有（　　）。(2020年)

A. 自有外汇资金

B. 符合规定的国内外汇贷款

C. 人民币购汇

D. 该机构留存境外的境外直接投资所得利润

【答案】ABCD

三、间接投资项下的外汇管理

1. 合格境外机构投资者（QFII）制度

【解释】合格境外机构投资者（QFII）制度是指允许符合条件的境外机构投资者经批准汇入一定额度的外汇资金，并转换为当地货币，通过严格监管的专用账户投资当地证券市场，其本金、资本利得、股息等经批准后可购汇汇出。

（1）根据我国现行的QFII制度框架，中国证监会负责QFII资格审定、投资工具确定、持股比例限制等；国家外汇管理局负责QFII的外汇相关管理。

（2）国家外汇管理局负责QFII的外汇相关管理。2019年10月，国家外汇管理局取消了QFII的境内投资额度限制。

2. 合格境内机构投资者（QDII）制度

【解释】合格境内机构投资者（QDII）制度是指允许符合条件的境内机构，经监管部门批准，在一定额度内，通过专用账户投资境外证券市场。

（1）银保监会、证监会分别负责各自监管范围内金融机构境外投资业务的市场准入，包括资格审批、投资品种确定及相关风险管理。

（2）国家外汇管理局负责QDII机构境外投资额度、账户及资金汇兑管理等。

【鑫考题1·多选题】下列关于资本项目外汇收支管理的表述中，符合外汇管理法律制度规定的有（　　）。(2014年)

A. 外商直接投资的汇入和汇出均须在外汇局办理登记

B. 境内机构境外直接投资所获利润可以留存境外继续用于直接投资，也可汇回境内

C. 国家外汇管理局取消了 QFII 的境内投资额度限制

D. 境内机构向境外直接投资，须由外汇局对外汇资金的来源进行审核

【答案】ABC

【解析】选项 D：对于境内机构境外直接投资，已经取消了原来对外汇资金的来源审核，改为实行登记备案制度。

【鑫考题 2·单选题】根据外汇管理法律制度的规定，负责对合格境内机构投资者（QDII）的境外投资额度进行管理的机构是（　　）。(2016 年)

A. 财政部
B. 国家外汇管理局
C. 国家发展改革委
D. 证监会

【答案】B

【解析】国家外汇管理局负责 QDII 机构境外投资额度、账户及资金汇兑管理等。

四、外债管理

【解释】外债指境内机构对非居民承担的以外币表示的债务，包括境外借款、发行债券、国际融资租赁等。境内机构对外提供担保形成的潜在外汇偿还义务，是一种或有外债，也纳入外债管理。

1. 外债资金的使用

（1）外商投资企业借用的外债资金可以结汇使用。

（2）除另有规定外，境内金融机构和中资企业借用的外债资金不得结汇使用。

2."外保内贷"

境内非金融机构从境内金融机构借用贷款或获得授信额度，在同时满足以下条件的前提下，可以接受境外机构或个人提供的担保，并自行签订外保内贷合同：

（1）债务人为在境内注册经营的非金融机构。

（2）债权人为在境内注册经营的金融机构。

（3）担保标的为金融机构提供的本外币贷款（不包括委托贷款）或有约束力的授信额度。

（4）担保形式符合境内外法律法规。

【提示 1】境内债务人从事外保内贷业务，由发放贷款或提供授信额度的境内金融机构向外汇局的资本项目系统集中报送外保内贷业务数据。

【提示 2】外保内贷业务发生担保履约的，金融机构可直接与境外担保人办理担保履约收款。境内债务人应到所在地外汇局办理短期外债签约登记及相关信息备案手续，外汇局在外债签约登记环节对债务人外保内贷业务的合规性进行事后核查。

【提示 3】境内债务人因外保内贷项下担保履约形成的对外负债，其未偿本金余额不得超过其上年度末经审计的净资产数额。超出上述限额的，须占用其自身的外债额度；外债额度仍然不够，按未经批准擅自对外借款进行处理。在境内债务人偿清其对境外担保人的债务之前，未经外汇局批准，境内债务人应暂停签订新的外保内贷合同；已经

签订外保内贷合同但尚未提款或尚未全部提款的，未经所在地外汇局批准，境内债务人应暂停办理新的提款。

【鑫考题·多选题】根据外汇管理法律制度的规定，下列各项中，纳入外债管理的有（　　）。（2017年）

A. 境外发债　　　　　　　　　　B. 境外借款
C. 境内机构对外担保　　　　　　D. 国际融资租赁

【答案】ABCD

【解析】外债包括境外借款、发行债券、国际融资租赁。境内机构对外担保形成的潜在外汇偿还义务，是一种或有外债，也纳入外债管理。

【鑫考点4】人民币汇率制度（★★）（2015年多选题；2016年单选题；2018年多选题）

（1）1993年12月28日，根据国务院决定，中国人民银行决定从1994年1月1日起，取消外汇留成，将两种汇率（官方汇率和调剂市场汇率）并轨，实行以市场供求为基础、单一的、有管理的浮动汇率制度。

（2）2005年7月21日，经国务院批准，中国人民银行决定自2005年7月21日起，在我国开始实行以市场供求为基础、参考"一篮子"货币进行调节、有管理的浮动汇率制度。

【鑫考题1·多选题】下列关于人民币汇率制度的表述中，符合外汇管理法律制度规定的有（　　）。（2015年）

A. 单一汇率制度　　　　　　　　B. 固定汇率制度
C. 双重汇率制度　　　　　　　　D. 有管理的浮动汇率制度

【答案】AD

【解析】我国目前实行的是单一的、以市场供求为基础、参考"一篮子"货币进行调节、有管理的浮动汇率制度。

【鑫考题2·单选题】根据涉外经济法律制度的规定，下列关于人民币汇率制度的表述中，正确的是（　　）。（2016年）

A. 固定汇率制　　　　　　　　　B. 双重汇率制
C. 自由浮动汇率制　　　　　　　D. 有管理的浮动汇率制

【答案】D

【解析】我国目前实行的是单一的、以市场供求为基础、参考"一篮子"货币进行调节、有管理的浮动汇率制度。

【鑫考题3·多选题】根据外汇管理法律制度的规定，下列关于当前人民币汇率制度的表述中，正确的有（　　）。（2018年）

A. 参考"一篮子"货币进行调节　　B. 有管理的浮动

C. 以市场供求为基础   D. 官方汇率与调剂市场汇率并存

【答案】ABC

【解析】我国实行以市场供求为基础（选项C）、参考"一篮子"货币进行调节（选项A）、有管理的浮动汇率制度（选项B）。我国自1994年1月1日起，将官方汇率和调剂市场汇率两种汇率并轨。